BTS

DOMAINE D'ACTIVITÉS 1

Commerce international

1re et 2e années

Collection coordonnée par Dany Deschamps

Développement de la relation commerciale dans un environnement interculturel

Nouveau référentiel

Sous la direction de Valérie Tirvert

Mélanie Blondeau
Jean-Pierre Cuellar
Anne Quispe
Valérie Tirvert

Nathan

i-Manuel 2.0

LA SOLUTION NUMÉRIQUE

pour mettre les élèves en activité

COMMENT ACCÉDER À VOTRE i-Manuel 2.0 ÉLÈVE

Votre enseignant souhaite travailler avec le i-Manuel 2.0 ; une fois votre compte créé par votre enseignant, rendez-vous, selon ses indications, sur :

- **imanuel.nathan.fr** et connectez-vous à votre espace élève i-Manuel 2.0 avec vos identifiant et mot de passe transmis par votre enseignant.

OU

- l'ENT ou la plateforme de votre établissement, et accédez directement à votre i-Manuel 2.0.

À NE PAS OUBLIER

Conservez vos identifiant et mot de passe pour toutes vos connexions ultérieures

À SAVOIR

Cette licence élève i-Manuel est unique et personnelle. Elle offre un accès pour une période de 24 mois (à compter de la première activation) et ne peut être réutilisée par d'autres élèves les années suivantes. Pour équiper les élèves de nouvelles licences numériques i-Manuel 2.0, connectez-vous sur cns-edu.com.

Pour l'enseignant : rendez-vous sur **www.nathan.fr/i-manuel2** pour contacter votre délégué pédagogique Nathan, disposer de toutes les informations pratiques pour créer vos classes, activer les licences de vos élèves.
Nos équipes de proximité sont également à la disposition des établissements pour les accompagner dans leur projet de digitalisation des parcours de formation.

ISBN : 978-2-09-167304-2

Nathan TECHNIQUE

Avec ce livre, une licence i-Manuel 2.0

Le i-Manuel 2.0, un outil simple d'utilisation qui reprend l'ensemble des contenus de ce livre sous forme numérique et interactive.

Il permet d'accéder au contenu de ce manuel à tout moment et en tout lieu sur un ordinateur ou une tablette. L'utilisateur peut donc passer du papier au numérique et choisir le support qui lui convient le mieux selon le travail à faire et le lieu où il se trouve.

Une véritable interactivité entre l'enseignant et sa classe

- **Vidéoprojeter** en classe les activités, les documents et les corrections pour animer les cours et travailler collectivement.
- **Piloter la classe** en assurant le suivi du travail des élèves à distance et en cours (recevoir et envoyer du travail, faire des commentaires, intervenir en temps réel).
- **Intégrer et envoyer à la classe**, à un ou plusieurs élèves, **des documents personnels**.
- **Afficher les corrigés** ou la correction individuelle du travail de l'élève.
- **Télécharger le livre** pour une utilisation sans connexion.
- **Imprimer** les documents nécessaires pour mettre les élèves en **situation d'examen**.

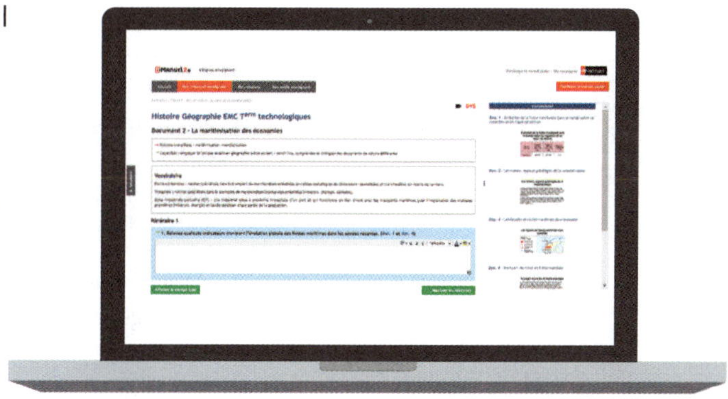

Des fonctionnalités innovantes pour favoriser l'intérêt, la motivation et l'implication des élèves

- **Saisir les réponses** en travaillant sur ordinateur ou tablette.
- **Faire les activités et les exercices**, préparer ou réviser le cours **en classe ou à la maison**.
- **Accéder** aux **ressources numériques**, vidéos, fichiers élèves (Word, Excel, GeoGebra…).
- **Sauvegarder** au **format Word** le travail effectué dans un dossier (classeur).
- **Envoyer le travail** au professeur.
- **S'enregistrer** pour les activités orales.
- **S'auto-évaluer**.

Toutes les infos et les tutos sur www.nathan.fr/i-manuel2

SOMMAIRE

Édition : Florence Terrasse, Marguerite de la Taille
Relecture/corrections : Catherine Lainé
Conception maquette : Anne-Danielle Naname
Conception couverture : Vincent Rioult, Lucie Julvécourt
Mise en pages : Valérie Klein - Domino
Fabrication : Laura Milhomme

FICHES RESSOURCES

Chapitre 1

Chapitre 2

Chapitre 3

Chapitre 4

Chapitre 5

Chapitre 6

Chapitre 7

Chapitre 8

Chapitre 9

Chapitre 10

Chapitre 11

Chapitre 12

Chapitre 13

Chapitre 14

CHAPITRE

1 Identifier les codes culturels à l'étranger

COMPÉTENCES PROFESSIONNELLES

Communiquer en français et en anglais dans des contextes interculturels

→ Élaborer des messages écrits et oraux en intégrant les codes et normes culturels

Le développement des affaires passe de plus en plus par l'ouverture sur les marchés internationaux. Les enjeux sont forts et il est primordial de bien connaître les bons partenaires et d'identifier les étapes indispensables. Compétences et objectifs visés : devenir un responsable export performant, appréhender l'environnement du commerce international, identifier les différences culturelles à partir d'exemples concrets, formuler des recommandations culturelles (sujets tabous à proscrire, erreurs à ne pas commettre, attitudes positives à tenir).

cci-paris-idf

SITUATION PROFESSIONNELLE

FÉDÉRATION DE RUSSIE

Régime politique : République fédérale

Superficie : 17,1 millions km²

Population : 144 millions d'habitants.

Capitale : Moscou

Villes principales : Saint-Pétersbourg, Novossibirsk, Ekaterinbourg

Langue officielle : russe

PIB par habitant : 11 585 USD (2019)

Monnaie : Rouble (1 EUR = 86,54 RUB)

Clients : UE, Chine, États-Unis, Biélorussie, Turquie, Japon

Fournisseurs : UE, Chine, États-Unis, Biélorussie, Japon, Corée du Sud, Ukraine

1. Actualisez les données pays par une recherche sur Internet.

2. Caractérisez les pratiques commerciales, sociales et environnementales du pays, après consultation de l'évaluation des risques par Coface.

L'entreprise Esprit du Sel est basée sur l'île de Ré. Créée en 1986, elle s'investit pour sauvegarder les marais salants de l'île de Ré, notamment pour leur valeur patrimoniale. Ce travail permet de revaloriser culturellement et économiquement les produits issus du marais salant traditionnel, le sel gris marin et la fleur de sel de l'île de Ré.

Le défi de l'entreprise est d'élaborer et de commercialiser des produits « marins » rétais, de grande qualité, originaux et variés, avec pour thèmes centraux le marais salant et la mer ; des produits qui revendiquent le respect d'une tradition, se réclament d'une valeur artisanale et répondent à une préoccupation écologique.

« Nous nous sommes fixé pour objectifs le développement d'une gamme de fleurs de sel et de sels marins aux épices 100 % bio, de produits typiques de l'île de Ré et la promotion de l'image qualitative de l'île, par l'intermédiaire de ses produits régionaux en France et à l'étranger. »

Dans le cadre de son internationalisation, Esprit du Sel participe régulièrement à des salons professionnels et vise aujourd'hui la Russie.

Avant de démarrer la prospection de ce marché, le responsable export de l'entreprise souhaite en identifier les codes culturels.

Vous êtes chargé(e) d'analyser la culture de ce pays.

Vous disposez d'informations collectées par le responsable export (**documents 1 à 3**) et d'une sitographie (**document 4**).

1. Recherchez sur Internet les caractéristiques de la culture russe et classez-les en éléments visibles et non visibles, sur le modèle de l'iceberg culturel. — **Fiches ressources 1 et 2**

2. Analysez la culture russe au travers des modèles de Hall, de Hofstede et de Trompenaars. — **Fiche ressource 3**

3. Recensez les stéréotypes français à l'égard des Russes et les stéréotypes russes à l'égard des Français. — **Fiche ressource 4**

4. Présentez au responsable export de l'entreprise Esprit du Sel les résultats de votre analyse de cette culture dans une fiche structurée.

VOTRE DOSSIER

DOCUMENT 1 Russia: languages, cultures and religions

Russia is the largest country on earth, covering over one eighth of the earth's land mass and encompassing eleven time zones. Its vastness means it has a wide range of climates, from Arctic conditions in the north, to balmy warmth in the south. Despite its size, Russia has a population of less than 150 million. Its largest city is Moscow, which is also its capital.

Russia's size and proximity to both Europe and the Far East allows it to incorporate many different cultures. The Russian Federation borders on 14 different countries, all with their own identity – China, North Korea, Mongolia, Kazakhstan, Azerbaijan, Georgia, Ukraine, Belarus, Poland, Lithuania, Latvia, Estonia, Finland and Norway. If you include Russia's maritime boundaries, you can add Japan and the USA to the list. This certainly makes for an exceptionally interesting mix of cultures and nationalities. [...]

Due to its multi-ethnic make up, Russia is home to many religions. However, 75% of Russia's population follow Christianity through the Russian Orthodox Church. Islam is followed by 5% of the population and Buddhism, Judaism, Protestantism and Catholicism each have 1% of the population. Another 1% of Russians follow other religions, while 8% are atheists.

[...] The official language in the Russian Federation is Russian, but there are over 100 minority languages and dialects which are spoken within its borders. It is estimated that Russian is the first language of over 80% of Russians. However, many people whose first language is not Russian are still fluent in it. Many Russians in the cosmopolitan areas of the country speak English, which is considered by many to be their second language. [...]

Extrait de « *A guide to Russia – etiquette, customs, clothing and more…* », www.kwintessential.co.uk

DOCUMENT 2 Des différences culturelles entre les Français et les Russes

La culture française et la culture russe sont assez différentes même si cela ne se voit pas au début. Mais quand on commence à travailler ensemble, leurs distinctions apparaissent au grand jour. Dans tous les pays, les cultures sont différentes mais en Chine par exemple, on s'y attend car tout est singulier dès que nous y posons les pieds. Russes et Français en apparence ne sont pas si éloignés mais l'effet de surprise face aux différences culturelles bien présentes démultiplie les problèmes. L'effet est le même pour un Français arrivant en Allemagne, si proche géographiquement : nous pensons pouvoir collaborer sans problème avec nos voisins mais les difficultés sont réelles.

Et la mauvaise image de la Russie ne facilite pas ces premiers pas. Rarement ai-je vu un tel écart entre l'image d'un pays et sa réalité. Or les Français qui y vivent y sont heureux. Les médias y sont pour beaucoup, développant sans cesse cette image négative qui se nourrit cependant d'un fond de réalité : le Russe ne sourit pas et dit directement ce qu'il pense. Mais quand le Russe s'ouvre à l'autre, il s'ouvre vraiment, beaucoup plus que ne le fera un Français.

[...] J'ai senti cette différence culturelle à l'un de mes premiers départs de Russie à l'aéroport de Sheremetyevo. En attendant patiemment derrière la ligne jaune que l'hôtesse termine son appel téléphonique pour m'enregistrer, cette dernière m'a appelé d'un ton brusque et énervé pour me dire d'avancer. Alors que l'hôtesse toujours en communication s'occupe enfin de mon billet, une autre hôtesse la sollicite pour lui montrer des photos. En même temps qu'elle enregistrait, la jeune femme faisait ainsi deux autres ▶▶

▶▶ choses en même temps, sans me porter vraiment attention. La carte d'embarquement était correcte mais je suis reparti furieux et ébahi devant tant de désinvolture.

Le problème sera le même dans l'autre sens. Un cadre russe qui, travaillant en France, interrompt plusieurs fois son collègue concentré sur un travail, peut rapidement l'exaspérer. Lui ne s'en rendra pas compte, trouvant normal de faire plusieurs tâches en même temps, au grand dam du Français qui le trouvera mal élevé. Les difficultés arriveront alors. Or, quand les tensions professionnelles sont là, les approches culturelles différentes ne font que les exacerber davantage. En France, quand, au cours d'une discussion, nous ne sommes pas attentifs, nous faisons passer le message que le sujet ne nous intéresse pas. Cela n'est pas le cas en Russie.

Extrait de « Français et Russes au travail : comment éviter les malentendus ? », interview de Denys Pluvinage, conseiller à l'association du Dialogue Franco-russe et auteur de plusieurs ouvrages sur la Russie, www.russieinfo.com

DOCUMENT 3 France et Russie : profils culturels*

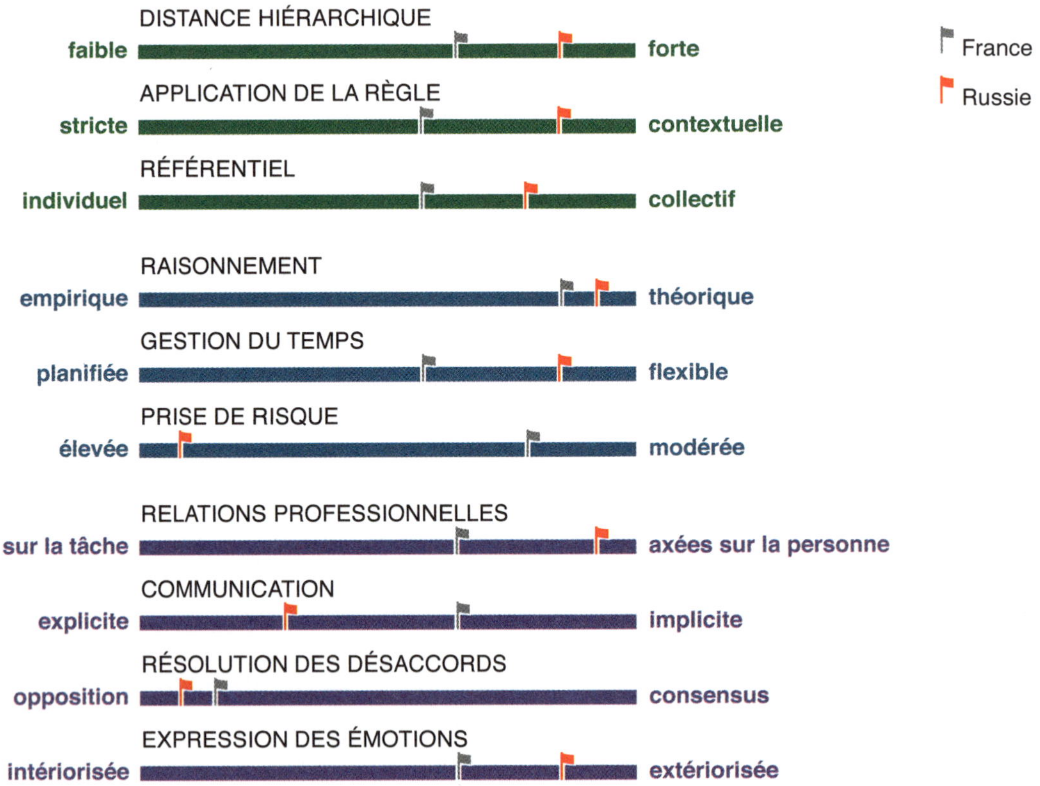

Source : www.akteos.fr

* Indicateurs reflétant des tendances générales et non le profil spécifique d'un « Russe » ou d'un « Français ».

DOCUMENT 4 Sitographie

businessfrance.fr	international.gc.ca
teamfrance-export.fr	export.agence-adocc.com
lemoci.com	lentreprise.lexpress.fr
journalgeneraldeleurope.org	classe-internationale.com

FICHE RESSOURCE

1 Définir la culture

I La culture

> « Dans son sens le plus large, la culture peut aujourd'hui être considérée comme l'ensemble des traits distinctifs, spirituels et matériels, intellectuels et affectifs, qui caractérisent une société ou un groupe social. Elle englobe, outre les arts et les lettres, les modes de vie, les droits fondamentaux de l'être humain, les systèmes de valeurs, les traditions et les croyances. [...] (Définition donnée par l'UNESCO dans la Déclaration de Mexico sur les politiques culturelles, 1982.)

La culture peut se définir comme l'ensemble des signes qui caractérisent un groupe ethnique, une nation ou une civilisation. Elle peut être considérée comme la programmation mentale constituée par les valeurs collectives d'un groupe d'individus. Elle n'est pas innée, mais acquise et dérive de l'environnement social dans lequel l'individu évolue.

II L'iceberg culturel

- L'image de l'iceberg est très utilisée en management interculturel.
- L'iceberg est un bloc de glace dont la partie immergée, bien plus importante que la partie émergée, assure la stabilité de l'ensemble. Il faut prendre conscience de l'existence de cette partie invisible lorsque l'on navigue à proximité, sauf à le heurter et périr.
- Comme l'iceberg, la culture a une partie invisible bien plus importante que la partie visible. Se limiter à la partie visible représente un risque important : se heurter à des comportements inattendus, commettre des impairs ou encore offenser son interlocuteur. Plusieurs années sont souvent nécessaires à un expatrié pour bien comprendre la culture de son pays d'accueil.

La face émergée de l'iceberg : la partie visible de la culture

La face immergée de l'iceberg : la partie invisible de la culture

Face émergée de l'iceberg	**Les façons d'agir** La ou les langues parlées, l'alimentation, les fêtes et jours fériés, les traditions, la musique, la mode, la littérature, etc.
Face immergée de l'iceberg	**Les façons de penser, d'être** Les croyances, les valeurs, les normes, les préjugés et les stéréotypes, les comportements, certaines habitudes, le rapport à la hiérarchie, la place des femmes, etc.

La communication interculturelle désigne la communication entre deux individus de cultures différentes. Elle peut être assimilée à la rencontre de deux icebergs. Si ces individus n'ont pas conscience de la partie immergée de l'iceberg de l'autre, il y aura un choc culturel, une incompréhension, et la communication ne sera pas efficace.

FICHE RESSOURCE

2 Étudier une culture

L'étude d'une culture consiste à en identifier tous les aspects et les origines qui peuvent l'expliquer et permettre de la différencier des autres cultures.

I Les éléments de la culture

Histoire	Faits marquants et dates principales
Géographie	Localisation, climat, topographie
Institutions sociales	– Famille : nucléaire ou étendue, organisation, rôles masculin et féminin – Éducation : niveau moyen d'études, taux d'alphabétisation – Système politique : structure, partis politiques, stabilité du gouvernement, rôle du gouvernement local – Système légal : système judiciaire, importance de l'écrit – Organisations sociales : groupes, classes sociales, races, ethnies et sous-cultures
Religion	Doctrines et structures, religions prédominantes, cultures d'influence et de pouvoir
Esthétique	Arts visuels, musique, théâtre, ballet, cinéma, folklore
Conditions de vie	– Régime et nutrition : consommation de viandes, végétaux, céréales, repas typiques, taux de malnutrition, aliments disponibles – Habitat : types, propriétés et locations, partagé ou non par plusieurs familles – Habillement : pour la vie professionnelle, pour la vie quotidienne – Divertissements, sports, loisirs : types disponibles et pratiqués, part du revenu consacrée – Système de santé
Langues	Langue officielle, langues parlées et écrites, langues régionales, dialectes
Protocole des affaires	Usages commerciaux, code des affaires

II La langue et le langage

Le langage est le véhicule de la culture. Il est aussi un obstacle à la communication : on dénombre entre 4 000 et 6 000 langues différentes dans le monde. Si, dans plusieurs cultures, on parle la même langue, le langage est différent : un même mot aura des sens différents.

Exemples ▸ **Dans certaines langues rares, comme celle des Itsekiri au Nigeria, les mots utilisés dépendent de l'heure de la journée. Par exemple, le sang, le feu ont des noms différents selon qu'on en parle le jour ou la nuit.**

▸ **Si les Québécois parlent la même langue que les Français, ils n'ont pas le même langage : leur utilisation des mots est différente. « Barrer » signifie « verrouiller », « être bête » signifie « être impoli », un char désigne une automobile...**

▸ **« Oui » signifie « je suis d'accord » pour un Français, mais « je vous ai entendu » pour un Asiatique.**

▸ **Un « ascenseur » se dit « *lift* » au Royaume-Uni et « *elevator* » aux États-Unis, le métro se dit « *underground* » au Royaume-Uni et « *subway* » aux États-Unis.**

- **La construction de la distance interpersonnelle**
  Dans la langue française, l'usage du « vous » ou du « tu » permet de marquer ou de réduire la distance interpersonnelle ; dans la langue anglaise, le « *you* » ne permet pas de marquer de différence. L'emploi du prénom est très courant dans la culture anglo-saxonne, alors qu'il est réservé aux proches dans la culture française.

- **La construction de la langue**
  – La place des mots dans la phrase : le sujet est central dans la langue française et de nombreuses langues européennes, alors que la priorité est accordée au thème dans la langue chinoise et de nombreuses langues asiatiques.

Exemple ▸ Le verbe peut apparaître en première position dans certaines langues (arabe) et en dernière position dans d'autres (allemand). Il est ainsi difficile de couper la parole à un Allemand puisqu'il faut attendre la fin de la phrase pour en comprendre le sens.

– La conjugaison au passé, au présent et au futur : dans certaines langues (chinois, indonésien), les verbes sont invariables, le temps est linéaire. Dans la langue française, le verbe change avec le temps, le mode, la personne et le nombre.

Exemple ▸ Beaucoup de langues ouest-africaines n'ont pas le concept du passé.

III Le langage non verbal

Le langage non verbal est souvent aussi important que le langage proprement dit : on estime que si 7 % de la communication est strictement verbale (sens des mots), 38 % est vocale (sons de la voix, intonations, inflexions) et 55 % est visuelle, composée de la gestuelle, du langage corporel, des expressions du visage, etc.

IV Le langage corporel

Dans les cultures latines, on parle beaucoup avec les mains, ce qui témoigne de l'importance du langage du corps pour renforcer le langage verbal.

Dans les cultures anglo-saxonnes, les émotions sont traduites par l'expression faciale et le langage du corps est réduit.

Dans les cultures nordiques, la communication est surtout verbale et le langage du corps est quasiment absent.

« Dans une situation tragique, un Asiatique esquisse une forme de sourire énigmatique. [...] En Russie, en revanche, [...] le sourire est souvent interprété comme un aveu de faiblesse ou, pire encore, comme le signe de quelque requête à venir. [...] Les Russes ne sourient que quand ils s'amusent vraiment et plutôt avec des personnes qu'ils connaissent bien. L'absence de sourire et, plus généralement, un air froid et distant témoignent de la concentration et du sérieux des échanges. »

Michel Sauquet et Martin Vielajus, *L'Intelligence interculturelle*, Paris, ECLM, 2014.

V La manifestation des émotions

Si montrer sa joie, sa peine ou sa colère paraît normal dans les cultures latines, c'est inconvenant dans les cultures asiatiques. Au Japon, l'expression de la colère est le privilège de ceux qui ont du pouvoir : ne pas la montrer pourrait leur faire perdre leur ascendant sur leurs subordonnés.

VI Les formes du langage non verbal

La proxémique	Utilisation et maîtrise de l'espace interpersonnel, mise en évidence par E. Hall (➲ Fiche ressource 3)
La kinésique	Gestes, mouvements corporels, expressions du visage, du regard...
Le paralangage	Caractéristiques vocales (rires, sanglots), intensité de la voix, tonalités, séparations dans le langage (« euh », « hum »...)
La chronémique	Utilisation du temps comme langage (l'usage du silence, en particulier)

« Regarder son interlocuteur droit dans les yeux, sans détourner le regard, peut être perçu comme un signe de franchise en France, mais comme un signe d'insolence, d'agressivité ou de non-respect [...] dans d'autres cultures. Dans ce domaine, la durée des contacts oculaires est un révélateur intéressant des différences : [...] la durée des contacts oculaires représente respectivement 13 % seulement de la durée totale de l'interaction pour les Japonais, mais 33 % [...] aux États-Unis et 52 % pour le Brésilien. »

Michel Sauquet et Martin Vielajus, *Ibid.*

VII La communication

Les incompréhensions culturelles sont souvent dues à des décalages dans les manières de s'exprimer :

Les codes du dialogue	Selon les régions, les professions, les générations, les codes du dialogue sont différents. Nous n'avons pas la même façon de prendre la parole, de nous adresser aux autres, de poser des questions, de répondre, d'interrompre une conversation, de nous excuser, de prendre congé.
L'importance de l'écrit et de l'oral	Au Japon, par exemple, l'écrit a peu d'importance, comparé à la confiance personnelle et à la parole donnée. En France, on scelle les décisions prises par un écrit afin d'éviter les contestations ultérieures.
L'importance de l'implicite	L'usage du silence est particulièrement révélateur : il est considéré par les Français comme le signe d'un vide de communication, d'un malaise (« un ange passe ») ; la culture japonaise traditionnelle cultive le sens du silence. On peut le constater dans la cérémonie du thé, la poésie, la calligraphie, le théâtre nô, le jardin zen et les arts martiaux.
La conception de l'humour	On ne rit pas des mêmes choses d'une culture à l'autre ; il y a des sujets dont on ne rit pas parce qu'ils tiennent à une certaine conception culturelle de l'intimité, des sphères personnelles, de la pudeur.

« Qui saluer ? Comment saluer ? Les salutations africaines sont très riches de questions, qui peuvent être perçues par un Français comme indiscrètes mais qui n'invitent pas réellement à répondre. La gestuelle qui accompagne le salut est également importante. Au Japon, les courbettes sont le rituel de politesse le plus remarqué des étrangers. [...] Elles sont codées : l'inclinaison est plus ou moins longue et profonde selon le statut social des personnes qui se saluent. »

Michel Sauquet et Martin Vielajus, *Ibid.*

FICHE RESSOURCE

3 Analyser une culture : les modèles interculturels

I Le modèle de Edward T. Hall (anthropologue américain, 1914-2009)

Selon Hall, les cultures peuvent être différenciées selon trois dimensions : le contexte de la communication, le rapport au temps et la distance relationnelle.

Dimensions	Analyse
Le contexte de la communication La communication verbale et non verbale	
Culture à contexte faible : la communication explicite	La communication est directe, le message est clair. Par exemple, la réponse « non » peut être donnée, même à un supérieur hiérarchique. Les règles au sein de la société sont peu formelles. L'individualité est importante et les salutations sont réduites au minimum. Exemples de pays : Australie, États-Unis, Allemagne, Suisse.
Culture à contexte fort : la communication implicite	Les relations sociales sont très importantes, chacun reste à sa place. De nombreux éléments sont à prendre en compte lorsque l'on s'adresse à une personne, comme son âge, son statut social et hiérarchique. Une forte importance est accordée au groupe social. Exemples de pays : Italie, Chine, Arabie saoudite.
Le rapport au temps Le rythme de la culture, la référence au passé, l'exactitude, le choix du moment	
Culture monochrone	Le temps est perçu comme un flux continu : il y a un passé, un présent et un futur. Les tâches sont planifiées et les plannings sont respectés. La ponctualité est importante. Les relations professionnelles sont distinctes des relations personnelles. « *Time is money.* » Pays occidentaux : importance de l'avenir (priorité aux jeunes). Pays à culture monochrone : Allemagne, États-Unis.
Culture polychrone	Le temps n'est pas isolé des événements sociaux et l'obéissance n'est pas due au temps mais aux relations entre les individus. Plusieurs tâches peuvent être réalisées en même temps, les interruptions sont possibles, les délais ne sont pas toujours respectés. Le temps peut se mesurer à l'échelle d'une vie et on prend le temps de se connaître avant de conclure des affaires. La patience caractérise cette culture. Pays à culture polychrone : pays asiatiques, pays arabes. Asie : importance du passé (ce sont les aînés qui gèrent). Moyen-Orient : le temps n'est pas un repère absolu.
Le rapport à l'espace La distance relationnelle, le contact physique	
La proxémie	Elle désigne « l'ensemble des observations et théories concernant l'usage que fait l'homme de l'espace » (Edward T. Hall). L'espace est défini comme « le territoire personnel de chaque individu ». Ce rapport à l'espace va conduire l'individu à conserver des distances plus ou moins importantes vis-à-vis des autres individus, en fonction de sa culture : une distance intime, une distance personnelle, une distance sociale et une distance publique. Les rituels d'accès en sont une illustration : en France, on s'embrasse ou on se serre la main ; dans les pays asiatiques, on s'incline. Certaines cultures sont « tactiles » (Amérique du Sud), d'autres non (pays asiatiques).

II Le modèle de Geert Hofstede (psychologue anthropologue néerlandais, 1928-2020)

Hofstede a mené une enquête dans les 72 filiales de l'entreprise IBM : 116 000 questionnaires ont été administrés dans 20 langues, dans plus de 50 pays.

Sa grille d'analyse culturelle est le fruit de cette enquête.

Dimensions	Analyse
Le degré de distance au pouvoir (la distance hiérarchique)	
Distance hiérarchique importante	Les subordonnés et les patrons se considèrent comme inégaux. Les subordonnés attendent des ordres précis et directs de la part de la hiérarchie. Les signes extérieurs de pouvoir et les inégalités sont acceptés. **Exemples** Pays du pourtour méditerranéen, d'Asie, d'Amérique du Sud.
Distance hiérarchique courte	Les subordonnés et les patrons se considèrent comme égaux. Les subordonnés attendent une approche participative de la part de leurs supérieurs. Les signes extérieurs de pouvoir sont difficilement acceptés. **Exemples** Pays scandinaves, germaniques, anglo-saxons.
Le contrôle de l'incertitude	
Fort contrôle de l'incertitude	Comportements anxieux vis-à-vis de l'étranger et de l'inconnu. Comportements émotifs, agressifs. Désir de structurer les institutions, les relations humaines. **Exemples** Pays d'Europe du Sud, d'Amérique du Sud.
Faible contrôle de l'incertitude	Niveau d'anxiété bas, conception pragmatique des choses. Goût du risque, de la nouveauté, de l'inconnu. Peu d'expression de l'émotivité. **Exemples** Pays d'Afrique, d'Asie du Sud-Est, pays scandinaves, anglo-saxons.
L'individualisme ou le collectivisme	
Individualisme	L'individu est indépendant du groupe. Recherche de la performance individuelle. Relations plutôt franches et directes. Séparation de la vie professionnelle et de la vie personnelle. **Exemples** États-Unis, Royaume-Uni et la plupart des pays européens.
Collectivisme	L'individu entretient des liens de dépendance très forts avec son groupe. Esprit d'équipe. Relations plutôt indirectes. Interférence entre vie professionnelle et vie personnelle. **Exemples** Pays d'Asie, d'Afrique, du Proche et du Moyen-Orient.
Les valeurs masculines ou féminines	
Valeurs masculines	Les notions de compétition et de réussite professionnelle sont très développées. Rapports au sein de la famille : père dominant, les garçons doivent s'affirmer. Rapports au travail : recherche de l'excellence, du succès matériel. Importance accordée à l'argent, à l'apparence. **Exemples** Japon, Royaume-Uni, États-Unis, Inde, pays arabes.
Valeurs féminines	Orientation vers le social, l'entraide et la solidarité. Rapports au sein de la famille : répartition des rôles homme/femme égalitaire. Rapports au travail : usage de l'intuition, recherche de consensus. Qualité de vie privilégiée, modestie. **Exemples** Pays d'Afrique, France, Espagne, pays scandinaves.
L'orientation à court terme ou à long terme	
Certaines sociétés ont une orientation à court terme. Le futur peut être regardé avec suspicion, l'immédiateté est privilégiée (par exemple, les pays du Moyen-Orient). Au contraire, dans les pays à orientation à long terme, le futur est anticipé, l'épargne plus abondante (par exemple, le Japon, la Chine).	
L'indulgence ou la sévérité	
Il s'agit du dernier axe ajouté par G. Hofstede (avec Minkov) à sa théorie. La dimension « indulgence » met l'accent sur la joie de vivre, le bonheur ainsi que le plaisir, face à la retenue, la modération, l'accomplissement du devoir, qui représentent la dimension « sévérité ». Pour autant, la joie et le bonheur ne sont pas exclus, mais plutôt reportés dans le temps. Pays sévères : la Russie, le Japon, la Chine, la Corée du Sud, la Birmanie. Pays indulgents : les États-Unis, l'Australie, le Canada, l'Argentine.	

D'après geerthostede.com

III Le modèle de Fons Trompenaars (consultant franco-néerlandais né en 1953)

Trompenaars a développé une approche similaire à celle de Hofstede et y a ajouté de nouvelles dimensions. Selon lui, l'homme est soumis à trois types de problèmes : sa relation avec les autres, sa gestion du temps et la façon dont il traite avec le monde extérieur.

Dimensions	Analyse
L'universalisme ou le particularisme (solution générale ou particulière)	
Universalisme	La règle générale s'applique, quel que soit le cas particulier rencontré. Les informations confidentielles sont tenues secrètes. Exemples ▸ Pays scandinaves, Allemagne, Royaume-Uni.
Particularisme	Une solution particulière est recherchée pour les cas particuliers. Les informations, même confidentielles, sont partagées avec les personnes concernées. Exemples ▸ Pays du sud de l'Europe, du Maghreb, Indonésie, Russie.
L'affectivité ou la neutralité (subjectivité ou objectivité)	
Affectivité	On admet les attitudes subjectives, guidées par les sentiments. Manifestation des émotions, exposition des états d'âme, utilisation de la gestuelle. Exemples ▸ Pays méditerranéens.
Neutralité	On privilégie les attitudes objectives, rationnelles, dépassionnées. Les émotions se manifestent rarement, on évite d'exprimer ses sentiments. Exemples ▸ Pays anglo-saxons.
Le statut attribué ou le statut acquis (qui on est ou ce que l'on fait)	
Statut attribué	Le statut social est dû à l'âge, à l'origine, à la profession, aux diplômes. Le statut est attribué en fonction d'un état. Exemples ▸ Thaïlande, Turquie, Japon, Chine.
Statut acquis	On acquiert un statut par ses réalisations, ses succès, ses actions. Le statut acquis est le résultat d'une action. Exemples ▸ Allemagne, États-Unis.
La volonté de contrôle de la nature	
Orientation interne	Certaines cultures pensent qu'elles peuvent contrôler la nature. Elles sont généralement centrées sur elles-mêmes. Exemples ▸ Cultures occidentales.
Orientation externe	D'autres cultures sont plus orientées vers l'extérieur et pensent que l'homme doit se laisser guider par les lois de la nature et vivre en harmonie avec elle. Exemples ▸ Cultures asiatiques.

IV Le modèle des 3 R (travaux récents de Trompenaars et Woolliams, professeur britannique)

- **Reconnaître :** les modèles existants aident à reconnaître les différences culturelles et à éviter une approche ethnocentrique du management.
- **Respecter :** accepter la théorie de la complémentarité est le premier pas de cette étape. Comprendre que toutes les valeurs existent en nous, à des degrés différents, est le début du respect.
- **Réconcilier :** tout le monde a des valeurs différentes en soi, qui se manifestent comme des dilemmes. Les dilemmes sont au-delà de la culture, mais la manière de les résoudre est déterminée par la culture.

Exemple ▸ **ANALYSE DE LA CULTURE FRANÇAISE**
Ses valeurs sont féminines.
Culture universaliste et affective.
Culture polychrone, très individualiste.
Elle est plutôt hiérarchisée et à fort contrôle de l'incertitude.
Le statut social est attribué.

FICHE RESSOURCE

4 Identifier les obstacles à la communication interculturelle

Les stéréotypes et les préjugés font partie de notre héritage culturel, ils nous sont transmis par notre culture au même titre que les valeurs, les normes, les habitudes et les façons de faire que nous partageons avec les autres membres de notre groupe.

Ces représentations que nous nous forgeons d'autrui influencent nos attitudes, nos jugements et nos relations interpersonnelles. Dans les relations commerciales interculturelles, la conscience de ces idées reçues doit permettre de les surmonter.

1 Les stéréotypes

Ce sont des représentations simplifiées d'un individu ou d'un groupe humain. Ils reposent sur une croyance partagée relative aux attributs physiques, moraux et/ou comportementaux, censés caractériser ce ou ces individus. Les stéréotypes remplissent une fonction cognitive importante : face à l'abondance des informations qu'il reçoit, l'individu simplifie la réalité qui l'entoure, la catégorise et la classe.

2 Les préjugés

Ce sont des opinions préconçues portant sur un sujet, un objet, un individu ou un groupe d'individus. Ils sont forgés antérieurement à la connaissance réelle ou à l'expérimentation : ils sont donc construits à partir d'informations erronées et, souvent, à partir de stéréotypes.

www.reseau-canope.fr

© CCFD-Terre solidaire

Exemple STÉRÉOTYPES ET PRÉJUGÉS

Les étrangers vus par les Français

Les Allemands sont disciplinés, ils se nourrissent de saucisses et de bière.
Les Écossais sont radins ; ils sont roux, bourrus, mais chaleureux.
Les Grecs sont homosexuels et poilus.

Les Français vus par les étrangers

Ils sont arrogants et très fiers d'être français.
Ils sont râleurs, fainéants, toujours en grève ou en vacances. Ils sont élégants mais ne se lavent pas.

1 Identifier des différences culturelles

1. **Identifiez la dimension culturelle évoquée dans le document ci-dessous.**

2. **Caractérisez la culture japonaise par rapport à cette dimension.**

DOCUMENT Les valeurs de la société japonaise

Les Japonais sont adeptes de la vie collective et de l'harmonie sociale. L'individu laisse place au groupe et la priorité est donnée aux autres, ce qui rend les Japonais solidaires et patriotes. C'est ancré dans leur culture, ils sont éduqués avec des valeurs de partage et de sociabilité car ils prennent en considération les sentiments d'autrui. Selon eux, le fait d'appartenir à un groupe leur permet de s'identifier ensuite comme individus.

Neuf dimensions clés révélatrices de la culture japonaise :

- Le sentiment national (fierté)
- L'honneur
- Le recours à la vertu
- Le respect de la tradition (poids de l'histoire)
- Le respect de l'autorité
- Le conformisme social
- Le consensus (harmonie)
- Le sens du travail (goût de l'effort)
- Le pragmatisme

Éducation, ambition, travail, patience et détermination sont considérés avec le plus grand respect. Les Japonais respectent au plus haut point les notions de loyauté, de valeur et de respect. Autrement dit, l'identité japonaise relèverait d'une culture unique et très différente de la culture occidentale. C'est dans l'adhésion au groupe que l'identité japonaise trouverait son fondement, son socle.

Les Japonais ne partagent pas la même conception des relations sociales que beaucoup de pays. On pourrait penser qu'ils abandonnent leur individualité au profit des autres, mais au contraire, c'est en étant intégrés dans la société qu'ils se sentent le plus importants et qu'ils se reconnaissent comme individus. Pour eux, l'individu et le groupe forment un tout, on ne peut avoir de groupe sans individus et on ne peut être quelqu'un sans appartenir à un groupe. C'est avant tout leur système d'interaction sociale [...].

Carole Doueiry Verne et Olivier Meier, *Culture et Éthique. Regard sur le Japon et les grandes entreprises japonaises*, Versailles, VA Press Éditions, 2013.

2 Test : Êtes-vous monochrone ou polychrone ?

● **Le test qui suit présente 12 situations et, pour chacune d'elles, deux options. Choisissez parmi les deux options proposées celle qui correspond à ce que vous faites habituellement (et non ce que vous aimez ou pensez faire).**

1 Vous et la ponctualité

A. Au rendez-vous, je suis ponctuel et j'aime qu'on le soit.

B. Être à l'heure ne doit pas être une obsession. On peut se permettre une marge de liberté d'environ une dizaine ou une quinzaine de minutes. J'accepte d'ailleurs facilement qu'une personne puisse arriver en retard.

2 Vie privée – vie professionnelle

A. Il faut éviter dans le cadre du travail de se mêler ou d'intervenir dans la vie privée des autres.

B. Quand quelqu'un a des problèmes personnels sérieux, il est important qu'il puisse les évoquer dans le cadre professionnel. Cela peut permettre de débloquer une situation.

3 Votre vision de l'avenir

A. Faire des projets personnels à long terme est sans intérêt. C'est difficilement réaliste. Tellement de choses peuvent arriver...

B. Il faut avoir des objectifs dans la vie et des projets à long terme car ils permettent de concrétiser ce que l'on veut et où l'on veut aller.

4 Dans une file d'attente...

A. Un attroupement sans ordre strict ne me gêne pas. Cela ressemble à la vie.

B. Dans une file d'attente, j'aime bien l'ordre. Chacun son tour.

5 La gestion de vos dossiers

A. Chaque chose à son heure. Je ne fais qu'une seule chose à la fois et ce dans un souci d'efficacité.

B. J'aime être engagé dans plusieurs situations ou événements à la fois. J'aime mener plusieurs dossiers de front.

6 Votre emploi du temps

A. J'aime bien me fixer un délai pour les tâches importantes. Tenir ses engagements, avoir de la méthode... c'est très important.

B. Il y a trop d'impondérables. Il faut savoir faire face à tout imprévu. Aussi, j'évite de m'imposer une méthode de travail trop stricte. Une part de création, de liberté est nécessaire.

7 Le travail en groupe

A. Être à plusieurs dans un même lieu permet d'échanger et d'avoir une vie de groupe. Il s'agit d'une méthode de travail efficace et que je recherche.

B. Tout compte fait, je préfère le travail bien compartimenté. Chacun travaille d'abord de son côté puis on se réunit. Je n'aime pas déranger et interrompre le travail des autres. Comme, d'ailleurs, je n'apprécie pas du tout d'être interrompu.

8 La durée d'une discussion

A. Une fois que l'essentiel est dit, il faut respecter l'horaire établi et passer à la personne ou à la tâche suivante. On n'a pas le droit d'empiéter sur le temps des autres.

B. Je laisse se prolonger une discussion si cela me plaît. Même s'il y a des choses à faire ailleurs. Je ne vais pas interrompre un entretien agréable pour respecter un horaire défini.

9 Suivre un plan

A. Il faut s'adapter et accepter toute modification se présentant. Même ceux intervenant à la dernière minute.

B. Un plan, une fois établi, doit être fermement suivi. Dans mes propos, si je me souviens d'une chose à dire, je reviens en arrière pour l'expliquer.

10 Votre bureau

A. Je suis relativement mal à l'aise lorsque je pénètre dans un bureau où traînent des dossiers et documents épars.

B. Je ne range généralement pas immédiatement les dossiers ou travaux que je suis en train de réaliser. Mon bureau est ainsi souvent encombré de documents.

11 Ville ou village ?

A. J'aime la vie de village. Tout le monde se connaît, dialogue. Je souhaiterais d'ailleurs y habiter.

B. Je trouve un certain charme aux grandes villes. Elles semblent impersonnelles, mais il y a en réalité tellement de choses à voir, à vivre.

12 Vos présentations

A. J'apprécie les exposés bien structurés, aux plans rigoureux, que l'on peut entendre. Je suis au contraire excédé dès qu'un orateur ou interlocuteur utilise trop d'exemples ou prétend revenir sur un thème abordé.

B. Lorsque je présente un exposé, une conférence à un public restreint, je me surprends souvent à « passer du coq à l'âne » dans mes propos.

Dépouillement

Indiquez dans le tableau ci-contre les situations que vous avez choisies.

Précision : le fait d'être monochrone ou polychrone ne dit rien sur les capacités intrinsèques ou les qualités d'un individu. Les tendances qui vont se dégager du test ne caractérisent que la capacité à faire plusieurs choses à la fois ou au contraire à se concentrer sur une seule tâche à la fois et la façon dont votre perception du temps va se traduire dans le travail.

Test extrait de Philippe Deval, *Comment manager son chef*, Paris, Éditions d'Organisation, 2005.

	A	B
1		
2		
3		
4		
5		
6		
7		
8		
9		
10		
11		
12		

Le nombre de croix dans une case avec bordure représente votre tendance monochrone : ______

Le nombre de croix dans une case sans bordure représente votre tendance polychrone : ______

3 Identifier des dimensions culturelles

● **Pour chaque proposition, identifiez la dimension culturelle correspondante.**

Proposition	Dimension culturelle
En Inde, la sphère publique est très réduite : on se bouscule, on se marche sur les pieds.	
Les Américains sont centrés sur le pragmatisme et l'argent, ils sont toujours dans la compétition et l'action.	
Les Allemands ne supportent pas les gens qui coupent les files d'attente, qui sortent du rang ou refusent d'obéir aux panneaux d'interdiction.	
Au Mexique, le père est dominant, la mère est soumise.	
Faire la bise n'est pas habituel en Norvège ou en Finlande.	
Dans les entreprises indonésiennes, le patron est omniprésent, il concentre toute l'autorité.	

4 Étudier la culture des Nacirema

DOCUMENT Extrait de Horace Miner, « *Body Ritual among the Nacirema* »

The culture of this people is still very poorly understood. They are a North American group living in the territory between the Canadian Cree, the Yaqui and Tarahumare of Mexico, and the Carib and Arawak of the Antilles. Little is known of their origin, although tradition states that they came from the east. According to Nacirema mythology, their nation was originated by a culture hero, Notgnishaw [...].

Nacirema culture is characterized by a highly developed market economy which has evolved in a rich natural habitat. While much of the people's time is devoted to economic pursuits, a large part of the fruits of these labors and a considerable portion of the day are spent in ritual activity. The focus of this activity is the human body, the appearance and health of which loom as a dominant concern in the ethos of the people. [...] The fundamental belief underlying the whole system appears to be that the human body is ugly and that its natural tendency is to debility and disease. Incarcerated in such a body, man's only hope is to avert these characteristics through the use of the powerful influences of ritual and ceremony.

Every household has one or more shrines devoted to this purpose. The more powerful individuals in the society have several shrines in their houses and, in fact, the opulence of a house is often referred to in terms of the number of such ritual centers it possesses. [...] While each family has at least one such shrine, the rituals associated with it are not family ceremonies but are private and secret. [...]

The focal point of the shrine is a box or chest which is built into the wall. In this chest are kept the many charms and magical potions without which no native believes he could live. These preparations are secured from a variety of specialized practitioners. The most powerful of these are the medicine men, whose assistance must be rewarded with substantial gifts.

However, the medicine men do not provide the curative potions for their clients, but decide what the ingredients should be and then write them down in an ancient and secret language. This writing is understood only by the medicine men and by the herbalists who, for another gift, provide the required charm. The charm is not disposed of after it has served its purpose, but is placed in the charm-box of the household shrine.

As these magical materials are specific for certain ills, and the real or imagined maladies of the people are many, the charm-box is usually full to overflowing. The magical packets are so numerous that people forget what their purposes were and fear to use them again. [...] Beneath the charm-box is a small font. Each day every member of the family, in succession, enters the shrine room, bows his head before the charm-box, mingles different sorts of holy water in the font, and proceeds with a brief rite of ablution. The holy waters are secured from the Water Temple of the community, where the priests conduct elaborate ceremonies to make the liquid ritually pure. In the hierarchy of magical practitioners, and below the medicine men in prestige, are specialists whose designation is best translated "holy-mouth-men." [...]

Were it not for the rituals of the mouth, they believe that their teeth would fall out, their gums bleed, their jaws shrink, their friends desert them, and their lovers reject them. [...] The daily body ritual performed by everyone includes a mouth-rite. [...] It was reported to me that the ritual consists of inserting a small bundle of hog hairs into the mouth, along with certain magical powders, and then moving the bundle in a highly series of gestures. In addition to the private mouth-rite, the people seek out a holy-mouth-man once or twice a year. These practitioners have an impressive set of paraphernalia, consisting of a variety of augers, awls, probes, and prods. The use of these objects in the exorcism of the evils of the mouth involves almost unbelievable ritual torture of the client. The holy-mouth-man opens the client's mouth and, using the above mentioned tools, enlarges any holes which decay may have created in the teeth. Magical materials are put into these holes. If there are no naturally occurring holes in the teeth, large sections of one or more teeth are gouged out so that the super-natural substance can be applied. [...]

The extremely sacred and traditional character of the rite is evident in the fact that the natives return to the holy-mouth-men year after year, despite the fact that their teeth continue to decay. [...] This part of the daily body ritual ▶

is performed only by men. This part of the rite involves scraping and lacerating the surface of the face with a sharp instrument. [...] As part of this ceremony, women bake their heads in small ovens for about an hour.

The theoretically interesting point is that what seems to be a preponderantly masochistic people have developed sadistic specialists. The medicine men have an imposing temple, or latipso, in every community of any size. The more elaborate ceremonies required to treat very sick patients can only be performed at tills temple. [...] No matter how ill the supplicant or how grave the emergency, the guardians of many temples will not admit a client if he cannot give a rich gift to the custodian. Even after one has gained admission and survived the ceremonies, the guardians will not permit the neophyte to leave until he makes still another gift.

Horace Miner, *Body Ritual among the Nacirema*, 1956.

À partir du document ci-dessus :

1. Identifiez la source, l'auteur et la culture concernée.

2. Relevez les stéréotypes et préjugés développés par l'auteur.

3. À partir d'une recherche sur Internet, caractérisez la culture et les sous-cultures du pays caricaturé.

5 Analyser la culture arabe

● **Après lecture du document ci-dessous, analysez la culture arabe selon le modèle de E. T. Hall.**

DOCUMENT La culture arabe

Dans les pays arabes, les réseaux d'information sont très extensifs, en raison d'une forte implication des relations personnelles. Ainsi, tout le monde est au courant du vécu de tout le monde et, dans la communication quotidienne, il n'est pas nécessaire de donner explicitement plus d'information.

Au Moyen-Orient, au-delà d'une semaine, le futur tombe dans l'oubli. Il est inutile donc de fixer des rendez-vous au-delà. Le temps est réversible, n'évolue pas.

Recevoir un courrier peut profondément modifier le programme de la journée, de la semaine, du mois. Dans les pays arabes, le temps est une régularité changeante. Le calendrier est mobile, les dates du Ramadan aussi. Le temps n'est pas un repère absolu. Cela n'empêche pas la structuration, puisque le temps des prières est régulier, ainsi que leur nombre ; mais elles n'ont pas lieu à la même heure.

– Le comportement public : pousser et jouer des coudes sont des traits caractéristiques de la culture du Moyen-Orient. Il existe un lien avec la conception des rapports interindividuels.

– La conception de la zone « privée » : il n'existe pas de zone personnelle privée à l'extérieur de leur corps. Par rapport à la conception occidentale, la définition de la personne est différente, la localisation de la personne par rapport au corps est différente. L'utilisation de l'espace diffère : les Arabes évitent le cloisonnement car ils n'aiment pas être seuls. Leur façon de s'isoler consiste à cesser de parler (être seul avec ses pensées).

– La distance personnelle : l'olfaction a un rôle important. (Les Arabes vous tiennent toujours dans le champ de leur haleine.) Respirer l'odeur d'un ami est agréable. Pour les Arabes, l'odeur et le caractère sont liés.

– Le regard de l'interlocuteur : regarder autrui latéralement est une impolitesse, tourner le dos est grossier. Les Arabes se regardent avec intensité lorsqu'ils se parlent.

Extrait de Edward T. Hall, *La Dimension cachée*.
© Éditions du Seuil, 1971, pour la traduction française, « *Points Essais* », 2014.

6 Analyser une culture étrangère

Étudiant(e) en BTS Commerce international, vous allez effectuer un stage à l'étranger.
Avant de partir, vous allez prendre connaissance des codes culturels du pays dans lequel vous allez séjourner pendant 2 mois. En effet, vous avez à cœur de réussir votre immersion : vous souhaitez entretenir de bons rapports avec les membres de l'entreprise qui va vous accueillir et développer des relations amicales à l'occasion de vos moments de loisirs.
Vous avez choisi votre destination.
Vous allez maintenant analyser la culture de ce pays.

1. **À l'aide d'une recherche sur Internet, identifiez les caractéristiques de cette culture.**
2. **Analysez cette culture au travers des modèles de Hall, Hofstede et Trompenaars.**

7 Comparer les valeurs véhiculées par les traditions

La fête de Noël constitue une tradition importante dans de nombreux pays. Cette fête prend toutefois des formes et véhicule des valeurs différentes en fonction des cultures.

À partir du document ci-dessous et d'une recherche sur Internet :
1. **Identifiez les rituels et les traditions de la fête de Noël dans les différentes régions du monde.**
2. **Identifiez les valeurs véhiculées par ces rituels et traditions.**

DOCUMENT La fête de Noël dans le monde

Saint-Nicolas aux Pays-Bas
Aux Pays-Bas, ce n'est pas tant Noël qui est fêté que la Saint-Nicolas. À la mi-novembre, saint Nicolas arrive avec ses *zwarte Pieten* sur un bateau en provenance d'Espagne et s'installe aux Pays-Bas pour trois semaines. Accueilli solennellement par le maire de la ville, il part ensuite sur son cheval blanc…
Les festivités commencent alors en faisant appel à la créativité de tous pour le rituel des « surprises » et toutes sortes d'animations, jusqu'au « soir des petits paquets » et la distribution des cadeaux le 5 décembre. Les 25 et 26 décembre sont chômés pour permettre à la famille de se retrouver et de fêter Noël, mais il n'y a plus de cadeaux. […]

Noël au Burkina-Faso
Au Burkina-Faso, les enfants préparent Noël en se livrant à une bienveillante concurrence pour réaliser la plus belle crèche du quartier. Une chaîne de télévision récompense chaque année les trois plus belles œuvres.
Noël, […] c'est aussi un dialogue interreligieux au son des fourchettes. La célébration de Noël résonne avec l'esprit de partage et de générosité entre les membres d'une même famille, mais également du même quartier.
La « ronde des plats » est un rituel très attendu : c'est une ballade joyeuse de repas cuisinés pour la circonstance par chaque famille de confession chrétienne. Elle confie ensuite à ses enfants la mission d'offrir ce plat, soigneusement garni, aux familles musulmanes voisines.

Guillaume Sarrazin, « Noël à travers les cultures » (extraits), regards-interculturels.fr, 2015.

CHAPITRE

2 Prendre en compte les différences culturelles dans un contexte professionnel

COMPÉTENCES PROFESSIONNELLES

Communiquer en français et en anglais dans des contextes interculturels

→ Élaborer des messages écrits et oraux en intégrant les codes et normes culturels
→ Adapter les outils commerciaux et de communication aux normes culturelles
→ Mener des entretiens commerciaux

Dans les entreprises qui exercent leurs activités à l'échelle internationale, il est naturel de voir des équipes formées d'employés de nationalités différentes. [...] [Les] différences de cultures ne devraient en aucun cas constituer un facteur de blocage, mais au contraire, elles devraient être un atout supplémentaire. [...] Pour offrir une meilleure garantie sur le bon déroulement des relations professionnelles, les entreprises accordent une grande importance au management interculturel, qui tend à effacer, même si leur disparition complète est impossible, les différences culturelles, sources de blocage. [...] L'entreprise peut ainsi intégrer ce mélange de cultures dans sa stratégie : perception d'un nouveau marché, prospection de nouveaux clients, ou encore développement d'un partenariat avec une entreprise étrangère. Aujourd'hui, quasiment toutes les grandes entreprises ont intégré les facteurs interculturels dans leurs stratégies de développement.

Extrait de www.expat.org

SITUATION PROFESSIONNELLE

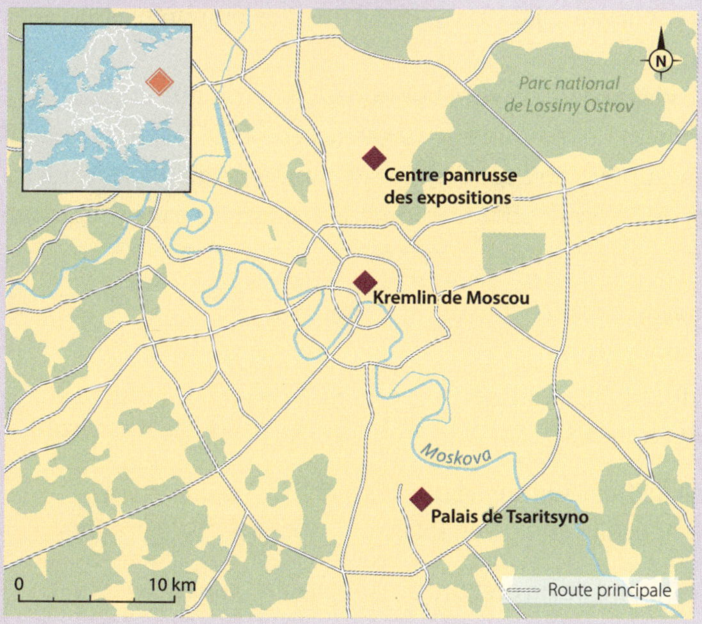

MOSCOU

Capitale de la Fédération de Russie
Superficie : 2 511 km²
Population : 11,92 millions d'habitants
Monnaie : rouble (1 EUR = 86,54 RUB)
Langue officielle : russe
PIB par habitant : 1 743 USD

1. Actualisez les données par une recherche sur Internet.
2. Caractérisez les pratiques commerciales, sociales et environnementales du pays, après consultation de l'évaluation des risques par Coface.

QUAI SUD
FRANCE
www.quaisud.com

L'entreprise Quai Sud, créée en 1996 à Signes, dans le Var, est une PME de 50 personnes spécialisée dans la création de produits festifs, culinaires et gastronomiques : mélanges pour cocktails, thés aromatisés, cacao…

Quai Sud sélectionne rigoureusement ses matières premières en fonction de leur qualité, de leur saveur, de leur terroir, et les propose en versions naturelles ou aromatisées. Le plan HACCP (méthode qui permet de contrôler la sécurité alimentaire dans le but de prévenir, éliminer et réduire à un niveau acceptable les dangers biologiques, chimiques ou physiques) a été mis en place en 2008 et permet de garantir une traçabilité des produits tout au long de la chaîne de fabrication.

L'entreprise favorise l'emploi des salariés plutôt que l'utilisation de machines et la mise en place de chaînes automatisées. Ainsi, les produits sont artisanaux.
Aujourd'hui, Quai Sud commercialise 20 gammes différentes, avec plus de 1500 produits au total. 25 % du chiffre d'affaires sont réalisés à l'export, avec une présence dans plus de 50 pays.
Chaque gamme de produits est travaillée comme une collection, surfant sur les tendances. L'entreprise est toujours à la recherche de produits de qualité, d'originalité et de nouvelles saveurs pour surprendre ses clients.

Quai Sud a décidé de relever un nouveau défi : ouvrir un *pop-up store* (magasin éphémère) en Russie, à Moscou, pendant la période des fêtes de fin d'année. Il s'agit d'une grande nouveauté pour l'entreprise.
Une étude de marché a révélé un marché porteur pour les produits d'épicerie fine *made in France* et consolidé ce projet d'ouverture. Quai Sud a fait appel aux services d'un conseiller fiscal à Moscou, qui a monté le dossier d'implantation. Des locaux ont été trouvés dans un quartier idéalement situé en plein centre-ville, dans une rue adjacente à la place Rouge. Ce quartier est entièrement piétonnier et attire un grand nombre de Moscovites et de touristes. De plus, le *pop-up store* va bénéficier de la forte attractivité du Goum, grand centre commercial russe, dont l'une des nombreuses entrées se trouve sur la place Rouge.
Marc Durand, qui assume depuis 5 ans la supervision de plusieurs boutiques de l'enseigne en France et à l'étranger, a été choisi pour assurer le management de ce nouveau magasin à Moscou. Depuis 6 mois, il apprend la langue russe afin de faciliter sa communication avec l'équipe de vendeurs qu'il va encadrer. Conscient que l'apprentissage de la langue n'est pas suffisant pour une intégration dans ce pays, il souhaite collecter le plus d'informations possible sur les valeurs culturelles russes.

Vous êtes chargé(e) de l'assister dans la préparation de son départ.

1. Identifiez les principales caractéristiques du modèle culturel russe et ses principales différences avec le modèle culturel français.
➲ Documents 1 et 2
➲ Fiche ressource 1

2. Identifiez les valeurs de la culture d'entreprise de Quai Sud sur lesquelles Marc Durand va pouvoir s'appuyer pour fédérer sa nouvelle équipe en Russie.
➲ Document 4
➲ Fiche ressource 2

3. Relevez les particularités culturelles que Marc Durand devra prendre en compte pour manager son équipe.
➲ Documents 2 et 3
➲ Fiches ressource 3 et 4

4. Identifiez les difficultés auxquelles Marc Durand risque d'être confronté dans sa nouvelle mission.
➲ Fiche ressource 5

VOTRE DOSSIER

DOCUMENT 1 La culture russe

La culture russe est l'une des plus riches du monde. Ainsi, c'est l'ensemble de la Russie qui est englobée dans le modèle culturel russe, mais également plusieurs pays voisins : Ukraine, Biélorussie, etc. Les éléments communs sont nombreux : la langue, l'alphabet cyrillique, la religion orthodoxe.

La musique et la littérature occupent une place très importante dans la culture russe. Ainsi, lors d'un voyage en Russie, il y a de grandes chances pour que vous soyez invité(e) au Bolchoï (grand théâtre de Moscou, l'une des scènes les plus prestigieuses de Russie, célèbre dans le monde entier) par vos amis, vos clients ou vos prospects. Le cinéma et la peinture sont également très présents dans ce modèle culturel.

La gastronomie tient une place importante, que ce soit au niveau des spécialités culinaires comme de l'organisation des repas. Ainsi, les repas russes sont organisés en séquences : entrées, plats, desserts. Ce modèle, « à la russe », a influencé de nombreux pays ! Le mot français « bistrot » viendrait d'ailleurs directement du russe. Ce terme se serait installé dans la langue française lors de l'occupation russe en 1814. Les Russes interpellant les cafetiers français avec l'expression « *bistro, bistro !* » pour « vite, vite ! ».

DOCUMENT 2 Corporate culture in Russia

Hierarchical, bureaucratic, attached to procedures: this is what can define corporate culture in Russia. Decisions usually take a long time to be taken, especially since the fear of making mistakes prevents employees from taking initiatives.
Very few Russians speak foreign languages. Unless you work in a large international company, you are unlikely to be surrounded by bilingual or multilingual colleagues. So it's better to use Russian language.

Working conditions
In Russia, every employee works 40 hours a week, but the maximum duration is 54 hours.

Direct communication
Russians are very pragmatic: they like to get straight to the point, and while they are very courteous, they don't bother with endless courtesies. They may also just listen to you while remaining impassive. This does not indicate a lack of interest; they just pay close attention to your speech and then question you.
However, taken out of the professional context, the Russians become very demonstrative. They also prefer direct communication: face to face is preferred to electronic or telephone exchanges.

Hierarchy and egalitarianism
In Russia, the hierarchy is well defined and must be respected. Supervisors make the big decisions and then have them implemented by the subordinates. Once the decisions are made, they are indisputable.
However, there is a form of respect towards the oldest members of the company: they are the only ones authorized to intervene in decision-making, which shows a proof of respect because in general, managers prefer to organize meetings with people of the same status.

Formalism and discretion
Relations within the company are generally very formal: we do not talk about our private life.

Russians are very discreet, even when it comes to praising someone for their work: it is done in private and not front of other employees.

DOCUMENT 3 Les valeurs en Russie

Les Russes ont une réputation de dureté et de cynisme. La malhonnêteté fait également partie de la culture russe : nombre de Russes trichent aux examens sans scrupule, conservent volontiers l'argent que le commerçant leur rend en trop, etc.

Certains observateurs les considèrent laxistes. La mélancolie et la nostalgie sont des traits également couramment prêtés aux Russes. Les Russes aiment se plaindre et peuvent paraître narcissiques, dans la mesure où les discussions sur le destin dramatique du peuple russe qui a tout supporté et a survécu à tout sont narrées avec plaisir. « Chez nous aussi, la fête va venir un jour » est un proverbe qui illustre bien cet espoir éternel d'une vie meilleure et la grande patience des Russes.

Les femmes russes sont considérées comme patientes et dévouées à leurs enfants et à leur vie de famille. Dans la littérature, elles sont présentées comme « capables de tout » : « arrêter un cheval au galop, rentrer dans l'isba en feu... ».

La famille est une valeur importante pour les femmes russes : elles se marient plus tôt que les Occidentales, abandonnent souvent leur carrière pour leurs enfants et maris. La femme est souvent le « chef » de famille, elle s'occupe du budget (l'homme est censé lui donner son salaire) et de l'éducation des enfants. Par contre, dans la vie professionnelle, les femmes ont du mal à accéder aux postes à de hautes responsabilités, puisque moins de 5 % des dirigeants russes sont des femmes.

Les Russes apprécient les fêtes. Même un simple dîner entre amis finit généralement par des chansons et des danses. Il ne faut donc pas refuser une invitation à une fête ou à boire un verre car, comme disent les Russes, « ce ne sont que les espions qui ne boivent pas ».

« Les mentalités et valeurs chères aux Russes »,
www.centreeurope.org

DOCUMENT 4 Les engagements de Quai Sud

DÉMARCHE ISO 14001	Quai Sud suit la démarche environnementale ISO 14001, qui vise à réduire l'impact de ses activités sur l'environnement.
QUAI SUD *s'engage* **ZÉRO PLASTIQUE**	L'entreprise s'engage dans une démarche de conception de produits écoresponsables, avec notamment comme objectif une sortie totale du plastique à l'horizon 2023.
UN BÂTIMENT TRÈS « ISOLÉ »	Les locaux de Quai Sud à Signes sont conçus conformément à la norme RT2005, qui impose une isolation accrue pour limiter la consommation d'énergie. La conception du bâtiment s'inscrit dans la démarche HQE (Haute Qualité Environnementale), qui vise à maîtriser les impacts du bâtiment sur l'environnement.
RECYCLAGE : OBJECTIF 100 %	En juin 2009, l'agglomération de communes dont dépend la zone d'entreprises de Signes n'a pas encore instauré le tri sélectif. Quai Sud décide d'investir pour mettre en place son propre tri sélectif (papiers, plastiques, verre, matières organiques). Objectif : 100 % des déchets recyclés.
LUTTER CONTRE LE GASPILLAGE ALIMENTAIRE	En 2018, Quai Sud propose ses produits sur l'application « Too Good To Go », qui permet aux citoyens de venir récupérer les invendus.

FICHE RESSOURCE

1 Les modèles culturels

Un modèle culturel est l'ensemble des composantes culturelles communes à un groupe de pays. Il s'agit de caractéristiques religieuses, sociales, artistiques, intellectuelles. En général, un pays sert de modèle et en influence d'autres.

I Les différents modèles culturels

La culture latine	Elle englobe les pays du sud de l'Europe (France, Espagne, Italie et Portugal principalement, mais également la Roumanie). Ces pays portent l'héritage culturel de la Rome antique. Le latin a longtemps été un instrument de communication et de savoirs, ce qui a permis de véhiculer une culture commune.
La culture germanique	Fortement influencée par l'Allemagne d'aujourd'hui, la culture germanique englobe l'Allemagne, l'Autriche et une partie de la Suisse. La langue commune est ici le point de départ de cette culture partagée.
La culture anglo-saxonne	Elle réunit un ensemble de pays dont la langue parlée est l'anglais : l'Angleterre, le pays de Galles, l'Écosse et l'Irlande. D'autres pays ont également été influencés par l'Angleterre, comme l'Australie, la Nouvelle-Zélande, le Canada et les États-Unis. Chacun de ces pays conserve une identité propre, mais avec des traits culturels communs.
La culture slave	Elle regroupe des pays dont la principale caractéristique commune est l'usage des langues slaves. Originaires d'Eurasie, ils s'étendent à l'Europe centrale et englobent la Russie, la Biélorussie, l'Ukraine, la Pologne, la Lituanie, la Croatie, la Serbie, le Monténégro. La religion orthodoxe est la religion dominante. Les alphabets utilisés sont le cyrillique et le latin.
La culture arabe	Les pays dits « arabes » se trouvent principalement en Afrique du Nord et s'étendent jusqu'au golfe Persique. Cet ensemble de pays (le Maroc, la Tunisie, l'Algérie, les Émirats arabes unis, le Qatar, l'Arabie saoudite, etc.) rassemble plusieurs religions, pour la plupart issues de la religion musulmane. Différents dialectes sont parlés, mais l'arabe littéraire en est la base.
La culture asiatique	L'Asie est un vieux continent, riche d'un grand nombre de traditions. La culture asiatique est très diversifiée et s'enrichit des traditions de nombreux pays, comme la Chine, le Vietnam, la Thaïlande, l'Inde, la Birmanie, etc. La route de la soie a été un facteur important de partage de cette culture asiatique, jusqu'au cœur de la Chine et jusqu'au Japon. Longtemps fermée sur elle-même, la Chine s'est surtout développée sur son propre territoire. L'Inde, au contraire, a été très tôt le grand réceptacle des différentes cultures européennes et asiatiques : aryenne, persane, grecque ou mongole et, plus tardivement, anglaise. Les religions hindouiste et bouddhiste y sont dominantes.
La culture nord-américaine	Avec une politique qui ne distingue pas les produits culturels, économiques et commerciaux, les États-Unis donnent l'impression d'imposer au monde un modèle culturel unique. Les vecteurs de communication sont puissants et diversifiés. La diffusion de la culture américaine prend des formes très variées (comme le cinéma, la musique, les modes vestimentaires, les pratiques économiques et commerciales). Dans certains cas, ce modèle semble vouloir s'imposer aux autres modèles culturels. Il est souvent contesté, notamment en raison de son hégémonie. Ces contestations conduisent à des manifestations de rejet (par exemple, des démontages de restaurants McDonald's).

II Comparaison des modèles latin et anglo-saxon

Pourtant géographiquement voisins, les Français et les Britanniques appartiennent à deux modèles culturels différents. Ces différences s'expriment dans les façons de penser, d'être et d'agir des individus, et tout particulièrement dans les modes de management en entreprise (➲ Fiche ressource 3).

1 Comparaison des modes de communication latin et anglo-saxon

Les Anglo-saxons s'expriment de façon indirecte et évitent la confrontation. La communication directe est généralement très mal perçue. Ainsi, les Britanniques s'expriment de façon suggestive, avec beaucoup de courtoisie, y compris pour transmettre un message qui ne l'est pas.

Remarque Le terme « demande » est en faux ami : en anglais, il signifie « exiger ». Un Britannique sera blessé par le caractère explicite d'une requête formulée avec ce terme.

Par ailleurs, le Royaume-Uni comprend l'Angleterre, le pays de Galles, l'écosse et l'Irlande du Nord, soit des peuples qui ont des particularités culturelles, même s'ils ont une langue et des usages communs.

De la même façon, les Irlandais de l'Irlande du Nord et ceux de la République d'Irlande ne doivent pas être confondus.

2 Comparaison des modes de management latin et anglo-saxon

Caractéristiques	Modèle latin	Modèle anglo-saxon
Formalisme	Élevé (protocole, rites, étiquettes)	Faible (simplicité, pas de distinction « tu »/« vous »)
Résistance au changement	Forte (conservatisme)	Faible (réformisme)
Hiérarchisation	Élevée (structure pyramidale autoritaire, nombreux niveaux hiérarchiques, faible mobilité sociale)	Faible (structure « râteau » participative, moindre nombre de niveaux, forte mobilité sociale)
Rôle des élites	Important	Peu d'élites
Système d'éducation	Sélectif	Démocratique
Syndicalisation	Faible, idéologique	Forte, pragmatique
Prise de décision	Flux de décisions, ordre	Débat
Taille des entreprises	PME dominantes	Grandes entreprises

FICHE RESSOURCE

2 La culture d'entreprise

L'entreprise rassemble des individus de cultures nationales, régionales et professionnelles différentes ; la création d'une culture commune permet d'assurer la cohérence de cette mosaïque.
La culture d'entreprise doit être partagée par l'ensemble des salariés de l'organisation pour permettre une démarcation de ses concurrents et une adaptation à son environnement.

Les éléments de la culture d'entreprise	
Les croyances	Ce sont des idées arrêtées sur le fonctionnement de l'entreprise.
Les normes	Ce sont des règles particulières de fonctionnement de l'entreprise, qui s'appliquent à chacun de ses membres.
Les valeurs	Ce sont les principes moraux et sociétaux sur lesquels se base l'entreprise pour évoluer et prendre ses décisions stratégiques. Exemple ▸ L'entreprise Nestlé communique sur son engagement humanitaire, sur la création de la Fondation Nestlé, qui adhère aux valeurs « du développement durable et concilie développement social, croissance économique et respect de l'environnement ».
Les mythes et les héros	Il s'agit des grands succès réalisés par l'entreprise et des grandes figures et personnalités qui ont participé à sa construction et à son évolution. Exemple ▸ Jeff Bezos, avec la création de l'entreprise Amazon dans son garage, en est une illustration.
Les rites	Ils permettent de rythmer la vie en entreprise, de manifester un consensus parmi les salariés, grâce à des séminaires, des réunions hebdomadaires, les fêtes de fin d'année, etc. Exemples ▸ L'organisation de pots de départ pour la retraite des salariés, l'obtention d'une promotion.
Les codes	Ils correspondent aux signes d'appartenance à l'entreprise. Exemples ▸ La tenue professionnelle, qui peut être stricte (costume cravate pour les hommes, tailleur pour les femmes) ou détendue (jean et tee-shirt largement acceptés), ou encore le vocabulaire propre à l'entreprise.
Les tabous	Il s'agit des sujets qu'il ne faut pas aborder ouvertement en entreprise. Exemples ▸ Le stress, le harcèlement moral ou sexuel, les discriminations... sont encore aujourd'hui trop souvent des sujets tabous en entreprise.
Le rapport à la hiérarchie	Il peut s'exprimer de différentes façons, notamment physiques (la disposition des bureaux, le *dress code*, la façon de se saluer, etc.), mais il peut être plus implicite. Geert Hofstede a établi qu'il existe des cultures à contexte de faible distance hiérarchique et d'autres à contexte de forte distance hiérarchique. Exemple ▸ Au Japon, plus la position dans la hiérarchie est élevée, plus le bureau de la personne concernée est placé haut dans les étages.
Le tutoiement ou le vouvoiement	La langue parlée joue un rôle important : si l'utilisation de l'anglais, langue des affaires, neutralise cet élément, dans de nombreuses autres langues, le tutoiement marque la confiance et la proximité. Le vouvoiement marque le respect, mais maintient une certaine distance sociale et hiérarchique. Exemple ▸ Dans de nombreuses start-up françaises, le tutoiement est la règle, avec notamment des créateurs d'entreprise jeunes (75 % des créateurs de start-up ont moins de 35 ans).

FICHE RESSOURCE

3 Les styles de management dans le monde

Si le style de management dans l'entreprise est influencé par la personnalité du dirigeant, il dépend surtout de la culture nationale, du secteur d'activité et de la culture de l'entreprise.

I Les principaux styles de management dans l'entreprise

Styles de management	Autoritaire	Paternaliste	Consultatif	Participatif
Caracté-ristiques	Les responsables prennent les décisions, leurs subordonnés les exécutent. La communication est descendante, la motivation est assurée par un système de récompenses et de sanctions.	Les décisions sont prises de façon autoritaire par la direction, qui fait preuve de bienveil-lance envers ses subordonnés. Les besoins de ceux-ci sont pris en compte dans et en dehors de l'entreprise.	Les subordonnés participent à la prise des décisions. La motivation est assurée par un système de récompenses et de sanctions, en fonction des résultats.	Accompagnés par leur direction, les employés participent à la prise des décisions et à l'organisation de leur travail.
Avantages	Efficacité	Cohésion, moti-vation, sentiment d'appartenance et loyauté des employés	Responsabilisation des employés, détection des talents	Cohésion, responsabilisa-tion, sentiment d'appartenance
Inconvé-nients	Risque de démotivation et de conflit	Coût et difficulté de la mise en œuvre	Risque de démotivation en cas de pression trop importante	Risque de désorganisation
Pays	Afrique, Amérique du Sud, Moyen-Orient, Japon	France et pays latins d'Europe	Pays anglo-saxons	Pays scandinaves
Exemples	Apple	Michelin	Google	Ikea, les start-up (par exemple, Nossa!)

II Les modèles de management en fonction de la culture nationale

Le management d'une organisation dans un pays donné ne peut faire abstraction de la culture nationale. Certaines cultures présentent des caractéristiques communes :

– chez les Anglo-Saxons : Royaume-Uni, États-Unis, Canada, Australie et Nouvelle-Zélande ;

– chez les Latins : France, Italie, Brésil...

Caractéristiques	Latins	Anglo-Saxons
Gestion de l'autorité	Autorité	Coopération
Gestion des problèmes	Approche logique	Approche pragmatique
Gestion des relations	Solidarité	Travail indépendant de l'affectif

Trois principaux modèles de management peuvent être identifiés :

Modèle	Nord-américain	Asiatique	Européen
Principales caractéristiques	• Importance de l'individu • Rôle du contrat comme mode de régulation des rapports sociaux	• Importance du groupe • Influence du confucianisme • Vision à long terme de l'entreprise	• Importance de l'individu • Influence de l'administration de l'État
Principales conséquences managériales	• Valorisation de l'initiative de la prise de risque • Rapports strictement professionnels • Rapports peu hiérarchiques et peu formalisés • Relations directes entre salariés, marquées par l'esprit de compétition	• Respect de la hiérarchie • Recherche de consensus • Forte interdépendance des membres de l'organisation • Droits et devoirs réciproques : le dirigeant doit veiller au bien-être de ses employés qui, en retour, lui doivent loyauté, solidarité et discipline.	• Structure hiérarchique forte à base de règles et de procédures • Centralisation des décisions • Style directif

Exemple ▸ S'il est possible de contredire la décision d'un supérieur hiérarchique en France, c'est inimaginable en Asie, où l'on signifie son désaccord de manière subtile, sans vraiment l'exprimer.

▸ Le respect du rang hiérarchique est très marqué dans les pays d'Asie, où l'on salue d'abord ses supérieurs, avant les autres employés, dans l'ordre décroissant de leur rang dans l'entreprise. La profondeur de l'inclinaison du buste est également proportionnelle.

III Les modèles interculturels de management selon Hofstede

Les études d'Hofstede modélisent les styles de management sur la base de quatre dimensions. (Voir chapitre 1)

La distance hiérarchique	Latins et Anglo-Saxons sont très différents : en France, le directeur de l'entreprise est souvent isolé dans son bureau, protégé par un secrétariat ou des assistants, quand le dirigeant américain ou britannique travaille en *open space* avec ses collaborateurs. Ce respect de la hiérarchie, ancré dans la culture française, conduit un vendeur à s'adresser à un contact de même niveau hiérarchique, alors qu'il serait plus efficace de viser un niveau supérieur, doté du pouvoir de décision.
Le contrôle de l'incertitude	Le Français s'expose moins au risque d'échec que son homologue américain, ce qui le conduit à respecter la hiérarchie, dans l'entreprise comme dans la négociation commerciale. Il préfère une proposition sûre mais peu ambitieuse à une proposition risquée et lucrative.
L'individualisme	Dans les pays anglo-saxons, caractérisés comme individualistes, l'ouverture à l'étranger est plus naturelle, favorisant des partenariats commerciaux. Les pays collectivistes sont plus centrés sur eux-mêmes, moins ouverts à une collaboration avec des étrangers.
Les valeurs masculines ou féminines	Dans les pays à valeurs féminines, on accorde beaucoup d'importance aux relations personnelles et on perçoit ses collaborateurs comme des partenaires. Un négociateur sûr de lui sera mieux perçu dans un pays à valeurs masculines, comme les États-Unis, que dans un pays à valeurs féminines, comme les pays scandinaves.

FICHE RESSOURCE

4 Les styles de manager dans le monde

Une entreprise ne se gère pas de la même manière en Allemagne, en Russie, au Canada, en Corée ou au Japon. Le contexte interculturel influence en permanence le style de management et la capacité d'adaptation de tout individu deviendra rapidement une faiblesse ou, au contraire, un atout.

I Le rôle du manager

Le rôle du manager est de gérer son équipe, de lui fixer des objectifs et de lui permettre de les atteindre. Il doit également assurer la cohésion, le dynamisme de l'équipe et veiller au bien-être des salariés.

Ses missions sont diversifiées : recruter, évaluer, récompenser, sanctionner, etc.

II Les styles de manager

Le leader opportuniste	Les pays d'Europe du Nord voient émerger un type de manager qu'on appelle le « leader opportuniste ». Ses caractéristiques : il tire profit des situations favorables et fait montre d'une grande capacité d'adaptation aux nouvelles données de son environnement.
Le leader synchronisé	On trouve le « leader synchronisé » principalement en Asie (Chine et pays du Golfe). Fin communicant, ce manager accorde le plus clair de son temps à la recherche du consensus avant de mettre en œuvre le plus rapidement possible les mesures décidées, pour ne pas compromettre l'accord si durement arraché.
Le manager directif	Ce style de management est très apprécié au Japon, où un manager qui communique outre mesure peut être perçu comme un manager faible. Ainsi, le manager directif ne donne que très peu d'autonomie à ses collaborateurs. Il prend toutes les décisions et donne des instructions. Ce style de management est également appelé « autoritaire ».
Le manager bienveillant	Les managers bienveillants tentent de consolider les relations interpersonnelles et sont très appréciés en Suède et au Canada.
Le *kiss up, kick down*	Ce style de management est pratiqué en Inde. Ces managers montrent une déférence excessive envers leurs supérieurs et un autoritarisme strict envers leurs collaborateurs.

Source : *Harvard Business Review*

Exemple COMPARAISON DES MANAGERS FRANÇAIS ET JAPONAIS

- En France, ce sont les diplômes et les qualifications professionnelles obtenus qui déterminent le positionnement hiérarchique.
  Au Japon, le positionnement hiérarchique est systématiquement bas à l'entrée, et la compétence professionnelle est acquise en continu par l'expérience professionnelle.
- En France, le salaire augmente avec la position hiérarchique et l'écart entre la direction et la base est très sensible (rapport de 1 à 100).
  Au Japon, l'écart de salaire entre dirigeants et personnels d'exécution est relativement peu important (rapport de 1 à 3).
- En France, les licenciements touchent prioritairement le personnel d'exécution, l'échec ne peut être attribué aux managers.
  Au Japon, les licenciements touchent d'abord les dirigeants, qui parfois s'auto-licencient : l'échec est la responsabilité des managers (il y a une personnalisation de l'échec).

Même s'il évolue et permet aux employés de mieux gérer leur carrière et d'être moins dépendants de leur direction, le modèle de management japonais reste dominé par une promotion à l'ancienneté, indépendamment des performances des salariés.

Pour réussir sur le marché japonais, les entreprises occidentales devront s'adapter à la culture de ce pays et à ses méthodes traditionnelles : un style de communication indirect, le respect de la hiérarchie, l'art du consensus.

Remarque Au Japon, le management est participatif. Une entreprise a par exemple affiché dans tous ses bureaux et ateliers les 7 règles de la communication en groupe :

- ne pas couper la parole
- ne pas être agressif
- ne pas se moquer des propos tenus
- être respectueux des autres et de leurs idées
- énoncer clairement ce que l'on a à dire
- ne pas avoir peur de donner son avis
- participer de manière pleine et entière

FICHE RESSOURCE

5 Travailler au sein d'une équipe multiculturelle

La diversité culturelle est une réelle richesse, pour les entreprises comme pour les employés. Les forces de chaque individu viennent enrichir le fonctionnement d'une équipe.

I La gestion de la multiculturalité

Pour le salarié, bien gérer l'aspect multiculturel permettra sa bonne intégration au sein de l'entreprise et contribuera également au succès de sa carrière. Dans cet univers où des mentalités, des valeurs et des normes différentes cohabitent, « acceptation », « concession » et « compromis » sont les maîtres-mots.

L'acceptation	C'est le fait d'accepter, d'agréer ou de recevoir quelque chose. Cela correspond à donner son accord, son consentement. Ici, il est donc primordial d'accepter les différences culturelles.
La concession	C'est le fait de concéder quelque chose à une personne, d'accorder un point, notamment dans une discussion ou un échange.
Le compromis	C'est une action qui implique des concessions réciproques. C'est également une solution intermédiaire, qui permet de mettre d'accord différentes personnes.

II Le choc culturel

- **La manifestation du choc culturel**

Travailler dans un milieu interculturel peut également être source de conflits et de stress. Un choc culturel peut se manifester : sensation d'inconfort, d'insécurité, de mal-être.

Ce choc peut apparaître à l'occasion d'un court séjour à l'étranger, mais également après plusieurs années d'expatriation : sentiment de solitude, lié à l'éloignement de sa famille, de ses amis, de sa culture d'origine ; barrière linguistique ; incompréhension de l'entourage ; psychosomatisation, etc.

La perte de repères entraîne la dégradation des rapports sociaux. Il devient alors très difficile et parfois impossible de dialoguer avec son entourage. Cette situation peut conduire à une dégradation de l'atmosphère, à la perte de confiance et à l'absence de communication.

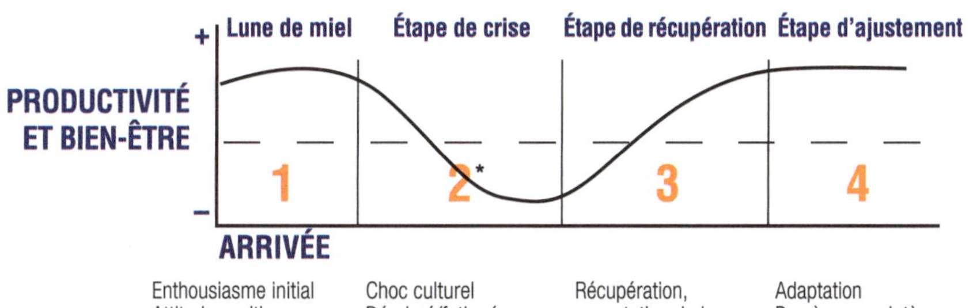

SYMPTÔMES

1	2	3	4
Enthousiasme initial Attitude positive Beaucoup d'énergie Excitation Fascination	Choc culturel Déprimé/fatigué Frustré Peur « J'aimerais être chez-moi » Critique Confus/ennuyé Replié sur soi Colère Maladie * Stratégies réactives face aux difficultés : • l'attaque • la fuite • le désengagement	Récupération, acceptation de la culture d'accueil « Ça va mieux. » « Ça va. Je vais survivre. » Interroge plus, juge moins. « Ils ne sont pas si terribles. » On retrouve son sens de l'humour. L'énergie revient. * Stratégies proactives face aux difficultés : • l'affirmation de soi • le recul stratégique • la communication interculturelle	Adaptation Peu à peu on intègre les changements. On accepte ce qu'on ne peut pas changer. On se sent plus motivé. On cherche la compagnie d'autres personnes, de nouvelles occasions d'apprendre. On recommence à explorer. On atteint un niveau d'aisance biculturelle.

Source : *Guide d'adaptation interculturelle destiné aux étudiantes et étudiants de l'Université de Moncton*, 2012.

- **Surmonter les barrières culturelles dans un contexte professionnel**

Le préalable indispensable réside dans une formation à l'interculturel, avant le départ.

- Le futur expatrié doit, si possible, maîtriser la langue de son pays d'accueil, afin de faciliter sa communication avec ses futurs collègues.
- Il doit avoir conscience qu'il sera exposé à des différences culturelles, pour la plupart invisibles. (Voir chapitre 1, l'iceberg culturel)
- Il doit collecter des informations sur les valeurs essentielles de la culture de son pays d'accueil et les principales différences avec sa culture d'origine.
- Il doit se montrer ouvert et admettre que ces différences existent et qu'aucune culture n'est supérieure aux autres.

Se détacher des valeurs de son pays	Sans pour autant oublier ou rejeter ses propres valeurs, il est important de prendre de la distance, afin d'être réceptif au modèle culturel du pays d'accueil.
Se conformer et se familiariser avec la culture du pays et de l'entreprise où l'on est	Il faut respecter les codes de la culture du pays et de l'entreprise d'accueil.
Échanger et communiquer	La communication permet d'identifier les points forts et les points faibles des différentes cultures, et ainsi de trouver de nombreux terrains d'entente avec ses collègues.
S'adapter	La capacité d'adaptation est primordiale. Ne pas oublier qu'à l'étranger, l'étranger, c'est nous !

Travailler dans un contexte professionnel multiculturel permet de développer de nombreuses compétences : maîtrise de la langue, adaptabilité et intégration culturelle sont des points forts.

Aujourd'hui, les entreprises n'hésitent pas à privilégier les candidats qui détiennent un bagage culturel important.

- **Se former à l'interculturel**

Les chambres de commerce et d'industrie et de nombreux organismes privés proposent des modules de formation interculturelle.

Les organismes publics de soutien au commerce international diffusent, *via* leur site Internet, des informations destinées aux entreprises travaillant avec l'étranger : des données culturelles, des conseils sur le comportement à adopter dans les échanges personnels et professionnels avec des interlocuteurs de culture étrangère.

1 Comparer les formes culturelles de management

- **À partir du document ci-dessous, analysez les différentes formes de management des pays présentés.**

DOCUMENT **L'analyse interculturelle de Richard Lewis**

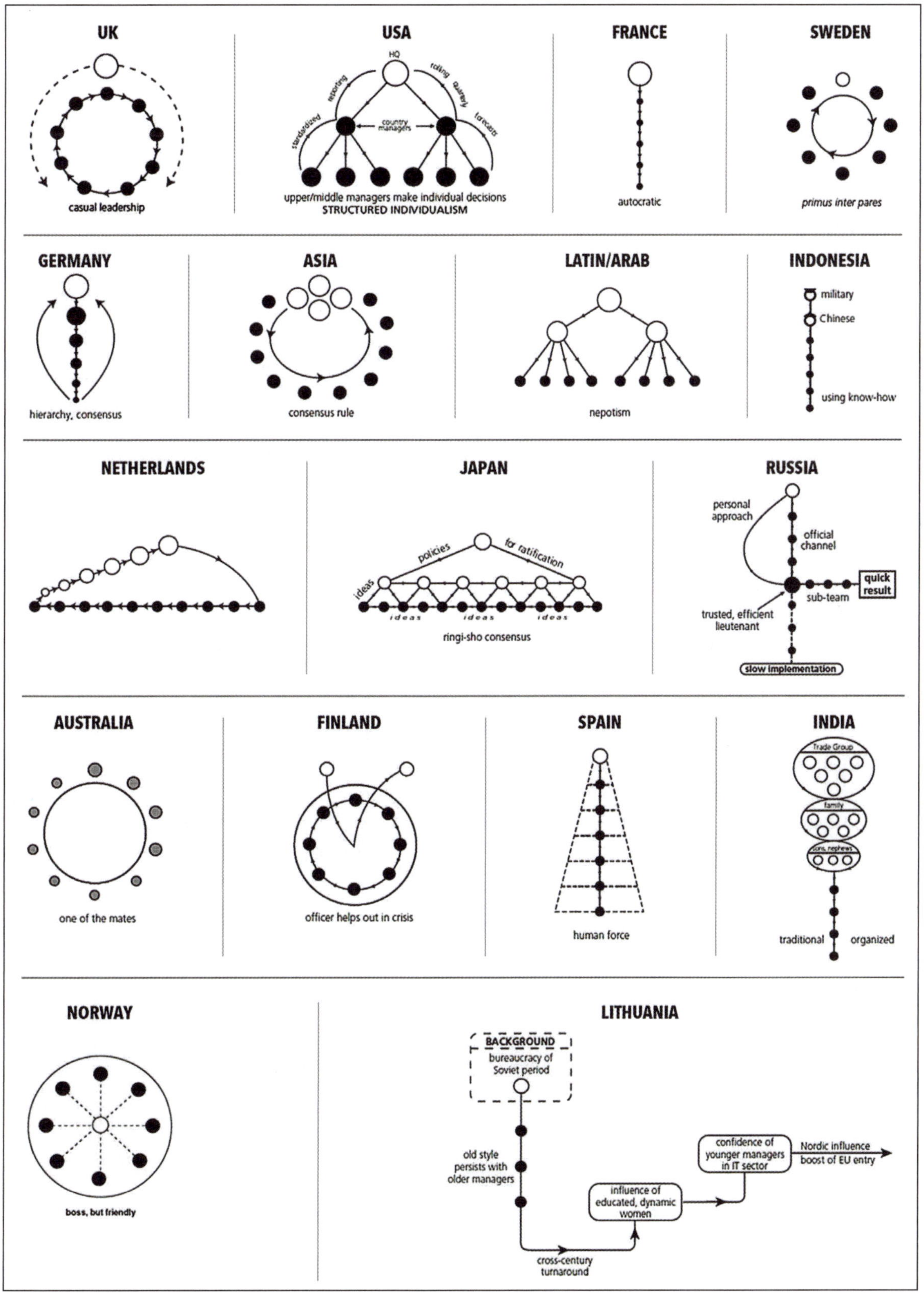

▶▶

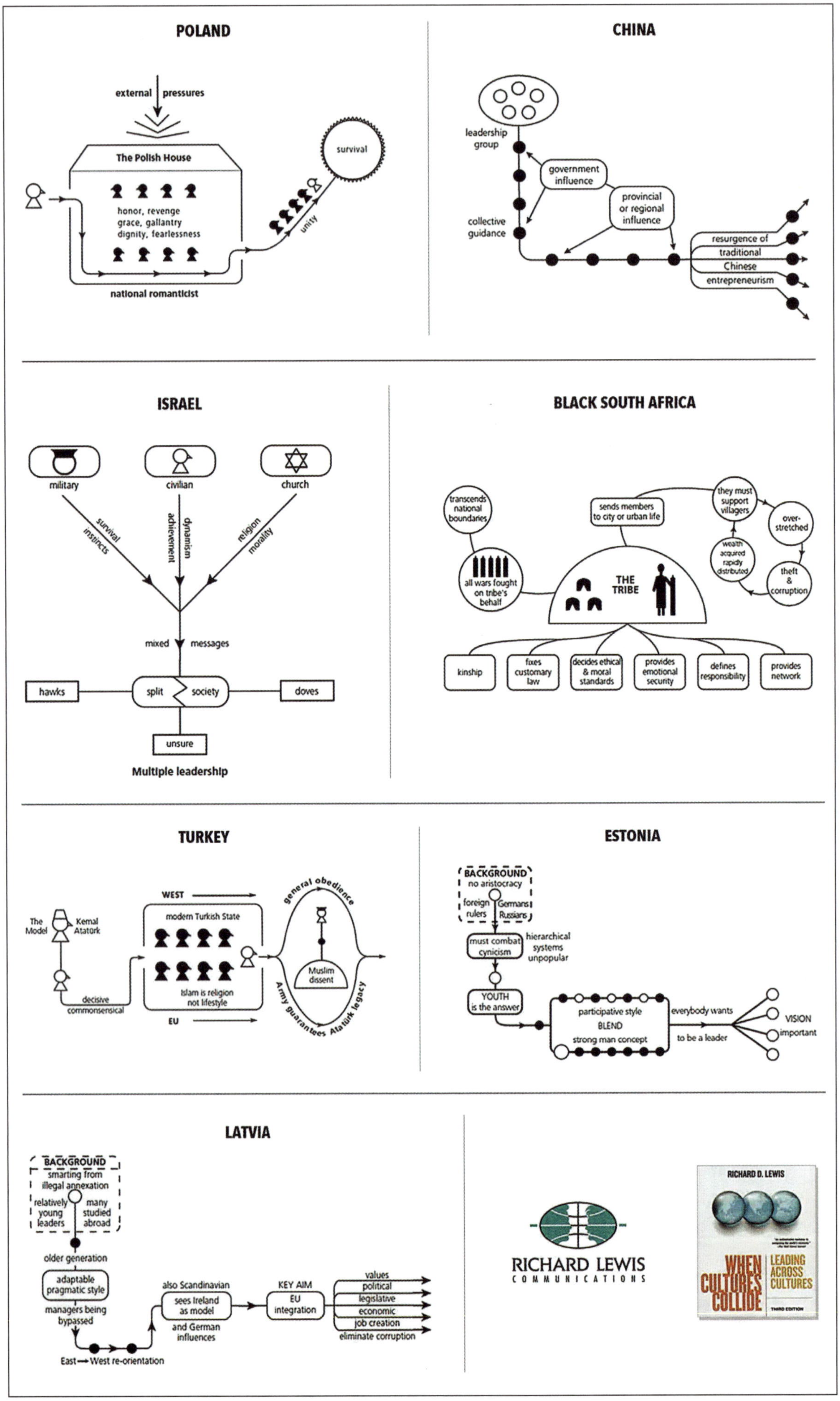

Source : *When culture Collide*, Richard Lewis, 1996.

2 Analyser des cultures étrangères

- **À partir du document ci-dessous, identifiez des différences culturelles entre les quatre pays présentés à travers leur calendrier des jours fériés ou chômés.**

DOCUMENT Les jours fériés*

Jours fériés français	Signification
1er janvier	Nouvel An
5 avril 2021	Lundi de Pâques
1er mai	Fête du Travail
8 mai	Victoire des Alliés de 1945
13 mai 2021	Jeudi de l'Ascension
24 mai 2021	Lundi de Pentecôte
14 juillet	Fête nationale
15 août	Assomption
1er novembre 2021	La Toussaint
11 novembre	Armistice de 1918
25 décembre	Noël

Jours fériés chinois	Signification
1er janvier	Nouvel An international
12 février 2021	Nouvel An chinois
8 mars	Journée internationale de la femme
12 mars	Journée nationale de reboisement
1er mai	Fête du Travail
4 mai	Fête de la Jeunesse chinoise
1er juin	Fête des Enfants
1er juillet	Fête de la Fondation du Parti communiste chinois
1er août	Anniversaire de l'armée populaire de la Libération de la Chine
1er octobre	Anniversaire de la fondation de la République populaire de Chine

Jours fériés russes	Signification
1er au 6 janvier	Nouvel An
7 janvier	Noël orthodoxe
23 février	Fête de la Défense de la patrie (fête de l'Homme)
8 mars	Fête des Femmes
1er et 2 mai	Fête du Travail et du Printemps
9 mai	Victoire de 1945
12 juin	Fête nationale
4 novembre	Journée de l'unité populaire

Jours fériés libanais	Signification
1er janvier	Nouvel An
6 janvier	Noël Arménien
9 février 2021	Saint Maron
14 février	Commémoration de l'assassinat du Premier ministre Rafik Hariri
25 mars	Fête de l'Annonciation
2 avril 2021	Vendredi saint catholique
5 avril 2021	Lundi de Pâques catholique
30 avril 2021	Vendredi saint orthodoxe
1er mai	Fête du Travail
3 mai 2021	Lundi de Pâques orthodoxe
12 et 13 mai 2021	Aïd el-Fitr
19 au 21 juillet 2021	Adha
9 août 2021	Hégire
15 août	Assomption
18 août 2021	Achoura
18 octobre 2021	Naissance du Prophète
25 décembre	Noël

* Les dates comportant l'année sont des dates fluctuantes en fonction du calendrier.

3 Travailler au Benelux

1. **À partir d'une recherche sur Internet, présentez le Benelux (pays qui le composent, chiffres clés).**
2. **À l'aide du document ci-dessous, identifiez les différences dans les relations professionnelles entre les trois pays du Benelux.**

DOCUMENT Travailler au Benelux

Le Benelux est un vrai melting-pot… Et malgré une apparente proximité dans la culture des affaires, les trois pays ont tout de même quelques spécificités. Des différences culturelles à déchiffrer pour éviter tout malentendu qui pourrait nuire à votre business !

La langue
Bien sûr, il est impossible de maîtriser chaque langue avant d'amorcer un nouveau marché… Heureusement, la population du Benelux est plutôt polyglotte. Par exemple ? Les Néerlandais maîtrisent quasiment tous la langue des affaires, à savoir l'anglais. Quant aux Luxembourgeois, une étude de la Commission européenne a révélé qu'ils parlaient en moyenne 3,6 langues ! Néanmoins, l'utilisation de quelques mots ou de certaines formules de politesse dans la langue locale – notamment en fonction ▸▸

de la région linguistique dans laquelle vous vous situez en Belgique – témoignera de votre intérêt et aidera à établir un climat de confiance avec votre interlocuteur.

L'ambiance de travail

Au Luxembourg, le respect des protocoles, la ponctualité, la politesse et la courtoisie font toujours bonne impression... Comme on y sépare très nettement vie professionnelle et vie personnelle, mieux vaut ne pas se montrer excessivement amical et ne pas demander à son collègue ou à son client des informations sur sa famille ou sur d'autres sujets personnels. Sans être trop intimes, les Belges et les Néerlandais ont souvent des rapports un peu plus conviviaux et travaillent généralement dans une ambiance un brin plus décontractée.

La hiérarchie

Globalement, le Belge s'avère assez respectueux de la hiérarchie. Dans la culture d'entreprise luxembourgeoise traditionnelle, celle-ci est également bien établie et les décisions se prennent généralement de haut en bas. Au contraire, les Néerlandais méprisent ce type de fonctionnement ; ils ont davantage une hiérarchie d'entreprise horizontale. Les relations entre employés et supérieurs sont plus informelles, plus égalitaires. Quel que soit son poste, chacun est invité à donner son avis et est donc plus impliqué dans la prise de décision. Pour être respectés, les managers étrangers ont donc intérêt à éviter toute attitude de supériorité !

Le comportement

Les Luxembourgeois préfèrent souvent la subtilité à la franchise spontanée qui peut paraître offensante, voire impolie. Les Belges préfèrent aussi souvent le dialogue et le compromis à l'affrontement. Mais ce n'est pas parce qu'ils ne disent pas ouvertement « non » qu'ils n'effectueront pas une résistance en douce... À l'inverse, les Néerlandais sont beaucoup plus directs ! Ils n'hésitent pas à faire des critiques ouvertes ou à s'opposer à une décision. Inutile de se froisser pour autant : la franchise est pour eux une preuve d'honnêteté et d'efficacité. Ils disent ce qu'ils pensent... et ils attendent la même approche directe de leur interlocuteur.

Groupe Accor, Business Travel.

4 La culture d'entreprise en Suède

Jeune diplômé(e) d'un BTS Commerce international, vous avez signé un contrat de VIE (Volontariat International en Entreprise) et allez partir travailler en Suède. Afin de collecter des informations sur la culture d'entreprise dans ce pays, vous avez pris contact avec la chambre mixte de commerce, qui vous a fait parvenir de la documentation.

- **À partir du document ci-dessous, comparez les cultures d'entreprise française et suédoise.**

DOCUMENT **Les pratiques d'affaires en Suède (extrait)**

Pratiques d'affaires

Respecter et comprendre la culture d'entreprise suédoise

CHAMBRE DE COMMERCE FRANCE SUÈDE
Franska Handelskammaren

La culture d'entreprise en Suède est marquée par des structures organisationnelles horizontales et des dirigeants qui n'hésitent pas à mettre la main à la pâte. Le monde de l'entreprise est en constante évolution, il devient plus compétitif, mais toujours avec le souci de l'individu et de l'environnement.

La vision suédoise de l'entreprise est en effet différente de la vision française, du fait de :

1. Sa faible pression hiérarchique
2. Sa perception différente du rôle du décideur
3. Sa culture du consensus, esprit de compromis
4. Son organisation du travail qui, en Suède, passe par la ponctualité
5. Sa vision différente par rapport au temps (livraison, facturation, rythme de travail...)

L'honnêteté et la franchise sont très appréciées. Il est primordial de construire une relation basée sur la confiance. Les Suédois sont connus pour leur culture du consensus. Quand ils tiennent une réunion, ce n'est pas seulement pour prendre des décisions fermes, mais aussi pour laisser s'exprimer tous les membres d'un groupe. Les Suédois tentent d'éviter le conflit en abordant le sujet d'une autre façon alors que les Français considèrent les tensions comme étant relativement constructives et nécessaires.

Chambre de commerce France Suède
https://www.ccfs.se/services/pratiques-daffaires.html

CHAPITRE

3 La communication interpersonnelle

COMPÉTENCES PROFESSIONNELLES

Communiquer en français et en anglais dans des contextes interculturels

- → Élaborer des messages écrits et oraux en intégrant les codes et normes culturels
- → Adapter les outils commerciaux et de communication aux normes culturelles
- → Mener des entretiens commerciaux

La communication interpersonnelle regroupe les interactions entre individus afin d'échanger des informations, des idées, des émotions. Elle tient une place importante dans les relations professionnelles. Il est essentiel d'en décoder toutes les formes, verbales et non verbales.

Dans un contexte international, elle nécessite une adaptation à la culture de ses interlocuteurs.

SITUATION PROFESSIONNELLE

ROYAUME-UNI de Grande-Bretagne et d'Irlande du Nord

Régime politique : monarchie parlementaire

Superficie : 242 495 km²

Population : 66,65 millions d'habitants (2019)

Capitale : Londres

Villes principales : Birmingham, Glasgow, Manchester, Édimbourg, Liverpool

Langue officielle : anglais

PIB par habitant : 42 330 USD (2019)

Monnaie officielle : livre sterling (1 EUR = 0,89 GBP)

Clients : États-Unis, Allemagne, France, Pays-Bas, Chine

Fournisseurs : Allemagne, États-Unis, Pays-Bas, France

1. Actualisez les données pays par une recherche sur Internet.

2. Caractérisez les pratiques commerciales, sociales et environnementales du pays, après consultation de l'évaluation des risques par Coface.

LA COMPAGNIE DES DESSERTS

En 1963, naît à Lézignan-Corbières, dans l'Aude, Le Glaçon des Corbières, petite glacerie artisanale de trois personnes. Le glacier livre des cafés, hôtels et restaurants entre Carcassonne et Béziers. Vingt ans plus tard, Didier et Sylvie Barral, deux jeunes diplômés « fous de goût », rachètent l'entreprise avec l'idée de la développer. Ils la renomment Pôle Sud, afin de lui donner une image plus jeune et dynamique, et mettent trois valeurs au cœur de leurs préoccupations : la saveur, la créativité et l'excellence.

Sélectionnant rigoureusement les matières premières, ils affinent sans cesse leurs recettes pour produire des glaces et sorbets d'exception. Des partenariats créatifs avec de grands chefs étoilés sont noués et un atelier de fabrication de glaces sur mesure est créé. L'entreprise développe son propre outil logistique afin de gagner en indépendance et livrer ses clients.

En 2008, Pôle Sud fusionne avec les pâtisseries du Gourmet Parisien afin de donner naissance à La Compagnie des Desserts.

L'entreprise développe sa présence en France et en Europe (Angleterre, Belgique, Luxembourg, Suisse et Espagne), puis fait ses premiers pas à New York.

Le glacier-pâtissier La Compagnie des Desserts, c'est aujourd'hui :

- plus de 14 000 clients professionnels de la restauration en France et dans le monde ;
- 2 500 recettes de glaces et sorbets et plus de 1 500 fabrications sur mesure, produites pour des restaurants (crevette, gorgonzola, bière brune, gaufre, gazon, jambon Serrano…) ;
- 630 références de pâtisseries (éclairs, macarons…) et 300 créations sur mesure par an ;
- un expert en pains et viennoiseries pour réceptions, avec 96 références de pains fabriqués dans les règles de l'art par des boulangers.

Luis Sousa, entré il y a 25 ans au sein de La Compagnie des Desserts après un stage étudiant, a gravi peu à peu tous les échelons hiérarchiques, jusqu'à occuper le poste de directeur commercial France. Il connaît donc bien la culture de cette entreprise. D'abord responsable export Europe du Sud, il vient d'être chargé de superviser les activités britanniques de l'entreprise.
Luis Sousa doit prioritairement rencontrer Jane Norman, directrice de la filiale de distribution au Royaume-Uni, afin de faire le point sur les activités outre-Manche, ainsi que quelques clients très importants. Depuis un mois, il prend des cours de langue anglaise, afin de faciliter sa communication avec ses contacts britanniques. Conscient que l'apprentissage de la langue est insuffisant pour développer de bonnes relations professionnelles, il souhaite obtenir le plus d'informations possible sur les codes culturels professionnels.

Vous êtes chargé(e) de l'assister dans la préparation de ses premiers contacts avec l'Angleterre et de son suivi de la relation avec la filiale de distribution de La Compagnie des Desserts à Londres.

À l'aide des **documents 1 à 5** et d'une recherche sur Internet, vous effectuerez les tâches suivantes :

1. Identifiez les principales caractéristiques du style de communication des Anglais et comparez-les avec celles des Français.
   Fiches ressources 1 et 2
   Document 1

2. Identifiez les difficultés de communication auxquelles Luis Sousa risque d'être confronté dans ses premiers contacts en face-à-face.
   Fiches ressources 1 et 2
   Documents 2 et 3

3. Relevez les particularités du protocole des affaires au Royaume-Uni que Luis Sousa devra prendre en compte dans ses relations interpersonnelles avec ses interlocuteurs britanniques.
   Fiches ressources 2 et 3
   Documents 1 et 2

4. Rédigez une note de conseils et un script de prise de contact téléphonique en anglais que Luis Sousa pourra utiliser pour ses premiers appels.
   Fiche ressource 4
   Document 4

Les équipes commerciales à Londres sont sous pression depuis le Brexit, les clients étant devenus très exigeants. Des tensions se créent entre certains salariés.
Jane Norman vous a accueilli(e) au sein de son équipe pour une période de formation en milieu professionnel de deux mois. Elle vous demande de l'aider à anticiper de potentiels conflits. Elle vous soumet trois types de situations professionnelles conflictuelles qu'elle pourrait avoir à gérer.

5. Proposez des solutions de résolution aux conflits que Jane Norman pourrait avoir à rencontrer.
   Fiche ressource 5
   Document 5

DOCUMENT 1 **Business Etiquette in UK**

UNIVERSITY OF Southampton

Business etiquette in the UK

Placements in the Faculty of Business and Law

The culture and pace of business in the UK may be different to what you expect if you have not experienced it before. This short guide has been put together to help you avoid difficult situations and to ensure you make a good impression on your colleagues.

Meetings, presentations, and other business occasions

Time is highly valued in UK business, with wasted time being considered a wasted resource. Punctuality is therefore a very important trait, and almost everyone will either arrive on time or a few minutes early for a meeting. If you arrive a couple of minutes late for a meeting ,it is usually enough to apologise to the room, but if you are going to be several minutes late for a meeting, it is polite to call the organisers in advance to warn them and apologise.

Most meetings have specific objectives or topics of discussion, often indicated by the distribution of an 'agenda' prior to the meeting itself. It is generally assumed that discussion will stick to the agenda, perhaps after an informal chat at the beginning of the meeting. If there are other issues to discuss, there may be time for "AOB" (any other business). Generally, topics will be brought up, discussed, and then suggestions for action will be made.

Business cards are often exchanged at business occasions, particularly if you are meeting a new client. It is polite to receive these gratefully, perhaps taking a second to glance at the card itself as a mark of respect. Not everyone will have business cards so do not be offended if someone does not offer you theirs.

Greetings and introductions

A firm handshake (but not too firm!) is the usual greeting for both men and women in professional situations. Many people will introduce themselves with their first name: this is a good indication that they would prefer you to use their first name when addressing them. If someone introduces themselves as "Mrs Smith" or "Mr Jones" then you should use these forms until asked to use their first name. Generally speaking, it is best to remain formal on first contact in professional situations. Maintaining eye contact as you introduce yourself to someone is well-received, but don't stare too much!

Business clothing

Offices in the UK can have different "dress codes" depending on the culture of the office and the nature of the business. Generally speaking, business clothing is conservative, with men wearing suits and women either business suits or conservative dresses. You should always follow this dress code at interviews.

It is always better to dress smarter than necessary, rather than too casual. If you are starting a new job, you can ask about the dress code before you start.

Business gifts

Giving gifts is very rare in business situations in the UK. Indeed, some UK businesses have policies forbidding the accepting of gifts from other businesses on legal grounds. If you wish to give a gift to an individual or business as a "thank you" for something, make sure your gift is small and not overly expensive. Suitable gifts might include flowers, chocolates, or something from your home country.

Pace of work

You might find that the pace of work in the UK is different to what it is in your home country; it might be more relaxed, or more rigid, depending on where you come from. It also varies between different sectors and different companies, so it is a good idea to pay attention to how your colleagues behave to get an idea of what is appropriate in your work place. In general, in the UK it is acceptable and normal for people to have short conversations with each other throughout the day, but not constantly. This might happen whilst they are sitting at their desks, or if you meet a colleague in the common areas. People often talk about their personal lives to a certain extent, and are likely to ask you some personal questions to get to know you better.

Direct statements

British people often avoid direct statements or commands in favour of "more polite" suggestions and indirect speech. For example, when a senior colleague says "perhaps you could finish that later", they are probably telling you to finish it later. In a meeting, if a colleague says "that's an interesting point, but…", then they are probably not endorsing your idea.

By using indirect speech yourself, you can appear more accommodating, and will avoid appearing rude or arrogant.

Humour

Humour is very important in the English language and can often be found in the working environment. British humour can be quite sarcastic or self-deprecating but is generally used to "lighten the mood". You should be careful, though, to only use humour in appropriate settings: the office can be a good home for humour but a formal business meeting requires a more serious approach.

Social aspects of work

The British love drinking tea, although some prefer coffee. You will probably notice in your new job that people regularly offer to make tea/coffee for their team, and it is a good idea for you to offer your help with this. This is great way to get to know your colleagues, as it opens up the opportunity to small talk. If you are not a keen tea or coffee drinker though, it is ok to say so.

Often you will find that colleagues extend their professional interaction beyond the working hours. It is common for colleagues go out for a meal at lunch time or for a drink after work, especially on special occasions (such as a team member's birthday). If you get invited to join these occasions, it is courteous to accept the invite, even if you cannot stay for long. The social occasions are also a great opportunity to really become part of the team and to make friends.

Personal space

Personal space is very valued by British people. It is considered impolite to put yourself in very close proximity to another person during conversation.

Placements Office, Room 4039, Building 2 | enterprise@soton.ac.uk | +44 (0)23 8059 1298 | www.southampton.ac.uk/fblplacements | @fblplacements

www.southampton.ac.uk

DOCUMENT 2 Verbal British Communication

Indirect Communication: The British are relatively indirect communicators; they strongly avoid creating conflict and therefore take all necessary measures to remain polite throughout the discussion. This involves making indirect statements that vaguely communicate their message without 'rocking the boat' (upsetting the status quo). As a result, people often have to read between the lines since what is said is most likely an understatement of what is actually meant (e.g. "not bad" means something is in fact quite good).

Self-deprecation: The British are quite self-deprecating in conversation in an effort to come across as humble, honest and relaxed about themselves. Feel free to join in with the jokes by criticising yourself in a similar matter. However, agreeing with self-deprecating comments or jokes too enthusiastically can become insulting to the person making them.

Humour: Humour is used a lot throughout the British communication, so expect some light-hearted joking to be involved in most conversations. Jokes about situational circumstances are often used to lighten moods or approach difficult topics in an indirect way. That being said, British sarcasm and understatements can be very subtle and nuanced, sometimes making it difficult for outsiders to detect whether they are kidding or not. In this case, remember these communication habits and know that they're most likely joking.

Listening: Avoid interrupting a person speaking. The British are polite listeners, rarely interrupting others unless they need clarification about something.

Voicing Displeasure: British people are not likely to complain, and will tolerate bad service or food in order to avoid making a scene. Therefore, they might become very nervous if you voice your dissatisfaction in public.

Criticism: Personal criticism should be voiced in an indirect way as well. Otherwise, this will only make your British counterpart hostile and defensive, and your criticism will be ineffective.

Nina Evason, *British Culture*, Publisher: IES & SBS, 2016.
https://culturalatlas.sbs.com.au

DOCUMENT 3 Non-Verbal British Communication

Expression: The British do not always give away their emotions via facial expressions. For example, they may not show it if they have been offended. On the other hand, keeping a straight, serious face can be the punch line of many sarcastic jokes.

Personal Space: The British like to be given a fair amount of personal space, and may feel uncomfortable if someone sits or stands too close when other space is available. It is polite to maintain an arm's length distance between yourself and the person speaking.

Physical Contact: British culture is generally quite reserved. People are generally comfortable touching those they know well (e.g. backslapping is common among close friends). However, women tend to be more physically affectionate with one another than men.

Gestures: Gestures are usually quite reserved, polite and less demonstrative. For example, tapping the side of one's nose means that something is confidential or to be kept secret. It is considered offensive to make a V-sign with your index and middle finger, the palm facing inwards and the top of the hand facing the other person. This is another way of saying "up yours" in their culture. However, the V-sign with the palm facing outwards is understood as the sign for victory or peace.

Eye Contact: It is best to make direct eye contact that breaks away now and again. Prolonged eye contact can make people feel uncomfortable, and staring is impolite. If talking to a group, be sure to make equal eye contact with all who are present.

Nina Evason, *British Culture*, Publisher: IES & SBS, 2016.
https://culturalatlas.sbs.com.au

DOCUMENT 4 Phone Call

The process of making a call in commercial relations is quite hard for many salespeople. That is mainly because the process is something that they are uncertain about and or they are not prepared to learn or undertake the required practice. With some preparation and training, the challenge of making direct prospecting calls can be resolved, leading to more clients and new business opportunities.

Here are some rules to help you make more calls and achieve better telephone connections:

The calls that you make should be based on questions to see if the person you are talking to, has a need or an interest in trade.

Do not pitch your product or services across the telephone. In most commercial fields this strategy does not work. Ask for a meeting if the person has a genuine need or could do so in the future.

Build your conversations across the telephone. A good conversation will get you further into a potential client or prospect relationship.

Here is a typical opening script for a commercial phone call to use:

'Good morning, Mr Nou. It's Nathalie Herail, from Organic and Healthy Food Company. Am I catching you at a good time? *I'm sure you're busy and I want to respect your time, so I'll be brief.* I can help you save money on food expenses relating to your restaurant. Would you be comfortable spending just a few minutes with me on the phone now?'

With this opening script, you can see the conversation is aimed at the person you are talking to. By starting this way, you can establish a good discussion and connection. If the person knocks back your request, then you can ask a few more questions to get to the bottom of their situation or you can end the call.

DOCUMENT 5 Solving conflict cases in the workplace

Conflict in the workplace is inevitable. [...] After all, conflict is a necessary – and healthy – element of all human relationships. [Resolving a conflict is a long persuasive exercise in finding the best solution for both parties. Try to handle the conflict as constructively and professionally as possible in the three situations below:]

Situation 1

You get off on the wrong foot with a new coworker.

They ask you for help responding to a customer inquiry, but you refuse to lend a hand because you are working on a tight deadline and don't want to waste time. There has been tension between you two ever since, and now you need their help on a project, but they're not being very responsive.

Situation 2

You're frustrated because your colleague in France keeps messaging you at 5am (your time). They send you urgent requests when you're sleeping or just waking up, and you're sick of being bombarded with 11 requests before you've even sat down at your desk. You get the vibe they don't like you very much and you don't know how to approach them.

Situation 3

You got a promotion that your friend at work was also running for. Now things are awkward [hard] between you two. You definitely want to keep the friendship going, but they aren't even speaking to you outside of team meetings.

blog.powertofly.com

FICHE RESSOURCE

1 La communication interpersonnelle

Communiquer, c'est envoyer une information, transmettre un message. La communication naît de l'interaction entre un émetteur (la source), un message et un récepteur (la cible).

I Communiquer pour informer

Information et communication sont deux éléments indissociables. L'information est un renseignement quelconque qui, pour un acteur donné, prend toute sa signification par le fait d'être communiqué.

On communique pour informer, s'informer, connaître, se connaître, comprendre, se comprendre, expliquer, s'expliquer, faire aimer, faire réagir, négocier, résoudre des litiges...

II Communiquer efficacement

Communiquer efficacement à l'oral, c'est faire passer un message à l'aide d'un langage choisi, en maîtrisant ses émotions et son comportement non verbal.

> Lorsque l'on s'adresse à quelqu'un, on émet des messages, on écoute ceux de son interlocuteur et on adapte son discours à ses réactions. On répond ainsi à ses questions, on pose les siennes pour mieux comprendre les propos de son interlocuteur, on ajuste les mots utilisés pour faire passer son message. En somme, on prend en compte le *feedback* de son interlocuteur dans sa communication pour la rendre meilleure.

1 Être attentif à la communication verbale

La communication verbale correspond au partage d'informations au moyen de mots. On a tendance à l'opposer à la communication écrite ; pourtant, les deux types de communication utilisent des mots et peuvent donc être considérés comme verbaux.

Choisir soigneusement ses mots	Utiliser un vocabulaire pertinent et adapté que le destinataire peut facilement comprendre. Être sensible au fait que chacun a différents niveaux de connaissances et domaines d'expertise. Éviter le langage technique, le jargon et les acronymes, potentiellement déroutants.
Parler clairement	Être conscient de son volume et de son rythme de parole. Parler trop doucement empêchera quiconque d'entendre, mais crier peut être très déconcertant. Parler assez lentement pour être compris, mais pas trop lentement, au risque d'ennuyer son interlocuteur.
Utiliser le ton approprié	La voix peut révéler des sentiments et une attitude. Par exemple, la colère ou la tristesse transparaît dans l'intonation.
Contrôler la compréhension de son interlocuteur	Obtenir des commentaires pour s'assurer que la personne comprend ce que l'on dit.
Reformuler les points importants	Cela montre à l'interlocuteur qu'on l'écoute, ce qui engendre la confiance. Cela aide également à mémoriser les informations essentielles de la conversation.
Utiliser des exemples concrets	Pour convaincre, utiliser des exemples tirés de ses propres expériences et de situations dans lesquelles l'interlocuteur peut facilement s'identifier.
Éviter de poser des questions négatives et des questions fermées	Il faut éviter de poser des questions auxquelles l'interlocuteur ne peut répondre que par « oui » ou « non ». Ainsi, les questions ne doivent pas commencer par « N'avez-vous pas... », « N'avez-vous jamais... ». À la place, poser des questions ouvertes (« Avez-vous... ? »).

2 Être attentif à la communication non verbale

On admet que la communication verbale ne représente que 7 % de la communication. Le reste est non verbal.

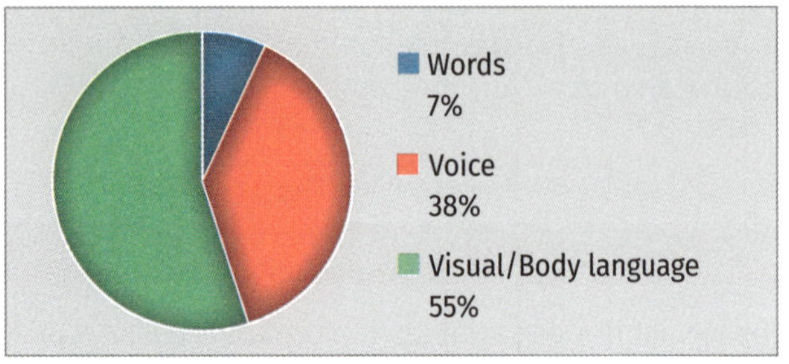

La formule de Mehrabian

Albert Mehrabian, professeur à l'UCLA, a consacré sa carrière à l'étude de la communication non verbale et montré que la communication passe essentiellement par les expressions faciales et le langage du corps.

La communication non verbale englobe :

- le **contact visuel** ;
- le **toucher** ;
- les **gestes** ;
- la **distance** entre deux interlocuteurs (proxémie) ;
- les **expressions faciales**, qui sont plus que de simples expressions d'émotion (comme la surprise ou le dégoût). Elles comprennent également des actions destinées à communiquer quelque chose de spécifique (comme un clin d'œil) ;
- la **posture** ainsi que les positions du corps.

Pour bien communiquer, il faut être attentif à ce que le langage du corps ne véhicule pas un message qui contredise le langage verbal.

3 Pratiquer l'écoute active

L'écoute active consiste à porter une attention entière et sincère à ce que l'interlocuteur exprime et à développer une attitude bienveillante. Elle repose sur plusieurs points essentiels :

Accueillir	Accepter l'autre comme il est et lui accorder de l'importance sans arrière-pensée.
Être centré sur ce que l'autre vit et non sur ce qu'il dit	Aller au-delà des faits pour s'ouvrir à la façon dont l'autre ressent les choses.
S'intéresser à l'autre plus qu'au problème lui-même	Voir le problème du point de vue de l'autre plutôt que du sien propre.
Montrer à l'autre qu'on le respecte	Une attitude empreinte de respect et de considération favorise la confiance.
Être un miroir	Il s'agit non pas d'interpréter (« Votre problème, c'est... »), mais de se faire l'écho de ce que l'autre ressent (« Ainsi, vous ressentez profondément que... »).

III Surmonter les obstacles liés à la communication

Des facteurs internes et externes peuvent réduire l'efficacité de la communication. Le communicant doit donc être attentif à plusieurs types de blocages qui peuvent survenir malgré tous ses efforts :

- **l'omission, la distorsion d'information :** lors d'un échange, l'émetteur omet certains éléments, volontairement ou involontairement, ou les transforme, dans le but de se conforter dans ses propres opinions ;
- **les gestes parasites :** indépendants du contenu du message, ils sont le signe d'une émotivité ou d'un manque d'engagement (exemples : bras croisés, corps en recul, visage fermé, regard fuyant).

FICHE RESSOURCE

2 La communication interpersonnelle en contexte interculturel

La communication est un processus interactif qui intègre à la fois une dimension relationnelle et une dimension culturelle entre les acteurs de l'échange.

La prise en compte de ces deux dimensions est l'un des facteurs clés du succès des entreprises dans un contexte international. Faire des affaires avec d'autres cultures crée de nombreuses occasions d'offenser les autres ou de les mettre mal à l'aise sans en avoir conscience, sans parfois même prononcer un mot.

I Prendre en compte les différents styles de communication à l'international

1 Communication directe ou indirecte

Une culture est à communication directe ou indirecte en fonction de l'importance du verbal par rapport au non-verbal, de la « quantité » de contexte, ainsi que de la subtilité de la langue. Au cours d'une présentation, on peut se demander si le message est entièrement véhiculé par les mots ou s'il l'est par la présentation dans son ensemble, y compris les gestes et le ton de la voix.

Communication directe	Les cultures de communication directe valorisent les messages succincts. Les communicateurs directs disent ce qu'ils veulent dire aussi clairement et brièvement que possible, sans ajouter beaucoup d'informations générales. Bien qu'ils utilisent un certain langage corporel, ce n'est pas une partie importante du message principal. Ils établissent un contact visuel et peuvent exprimer ouvertement leur désaccord sans être considérés comme irrespectueux.
Communication indirecte	Les communicateurs indirects apprécient la façon dont le message est relayé, la quantité de contexte et l'élégance de la langue. L'intonation, les expressions faciales, le langage corporel et les gestes non verbaux sont tous des éléments importants du message. La communication indirecte est très nuancée et plus subtile qu'il n'y paraît « à première vue ». Elle s'établit à deux niveaux : le visible et l'invisible ou le sous-entendu.

Exemple Aux États-Unis ou en Allemagne – cultures où la communication est directe –, vous pourriez entendre un responsable sous pression dire : « J'ai besoin que ce rapport soit fait – et fait parfaitement, pour 8 h demain matin. » À l'inverse, au Royaume-Uni, où l'on privilégie la communication indirecte, un chef de service soumis à une pression similaire dirait : « Désolé pour la précipitation, mais les calendriers ont été un peu avancés et j'apprécierais beaucoup que ce rapport soit sur mon bureau à 8 h demain matin. Merci beaucoup. »

Sur le lieu de travail au Royaume-Uni, il y a ainsi plus de nuances dans le message et l'urgence est plus implicite qu'exprimée. L'émetteur du message utilise une certaine forme de respect envers le destinataire (même si c'est un subordonné ou un commercial junior). Il minimise également l'urgence. Mais un destinataire averti comprend que le rapport est bel et bien urgent.

2 Le langage non verbal

Le rapport au corps et aux gestes diffère selon les cultures. Dans certaines cultures, certaines attitudes physiques sont considérées comme déplacées alors qu'elles sont parfaitement admises dans d'autres.

Les gestes	Un geste amical dans une culture peut être offensant dans une autre. Il ne faut jamais présumer qu'un geste est « sûr » – ou que l'on comprend ce qu'il véhicule ; il convient plutôt d'observer afin de découvrir plus sûrement ce qu'il signifie. **Exemples** Aux États-Unis et dans la plupart des pays européens, le pouce levé signifie « Tout va bien ! », mais au Brésil, en Grèce, en Afghanistan, en Iran et dans de nombreux pays du Maghreb, ce geste est perçu comme une insulte. ▸ Hocher la tête est un signe d'approbation en France et dans les pays latins. À l'inverse, en Bulgarie, un signe de tête indique le désaccord. ▸ Au Japon, tendre ou offrir un objet d'une seule main revient à négliger et ne pas considérer l'interlocuteur.

▸▸

Le contact visuel	Signe de franchise dans la plupart des cultures occidentales, il est inconvenant dans d'autres cultures. **Exemples** Aux États-Unis, on regarde son interlocuteur dans les yeux pour montrer que l'on participe activement à la conversation. Au Japon, en revanche, un contact visuel prolongé peut être inconfortable pour une personne qui ne fait pas partie du cercle familier/proche. En Amérique latine, un clin d'œil est considéré comme romantique ou peut être considéré comme une avance sexuelle. À l'inverse, en Chine, il est considéré comme impoli.
La distance relationnelle	**Exemples** La proximité, qui est la norme dans la plupart des cultures du Moyen-Orient, sera perçue comme agressive au Canada. Une bise sur les deux joues est une salutation habituelle en France, mais elle est considérée comme trop intime dans de nombreuses autres cultures. Dans de nombreux pays d'Amérique du Sud, il est acceptable de s'étreindre en public ou de toucher le bras d'une personne lorsqu'on lui parle. À l'inverse, c'est inacceptable dans de nombreux pays asiatiques.
La posture	**Exemple** Dans les cultures arabes, s'asseoir avec une jambe croisée de sorte qu'une cheville repose sur le genou opposé est considéré comme impoli, car cela révèle la semelle de la chaussure, qui est considérée comme sale. Au Ghana, s'asseoir les jambes croisées dans n'importe quel style est offensant.

II Surmonter les barrières à la communication interculturelle

Au-delà de la forme, le contenu de la communication peut être chargé de barrières.

1 La barrière linguistique

Il faut prendre en compte les écueils linguistiques :

- les **faux amis** sont des mots qui se ressemblent dans deux langues, ou ont un son similaire lorsqu'ils sont prononcés à voix haute, mais qui ont des définitions très différentes ;

Exemples

« *Actually* » signifie « réellement », « actuellement » se dit « *currently* ».

« *Sensible* » signifie « raisonnable », « sensible » se dit « *sensitive* ».

- les **expressions idiomatiques** sont des expressions propres à chaque langue, qui tirent leur origine dans la culture du pays. Elles ne peuvent pas être traduites mot à mot, sous peine d'introduire des contresens.

Exemples

« *See eye to eye* » ne signifie pas « voir œil à œil », mais « être d'accord ».

« *Take it with a pinch of salt* » ne signifie pas « prenez-le avec une pincée de sel », mais « ne le prenez pas au pied de la lettre ».

2 La barrière culturelle

La bonne maîtrise de la langue doit être accompagnée de la connaissance des rituels d'interaction et codes conversationnels. En effet, le succès de la relation commerciale peut tenir à la façon de tendre sa carte de visite ou même de passer sa commande lors d'un déjeuner de travail. Le protocole des affaires peut se résumer autour de moments clés (Fiche ressource 3) :

- la prise de contact : les salutations, le rituel de la carte de visite, le *small talk* ;
- le déroulement des échanges ;
- le repas d'affaires.

FICHE RESSOURCE

3 Le protocole des affaires

Une bonne préparation des différentes étapes d'une rencontre professionnelle interculturelle est nécessaire pour éviter de faire échouer la communication.

Il est essentiel d'identifier au préalable les choses « à faire » et « à ne pas faire ».

Avant la rencontre	La tenue vestimentaire	En Bulgarie, on se fie à l'habit pour juger la position sociale d'une personne. Il est donc important de soigner sa tenue vestimentaire.
	Le rapport au temps : l'importance de la ponctualité, les horaires de travail, la notion du temps	La ponctualité est une règle d'or en Europe du Nord. La journée de travail des Polonais commence de bonne heure et finit à 16 h, il ne faut donc pas leur fixer de rendez-vous en fin d'après-midi.
	La nécessité ou non de confirmer le rendez-vous quelques jours avant, par mail ou téléphone	Avec des Européens du Nord, le rendez-vous doit être planifié et confirmé quelques jours avant l'entretien. Avec des Italiens, cette confirmation doit être faite par écrit et dans leur langue.
Pendant la rencontre	L'échange des cartes de visite	Avec un Belge, on échange ses cartes de visite au début de l'entretien ; avec un Chypriote, c'est plutôt au moment de se quitter.
	Les rituels d'accès : la façon de saluer, de se présenter, le contact visuel, les premières phrases échangées	Dans les pays Baltes, le respect est dû aux supérieurs hiérarchiques et aux aînés. Il faut veiller à utiliser leur titre s'ils en ont un ou à les appeler « Monsieur » ou « Madame » suivi de leur nom. Ce sont des gens assez détachés et réservés, très polis et courtois. Il faut les regarder droit dans les yeux lorsqu'on s'adresse à eux.
	Les sujets de conversation autorisés ou à éviter	Le sujet idéal de conversation au Royaume-Uni est le temps ; il est conseillé de ne jamais entamer une conversation sur la religion, la politique ou les rivalités entre les clubs de football (*soccer*). En Grèce, il est préférable d'éviter d'aborder des questions concernant les autres pays des Balkans (par exemple, la Macédoine et l'Albanie) et la Turquie.
	La distinction vie professionnelle / vie personnelle	Avec des Européens du Nord, les relations sont formelles et restent dans le domaine professionnel, la vie privée n'est pas évoquée. Avec des Européens du Sud, la qualité de la relation est déterminante et il est important d'avoir une relation personnelle avec son interlocuteur. Les natifs des pays de l'Est peuvent poser des questions sur la vie personnelle de leur interlocuteur, sur sa famille ou ses loisirs.
	La mise en scène de soi, les mouvements du corps et du visage	L'Italien est très expressif, il n'hésite pas à couper la parole et à parler plus fort pour se faire entendre. Les Lettons ne sont pas très expressifs et paraissent froids et austères.
	Le style de communication : direct ou indirect, l'expression ou l'absence d'émotion	Les Finlandais aiment aller à l'essentiel et ne perdent pas de temps en conversations superflues. Les Lettons sont vite irrités par des discours trop longs et superficiels. Les Espagnols n'osent pas avouer qu'ils ne comprennent pas quelque chose : il faut donc être très attentif à leur expression corporelle pour s'assurer que tout est clair.
Après la rencontre	La prise de congé	Le Hongrois a l'habitude d'inviter son interlocuteur à boire et manger. Le Lituanien apprécie un petit cadeau. Le Maltais s'attend à être régulièrement informé de la suite des opérations.

FICHE RESSOURCE

4 La communication interpersonnelle à distance

I Les situations professionnelles de communication interpersonnelle à distance

Les situations de communication interpersonnelle à distance sont diversifiées et doivent faire l'objet d'une préparation méthodique.

1 L'importance de la communication interpersonnelle à distance

La qualité de cette communication est un élément clé de la satisfaction client et donc de la pérennité de la relation commerciale. Elle est réalisée principalement au moyen du téléphone et de plus en plus en visioconférence.

2 L'objet de la communication interpersonnelle à distance

Elle permet de prospecter, d'acheter, de vendre, d'entretenir les relations commerciales :
- vérifier une information (dans le but de qualifier un fichier) ;
- prendre ou accorder un rendez-vous ;
- informer les clients sur des biens ou services ;
- passer ou prendre une commande ;
- traiter un litige.

II Les éléments clés de l'entretien téléphonique

Entre un entretien téléphonique et un entretien en visioconférence, en apparence, rien ne change dans le processus, mais l'utilisation de la caméra a des conséquences qu'il ne faut pas négliger.

1 La préparation de l'entretien téléphonique ou en visioconférence

Marérielle	- Vérifier la qualité du débit Wi-Fi. - Régler la luminosité. - Tester les paramètres audio (pas d'écho). - S'isoler dans un endroit ayant un arrière-plan neutre. - Fermer tout autre type de communication (arrivée de mail, messagerie instantanée, pages web...). - S'habiller toujours comme s'il s'agissait d'un entretien en face-à-face.
Organisationnelle	- Rédiger un script d'entretien (méthodes CROC ou CERC). - S'entraîner pour bien le maîtriser oralement. - Prendre en compte les horaires d'appel (décalage horaire du pays, horaires d'ouverture des entreprises ou secteurs d'activité concernés par l'appel).
Physique	La voix est fondamentale dans un appel. Il est important d'apporter un soin particulier à son élocution, au timbre de sa voix, au débit vocal. Il est donc nécessaire : - de sourire au téléphone, car le sourire s'entend et la bonne humeur aussi ; - de parler à un rythme normal (110 à 170 mots par minute maximum) ; - d'articuler ; - de contrôler sa respiration durant l'échange.

2 La rédaction du script d'entretien

Plusieurs règles sont à observer pour la rédaction d'un script d'entretien :
- utiliser un vocabulaire simple ;
- intégrer une formulation et des formules de politesse adaptées au pays ciblé ;

- utiliser des phrases courtes ;
- préférer des expressions imagées, affirmatives et positives ;
- parler au temps présent (temps de l'action) ;
- impliquer l'interlocuteur, bannir les « je » et utiliser le vouvoiement ;
- utiliser les mots positifs comme « succès », « gain », « investissement », « efficacité », « économie »... ;
- éviter les mots négatifs comme « problème », « crainte », « danger », « retard », « petit », « mais », « non », « coût », « dépense »...

III Utiliser une méthodologie pour les appels téléphoniques

En émission d'appel, il est recommandé d'utiliser la méthode CROC :

C comme **Contact**	Saluer, présenter l'entreprise puis se présenter soi-même et demander à parler à l'interlocuteur désiré. **Exemple** « Bonjour, Lucas Nou, directeur commercial de la société Les Vergers Narbonnais, située en Occitanie. Nous produisons des smoothies bio artisanaux à base de fruits et légumes de saison. Je souhaiterais, s'il vous plaît, parler à M. Arthur Cuellar. »
R comme **Raison**	« Accrocher » l'interlocuteur en lui exposant la raison de l'appel. **Exemple** « Nous vous avons contacté par courrier le... Nous n'avons pas reçu de réponse de votre part. »
O comme **Objectif**	Développer les idées en donnant davantage d'informations pour parvenir à un résultat, rechercher un accord de la part de l'interlocuteur. **Exemple** « Afin de vous faire connaître nos produits, nous vous proposons de vous faire parvenir une documentation ainsi que quelques échantillons. Je vous propose abricot, melon ou... »
C comme **Conclusion**	Reformuler, remercier et saluer l'interlocuteur. En cas d'accord, confirmer l'envoi et prendre congé. En cas de désaccord, prendre congé et indiquer que l'on reste à la disposition de la personne.

En réception d'appel, on utilise la méthode CERC :

C comme **Contact**	Saluer, présenter l'entreprise puis soi-même, demander l'objet de l'appel et identifier l'interlocuteur. **Exemple** « Bonjour, société Les Vergers Narbonnais, Jean-Michel Selve, responsable administratif Export, à votre écoute... Vous êtes Madame ? (James) De quelle société, s'il vous plaît ? (Lemon & Co) »
E comme **Écoute**	Être attentif à la demande de l'interlocuteur, questionner, reformuler. Demander l'objet de l'appel.
R comme **Réponse**	Traiter l'objet de l'appel ou proposer de rappeler ou de prendre le message. **Exemple** « Mme James, je vérifie auprès de notre transporteur s'il est possible de modifier l'horaire de livraison prévu pour votre commande. Je vous rappelle aujourd'hui même, en fin d'après-midi. Est-ce que cela vous convient ? »
C comme **Conclusion**	Remercier et personnaliser la prise de congé. **Exemple** « Mme James, je vous remercie de votre appel. Soyez assurée que nous mettons tout en œuvre pour répondre à votre demande dans les plus brefs délais. Je vous souhaite une agréable journée. »

Conseils

- Penser à anticiper les objections. Chaque fois que l'une d'elles se matérialise, la gérer de manière appropriée. La plupart des objections sont communes à toutes les situations de communication à distance. La clé est de s'entraîner jusqu'à obtenir une réponse satisfaisante.
- Être positif.
- Rester courtois en toute occasion.
- Sourire au téléphone : cela s'entend !

FICHE RESSOURCE

5 Le développement des compétences de communication interpersonnelle

Le développement des compétences de communication interpersonnelle vise plusieurs objectifs :
- améliorer sa communication et ses relations avec les autres ;
- tirer parti de son potentiel et collaborer efficacement avec ses interlocuteurs ;
- adapter sa communication en situation difficile.

I Les techniques de développement des compétences de communication interpersonnelle

1 L'estime de soi

L'estime de soi est un processus personnel, qui existe indépendamment du regard des autres et peut varier dans le temps. Il englobe différents aspects :

Un aspect comportemental	Nos actions dépendent fortement de notre niveau d'estime de nous-mêmes. Parallèlement, nos succès et nos échecs passés peuvent influencer le regard que nous portons sur nous-mêmes.
Un aspect cognitif	Il s'agit des pensées, raisonnements et réflexions que nous entretenons sur nous-mêmes.
Un aspect affectif	Notre degré d'estime de nous-mêmes influence nos émotions. Parallèlement, nos émotions ont un impact sur notre propre niveau d'estime.

L'estime de soi repose sur plusieurs éléments : l'apparence physique, les capacités physiques, la réussite sociale (ou scolaire), la conformité comportementale (être accepté, répondre aux attentes), la popularité...

2 Le développement de l'estime de soi et des compétences relationnelles

Il s'agit de développer des aptitudes et des attitudes :

Écouter	Écouter, c'est prêter attention aux émotions, aux mouvements du corps et au langage des autres. Il s'agit de faire preuve d'empathie et de compréhension.
Entendre	Les commentaires sincères provenant des autres permettent de savoir comment on est perçu (et d'en apprendre plus sur soi-même) et aident à améliorer l'estime de soi.
Avoir confiance en soi	Nos propres croyances en nos limites nous empêchent d'atteindre ce que nous souhaitons/voulons. Ces croyances négatives/limitatives sont des freins, nés de paroles négatives à notre encontre ou de situations d'échec que nous avons connues. Elles nous empêchent de développer notre plein potentiel.
Accepter ses erreurs	Elles font progresser si l'on prend le temps de les analyser et d'en tirer parti pour adapter son comportement de communication.
Être créatif	Adopter un état d'esprit résolument positif en développant sa créativité. Ne pas fixer son attention sur les problèmes mais sur les multiples solutions qui peuvent en découler.
Être patient	Se fixer des objectifs réalistes. Les progrès se mesurent sur le long terme.
Être juste avec soi-même	Les individus ayant une faible estime d'eux-mêmes ont tendance à attribuer leurs échecs à leur personne (leur manque de compétence, d'intelligence...). À l'inverse, ceux ayant une haute estime d'eux-mêmes attribuent leurs échecs à des circonstances extérieures et ont plus de facilité à relativiser les choses (le manque de chance, le manque de préparation...).

II La gestion du stress et la résolution des conflits

Le stress peut être défini comme « les effets que les individus subissent face à des pressions excessives ou à des demandes qui leur sont imposées ». La pression peut certes avoir des effets positifs, en stimulant les performances. Cependant, il s'agit, la plupart du temps, d'évoquer les effets négatifs qui affectent la santé des individus (de l'anxiété jusqu'au *burn-out*).

1 Les sources de stress

Les sources de stress les plus fréquemment vécues dans le monde professionnel sont :
– une charge de travail trop importante ;
– le manque de temps pour réaliser ses missions ;
– les tensions dans les relations interpersonnelles ;
– le changement dans les habitudes.

2 La gestion du stress

Plusieurs techniques permettent d'éviter que la pression ne se transforme en stress :

Définir ses priorités	Classer et hiérarchiser ses tâches, définir des priorités. Contrôler ses délais, afin d'éviter que la charge de travail ne s'accumule. Cela aidera également à développer une meilleure gestion du temps.
S'organiser	Être structuré et méthodique dans son environnement de travail (par exemple, on retrouvera plus facilement les documents de travail que l'on recherche). En s'organisant, on obtient un cadre ainsi qu'un flux de travail plus fluide. On gagne du temps et on réduit le risque d'être sous pression.
Anticiper les difficultés	Prévoir les solutions à apporter aux problèmes que l'on pourrait rencontrer, préparer les réponses aux questions éventuelles.
Relativiser	Ce qui ne peut être fait aujourd'hui peut certainement être reporté à demain. Prendre de la hauteur sur ses relations avec ses collaborateurs ou les clients de l'entreprise.
Gérer ses émotions	Les relations interpersonnelles peuvent être source de tension. Utiliser la technique de la respiration abdominale pour évacuer la pression accumulée. Seul le ventre participe aux mouvements respiratoires. Essayer plusieurs fois une technique simple : inspirer profondément, puis souffler pour relâcher.

3 La gestion des conflits

Un conflit est une situation où les intérêts, les objectifs ou les valeurs des parties divergent.

Les conflits en milieu professionnel

Ces situations peuvent se produire entre collaborateurs de l'entreprise, avec des clients, des fournisseurs ou des partenaires commerciaux.

Les conflits sont le plus souvent liés à des problèmes de communication. Ces situations de blocage ne reposent pas toujours sur des faits tangibles et rationnels. En revanche, elles peuvent révéler des angoisses (peur, anxiété), des émotions (frustration, insatisfaction), des personnalités.

Les modèles de gestion des conflits

Ken Thomas et Ralph Kilmann, professeurs de gestion à l'université de Pittsburgh, ont développé un modèle de gestion des conflits et déterminé 5 styles que l'on peut adopter face à un interlocuteur, dans un environnement multiculturel, pour résoudre une situation de conflit.

Style	Rapport de force	Image	Attitude de l'individu
Combatif	**Gagnant / Perdant**	Le requin	Il force son interlocuteur à accepter sa solution, sans se soucier de ce que peut ressentir l'autre. Selon lui, un conflit est réglé par la victoire de l'un ou de l'autre et il veut être le vainqueur. Ce style de management peut être efficace à court terme, mais se révèle difficile à gérer sur du long terme.

►►

Style	Rapport de force	Image	Attitude de l'individu
Accommodant	**Perdant / Gagnant**	Le nounours	Il répond d'abord aux préoccupations des autres plutôt qu'aux siennes. Il souhaite être aimé et préfère éviter les conflits afin de préserver l'harmonie générale.
L'évitement	**Perdant / Perdant**	La tortue	Il n'aborde pas le conflit, ne l'esquive pas, ne le reporte pas. Il se retire tout simplement, considérant qu'il n'a aucune chance de résoudre le conflit.
Collaboratif / Négociateur	**Gagnant / Gagnant**	La chouette	Il perçoit les conflits positivement. Il y voit une occasion d'améliorer les rapports au sein d'une équipe. Il perçoit le conflit comme un problème qu'il faut résoudre ensemble, en bonne intelligence. Il en résulte un climat qui ne peut que favoriser une coopération de qualité.
Le compromis	**Gagnant / Gagnant**	Le renard	Il consent à abandonner une partie de ses intérêts du moment que la partie adverse veut bien faire de même. Chacun doit pouvoir gagner.

4 Les conflits en milieu multiculturel

Les conflits interculturels, liés à une incompréhension entre des individus dont les valeurs et les comportements diffèrent, sont souvent inévitables et peuvent être lourds de conséquences pour l'entreprise.

a. La naissance des conflits interculturels

Des conflits peuvent naître des différences culturelles, de la confrontation de systèmes de valeurs différents. Des collaborateurs issus de cultures différentes seront amenés à se reprocher mutuellement un manque de professionnalisme, par ethnocentrisme.

Exemple Un collaborateur systématiquement en retard aux réunions n'a pas toujours conscience des tensions qu'il crée avec ses collaborateurs, qui y voient un manque de respect, alors qu'en raison d'un rapport au temps différent, il gère plusieurs tâches à la fois.

Le plus souvent, les personnes concernées ne sont pas conscientes de la cause du conflit, ses manifestations visibles étant causées par des facteurs invisibles.

b. La gestion des conflits en milieu interculturel

La façon de résoudre les conflits diffère en fonction des cultures : coopération, évitement ou accommodation.

Exemple Les Américains, compétitifs, ont tendance à passer en force pour se dégager d'une situation de conflit. Les Japonais, pour lesquels le sens de la hiérarchie est très fort, se soumettent à l'autorité et ont une stratégie d'évitement.

Ignorer l'existence d'un conflit ne peut aider à le résoudre : ce n'est que par la communication que la situation peut être améliorée.

La diversité culturelle constitue une richesse pour l'entreprise et un véritable défi pour les managers, qui doivent amener des individus aux modes de travail et aux styles de communication différents à travailler ensemble. Ils doivent avoir de solides compétences interculturelles pour s'adapter à chacune des cultures, pour en comprendre le fonctionnement et désamorcer ou résoudre les conflits.

c. Les conséquences des conflits en milieu interculturel

Les différences de valeurs sont à l'origine de nombreux échecs de fusions d'entreprises aux équipes multiculturelles.

Exemple La fusion ratée de Daimler et Chrysler est due en grande partie à des différences culturelles de rapport à la hiérarchie : l'organisation très hiérarchisée chez Daimler, avec des règles strictes portées par une forte autorité, s'est opposée à un fonctionnement beaucoup plus souple chez Chrysler qui se caractérisait par une approche plus égalitaire, où le travail se faisait davantage en équipe.

APPLICATIONS PROFESSIONNELLES

1 Décoder le langage « caché » des Britanniques en affaires

● Pour les expressions suivantes, décryptez ce que les Français risquent de comprendre et ce que les Britanniques veulent dire.

What the British say	What the French understand	What the British mean
I hear what you say.		
With the greatest respect...		
That is not bad.		
That's a very brave proposal.		
Quite good...		
I would suggest...		
Oh by the way...		
I was a bit disappointed that...		
Very interesting!		
I'll bear in mind...		
I'm sure it's my fault.		
You must come for dinner.		
I almost agree.		
I only have few minor comments.		
Could we consider some other options?		

2 Identifier les faux amis

● Dans le tableau ci-dessous, indiquez spontanément la traduction française du terme anglais que vous comprenez, puis vérifiez-en le sens.

Termes anglais	Ce que vous pensez	Signification réelle
Actually		
Car		
Excited		
Journey		
Money		
Location		
Preservative		
Sensible		
Sale		
Travel		

3 Travailler sa communication orale

Articuler, ce n'est pas seulement produire des sons, c'est aussi jouer avec le volume de sa voix (fort, faible), et considérer que sa posture va modifier les sons produits.

● **Afin de travailler votre diction en anglais, faites l'exercice suivant.**

1. Répétez 3 fois chaque ligne en prenant le temps de bien articuler.

- Bubble, babble, pebble
- Rub-a-dub-dub
- A big brown bear
- Hip hop, tip top, tip top, popcorn
- Puh-tuh-kuh-buh-duh-huh
- Plum pie
- Lonely man in the moon
- Roo-roe-rah-ray-ree

2. Répétez 3 fois chaque ligne en variant les émotions exprimées (joie, peur, colère, surprise…).

- A bitter, British blizzard
- Dimpled dolly dwelt with dappled deer
- The frothing filly frisketh frantically
- Six gray geese grazing on green grass
- Horace's horse was hampered by the hillock
- Jolly Jimmy Jupiter jumpin in the gym
- Cather cooked coffee in the coffee pot
- Loitering along a long lonely lane
- Peter picked pickled peppers
- Tom peeped through three thick trees

4 Préparer un entretien téléphonique

Gregory Chevalier a fondé l'entreprise Pool de Luxe en 1998, à Saint-André-de-Roquelongue, en Occitanie. Anticipant la mode du *wellness* (bien-être), il a été précurseur dans son domaine, créant, dès le début de son activité, des modèles sur mesure.

Développant des méthodes de production utilisant des matériaux respectueux de l'environnement, il s'est peu à peu taillé une place de choix dans le segment ultra premium des spas de luxe en France. Sa clientèle est aujourd'hui composée essentiellement d'hôtels et de palaces disséminés dans toutes les régions de France.

Ayant fait le choix du *made in France* sur un marché de niche, M. Chevalier souhaite aujourd'hui exporter ses produits outre-Manche. Il a identifié des hôtels haut de gamme au Royaume-Uni, qu'il va contacter par téléphone.

Vous l'assistez dans la préparation de cette prospection téléphonique.

1. **Rappelez, dans une courte note, les éléments matériels et verbaux à prendre en compte pour réaliser efficacement un appel téléphonique.**

2. **Préparez un script téléphonique en suivant la méthode CROC. Le contact à appeler sera M. Gino Cavasin, PDG de Swim & Spa, à Chiswik (Londres).**

CHAPITRE

4 La communication multimédia

COMPÉTENCES PROFESSIONNELLES

Communiquer en français et en anglais dans des contextes interculturels

- → Élaborer des messages écrits et oraux en intégrant les codes et normes culturels
- → Adapter les outils commerciaux et de communication aux normes culturelles
- → Produire des documents commerciaux

La communication multimédia peut se définir comme l'ensemble des moyens utilisés par l'entreprise pour transmettre des informations, tant au sein de sa structure qu'à l'extérieur : supports écrits, audio et vidéo. À l'international, les textes, sons, images fixes ou animées transmettent des messages adaptés à l'objectif (prise de contact, vente, transmission d'informations, échanges avec la communauté sociale) et à la culture des publics visés.

SITUATION PROFESSIONNELLE

FINLANDE

Régime politique : République démocratique

Superficie : 338 224 km²

Population : 5,52 millions d'habitants

Capitale : Helsinki

Villes principales : Helsinki, Espoo, Tampere, Vantaa, Oulu, Turku

Langues officielles : finnois et suédois

PIB par habitant : 48 771 USD (2019)

Monnaie : euro

Clients : Allemagne, Suède, États-Unis, Pays-Bas, Russie (France 10e)

Fournisseurs : Allemagne, Russie, Suède, Chine, Pays-Bas (France 7e)

1. Actualisez les données pays par une recherche sur Internet.
2. Caractérisez les pratiques commerciales, sociales et environnementales du pays, après consultation de l'évaluation des risques par Coface.

Olivier Gelly travaille depuis longtemps dans le prêt-à-porter. Un matin, il part travailler avec une paire d'espadrilles dépareillées, une en pointure 41 et l'autre en 43. Ce faux départ lui donne une grande idée : il décide de les customiser, à coups de peinture, de couleurs et de feutres. Chaussé de ses espadrilles originales, il fait un « carton » le lendemain, auprès des clients. Il décide alors de lancer sa propre marque d'espadrilles. Ainsi naît Payote, en mars 2016, à Perpignan.

Payote est une marque d'espadrilles *made in France* qui s'est lancée comme défi de remettre au goût du jour cette chaussure artisanale en lui apportant un vent de fraîcheur tout droit venu de Perpignan.

La marque à l'identité forte reste fidèle à l'artisanat traditionnel en préservant le mode de fabrication ancestral de cette chaussure estivale, tout en cassant les codes avec des modèles originaux et décalés.

DES ESPADRILLES *MADE IN FRANCE*

PAYOTE
MADE IN FRANCE

METTEZ LA FRANCE À VOS PIEDS.

Les espadrilles Payote sont fabriquées selon un cahier des charges très précis composé de 14 étapes, du découpage de la toile jusqu'à la couture de l'étiquette, dans un atelier traditionnel.

Le slogan fort de la marque, « METTEZ LA FRANCE À VOS PIEDS », est une évocation de la fabrication française et montre la vocation des espadrilles à être exportées.

VERS PLUS D'ÉCORESPONSABILITÉ

L'inspiration, présente dans toutes les collections, est une invitation aux découvertes. Une certaine vision de l'art de vivre au quotidien, qui conjugue la couleur sans pour autant négliger le confort des matières simples et naturelles : du coton recyclé pour les toiles, du jute tressé pour la semelle intérieure et du caoutchouc recyclé pour la semelle extérieure.

En 2019, la première Payote fabriquée en plastique recyclé voit le jour. La toile de cette espadrille est conçue à partir de billes de PET provenant du plastique ramassé dans la Méditerranée par une flotte de pêcheurs.

Cette espadrille recyclée, baptisée « Océan », rend hommage à l'écosystème marin tout en contribuant à sa dépollution et offre à l'entreprise l'opportunité de sensibiliser le public aux questions environnementales. Depuis, la gamme d'espadrilles recyclées a été étendue.

Payote, c'est aussi la rencontre entre le savoir-faire français et Internet. Une façon de « mettre la France à ses pieds » où que l'on se trouve.

PAYOTE EN CHIFFRES

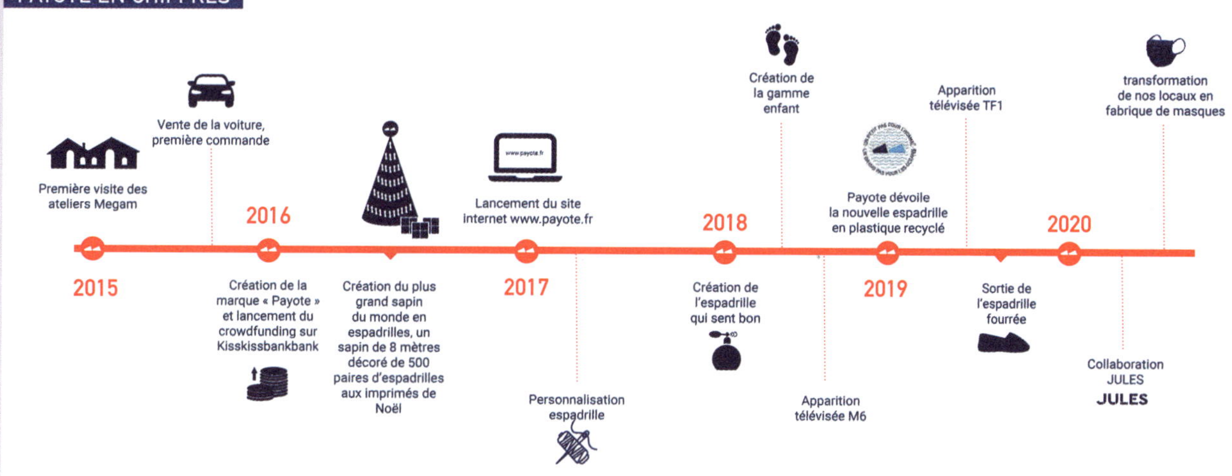

PAYOTE DANS LA PRESSE

Apparition télévisée sur M6

Apparition télévisée sur TF1

Afin de faire face à une demande croissante de ses ventes sur le marché français et dans la perspective de se développer à l'export, Payote a prévu de recruter plusieurs nouveaux collaborateurs dans les prochains mois. Vous intégrez cette entreprise, afin de travailler la communication multimédia.

1. Par une recherche sur Internet, recensez les outils de communication employés actuellement par Payote pour sa communication avec sa clientèle.

2. Identifiez les codes utilisés par l'entreprise Payote pour sa communication commerciale et rédigez un guide de marque et de style, à utiliser pour toute sa communication professionnelle.

➲ Document 1
➲ Fiches ressources 1 et 3

3. Proposez des adaptations du site Internet pour un déploiement de la marque à l'étranger.

➲ Document 2

Olivier Gelly vous charge de créer la version en anglais du site internet de Payote.

4. À l'aide du logiciel en ligne Wix, créez la page d'accueil du site de Payote en anglais.

L'entreprise Payote est très active sur les réseaux sociaux et cela lui réussit plutôt bien. Olivier Gelly vous demande de lui faire une proposition de création d'un podcast sur sa marque.

5. Créez deux courts messages en français et en anglais, destinés à être podcastés sur le site Internet de Payote et sur ses comptes de réseaux sociaux. Enregistrez-les sur votre téléphone portable.

➲ Document 3

Afin de faciliter l'intégration des nouveaux salariés dans l'entreprise et de maintenir une ambiance conviviale propice à la créativité, Olivier Gelly vous demande de le conseiller sur les outils de communication interne à privilégier.

6. À l'aide d'une recherche sur Internet, rédigez une courte note sur les outils de communication interne disponibles et sur les avantages qu'ils procurent à une entreprise.

➲ Document 4
➲ Fiche ressource 2

Sur LinkedIn, Olivier Gelly a établi des contacts avec plusieurs distributeurs, dans plusieurs pays européens. Les échanges les plus prometteurs ont eu lieu avec Alexander Dedde, un importateur finlandais qui envisage de commercialiser les espadrilles de Payote dans son pays, dès le printemps prochain (document 5). De nombreux e-mails ont été échangés et les deux hommes sont parvenus à s'accorder sur le principe d'une prochaine distribution des espadrilles françaises en Finlande.
Désireux d'établir une communication efficace, le dirigeant de Payote vous charge de la recherche d'informations sur les règles ou habitudes de communication écrite en Finlande.

7. À l'aide d'une recherche sur Internet, identifiez les règles de la communication écrite en Finlande et conseillez Olivier Gelly sur la forme à respecter pour ses échanges avec l'importateur finlandais.

➲ Document 6
➲ Fiche ressource 4

8. Rédigez, en anglais, la lettre à envoyer à Alexander Dedde pour officialiser l'accord de principe d'une prochaine distribution des espadrilles de Payote en Finlande.

➲ Document 7
➲ Fiche ressource 5

VOTRE DOSSIER

DOCUMENT 1 Renforcer une marque par un guide de marque et de style en plusieurs langues

Lorsqu'une entreprise crée des contenus et les communique, l'un de ses grands défis est de créer un fil rouge, une identité reconnaissable d'un support à l'autre. Si, en outre, les contenus doivent être traduits et publiés en plusieurs langues, il peut être difficile d'obtenir l'homogénéité et la visibilité recherchées. […]

Comment créer un fil rouge dans la communication de l'entreprise

Pour obtenir une bonne cohérence dans la communication de votre entreprise, vous devez vous assurer que toutes les parties prenantes, internes comme externes, créent des contenus qui soutiennent votre marque. Pour y parvenir, vous devez élaborer des règles et des lignes directrices à caractère obligatoire. […]

Que doit contenir le guide

Un guide de marque et de style contient les lignes directrices des contenus graphiques, visuels et textuels produits par l'entreprise au travers de son organisation.

En ce qui concerne la partie graphique et visuelle, les lignes directrices doivent définir les couleurs, les polices de caractères et autres composantes qui ont de l'importance pour l'identité visuelle de l'entreprise.

En ce qui concerne la partie textuelle, les lignes directrices doivent inclure le « *tone of voice* » (la voix de la marque), la ponctuation, les abréviations, l'utilisation de certains mots et termes spécifiques ou, au contraire, leur exclusion. Il ne s'agit pas d'un guide avec des règles de grammaire et de niveaux de langue, mais un guide comportant les choix de l'entreprise, qui a pour but de rendre la communication homogène et de l'adapter au groupe-cible et à la marque. […]

Suffit-il que le guide couvre la langue de travail ?

De plus en plus d'entreprises ont choisi l'anglais comme langue de travail. Pour cette raison, leur guide de marque et de style ne comporte souvent que des lignes directrices sur la manière dont l'entreprise souhaite communiquer en anglais. […]

Des guides à choisir et télécharger : https://www.flipsnack.com/fr/templates/design-style-guide-template

La traduction et la communication dans d'autres langues que l'anglais deviennent donc un paramètre que l'entreprise doit prendre en considération si elle veut se créer une identité reconnaissable et définir un fil rouge, à la fois pour sa communication et pour sa marque, lorsqu'elle se lance sur d'autres marchés.

Le contenu du guide doit-il être le même pour toutes les langues ?

Les lignes directrices des parties graphiques et visuelles seront presque toujours les mêmes dans toutes les langues ; mais la communication écrite, en revanche, peut présenter un défi, dans la mesure où les règles ne seront pas nécessairement les mêmes pour une langue ou un marché en particulier. [...]

www.adhoc-translations.com, janvier 2020.

DOCUMENT 2 Site internet de Payote : www.payote.fr

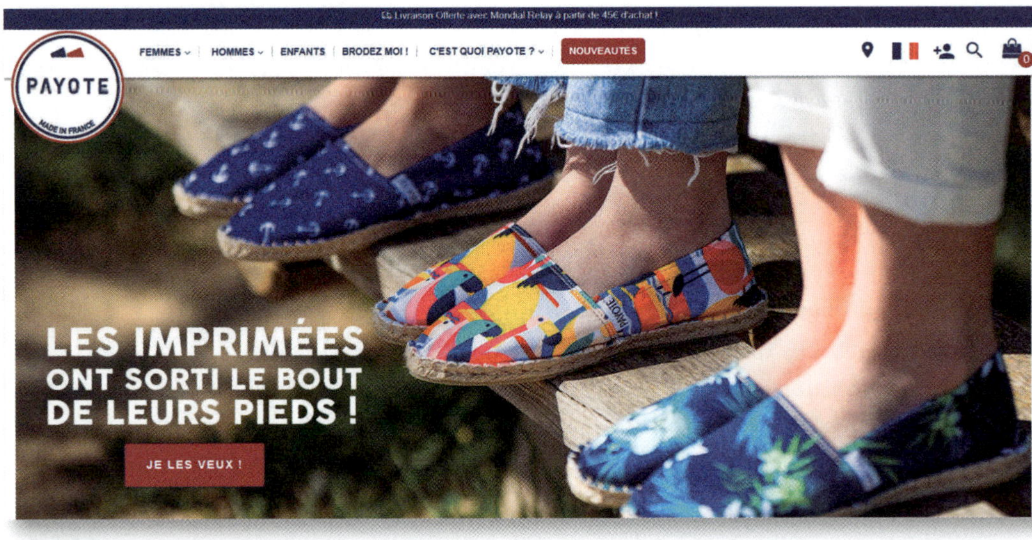

ESPADRILLE MADE IN FRANCE PAYOTE

Je ne suis pas une **espadrille** de plus, je suis l'**espadrille Payote**. Je suis une **espadrille Made in France** qui sent bon le Sud. Disponible pour toute la famille, du 28 au 47, je m'adapte à tous les goûts, toutes les envies, toutes les folies ! Je fais le bonheur de tous ceux qui recherchent le confort, la souplesse et le côté facile à vivre d'une **chaussure d'été** décontractée, pratique, indémodable et élégante ! L'inspiration, présente sur toute notre collection, témoigne d'un art de vivre épicurien, l'envie de « se sentir bien dans ses **espadrilles** », tout en affichant ses propres choix, ses propres couleurs, pour un maximum d'originalité !

ESPADRILLE MADE IN FRANCE POUR TOUS LES GOÛTS

Chez **Payote**, nous nous engageons à vous proposer le plus grand choix d'**espadrilles Made in France**. Plus de 250 modèles sont disponibles pour chausser les pieds de toute la famille. Apportez une touche d'originalité à votre tenue d'été en dénichant votre **espadrille française** parmi nos plus belles collections.

UNE ESPADRILLE FRANÇAISE, C'EST QUOI CONCRÈTEMENT ?

Notre slogan « Mettez la France à vos pieds » repose sur la fabrication française de toutes nos espadrilles. C'est un parti pris. Dans le Sud, en été, on vit en espadrilles (en hiver aussi d'ailleurs). Véritable trésor de notre patrimoine culturel, il était impensable pour nous de fabriquer nos Payote ailleurs que

dans leur région d'origine. Notre choix s'est tourné vers un petit atelier situé à **Mauléon**, au cœur du **Pays basque**.
Pourquoi nous avons choisi Mauléon comme lieu de production ? Considérée comme le berceau de l'espadrille française, c'est dans cette petite ville que l'on retrouve les principales usines de fabrication des espadrilles.
Et l'atelier de fabrication d'**espadrilles françaises** que nous avons choisi, ce n'est pas n'importe lequel. L'atelier familial que nous avons choisi perpétue un savoir-faire artisanal depuis trois générations : ils n'ont pas moins de 150 ans d'expérience sous leur semelle ! Son savoir-faire est transmis de génération en génération dans le respect de la tradition de l'**espadrille basque** française.
Cette connaissance ancestrale lui confère une grande maîtrise de la chaussure d'été en corde qu'il fabrique suivant 14 étapes de fabrication bien précises. De la découpe de la toile, en passant par l'encollage, jusqu'à la couture de notre étiquette, chaque étape est réalisée avec grand soin par des artisans passionnés. Nos semelles de corde sont par ailleurs fabriquées à partir de jute naturel, matière noble qui laisse respirer vos pieds.
Toutes nos espadrilles **fabriquées à Mauléon bénéficient donc d'une finition travaillée, pour vous offrir un produit résistant et confortable. Semelle en jute naturel, couture à l'italienne renforcée et caoutchouc et coton recyclés, nous combinons des matières nobles pour que nos espadrilles soient le plus respectueuses possible de l'environnement tout en restant originales et élégantes. Produire en France nous permet aussi de limiter notre empreinte carbone dans une certaine mesure**.
Parmi nos collections, vous trouverez aussi nos toutes nouvelles espadrilles recyclées dont la toile a été fabriquée à partir de plastique ramassé dans la Méditerranée. Notre objectif ? Participer pleinement à la lutte contre la pollution maritime qui est une cause qui nous tient particulièrement à cœur.
Nos espadrilles sont résolument dans l'air du temps, tout en préservant leur caractère traditionnel à travers leur fabrication artisanale. Donnez libre cours à votre désir de vacances et de farniente en espadrilles Payote !

#PAYOTEAUXPIEDS
SUR INSTAGRAM

DOCUMENT 3 Le podcast : nouveau support de communication pour les entreprises ?

Le retour de la culture orale

Au commencement était la voix. Depuis toujours, l'histoire des sociétés humaines s'inscrit dans une culture orale autour desquelles elle construit et transmet ses récits. Si l'image, l'écrit puis la vidéo se sont ensuite ajoutés à la liste des formats de diffusion, il n'en reste pas moins que la voix demeure l'un des modes de communication privilégiés. Au point de connaître de nos jours une véritable renaissance, l'émergence des technologies vocales comme les enceintes et assistants connectés en apportant l'une des plus probantes illustrations. Mais bien avant elles, les supports radiophoniques, parmi lesquels le podcast, réaffirment l'engagement des auditeurs-consommateurs. Car qui dit « voix », dit « écoute » : l'année dernière, 39 % des Français ont affirmé avoir déjà écouté un podcast, ces programmes audio à la demande. […]
Des chiffres qui traduisent l'accessibilité d'un format résolument mobile (consommé d'abord dans les transports et en voyage) et peu coûteux pour les entreprises, dans le contexte d'une course à « l'armement communicationnel » toujours aussi effrénée. À raison ?

Le vrai *brand content*

Car le succès du podcast n'est pas seulement dû à la facilité de son format. Certes, il permet à l'auditeur d'occuper un temps libre en parallèle d'une autre activité : il lui est possible de faire autre chose pendant l'écoute d'une émission, à l'inverse d'un article ou d'une vidéo qui requièrent une attention plus contraignante. Le podcast s'inscrit en effet dans une temporalité en rupture avec la communication actuelle, souvent pilotée par des contenus rapides, éphémères et consommables. Avec le podcast, nous redécouvrons alors un temps plus long et plus étendu, dans la droite lignée de la « *slow communication* » qui consacre le développement des messages et la profondeur de l'interaction avec le public. Une entreprise peut ainsi prolonger une discussion et entrer plus en détail dans un sujet et ce, d'autant plus facilement que le format privilégie une narration par épisodes, permettant à la fois d'explorer une thématique et d'en fidéliser l'audience. Donner du sens et renforcer le lien tout en faisant œuvre d'utilité : soit le Graal de tout contenu de marque !

▸▸ La dimension audio va encore plus loin : elle permet d'humaniser un discours, de l'incarner et de créer un espace d'intimité avec l'auditeur, alors plus à même de s'engager dans le récit et de s'en faire le relais naturel, créant *in fine* une communauté autour d'un véritable *storytelling*. Face à l'avalanche de contenus, notamment vidéo, qui ne créent qu'une émotion fugace, le podcast représente donc une alternative qui s'affranchit de la tentation du zapping pour insister sur l'écoute active : chaque mot, chaque message est capté par son récepteur.

www.e-marketing.fr, novembre 2020.

DOCUMENT 4 Les atouts de la vidéo pour la communication interne à l'entreprise

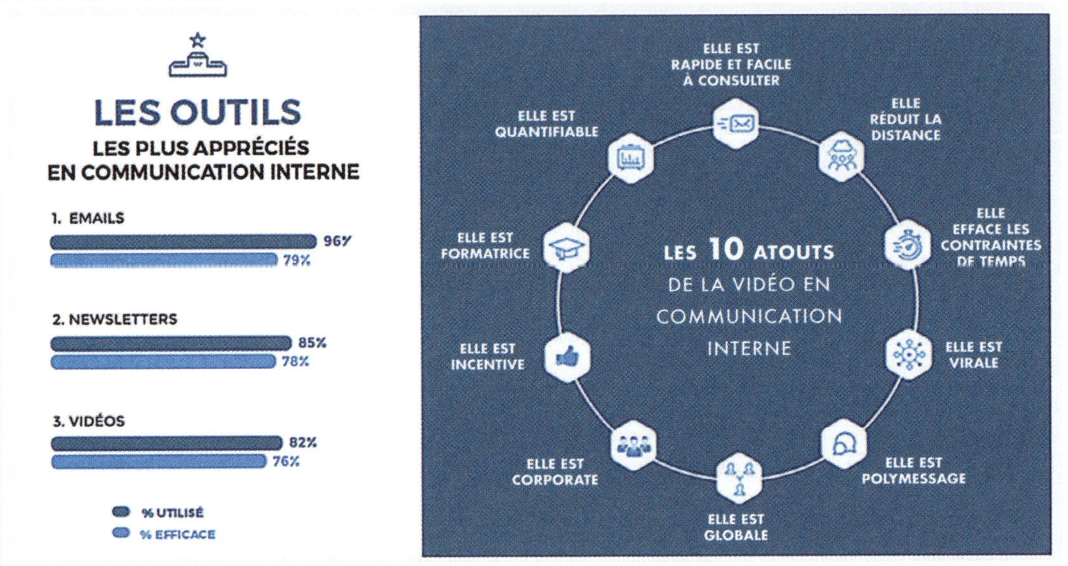

Les atouts propres à la vidéo expliquent son succès en communication interne. Source : Gatehouse.

www.novastream.fr

DOCUMENT 5 About Kuoma

We produce shoes for kids, women and men. We have also shoes that fit both men and women. Our product range includes everything from light summer shoes to hardwearing winter boots – and of course our vibrant line of kids' outerwear !
All our shoes and kids´ clothes are made to endure the harsh weather conditions of the Nordic climate. Our products are known for their practicality, comfort, warmth and quality.
They have been awarded the Finnish Key Flag Symbol in recognition of Finnish design and production.

DOCUMENT 6 Les langues parlées en Finlande

Les langues officielles en Finlande sont le finnois et le suédois dont le dernier est parlé par une minorité d'environ 5,4 % de la population. La langue suédoise est surtout parlée sur la côte ouest de la Finlande et c'est la langue officielle de l'archipel d'Åland.
En outre, il existe une minorité laponne (0,03 % en 2011) qui pratique sa propre langue, la langue sâmi.
L'anglais est parlé couramment partout en Finlande ; les autres langues européennes comme le français et l'allemand sont également pratiquées.

https://www.ccff.fr/la-chambre/la-france.html

DOCUMENT 7 *Writing a Business Letter*

An effective letter in business uses short, simple sentences and straightforward vocabulary. The easier a letter is to read, the better. You will need to use smooth transitions.

SALUTATION

First and foremost, make sure that you spell the recipient's name correctly. You should also confirm the gender and proper title. Use Ms. for women and Mr. for men. Use Mrs. if you are 100% sure that a woman is married. Under less formal circumstances or after a long period of correspondence, it may be acceptable to address a person by his or her first name. When you don't know the name of a person and cannot find this information out, you may write, "To Whom It May Concern". It is standard to use a comma (USA) after the salutation. It is also possible to use no punctuation mark at all. Here are some common ways to address the recipient:

- Dear Mr. Powell,
- Dear Valued Customer
- Dear Sir or Madam

[…]

FIRST PARAGRAPH

In most types of business letter, it is common to use a friendly greeting in the first sentence of the letter. Here are some examples:

- I hope you are enjoying a fine summer.
- Thank you for your kind letter of January 5th.
- I came across an ad for your company in *The Star* today. […]
- I appreciate your patience in waiting for a response.

After your short opening, state the main point of your letter in one or two sentences:

- I'm writing to enquire about…
- I'm interested in selling items posted on your company website.
- We'd like to invite you to a members only luncheon on April 5th.

▶▶

▶▶

SECOND AND THIRD PARAGRAPHS

Use a few short paragraphs to go into greater detail about your main point. If one paragraph is all you need, don't write an extra paragraph just to make your letter look longer. […] Here are some common ways to express unpleasant facts:

- We regret to inform you…
- It is with great sadness that we…
- After careful consideration, we have decided…

FINAL PARAGRAPH

Your last paragraph should include requests, reminders, and notes on enclosures. If necessary, your contact information should also be in this paragraph. Here are some common phrases used when closing a business letter:

- I look forward to…
- I should also remind you that the next board meeting is on February 5th.
- For further details…
- Thank you for taking this into consideration.
- I appreciate any feedback you may have.
- Enclosed you will find…
- Feel free to contact me by phone or email.

[…]

CLOSING

Here are some common ways to close a letter. Use a comma between the closing and your handwritten name (or typed in an email). […] Closing phrases:

- Sincerely yours,
- Thank you,
- Warm regards,

[…]

WRITING TIPS

- Use a conversational tone.
- Ask direct questions.
- Double-check gender and spelling of names.
- Use active voice whenever possible.
- Use polite modals (*would* in favour of *will*).
- Always refer to yourself as "I".
- Don't use "we" unless it is clear exactly who the pronoun refers to.
- Rewrite any sentence or request that sounds vague.
- Don't forget to include the date. Day-Month-Year (05/07/20) is conventional in many countries; however, to avoid confusion, write out the MONTH instead of using numbers (e.g. 5th July 2020 -- or July 5th, 2020 for American English).

www.englishclub.com

FICHE RESSOURCE

1 La communication commerciale de l'entreprise

La **communication externe** peut se définir comme l'ensemble des échanges de l'entreprise avec son environnement extérieur. Elle est un enjeu majeur de sa croissance et de son développement : une communication efficace va transmettre une image positive à ses partenaires, clients, fournisseurs.
Les informations partagées dans la communication commerciale sont des messages liés aux biens, services ou activités de l'entreprise ou de l'organisation.

I Les objectifs de la communication commerciale

La finalité de cette communication est d'influencer le comportement d'achat d'une cible, en vue d'atteindre des objectifs commerciaux (acquisition de clients, vente, fidélisation, développement).

Finalités	Aspects	Objectifs
Vendre	Conatif	Agir sur le comportement des clients à l'égard de l'entreprise, de ses marques ou de ses biens et/ou services.
Informer, faire connaître	Cognitif	Faire connaître, développer ou renforcer la connaissance de l'entreprise, sa notoriété, celle de ses biens et/ou services.
Faire aimer	Affectif	Consolider ou modifier les jugements de valeur des clients en faveur des biens et/ou services, de la marque. En véhiculer une image positive.

II Les éléments de la communication commerciale

L'entreprise doit développer une communication globale, c'est-à-dire que tous les supports de communication doivent être harmonisés. Il s'agit de doter l'entreprise d'une identité forte (avantage concurrentiel), d'une image positive (fidélisation) et facilement reconnaissable par ses différentes cibles.

L'entreprise est identifiée par les éléments suivants :

Éléments	Définitions
Le nom	Celui sous lequel l'entreprise est connue du public.
La signature	Ensemble de mots ou phrase bien précise qui définit l'entreprise et traduit ses valeurs.
Le logo	Graphisme, symbole qui distingue l'entreprise de ses concurrents.
La charte graphique	Éléments d'identification visuelle des supports de communication de l'entreprise (typographie, couleurs, en-tête et pied de page des documents administratifs et commerciaux).
Le merchandising	Unicité de l'architecture, du mobilier intérieur, de l'aménagement des espaces, de la présentation des produits dans les points de vente (exemple : Apple Store).

III Les outils de la communication commerciale

1 Les outils de communication avec les partenaires

Ils sont destinés aux clients, aux fournisseurs, aux prestataires, à la presse professionnelle...

Éléments	Définitions
Le bulletin d'information	Outil de communication institutionnelle, régulièrement publié, qui fournit des informations importantes sur un sujet précis.

La plaquette de présentation	Brochure qui décrit l'entreprise et son offre de biens et/ou services et constitue un outil important pour soigner son image.
Le flocage des véhicules	Customisation des véhicules de fonction (nom, logo, couleurs de l'entreprise et souvent un numéro de téléphone) qui en favorise la reconnaissance.

2 Les outils d'aide à la vente

Il s'agit des différents outils qu'une entreprise met à la disposition de ses commerciaux afin de les aider dans la prospection et la fidélisation des clients.

Éléments	Définitions
Les plaquettes commerciales ou institutionnelles	Elles permettent de présenter en détail l'entreprise, son organisation et son offre de biens et/ou services. Cette présentation est illustrée par des photos, des schémas ou des graphiques.
Les fiches produits	Elles décrivent les caractéristiques techniques et les caractéristiques commerciales des produits.
Le catalogue physique ou en ligne	Il présente tous les produits de l'entreprise, leurs caractéristiques et des photos ; il peut également préciser le prix des produits. Il permet à l'entreprise d'organiser des campagnes de promotion destinées à des clients ciblés.
Le mode d'emploi et le guide d'utilisation	Ils sont conçus pour aider l'utilisateur à comprendre le fonctionnement d'un bien ou d'un service acheté.
Le magazine client (*consumer magazine*)	Distribué aux clients de l'entreprise, il offre des contenus liés à l'univers de la marque et à ses valeurs.

3 Les outils numériques et digitaux

Ce sont des outils mis en place pour augmenter la visibilité en ligne de l'entreprise, pour communiquer avec ses clients.

Le site Internet	Véritable vitrine virtuelle de l'entreprise, il permet à celle-ci de communiquer à ses parties prenantes une quantité importante d'informations sous forme de textes, d'images, de vidéos, disponibles à toute heure et depuis n'importe quel lieu. Il peut être marchand ou non.
Le blog	Sorte de site Internet ou partie de site dont l'entreprise se sert pour publier périodiquement l'actualité d'un sujet précis ou d'une profession.
Les réseaux sociaux	L'entreprise doit impérativement communiquer sur Facebook, LinkedIn, Instagram... afin de travailler son image ou faire du *social selling*. Elle utilise également des plateformes de discussions (Twitter), des plateformes de *social bookmarking* (Pinterest).
Les forums	Ce sont des espaces dédiés aux discussions à caractère public. Les différentes discussions de ces forums sont archivées, permettant ainsi une communication asynchrone, ce qui les distingue des forums réservés aux messageries instantanées.
Le podcast	C'est un contenu audio numérique que l'on peut écouter n'importe où, n'importe quand.
Les vidéos en ligne ou la chaîne YouTube	Moins coûteuses et moins encombrantes que les brochures, dépliants et autres supports papier, elles permettent de communiquer des informations sur les produits.
Le mailing et le publipostage	Ces techniques de marketing direct ont pour but de transmettre une proposition commerciale à un groupe de clients par voie d'e-mail.
Les Foires Aux Questions (FAQ)	Elles permettent d'apporter des réponses aux questions les plus fréquentes et constituent un gain de temps pour le service commercial comme pour les clients.
La newsletter B2B	Elle regroupe les principales informations sur une période donnée (exemple : les derniers articles, une sélection de produits en promotion, une actualité) et contribue à fidéliser les clients.

FICHE RESSOURCE

2 La communication interne à l'entreprise

La **communication interne à l'entreprise** est constituée par la transmission d'informations liées à l'entreprise, entre les employés, la direction et les partenaires.

I Le contenu de la communication interne à l'entreprise

La communication interne correspond à la communication au sein d'une organisation. Elle comprend, d'une part, la communication formelle (notes de service, directives, procédures...) et, d'autre part, la communication informelle, qui se déroule entre les collaborateurs de l'entreprise. Cela peut se traduire au travers de l'échange d'idées et d'opinions, le développement de relations et de conversations professionnelles et personnelles.

> En France, la machine à café est un lieu privilégié de communication informelle. Elle permet des interactions entre des équipes, personnels de différents services, de différents niveaux hiérarchiques qui ne communiquent pas ensemble habituellement.

II L'utilité de la communication interne

Au-delà d'échanges entre des personnes, la communication interne participe au fonctionnement de l'organisation. Elle permet :
- de fournir aux collaborateurs les informations dont ils ont besoin pour faire leur travail efficacement ;
- de développer un sentiment d'appartenance des employés à l'entreprise.

À bien des égards, la communication interne est le ciment qui consolide une entreprise.

Créer un climat propice à la communication interne repose sur plusieurs règles :
- écouter ses collègues et répondre rapidement et de manière appropriée à leurs questions, plaintes, suggestions, problèmes, etc. ;
- traiter toutes les personnes de la même manière, quelle que soit leur fonction dans l'entreprise ou l'opinion personnelle que l'on peut en avoir ;
- avoir conscience que les styles de communication peuvent différer selon les interlocuteurs et s'y adapter. Être offensant ou condescendant est probablement pire que de ne pas être ouvert du tout.

> Danone a développé le programme « *One Person, One Share, One Voice* » : tous les collaborateurs sont invités à débattre sur une plateforme dédiée et à se prononcer sur les plans d'action de l'entreprise. Pour Danone, il s'agit d'impliquer salariés et collaborateurs pour qu'ils deviennent aussi des ambassadeurs de l'entreprise.

III Les outils de la communication interne

Les outils pour favoriser la communication interne sont multiples et variés. Avec le développement du télétravail, ils se sont digitalisés.

1 Les outils traditionnels de la communication interne

Le tableau d'affichage	À placer à un endroit stratégique pour être visible de tous, il n'est utile que s'il est mis à jour régulièrement.
Le journal d'entreprise	Il donne « un visage plus humain » à l'entreprise.
La boîte à idées	Physique ou virtuelle, elle vise à développer les initiatives, les innovations, etc.

2 Les outils digitaux de la communication interne

L'intranet	Sécurisé et contrôlé, il facilite l'accès à tous les documents de l'entreprise. Il permet aussi d'ouvrir ou de restreindre l'accès aux informations, selon le profil des utilisateurs.
Les solutions de visioconférence	Elles permettent de connecter les employés à distance à un niveau plus personnel et interactif que *via* des applications de messagerie. Exemples ▸ Zoom, Microsoft Teams, Google Meet.
Les podcasts internes	Exemples ▸ Simplecast, Storyboard, uStudio.
Les outils de sondage	Exemple ▸ SurveyMonkey permet aux entreprises d'effectuer tout type de sondages internes auprès de leurs salariés : mesure de leur degré de satisfaction au travail, de la qualité des relations hiérarchiques, etc.
Les outils de messagerie instantanée	Exemple ▸ Slack est une plateforme de messagerie utilisée pour connecter les équipes.

L'utilisation croissante des outils numériques, en France et dans le monde, fait peu à peu disparaître le formalisme qui s'appliquait traditionnellement à la culture de l'écrit et donne naissance à une nouvelle culture digitale.

Pour autant, elle ne doit pas faire oublier que la communication est humaine avant d'être technologique. Une visioconférence est préférable à un e-mail pour communiquer les informations importantes ; elle permet aux interlocuteurs de se voir, ce qui constitue une grande différence dans la transmission et la réception des messages.

IV Les obstacles à la communication interne

Multiples, ils réduisent ou détériorent la communication interne, affectant la performance de l'entreprise.

1 Les obstacles liés à l'environnement de travail

Ils peuvent provenir du bruit et du manque d'intimité qui nuisent à la concentration et à une communication efficace : la sonnerie constante des téléphones, les systèmes de messagerie chronophages ou encore les espaces de travail ouverts (*open spaces*).

2 Les obstacles liés à la structure de l'entreprise

Le climat social au travail est un élément important de l'épanouissement des salariés. Des relations interpersonnelles de qualité créent un climat positif et propice au travail de groupe. À l'inverse, lorsque le climat social interne à l'entreprise est dégradé, les facteurs de tension entre les salariés sont multiples et peuvent considérablement affecter l'efficacité de la communication interne.

3 Les obstacles liés à la hiérarchie

En règle générale, à mesure que l'entreprise se développe, la structure hiérarchique évolue, affectant la circulation de l'information en son sein. Plus il y a de niveaux hiérarchiques, plus le risque est grand que l'information reste bloquée à un niveau donné.

FICHE RESSOURCE

3 La charte graphique de l'entreprise

Dans ses relations avec son réseau, quels que soient les supports utilisés, l'entreprise assure la cohérence de sa communication avec des outils visuels coordonnés. Elle adopte une charte graphique pour incarner son univers et véhiculer ses valeurs sociétales, morales et relationnelles. C'est le support fondamental de toute sa communication (interne et externe).

I Les objectifs de la charte graphique

La charte graphique est un outil indispensable au service de la stratégie de communication de l'entreprise, avec pour objectif d'asseoir son identité et son image.

Elle vise à garantir une identité et à conserver une cohérence dans toutes les réalisations visuelles de l'entreprise ; elle permet d'assurer la reconnaissance de la marque par tous les partenaires (fournisseurs, distributeurs, graphistes, presse...).

La charte graphique permet donc de communiquer « d'une seule et unique voix » et garantit la maîtrise de l'image de l'entreprise. Les anglophones utilisent le terme « *corporate design* », ce qui signifie littéralement « le dessin de l'entreprise ».

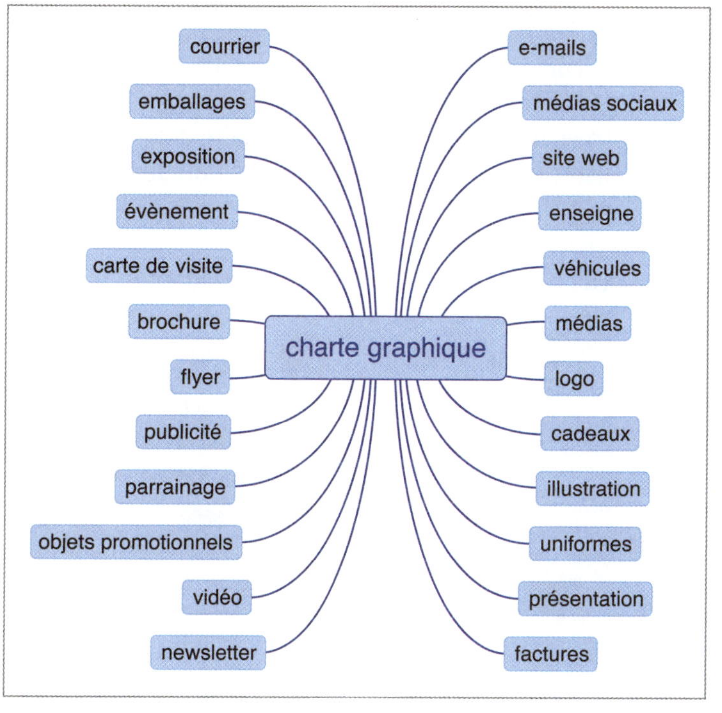

Exemple La « marque à la pomme » applique sa charte graphique de manière homogène et cohérente à l'ensemble des documents qu'elle édite, à ses produits, à ses emballages, à ses magasins (Apple Stores), à son site Internet... afin de créer l'expérience Apple.

II Les éléments de la charte graphique de l'entreprise

1 Le logo

Le logo (ou logotype) est l'élément central de la charte graphique, il représente l'identité visuelle de l'entreprise. Il figure sur tous les supports de communication de l'entreprise : le papier à en-tête, les devis et factures, les affiches, plaquettes commerciales, les flyers, le site Internet, les e-mails et les véhicules de l'entreprise.

Le logo doit refléter l'image de l'entreprise et de ses activités, il doit également renforcer son image et rassurer ses clients. Il doit pouvoir s'adapter et se décliner en différentes couleurs sur l'ensemble des supports de communication de l'entreprise.

2 Les polices de caractères

La charte graphique de l'entreprise définit également les polices de caractères et les attributs typographiques à utiliser, en règle générale une police de titre et une police de contenu. La typographie est l'une des composantes essentielles de l'univers graphique d'une organisation ; certaines entreprises ont même créé une police de caractères spécifique pour se démarquer (exemple : Renault).

Certaines polices de caractères renforcent un côté masculin, sérieux ou démontrent le prestige ou le modernisme. D'autres proposent un style plus artistique, technologique ou fantaisiste. Un style gras transmet l'idée de force, de solidité. Des lettres italiques suggèrent le dynamisme, le mouvement. Un style maigre apporte une touche féminine et est recommandé pour exprimer la distinction et la délicatesse.

3 Les couleurs

La charte fige aussi les choix de couleurs, au travers de jeux de couleurs adaptés aux exigences des différents supports de communication et des différents fonds disponibles (fond de couleur ou fond blanc). Le nombre de jeux de couleurs doit rester limité pour simplifier la mémorisation de l'identité visuelle.

Exemple ▸ Une recherche de l'Institute for Color Research (https://www.colorcom.com) menée en collaboration avec l'université de Winnipeg a démontré que les consommateurs n'ont besoin que de 90 secondes maximum pour se faire une opinion sur un produit ou une marque quant à sa valeur, à sa fiabilité, etc., et que la couleur compte pour 62 à 90 % dans ce résultat.

La signification des couleurs résulte d'un croisement entre la science, l'art et la culture. Le symbolisme des couleurs diffère en fonction des cultures.

Exemple ▸ En Occident, les mariées portent du blanc pour symboliser la pureté ; en Inde, les saris nuptiaux sont de couleurs vives.

Le symbolisme des couleurs en Occident :

OR Luxe Richesse Puissance Prestige	**ROUGE** Danger Passion Interdit Vitesse	**VERT** Nature Fraîcheur Espérance Croissance	**ORANGE** Dynamisme Énergie Plaisir Stimulation
JAUNE Gaieté Chaleur Jeunesse Optimisme	**BLEU** Sécurité Confiance Tranquillité Connaissance	**GRIS** Maturité Neutralité Impartialité Compromis	**NOIR** Luxe Élégance Rigueur Mystère
MARRON Confiance Sérieux Solidité Masculinité	**BLANC** Pureté Propreté Paix Fraîcheur	**ROSE** Amitié Tendresse Protection Enfance	**VIOLET** Spiritualité Sagesse Autorité Prospérité

4 Le rédactionnel

Souvent, la charte graphique va plus loin que le choix du logo, des formes, des polices de caractères et des couleurs, puisqu'elle intègre le ton et le style rédactionnels utilisés sur l'ensemble des médias sociaux utilisés par l'entreprise (blog, Facebook, YouTube, etc.).

FICHE RESSOURCE

4 Les codes culturels dans la communication multimédia

L'envoi d'e-mails, de SMS et les échanges sur les réseaux sociaux se substituent de plus en plus à l'envoi de lettres et de documents formels papier et tendent à en uniformiser les contenus.

Toutefois, d'un pays à l'autre, il subsiste des différences dans la façon de s'adresser à des partenaires commerciaux étrangers, qu'il faut prendre en compte pour éviter d'offenser un collaborateur, un client ou un fournisseur de culture différente.

Les huit règles à respecter pour communiquer efficacement dans un contexte professionnel international, en particulier pour les échanges par e-mail, sont les suivantes :

Éléments	Règles à respecter
Le titre	Au Japon et en Allemagne, des titres comme *san* et *frau* sont attendus. *Monsieur* ou *Madame* sont plus appropriés dans d'autres pays.
Le nom de famille	Le nom de famille vient en premier en Chine. Mais parfois, les Chinois placent leur nom en deuxième position lorsqu'ils envoient des courriels à des entreprises occidentales. Il est donc conseillé de se faire préciser le nom de famille du destinataire du message.
Les outils	En Afrique, les ordinateurs personnels sont encore relativement rares, alors que les téléphones portables sont omniprésents. Très souvent, le destinataire lit ses e-mails sur son smartphone. Il est donc préférable que le message soit court.
Les fuseaux horaires	Les heures de travail et de repos sont inversées de part et d'autre du globe, de sorte que les e-mails envoyés depuis l'Europe ne seront pas lus avant le lendemain en Australie. Il est recommandé de préciser le moment souhaité pour la réponse.
Le dilemme américain : *fast & fast*	Les Nord-Américains n'ont pas de règles formelles sur la façon dont les e-mails doivent être rédigés. Ils ont tendance à envoyer des e-mails plus facilement que dans certains pays et s'attendent très souvent à ce que les individus des autres nationalités fassent de même.
Le vocabulaire	Le message doit être rédigé dans un langage simple et compréhensible à un destinataire de langue maternelle différente. Il faut éviter le jargon, les métaphores et les expressions familières qui pourraient être mal comprises. Pour les Américains, l'utilisation du point d'exclamation dans un e-mail n'aura probablement pas l'effet escompté.
La précision	Au Japon et en Chine, on s'attend à ce que les e-mails contiennent tous les détails d'un accord commercial. Ce n'est pas toujours une mauvaise chose – le plus souvent, cette spécificité garantira le bon déroulement de l'accord.
Le style à adopter	Alors que dans certains pays (comme en Allemagne), il faut adopter un style très formel, dans d'autres, au contraire (comme avec le continent africain), il convient d'opter pour un style rédactionnel plus amical, sous peine de passer pour quelqu'un de distant.

FICHE RESSOURCE

5 La communication professionnelle écrite

Dans ses relations avec ses partenaires (fournisseurs, sous-traitants, prestataires, clients, consommateurs, prescripteurs, banques) ou avec son environnement (institutions locales, administrations...), l'entreprise est amenée à communiquer de façon formelle, par voie postale ou numérique.
Ces écrits prennent diverses formes : courrier, e-mail, note de service, note d'information, rapport et note de synthèse.
La communication par l'écrit impose des contraintes spécifiques en termes de forme et de fond. L'écrit reste dans le temps et ne peut être modifié. Il faut donc être tout particulièrement attentif au choix des mots.
Quel que soit le support utilisé, la communication écrite professionnelle repose sur la règle des « 5 C » : Clarté, Cohérence, Concision, Correction, Courtoisie.

I La rédaction d'un courrier professionnel

L'usage du courrier est peu fréquent en BtoB. Les échanges réguliers de l'entreprise avec ses partenaires se font plus souvent par messagerie électronique, téléphone ou visioconférence. Les documents échangés sont accompagnés de documents électroniques plutôt que de lettres.
La lettre commerciale est donc plus souvent utilisée quand il est nécessaire de disposer d'actes authentiques, lors de différends ou de litiges, de relances pour paiement, d'accords à valider sur des conditions de vente, des délais...

En France, depuis la loi n° 2000-230 du 13 mars 2000, la signature électronique dispose de la même force probante que la signature manuscrite.

De plus, dans le cas d'une lettre de communication « marketing », le contenu doit être adapté (mieux vaut éviter une lettre standardisée) afin de créer ou de maintenir une relation personnalisée avec le client ou le prospect.

1 La forme du message

Le message écrit doit contenir plusieurs éléments : l'émetteur (qui l'envoie), le destinataire (à qui il est destiné), la date de création, le lieu de création et l'objet (raison).
L'écrit doit être clair et précis. Les fautes d'orthographe sont à proscrire (le recours au correcteur orthographique est recommandé). Le texte doit être aéré (respect des paragraphes).

2 Le registre de langage

On utilise généralement un langage courant : des phrases simples, des mots précis. De nombreuses formulations standards sont utilisées, en fonction du type de situation. Les formules de politesse, notamment, sont très ritualisées : elles doivent tenir compte de la relation entre les interlocuteurs.

3 La structuration du message

Le contenu du message doit être structuré en trois points :

Une introduction, pour donner un contexte au message	Elle explique la raison du message en rappelant les faits ainsi que le contexte. Exemple ▸ Une lettre concernant une erreur de livraison commence par un rappel concernant la commande et la livraison concernées.
Un développement, pour formuler l'objectif du message	Le message doit être clair et précis afin d'être aisément compréhensible. Ne doit être dit que ce qui est utile. Les idées doivent être structurées de manière logique et chronologique, afin que le destinataire puisse avoir toutes les réponses aux questions qu'il peut se poser. Exemple (suite) ▸ L'erreur de livraison est expliquée de la façon la plus précise possible : qui, quoi, où, quand, pourquoi, comment...

▸▸

Une conclusion, pour mettre fin au message	Elle doit suggérer une forme d'ouverture et ne doit pas être abrupte. Exemple (suite) ▸ **Il convient d'utiliser une formule de politesse et de remerciement pour la nouvelle livraison qui sera effectuée.**

II La rédaction d'un e-mail

Tous les e-mails ont la même structure de base : ligne d'objet, message d'accueil, corps et fermeture. Comme pour toute forme écrite de communication professionnelle, des règles sont à respecter.

La ligne d'objet	C'est une partie importante de l'e-mail, bien qu'elle soit souvent négligée au profit du corps du message : elle peut inciter le destinataire à ouvrir le message ou le conduire à le supprimer sans le lire ; l'e-mail peut aussi être automatiquement évacué dans le dossier des courriers indésirables (spams). Il est donc conseillé de soigner l'objet et de bien réfléchir à sa rédaction.
L'introduction du message	Une phrase d'introduction, avant d'en venir à l'objet du message, permet d'« accueillir » le destinataire, de situer le contexte. Exemples ▸ **« Nous sommes heureux de vous compter parmi nos plus fidèles clients. »** **« Suite à notre conversation téléphonique, je vous confirme les termes de notre proposition. »**
Le corps de l'e-mail	C'est le cœur du message. Il doit avoir un objectif clair, précis (par exemple, obtenir des commentaires sur une présentation ou organiser une réunion avec un nouveau client) et concis. Ainsi, les destinataires seront plus enclins à le lire, plutôt que de le survoler et risquer de manquer des informations importantes. Un message efficace est rédigé en trois à cinq lignes de texte maximum.
La fin du message	Il faut prendre congé avec professionnalisme, en utilisant une formule de politesse appropriée au destinataire. Il est conseillé d'éviter l'usage des formules « bises », « envoyé depuis l'iPhone » ou « merci » dans les e-mails professionnels.

Les erreurs (courantes) à éviter :
- un style familier ou trop formel ;
- l'utilisation de clichés ;
- les répétitions ;
- un contenu trop long ;
- l'oubli de la ponctuation ;
- les fautes d'orthographe, de conjugaison et/ou d'expression ;
- l'utilisation excessive de points d'exclamation ou d'interrogation.

III La rédaction d'une note de synthèse

1 Le fond

La note de synthèse est un exercice qui consiste à dégager les éléments essentiels d'un dossier et à les mettre en forme de manière utile et efficace pour le lecteur. Elle sert à se faire une opinion sur un sujet, à prendre une décision, à chercher une solution à un problème, à approfondir un rapport, à vérifier une information. Le vocabulaire employé doit être adapté au public ciblé (commercial, juriste, informaticien, financier...).

C'est un document de travail qui peut être remis à une ou plusieurs personnes. Par nature, il peut être assez long et se distinguera par son objectivité.

2 La forme

La note de synthèse doit faire apparaître clairement :
- la nature du document (« Note de synthèse ») ;
- l'émetteur / le service émetteur (qui l'envoie) ;

- le destinataire / service destinataire (à qui il est destiné) ;
- la date de création ;
- le lieu de création ;
- l'objet (la cause).

La note de synthèse professionnelle comprend :
- un sommaire ;
- un plan apparent, avec une numérotation des parties et des sous-parties, précédées d'un titre évocateur ;
- une introduction, un développement et une conclusion ;
- deux parties (trois au maximum).

IV La rédaction d'un compte rendu (de réunion)

Toute réunion donne lieu à la rédaction d'un compte rendu pour garder la trace des échanges et des décisions. Le compte rendu est diffusé aux participants pour leur rappeler les informations données, les points étudiés et les décisions prises. C'est donc une retranscription fidèle du contenu d'une réunion, d'une rencontre de travail.

Tout compte rendu doit faire apparaître les éléments suivants.

1 Les éléments de forme

- Le(s) service(s) concerné(s)
- La nature du document
- La date
- Les personnes présentes et les personnes absentes
- L'ordre du jour
- Les décisions prises pour chaque point évoqué

2 Les éléments de fond

- Une reformulation plus ou moins importante des propos
- Un résumé plus ou moins synthétique des contenus selon l'objectif recherché
- Un plan apparent et construit selon la chronologie des débats (ordre du jour)

Le style doit être simple et clair, le vocabulaire précis ; les échanges ainsi que les décisions doivent être relatés de manière objective et impartiale.

1 Trouver la bonne formule dans la correspondance commerciale

● **Dans les situations suivantes, indiquez les formules de politesse à utiliser pour vos correspondances commerciales.**

Situations de communication	Formules pour saluer	Formules pour prendre congé
Relation très formelle avec un supérieur hiérarchique		
Relation formelle avec quelqu'un que l'on ne connaît pas (une institution ou une administration, par exemple)		
Relation formelle avec quelqu'un dont on connaît le nom		
Relation relativement formelle avec quelqu'un que l'on apprécie		
Relation impersonnelle et formules les plus standards		
Relation informelle avec quelqu'un que l'on ne connaît pas encore		
Relation informelle avec quelqu'un que l'on apprécie		
Relation avec un groupe de personnes, dans un contexte professionnel		
Relation avec un groupe de personnes, dans un contexte personnel		

2 How to be indirect and polite writing emails

● **Make the following phrases more polite and indirect:**

Phrases	Your propositions
There is a problem.	
I completely disagree with your proposal.	
We can't do that in three days!	
We need more time.	
You made a mistake on the invoice.	
That's more than we are willing to pay.	
We should wait. Now isn't the right time.	
Let's cancel the project.	
It's a bad idea.	
Did you finish the report yet?	

3 Writing Practice

● **Write emails for the situations below. Be polite and indirect. Use the right language: modals, distancing phrases, tentative language, introductory phrases, positive language.**

- You have some suggestions about how to get more business. You want to meet with one of the managers and talk about this business opportunity. Write a polite email requesting a 30-minute meeting.
- You have some personal issues you need to take care of on Tuesday morning. You'd like to take Tuesday morning off and make up the time later in the week. Write a polite email to your supervisor explaining the situation. Ask for permission to take the time off and make it up later in the week.
- Your own situation: Are there any situations you regularly deal with that require polite, indirect emails? Think of a situation and write a polite email.

4 Utiliser les outils digitaux pour la communication multimédia

● **À l'aide des documents ci-dessous, identifiez les bénéfices procurés par une communication sur YouTube et par la mise en place d'une FAQ (Foire Aux Questions) pour une entreprise.**

DOCUMENT 1 YouTube for E-Commerce: The Art of Selling Without Selling

YouTube visitors watch almost 5 billion videos every day. It's the perfect vehicle for promoting brand awareness and building a loyal following. [...] Billions of visitors draw lots of content creators. [...] With the right strategy in place, you can definitely take advantage of YouTube's selling potential. It is, after all, the third most visited website in the world. [...]

What makes YouTube so effective as a selling tool?

In business, it's better to show, not tell. YouTube is the perfect platform to show your brand to a large audience so they remember you when it's time to buy. [...]

The problem is that YouTube is so popular and so saturated with content creators and channels that it can be a challenge to get your videos in front of the right viewers. [...]

There are over 50 million active references in the YouTube database. This means that your message is competing with over 50 million other unique videos for attention. The good news is that there are also over a billion active YouTube users watching around a billion hours of content a day. The audience is there. You just have to get to it.

https://neilpatel.com/blog/

DOCUMENT 2 FAQs that turn prospects into customers

It's your opportunity to communicate with the most important visitors to your website – those who have begun the decision-making process about whether to do business with you.

Some companies use FAQs to store information they can't fit elsewhere on their website. Yet your answers are a valuable opportunity to guide prospects towards making their purchase. A carefully crafted FAQ page is the most effective way to provide all the answers.

The benefits for creating an effective FAQ [...]

1. Reduced phone calls and email requests

Every incoming phone call and email to your business comes at a cost. [...] A good FAQ will reduce the workload on your employees (less phone calls) and allow you to provide the right answer to your prospects, first time. Phone calls and emails that keep coming in after your FAQs are live provides valuable data to understand what questions might be missing. [...]

2. A direct increase in sales

A study by Harvard Business Review, which surveyed more than 7,000 consumers, found that when a company provides good quality of information (FAQ) about its products and services, consumers are 86% more likely to purchase a product, 9% more likely to repeat a purchase and 115% more likely to recommend your website to others!

"8 Tips for creating FAQS that turn prospects into customers", https://www.superoffice.com/blog/faq/

CHAPITRE

5 Prendre en compte les attentes des partenaires commerciaux

COMPÉTENCES PROFESSIONNELLES

Gérer la relation commerciale internationale	→ Assurer la qualité de la relation client/fournisseur/prestataire → Proposer une solution adaptée → Gérer la relation dans le cadre des réclamations, des litiges et des sinistres
Communiquer en français et en anglais dans des contextes interculturels	→ Élaborer des messages écrits et oraux en intégrant les codes et normes culturels → Adapter les outils commerciaux et de communication aux normes culturelles → Produire des documents commerciaux

Une relation commerciale doit être basée sur la confiance mutuelle. Lorsque les rencontres sont limitées, que la distance sépare l'entreprise de ses fournisseurs et de ses clients, et que la culture et la langue sont différentes, l'organisation doit déployer des efforts importants pour nouer des partenariats solides.

Il lui faut composer avec les attentes de ses partenaires, les impératifs de qualité et de sécurité, les exigences environnementales et réglementaires, tout en préservant ses propres intérêts.

Une bonne relation commerciale se construit avec une communication régulière, adaptée aux interlocuteurs.

SITUATION PROFESSIONNELLE

INDONÉSIE

République, démocratie parlementaire
Superficie : 1 913 580 km²
Population : 270,62 millions d'habitants
Capitale : Jakarta
Villes principales : Jakarta, Surabaya, Bandung, Bekasi, Medan, Tangerang
Langue officielle : indonésien (660 langues parlées, dont l'anglais)
PIB par habitant : 4 135,6 USD (2019)
Monnaie : roupie indonésienne (1 EUR = 17 128 IDR)
Clients : Chine, États-Unis, Japon, Singapour, Inde
Fournisseurs : Chine, Singapour, Japon, Thaïlande, États-Unis

1. Actualisez les données pays par une recherche sur Internet.
2. Caractérisez les pratiques commerciales, sociales et environnementales du pays, après consultation de l'évaluation des risques par Coface.

Carrefour est un groupe français, acteur majeur de la distribution dans le monde. Avec un chiffre d'affaires de près de 80,7 milliards d'euros en 2019, dont plus de la moitié hors de France, il compte aujourd'hui 12 225 magasins répartis dans plus de 30 pays et emploie plus de 321 000 collaborateurs.

Depuis 2018, Carrefour fait évoluer son *business model* vers un écosystème bénéfique à toutes les parties prenantes : clients, partenaires, producteurs, pouvoirs publics, associations, conformément à l'évolution des attentes en matière de consommation et de production.

Dans le cadre de sa politique de qualité, Carrefour soutient la gestion durable des ressources liées à la pêche. Ainsi, le groupe s'est engagé, depuis 2005, à s'approvisionner uniquement en thons certifiés par le label MSC, garant de produits issus d'une pêche durable et responsable (document 1).

Or, depuis quelques années, l'organisme de certification MSC est sérieusement critiqué (document 2).

Soucieux de satisfaire les attentes de ses clients et partenaires, et de répondre aux réglementations et aux exigences en matière de qualité et de sécurité (document 3), Carrefour souhaite désormais garantir des approvisionnements vertueux à ses clients, avec une indication claire et systématique de la méthode de pêche et de la longueur des navires.

Le groupe est donc amené à redéfinir son cahier des charges pour ses approvisionnements en produits issus de la pêche (document 4). Le thon en conserve est acheté à plusieurs producteurs, à Fidji et en Indonésie.

Vous êtes chargé(e) d'assister le responsable de Carrefour DMG (Direction Marchandises Groupe) dans la communication aux fournisseurs de la nouvelle orientation donnée aux approvisionnements du groupe.

1. Identifiez les attentes et les exigences du marché qui conduisent le groupe Carrefour à revoir son cahier des charges.
2. Soumettez une proposition de courrier à envoyer aux fournisseurs de thon, pour les informer des nouvelles exigences de Carrefour et des bénéfices qu'ils pourront en tirer.

➲ Documents 1 à 4
➲ Fiche ressource 1

PT. Blue Ocean, une conserverie indonésienne qui fournit Carrefour en boîtes de thon albacore naturel, lui a fait parvenir un dossier sur son entreprise, en réponse à votre courrier.

3. Contrôlez que le producteur indonésien peut satisfaire les nouvelles attentes du distributeur.
4. Listez les informations complémentaires à lui demander pour une meilleure évaluation de sa capacité à satisfaire ces attentes.

➲ Document 5

La structure des enseignes Carrefour est principalement déclinée en hypermarchés et en magasins de proximité tels que Carrefour Market, Carrefour City ou encore Carrefour Express.
Premier réseau de franchise alimentaire, Carrefour accompagne ses partenaires en leur apportant une aide sous la forme de formations, de conseils financiers, techniques et commerciaux, et de documentation et supports commerciaux.
Vous êtes chargé(e) de préparer la communication des nouveaux engagements de Carrefour à ses franchisés, en France et à l'étranger.

5. Précisez les adaptations à prendre en considération pour une communication aux partenaires de l'enseigne, en France et à l'étranger.

6. Présentez les grandes lignes du courrier à adresser aux franchisés du groupe Carrefour.

➲ Documents 6 et 7
➲ Fiche ressource 2

VOTRE DOSSIER

DOCUMENT 1 Les principes du label MSC

Le MSC, pour « ***Marine Stewardship Council*** », est un système de certification qui fonctionne sur le même principe que le label FSC (*Forest Stewardship Council*) qui garantit que les bois utilisés par les consommateurs proviennent de forêts aménagées de manière durable. Ce label a été créé afin de trouver des solutions au problème de la surpêche. Il est basé sur le code de conduite pour une pêche responsable de l'Organisation des Nations unies pour l'alimentation et l'agriculture (**FAO**).

Cette organisation, liée au WWF, a été initialement mise en place, en 1997, dans le cadre d'un partenariat avec le groupe Unilever, l'un des plus gros acheteurs mondiaux de produits de la mer. Il est aujourd'hui utilisé par une centaine de pêcheries dans 20 pays.

Il a pour principe et pour vocation de promouvoir la **gestion durable des stocks de pêche**. Il est utilisé par des pêcheries qui peuvent garantir qu'elles utilisent des modes de pêche responsables. Les pêcheries qui veulent obtenir ce label doivent répondre à plusieurs critères.

Elles doivent :

- assurer la pérennité des stocks de poissons dans leurs zones de pêche et ne pas surexploiter les ressources ;
- réduire l'impact de leur activité sur le milieu marin ;
- respecter toutes les lois en vigueur au niveau local, national et international.

www.novethic.fr

DOCUMENT 2 Le label MSC pour une pêche durable est-il une imposture ?

Dans les grandes surfaces, sur les étals des poissonniers, dans les rayons surgelés, beaucoup de consommateurs pensent acheter du poisson issu de la pêche durable en choisissant le label bleu ciel MSC (« *Marine Stewardship Council* »). Pas si sûr, alors que le journal scientifique *Plos One* publie […] un article sur l'« imposture » de ce petit logo.

« Ce label dans lequel beaucoup de personnes avaient mis leurs espoirs est en fait un frein au développement d'une pêche durable », estime Frédéric Le Manach, directeur scientifique de l'ONG contre la surpêche Bloom, auteur de cet article.

L'organisme de certification est critiqué depuis quelques années. […] « La grande pêche industrielle à fort impact » représente 84 % des volumes certifiés MSC. Il s'agit de bateaux de plus de 12 mètres utilisant des engins de pêche susceptibles d'abîmer les écosystèmes ou d'entraîner la capture d'espèce non désirée, comme des filets. À l'opposé, la petite pêche à faible impact, des bateaux de moins de 12 mètres utilisant des méthodes de pêche passive comme des casiers ou des palangres, ne [pèse][…] que 7 %.

Vers des méthodes plus respectueuses des écosystèmes

Sollicité, l'organisme certificateur MSC qui distribue le label du même nom a répondu par un communiqué que « la durabilité environnementale de la pêche ne se mesure ni à la taille d'un bateau, ni à son engin de pêche ». Le texte défend une différence de philosophie et explique en substance que plutôt que de boycotter des pêcheries, l'organisme essaye de les amener vers des méthodes de pêche plus respectueuses des écosystèmes : « La certification n'est que la partie émergée de l'iceberg : depuis plus de 20 ans, nous réalisons un travail de longue haleine pour accompagner les pêcheries sur le chemin vers la durabilité », peut-on ainsi lire.

[…] « Le MSC est devenu Frankenstein qui certifie tout et n'importe quoi. Le cahier des charges est trop permissif, estime le militant des océans. En dehors de la pêche à l'explosif et au poison comme le cyanure, rien n'est interdit. Or, ces méthodes de pêche sont ultra-marginales, l'apanage de quelques contrebandiers qui n'ont pas vocation à alimenter la grande distribution. » […]

« Exigeons de la grande distribution une indication claire et systématique de la méthode de pêche et de la longueur des navires, aucun logo ne peut servir de parapluie magique », demande Frédéric Le Manach. Et les consommateurs ? Ceux qui veulent continuer à manger poissons et fruits de mer sans vider les océans, sans se fier aveuglément aux labels, doivent surveiller les méthodes de pêche – elles doivent obligatoirement figurer – et que l'on favorise les navires de moins de 12 mètres et engins passifs (ligne, casier, filet, pêche à pied). […]

Émilie Torgemen, « Le label MSC pour une pêche durable est-il une "imposture" ? », www.leparisien.fr, 5 mai 2020.

DOCUMENT 3 Les principaux facteurs influençant le marché du thon

Le marché mondial du thon est influencé par de nombreux facteurs, notamment les normes, les régimes tarifaires et l'orientation des consommateurs vers des produits durables.

1. L'encadrement de la production par les organisations régionales de gestion des pêches

Des organisations régionales de gestion des pêches (ORGP) ont pour mandat d'assurer une exploitation durable des stocks. À cette fin, elles établissent des mesures de conservation et de gestion qui peuvent consister en :

– des limitations des quantités pêchées (taux admissibles de captures – TAC) ou de l'effort de pêche (nombre de navires, durée des activités de pêche) ;

- des mesures techniques (engins de pêche autorisés) ;
- des mesures de contrôle (inspections, observations, déclaration des captures) et de sanction ;
- des mesures environnementales, notamment pour la réduction des captures accessoires ou la protection des écosystèmes marins vulnérables.

2. Les normes sanitaires

La consommation de thon est associée à plusieurs risques sanitaires, dont les plus répandus sont l'intoxication à l'histamine et la contamination au mercure. Cet empoisonnement concerne toutes les espèces de thons, qu'elles soient en conserve ou sous forme fraîche.

La réglementation sanitaire de l'UE constitue l'une des conditions d'accès les plus complexes et exigeantes pour les pays tiers souhaitant exporter leurs produits de la pêche sur le marché communautaire.

3. Les régimes tarifaires à l'entrée dans l'Union européenne

Régimes tarifaires		Pays concernés	Droits de douane
Pas de préférence tarifaire		Pays tiers	24 %
Système de préférences	GSP standard	30 pays en développement (dont Indonésie)	Réduits à 20,5 %
Système de préférences généralisé (GSP)	GSP+	13 pays en développement identifiés comme vulnérables	0 % pour les pays ratifiant et mettant en œuvre des conventions internationales relatives aux droits humains et syndicaux, à l'environnement et à la bonne gouvernance

4. L'orientation des consommateurs vers des produits durables

72 % des consommateurs estiment que la sauvegarde des océans passe par la consommation de produits de la mer « durables » (MSC). Au sein de la filière thonière, les marchés du thon font l'objet d'une attention particulière des ONG environnementales, qui établissent des guides de recommandations et organisent des boycotts de produits considérés comme non durables.

Au niveau de la durabilité des techniques de pêche, la principale préoccupation des consommateurs concerne le niveau de prises accessoires (notamment de dauphins, tortues et requins) et l'utilisation des DCP (dispositifs de concentration de poissons, objets flottants, naturels ou artificiels).

5. Le développement des écolabels et des engagements volontaires

Les écolabels et les organismes de certification ont récemment émergé comme un moyen d'inciter les pêcheries à s'orienter vers de meilleures pratiques de pêche, *via* l'exploitation des forces du marché pour créer une incitation en termes de prix ou d'accès à de nouveaux marchés. L'écolabellisation des produits est de plus en plus importante, voire nécessaire, pour accéder à certains marchés (trois principaux écolabels : MSC, Friend of the Sea et Dolphin Safe).

6. Une distribution concentrée

Au sein du marché européen, les grandes et moyennes surfaces (GMS) dominent les circuits de distribution du thon en conserve. Le degré de concentration des distributeurs européens implique que les conserveurs se retrouvent face à un nombre relativement limité d'acheteurs et dépendent de peu de distributeurs pour vendre leurs produits. Les distributeurs sont donc en condition d'imposer leurs conditions de façon unilatérale aux conserveurs. De plus en plus de conserveries produisent le thon en conserve pour la vente sous MDD (marque de distributeur), sous contrat avec les distributeurs.

7. Les engagements volontaires des acteurs de l'industrie

Sous la pression d'ONG environnementalistes, des médias et des consommateurs, de plus en plus de distributeurs et de GMS s'engagent également dans des politiques d'approvisionnement durables. Ces engagements sont directement ou indirectement reliés aux revendications des ONG environnementales et peuvent être regroupés en trois catégories :

– le retrait de leur approvisionnement des espèces/stocks à risques ;

– l'adoption de politiques d'approvisionnement favorisant des méthodes de pêche plus durables/responsables. Pour le thon, l'engin de pêche réputé pour être le plus sélectif est la canne ;

– un approvisionnement en produits certifiés MSC ou écolabellisés.

« Les filières thonières mondiales : pêcheries, marchés et durabilité », rapport de l'IDDRI (Institut du développement durable et des relations internationales), www.iddri.org, septembre 2017.

DOCUMENT 4 Éléments du nouveau cahier des charges de Carrefour

Carrefour

Objectifs de Carrefour

- Mettre en application la politique du groupe Carrefour pour la protection des ressources halieutiques
- Garantir une gamme de produits issus de la pêche responsable
- Assurer la pérennité des approvisionnements pour répondre aux besoins présents et futurs du marché, en mettant en place des moyens de gestion durable de la pêche
- Garantir pour les clients la sécurité sanitaire, la qualité alimentaire et la totale traçabilité du produit

Éléments du cahier des charges de Carrefour

- Conformité à la cible de pêche responsable définie : poisson pêché à la ligne
- Garantie de sécurité sanitaire et de qualité alimentaire (pêche, 1re et 2de transformations)
- Garantie de traçabilité (pêche, 1re et 2de transformations)
- Capacité à honorer les quantités prévues pour la centrale d'achat

Tous ces éléments seront vérifiés par des audits de terrain effectués par Carrefour DMG.

DOCUMENT 5 Informations sur le fournisseur indonésien

PT. Blue Ocean Grace International is a company engaged in the production of tuna, located on eastern Indonesian islands. It produces different kind of products from tuna fish.

PT. BLUE OCEAN
Jalan Taman Baruna
80363 Manado
INDONESIA

PRODUCT RANGE
Fresh
Frozen
Yellowfin Tuna

ESTABLISHED YEAR
2013

NUMBER OF EMPLOYEES
84

TURNOVER
3 million euros
90% for export

POLE AND LINE

Pole and Line fishermen use a fishing pole and bait to catch tuna, mostly skipjack and yellowfin. Pole and Line fishing is environmentally responsible and a good alternative to tuna longlining. Unlike tuna longlines, which catch sharks, marine mammals, sea turtles and seabirds as bycatch, pole and line fishermen have a very low bycatch rate.

https://indonesiantuna.com

QUALITY AND FOOD SAFETY

International Quality and Food Safety Certification

As one of leading one-by-one caught tuna suppliers, we follow the regulation as described in the code of conduct. We are committed to ensuring best food safety practices, which is reflected in the certifications held by our Indonesian tuna industry.
We are certified according to international quality and food safety management systems like Good Manufacturing Practice, ISO 9001, Halal, HACCP, IFS Food, and BRC Food.

Certifications

Fishery Improvement Project

By implementing specific improvement initiatives, our one-by-one tuna fishery is upgrading its procedures to continuously improve and excel in meeting international demands for sustainable, traceable and quality tuna products. Part of the initiatives include:

- Strengthening of human resource capacity of fishermen and industry
- Vessel data collection to demonstrate responsible fishing practices

- Catch and production data collection to determine compliance with environment friendly practices
- Mitigation of impact to ecosystem, including cultivated milkfish as alternative to wild bait
- Collaboration with government and NGOs, including on-board observers and tracking devices

DOCUMENT 6 La franchise Carrefour

Premier réseau de franchise alimentaire, le groupe Carrefour propose plusieurs formats de franchise pour différentes enseignes :

Carrefour Market est l'enseigne de supermarchés de moyenne surface qui se définit comme le spécialiste du commerce alimentaire de proximité. Avec 1 068 supermarchés en France et plus de 2 300 dans le monde, Carrefour Market est l'un des leaders mondiaux de la distribution.

Carrefour Proximité regroupe plusieurs enseignes : Carrefour Contact, Carrefour City, Carrefour Express, Carrefour Montagne, Carrefour Bio, 8 à Huit et Proxi. Carrefour Proximité recherche pour ces enseignes des futurs détaillants indépendants ou des commerçants déjà installés qui souhaitent rejoindre le groupe.

DOCUMENT 7 La répartition des magasins Carrefour dans le monde

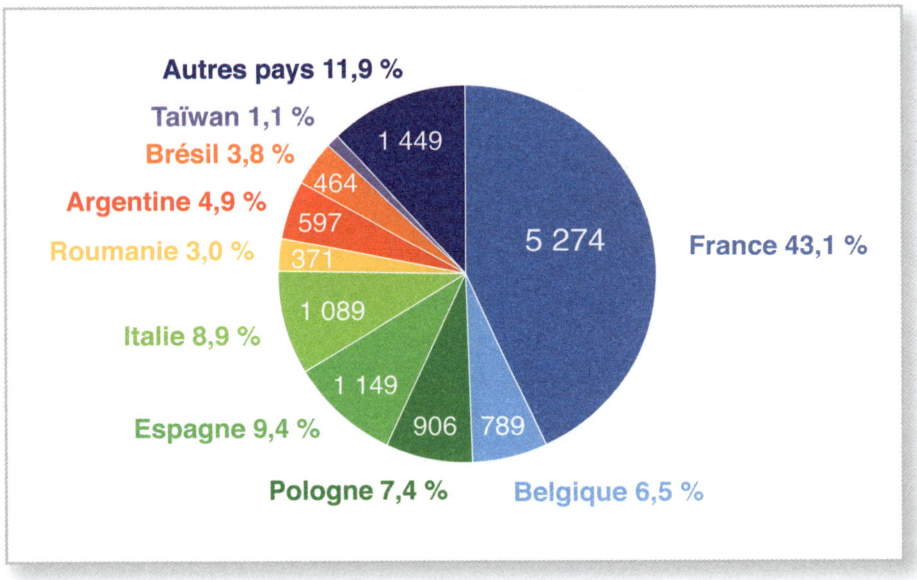

Source : www.cafedelabourse.com

FICHE RESSOURCE

1 Collaborer avec ses fournisseurs

Les entreprises comptent de plus en plus sur leurs fournisseurs pour les aider à réduire les coûts et les délais d'exécution, à innover et à améliorer la qualité de leurs produits. Pour garantir une relation durable avec ses fournisseurs, l'entreprise doit établir les bases d'une collaboration bénéfique pour les deux parties. Une bonne relation fournisseurs se traduit par des contrats solides et une communication régulière. La confiance se construit sur ce socle.

I Établir les bases de la collaboration avec les fournisseurs

Un contrat écrit est formé, qui fixe les conditions d'achat, de livraison, de paiement, le calendrier des livraisons, la procédure de suivi des commandes, les dispositions de confidentialité et de non-divulgation. Il prévoit également les conditions dans lesquelles les éventuels différends seront résolus (droit de référence, tribunal compétent, arbitrage...) et les conditions de résiliation du contrat.

Les termes du contrat doivent pouvoir être revus pour prendre en compte les évolutions des besoins des deux parties.

La rédaction d'un contrat important nécessite le recours à un conseil juridique dans le pays du fournisseur.

II Suivre les fournisseurs

La performance de ses fournisseurs est cruciale pour l'entreprise, ils sont à la base de sa propre performance.

Un suivi régulier doit être effectué, afin de contrôler la performance des fournisseurs et de vérifier qu'ils répondent bien aux exigences de qualité du bien et/ou du service. Des tableaux de bord peuvent aider à identifier des dysfonctionnements et à mener des actions correctrices. Des logiciels de *Supplier Relationship Management* (SRM) peuvent faciliter ce suivi.

L'entreprise continuera de rechercher des solutions plus performantes en assurant une veille commerciale ; nourrir des relations solides avec les fournisseurs ne veut pas dire en être captif.

III Communiquer avec les fournisseurs

Une bonne compréhension de leur fonctionnement et de leur culture est la base d'une communication efficace et d'une confiance mutuelle avec les fournisseurs. Pour y parvenir, il est nécessaire de les rencontrer en direct.

Plusieurs actions peuvent faciliter la communication et établir une relation gagnant-gagnant :

- communiquer son cahier de livraison à un fournisseur peut lui permettre d'adapter sa production ;
- informer ses principaux fournisseurs de ses projets à long terme ; l'entreprise ne doit pas s'engager envers un client avant d'avoir consulté ses principaux fournisseurs. Informés des projets à venir, les fournisseurs ne recherchent pas de nouveaux contrats et offrent en retour des prix préférentiels ;
- mettre en place des outils collaboratifs *via* des solutions digitalisées : un portail fournisseurs facilite la gestion documentaire (le fournisseur peut saisir et déposer sa facture et en consulter le suivi) et réduit les litiges. Le traitement et la traçabilité des documents sont assurés en toute transparence et à moindre coût.

La coopération avec un partenaire implique une possibilité suffisante d'échanges entre les systèmes d'information. Le niveau de développement des SI (systèmes d'information) conditionne la possibilité du partenariat.

Une entreprise au stade des e-mails et des feuilles de calcul aura du mal à établir une relation durable avec un distributeur équipé d'un PGI (progiciel de gestion intégré), sauf à accepter d'être intégrée au SI de ce dernier ; cette pratique est courante dans la grande distribution.

IV Intégrer les fournisseurs dans la politique RSE de l'entreprise : construire un écosystème responsable

De plus en plus, les entreprises considèrent qu'elles partagent une certaine responsabilité quant à l'impact sur l'environnement lié aux activités de leurs fournisseurs et sous-traitants. Elles savent qu'elles disposent également d'un réel pouvoir d'influence de par la nature des contrats qui les lient. Elles peuvent donc peser sur les objectifs et programmes environnementaux de leurs fournisseurs. Certaines vont jusqu'à intégrer des fournisseurs (c'est le cas d'Intermarché, qui arme sa propre flotte de pêche).

L'entreprise doit identifier le type et le niveau de contribution que ses fournisseurs doivent apporter pour lui permettre de respecter ses propres obligations réglementaires et normatives, de répondre aux attentes de ses parties prenantes (clients, partenaires commerciaux et financiers, employés, actionnaires, collectivités locales, associations de consommateurs, ONG…) et d'atteindre ses propres objectifs de réduction d'impact sur l'environnement.

Les fournisseurs participent à la démarche en apportant leur expérience pour formuler des propositions d'actions. Ce système présente des avantages certains si les deux parties se reconnaissent partenaires et si les avantages sont partagés.

V Garantir la qualité des approvisionnements

La qualité des produits de l'entreprise dépend de celle de ses fournisseurs et sous-traitants. Elle peut être attestée par un certificat délivré par un organisme agréé.

1 Les normes de qualité

L'Organisation internationale de normalisation (ISO, *International Organization for Standardization*) compte 163 pays membres et a publié, depuis sa création en 1947, plus de 21 700 normes internationales, dans presque tous les domaines de la technologie et de l'économie. Les plus répandues sont les suivantes :

- ISO 9001 : relative à la qualité du service dans l'entreprise (capacité à répondre aux exigences des clients) ;
- ISO 14001 : relative à la protection de l'environnement ;
- ISO 26000 : relative à la responsabilité sociétale ;
- ISO 22000 : relative au management de la sécurité des denrées alimentaires.

2 Le contrôle de la qualité

L'entreprise peut également réaliser un audit, contrôle physique des installations et des produits chez ses fournisseurs. Elle peut encore recourir aux services d'un organisme de contrôle indépendant (SGS, Veritas…) pour une vérification des marchandises commandées avant embarquement.

Bureau Veritas est un organisme d'inspection et de contrôle à l'importation, à n'importe quelle étape de la production et tout au long de la chaîne logistique. Ses missions :

- la vérification de la conformité des produits en termes de main-d'œuvre et de quantité ;
- la réduction du taux d'erreur en production ;
- la rationalisation des pratiques commerciales et l'optimisation des flux de production.

FICHE RESSOURCE

2 Prendre en compte les attentes des clients

La qualité des produits et la conformité au cahier des charges sont incontournables, mais dans un univers hyper concurrentiel, cela ne suffit plus, ce qui fait les beaux jours du marketing *one to one* (personnalisé).

La gestion de la relation client en BtoB concerne toutes les étapes du parcours client : la prospection, la formation du contrat, la livraison, le service après-vente. Identifier les attentes et les besoins des clients permet de leur proposer une offre pertinente.

L'objectif est de fidéliser le client, car attirer de nouveaux clients est beaucoup plus coûteux que fidéliser les clients actuels. Pour atteindre cet objectif, l'entreprise doit personnaliser la relation client et convaincre chaque client qu'elle est capable de satisfaire ses attentes.

I La gestion de la relation client (CRM) et de l'expérience client (CXM)

Il est essentiel de bien connaître le client pour répondre à ses attentes.

La gestion de la relation client (GRC), ou *Customer Relationship Management* (CRM), représente l'ensemble des supports et outils utilisés dans le but d'optimiser et d'améliorer la relation client.

Pour gérer la relation client, l'entreprise doit collecter, traiter et analyser les informations sur ses clients.

1 Les données à collecter sur les clients en BtoB

Les données collectées peuvent servir plusieurs objectifs : fidélisation, amélioration du service client, mesure du succès d'un produit, augmentation du chiffre d'affaires...

Les données suivantes seront collectées et organisées dans une base de données :

- données juridiques : raison sociale, n° d'identification (SIRET, TVA), afin d'identifier l'entreprise ;
- secteur d'activité, afin de déterminer la nature des offres susceptibles d'intéresser les clients ;
- taille de l'entreprise, afin d'évaluer ses besoins et son budget disponible ;
- contact dans l'entreprise : nom et fonction, e-mail et numéro de téléphone (important pour établir une relation client personnalisée) ;
- historique des échanges : e-mail, appels téléphoniques, rencontres physiques ;
- historique des commandes : en volume et en valeur, produits commandés, pour distinguer les gros clients des petits et adapter en conséquence sa stratégie de fidélisation.

2 Le traitement des données

Un logiciel de gestion CRM alimente des bases de données pour permettre à l'entreprise de conserver toutes les informations de contact de ses prospects et de ses clients, et d'assurer le traçage de tout l'historique de sa relation avec eux, quel que soit le canal de communication utilisé.

3 La gestion de l'expérience client

De nombreux éditeurs de CRM, tels que Microsoft, Oracle, Salesforce ou SAP, ont ajouté d'importantes fonctionnalités à leurs produits, de manière à permettre la mise en place d'une gestion de l'expérience client (GEC), ou *Customer Experience Management* (CXM).

L'expérience client regroupe la perception et les émotions qu'une entreprise procure à ses clients lorsqu'ils entrent en contact avec elle. Cela englobe la qualité de son offre de biens et/ou de services, ainsi que la qualité de sa relation avec ses clients. L'expérience client est aujourd'hui un élément clé du succès de toute entreprise. Il ne s'agit plus seulement d'établir une bonne relation, mais d'offrir la meilleure expérience d'achat possible.

Plutôt que de se concentrer sur la commercialisation de produits rentables pour l'entreprise, il faut se demander de quoi les clients et prospects ont vraiment besoin et comment ils souhaitent l'acquérir.

II Les attentes des clients

1 Les modes et les contenus de la communication

L'entreprise utilise différents canaux pour communiquer avec ses clients : courriers postaux, e-mails, appels téléphoniques, SMS, tchat en ligne, publications *via* les réseaux sociaux, rencontres lors de manifestations commerciales... Le choix du canal est fonction de la nature du message et du client. L'entreprise doit prendre en considération les attentes de chacun de ses clients pour le choix du mode de communication et du message.

a. Les modes de communication préférés *vs* les modes de communication utilisés en BtoB

80 % des clients BtoB citent l'e-mail comme une de leurs méthodes de contact préférées. Leurs attentes sont plutôt respectées, puisque 78 % d'entre eux déclarent être contactés par e-mail.

L'appel téléphonique et le courrier sont moins plébiscités par les professionnels interrogés (respectivement 49 % et 36 %), mais sont largement employés par les entreprises BtoB pour contacter leurs clients (notamment le téléphone).

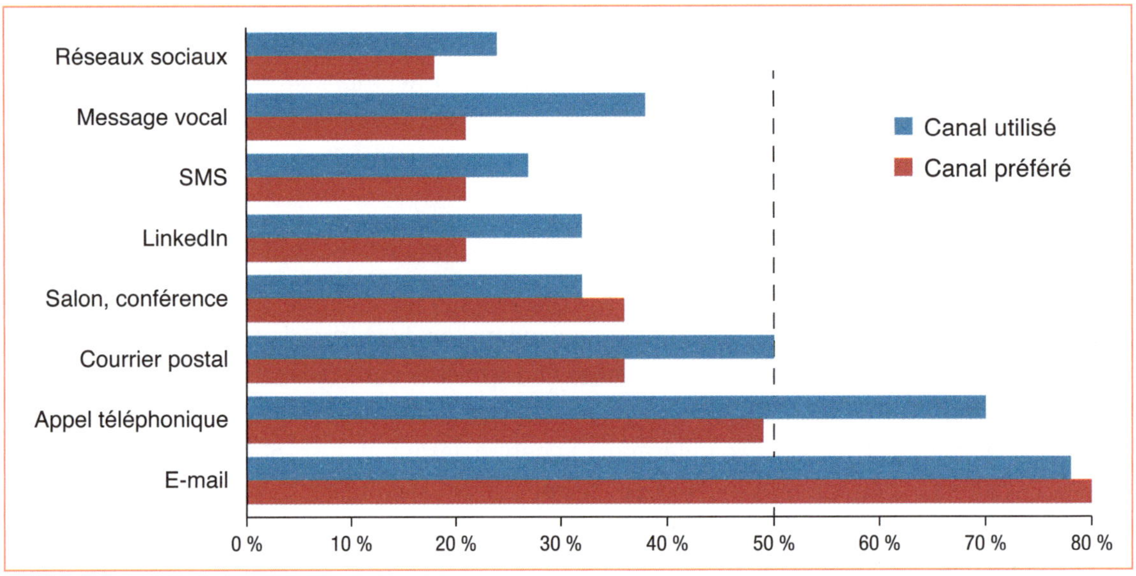

D'après une étude réalisée par Rain Group (consultant en vente) conduite auprès de 500 acheteurs BtoB.

b. Les contenus qui incitent les acheteurs professionnels à entrer en relation avec l'entreprise

Quels contenus et documents adresser à ses clients pour les convaincre d'aller plus loin ? La prise en compte de leurs besoins et la capacité du vendeur à les satisfaire sont les plus attendues.

D'après l'étude réalisée par Rain Group.

Pour les entreprises BtoB dont l'activité est essentiellement basée sur le numérique, les chatbots peuvent constituer un excellent moyen de personnaliser la relation client, tout en assurant un contact permanent avec l'acheteur. Par rapport à l'e-mail, au téléphone et aux autres moyens de communication « traditionnels », ils ont également l'avantage d'être automatisés.

2 L'écoute des clients et la culture du service

L'avantage concurrentiel ne se construit plus uniquement sur le produit, mais sur l'ensemble du parcours client et surtout sur l'après-vente. C'est la post-contractualisation qui crée de la confiance et donc un avantage concurrentiel.

La digitalisation permet de mettre en place des parcours clients plus simples, créant plus de proximité. Elle permet au client de collecter toutes les informations nécessaires pour sélectionner des fournisseurs partenaires.

Le parcours client vu par le client BtoB :

Étape 1 Qualification du besoin, prise d'informations
Étape 2 Comparaison des solutions des fournisseurs retenus, consultation interne et externe
Étape 3 Demande d'offres, évaluation des solutions et des fournisseurs
Étape 4 Négociation, prise de décision, achat de la solution
Étape 5 Accompagnement, prestation, livraison et suivi
Étape 6 Écoute et assistance aux demandes, facturation, évaluation de la prestation, recommandation

www.differentfactory.com

La différenciation de l'entreprise se fait sur sa capacité à créer des contenus, à accompagner le client dans son parcours, à résoudre ses problèmes par anticipation et à créer une relation adaptée à ses objectifs et à ses attentes.

3 La prise en compte des différences culturelles

Au-delà d'une simple traduction des messages, la communication doit être adaptée aux habitudes culturelles des clients : canal de communication à emprunter, moment de la journée ou de la semaine (prise en compte du décalage horaire pour les communications téléphoniques, par exemple), valeurs sur lesquelles communiquer, fréquence des contacts à établir (voir chapitre 4).

Exemples ▸ Les Allemands aiment avoir des contacts directs avec les prestataires et sont donc très sensibles aux événements, au contraire des Britanniques.

▸ En Afrique du Nord, les appels téléphoniques restent le moyen de démarchage privilégié, à l'inverse du Brésil, marché très mature sur le plan numérique.

▸ Dans les cultures monochrones, où tout tend à être planifié, la prise de décision est longue ; le prospect devra être contacté puis rappelé au bon moment et avec le bon message. L'exécution, en revanche, est rapide, une fois le partenaire connu et accepté. Ainsi, au Japon, la fidélité des clients est un phénomène généralisé : une fois accepté, le partenaire n'est plus remis en cause.

FICHE RESSOURCE

3 Mesurer la satisfaction du client et le fidéliser

La fidélité des clients est un enjeu plus vital encore en BtoB qu'en BtoC. En effet, la relation entre un client professionnel et ses fournisseurs est généralement plus forte et plus durable que ne l'est celle d'un consommateur à une marque et elle repose sur des attentes en termes de résultat et de retour sur investissement.

I La mesure de la satisfaction du client

Plusieurs techniques ou indicateurs peuvent être utilisés pour évaluer les points forts et les points faibles du service client de l'entreprise.

1 L'enquête de satisfaction

Le questionnaire est un excellent moyen de recueillir les avis et suggestions des clients professionnels, à condition de collecter des données continues et en temps réel. Les acheteurs en BtoB sont de tailles, de secteurs d'activité et de zones géographiques très différents, ce qui complique l'élaboration et l'exploitation des questionnaires de satisfaction.

Mesurer régulièrement la satisfaction de ses clients professionnels est un excellent moyen de les fidéliser et d'en faire des ambassadeurs de la marque. Ceci peut également permettre de rattraper un client peu ou pas satisfait.

2 Le *Net Promoter Score* (NPS)

Cet outil de mesure de la satisfaction client est calculé à partir des réponses à une seule question : « Dans quelle mesure recommanderiez-vous l'entreprise/la marque à votre entourage ? » Les clients placent leur évaluation sur une échelle à 11 points (de 0 à 10). Ils sont ensuite classés, selon leurs réponses, comme suit :

- Promoteurs : évaluations de 9 ou 10 ;
- Neutres : évaluations de 7 ou 8 ;
- Détracteurs : évaluations inférieures à 6.

Le NPS est la soustraction de la proportion des détracteurs de celle des promoteurs. Un score supérieur à zéro signifie que l'entreprise a plus de promoteurs que de détracteurs. Ce score doit être calculé régulièrement pour en mesurer l'évolution et comparé à celui des autres entreprises du même secteur d'activité.

Exemple Une entreprise a questionné 130 clients à un an d'intervalle et obtenu les réponses suivantes :

– NPS en N = 28 % – 18 % = 10 %

– NPS en N+1 = 29 % – 17 % = 12 %

Le score est en amélioration et traduit une augmentation de la satisfaction client.

Notes	Nombre de réponses		Proportion	
	N	N+1	N	N+1
9 ou 10	36	38	28 %	29 %
7 ou 8	71	70	55 %	54 %
0 à 6	23	22	18 %	17 %
Total	**130**	**130**	**100 %**	**100 %**

3 Le taux de satisfaction client (ou *Customer Satisfaction Score*, CSAT)

Il permet de mesurer la satisfaction client à plusieurs niveaux :

– la satisfaction globale, avec une question de type : « Sur une échelle de 1 à 10, comment évaluez-vous les services proposés par notre entreprise ? »

– la satisfaction par rapport à chaque interaction client, par exemple : « Sur une échelle de 1 à 10, comment évaluez-vous notre service de livraison ? »

– la satisfaction par rapport à des critères prédéterminés, par exemple : « Sur une échelle de 1 à 10, comment évaluez-vous la qualité de nos matières premières ? »

4 Le taux d'effort client (ou *Customer Effort Score*, CES)

Il permet de mesurer l'effort demandé à ses clients ou prospects pour effectuer une démarche précise : une recherche d'informations, une demande d'offre, un retour, une réclamation... Cet indicateur peut être obtenu en insérant la question suivante dans un questionnaire de satisfaction : « Sur une échelle de 1 à 5, comment évaluez-vous l'effort que vous avez fourni pour... ? »

5 Le taux de rétention (ou *Customer Retention Rate*, CRR)

Il mesure la capacité de l'entreprise à fidéliser ses clients. Il est important de rappeler que remplacer des clients perdus est beaucoup plus difficile que conserver ses clients actuels.

Il est calculé sur une période précise (par exemple, une année), à partir du nombre de clients au début (CD) et à la fin (CF) de la période, en prenant en compte le nombre de clients nouveaux (CN) :

CRR = [(CF – CN) × 100] / CD

Exemple Au cours de l'année N, le portefeuille clients d'une entreprise est le suivant :
– Début de l'année N : 230 clients
– Fin de l'année N : 245 clients, dont 33 nouveaux
CRR = [(245 – 33) × 100] / 230 = 92 %
L'entreprise a retenu 92 % de ses clients (elle en a perdu 8 %).

6 Le mapping de satisfaction client

• Le mapping de satisfaction client, ou matrice attentes-satisfaction, permet de visualiser, de manière synthétique, les points forts de l'entreprise tels qu'ils sont perçus par les clients ainsi que les points de progrès. Le mapping combine deux éléments clés : l'importance que les clients attribuent à chacune de ses attentes et son niveau de satisfaction en regard de ses attentes. L'objectif est de détecter si les critères de satisfaction sont importants ou non pour le client.

Critère très important	**Zone 1** Points forts → Communication	**Zone 2** Points à améliorer → Action urgente
Critère peu important	**Zone 3** → Surveillance	**Zone 4** → Plan d'actions à moyen terme
	Très satisfait	Très insatisfait

• Les attentes situées dans la zone 1 représentent les points forts de l'entreprise. Ce sont des sources de différenciation qu'il est important de communiquer en interne et en externe.

• Les attentes situées dans la zone 2 représentent les points à améliorer pour l'entreprise. Elles sont un risque en termes d'image ; il est urgent de mettre en place des actions pour améliorer la perception du client.

• Les attentes situées dans la zone 3 doivent être surveillées pour ne pas faire de la surqualité par rapport à des critères peu importants aux yeux des clients, sur lesquels ils sont très satisfaits.

• Concernant les attentes situées dans la zone 4, il est important de mettre en place des actions pour améliorer la perception du client sur une planification à moyen terme.

Région Hauts-de-France, *Livre blanc. La relation client, levier de performance collective.*

II La fidélisation du client

Instaurer et maintenir de bonnes relations client en BtoB est tout aussi important que lorsque les clients finaux sont des consommateurs particuliers.

La fidélisation peut prendre la forme de récompenses, dont la nature est adaptée à la relation commerciale. Pour donner du sens au programme, il faut qu'il soit le reflet de l'identité et du positionnement de la marque, depuis l'univers graphique, le ton de communication jusqu'aux services et avantages proposés.

Pour se différencier de ses concurrents, l'entreprise doit proposer à ses clients une véritable expérience de marque et leur promettre un service unique ou des dotations exceptionnelles. L'objectif poursuivi est que le client reconnaisse la marque et la recommande.

1 Les cadeaux

Les cadeaux faits à un client professionnel peuvent être financiers (ristourne annuelle, remise sur les commandes...), matériels (*team building* pour récompenser le personnel de l'entreprise cliente) ou immatériels (formation technique, assistance juridique, conseil marketing, abonnement à un service...). Ces services ont un coût pour l'entreprise qui les offre, elle doit donc les réserver aux clients qui ont un certain statut et le leur faire savoir.

La formule des points à cumuler pour accéder à la récompense peut être employée avec des clients distributeurs, de façon à les motiver à vendre les produits de l'entreprise plutôt que des produits concurrents.

Une récompense purement monétaire sera apparentée à une simple animation commerciale, alors que proposer des services exclusifs, des formations, des moments de vécu permet d'injecter de l'émotion dans la récompense, de tisser une relation forte au-delà de l'échange transactionnel. Il s'agit d'offrir une expérience de marque unique, mémorable et engageante.

2 La personnalisation

Les cibles BtoB, habituées aux cadeaux, identiques d'un programme à l'autre, sont sensibles à des avantages qui les surprennent et les valorisent. Par exemple, en récompensant un client fidèle avec un grand restaurant ou une place VIP pour un événement sportif ou culturel, la marque dépasse son champ d'action habituel et offre un moment unique et spécial dans la vie de son client. Dès lors, ce dernier associera la marque à un événement exceptionnel et son rapport avec la marque changera. L'inconvénient, c'est que cette stratégie demande de la constance : un client invité deux années de suite s'attendra à être invité la troisième année...

3 Le club client

Un club client permet de définir et de différencier un groupe spécifique de clients BtoB, auxquels l'entreprise peut accorder des conditions avantageuses. Le but n'est pas forcément de leur accorder des avantages supplémentaires, mais surtout de les faire contribuer à l'amélioration du bien ou du service, en les invitant à participer à des ateliers. Écoutés, ils se sentiront valorisés et s'attacheront à la marque.

4 Le parrainage

Le parrainage consiste, pour l'annonceur, à associer sa marque à l'image de son partenaire. Lorsqu'une entreprise souhaite faire valoir sa collaboration avec un client, elle peut, par exemple, demander l'autorisation à cette dernière d'être mentionnée sur son site Internet (insertion du logo dans une page dédiée).

APPLICATIONS PROFESSIONNELLES

1 Devenir fournisseur Bel

La ferme laitière Aillte an Mhothair est située à Liscannor, dans le comté de Clare, en Irlande. 140 vaches y sont élevées à plus de 200 m au-dessus de l'océan Atlantique, dans un environnement naturel incomparable.

Seuls 10 % du lait produits par la ferme vont à la grande distribution. Le reste est en modèle BtoB, avec des produits transformés à haute valeur ajoutée, comme des produits de nutrition infantile, des fromages, des ingrédients, tous exportables. Avant le Brexit, la ferme écoulait 40 % de sa production au Royaume-Uni. Depuis, les contraintes administratives ont été multipliées pour exporter dans ce pays et cette exploitation souhaite se rediriger vers d'autres marchés, en diversifiant ses débouchés.

Elle a contacté le groupe français Bel, auquel elle a proposé ses produits. En retour, elle a reçu une documentation sur la démarche RSE du groupe (document 1) et a été invitée à se rendre sur son portail Web « Fournisseurs », afin de s'enregistrer.

Elle a pu y prendre connaissance des modalités d'évaluation de la performance RSE des fournisseurs (document 2).

Avant d'aller plus avant dans sa démarche de soumission d'offre, le dirigeant de l'exploitation laitière Aillte an Mhothair souhaite en savoir plus sur la démarche RSE.

Vous êtes chargé(e) de l'assister dans cette recherche d'informations.

1. **Recherchez sur Internet les modalités de la performance RSE d'un fournisseur.**

2. **Sur le site Internet de Bel (groupe-bel.com), identifiez les exigences du groupe à l'égard de ses fournisseurs.**

3. **Rédigez une note, destinée à l'exploitant irlandais, sur les contraintes et les bénéfices qu'une collaboration avec Bel engendrerait pour son entreprise.**

DOCUMENT 1 La démarche RSE du groupe Bel

Bel est un groupe familial international de 150 ans, qui a pour ambition d'offrir des produits laitiers de qualité à un nombre croissant de consommateurs dans chacun des pays où le groupe est implanté. Le groupe est engagé dans une démarche de responsabilité sociétale d'entreprise (RSE) initiée par la signature, dès 2003, du Pacte mondial des Nations unies. Depuis, Bel a constamment travaillé à améliorer l'empreinte environnementale de ses sites industriels et à développer une offre de produits toujours plus responsables.

DOCUMENT 2 L'évaluation de la performance RSE des fournisseurs du groupe Bel

Au-delà des coûts et du respect du formalisme demandé, le groupe intègre des critères liés à la qualité, aux délais, à la maîtrise du risque, à la performance RSE, à l'innovation mais également à la capacité du fournisseur à accompagner Bel dans son développement international.
Bel mène régulièrement des campagnes d'évaluation et de réévaluation de la performance RSE de ses fournisseurs et sous-traitants considérés comme prioritaires au regard de leur volume d'affaires, du risque potentiel associé aux biens/services fournis ou de leur implantation géographique.

Cette évaluation porte sur 21 critères, regroupés en quatre thèmes :

- Environnement
- Respect des normes de travail et des droits humains
- Éthique commerciale
- Fournisseurs / Chaîne d'approvisionnement

2 Mesurer la satisfaction client

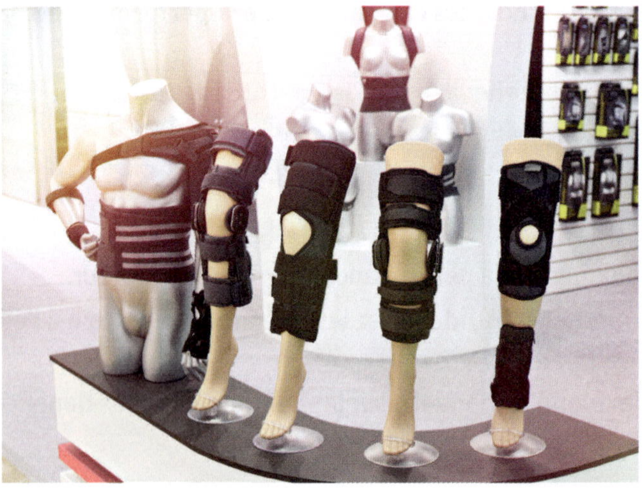

ORTHOP60 conçoit et commercialise des orthèses et dispositifs orthopédiques à une clientèle professionnelle constituée d'hôpitaux, de cliniques et de pharmacies, en France et dans le Benelux.

Elle sonde chaque année ses clients sur leur niveau de satisfaction, par l'envoi de questionnaires, par e-mail.

Elle vous charge de l'analyse des réponses obtenues au dernier questionnaire administré auprès de ses 23 clients néerlandais, dont deux nouveaux (documents 1 et 2). Vous disposez des indicateurs de satisfaction de l'année précédente (document 3).

1. **Calculez le taux de satisfaction client, le taux de rétention et le *Net Promoter Score*.**

2. **Comparez vos résultats à ceux de l'année précédente.**

3. **Évaluez la satisfaction des clients néerlandais et mettez en évidence des points d'amélioration.**

DOCUMENT 1 Questionnaire envoyé aux 23 clients des Pays-Bas

1 How do you rate the quality of our products and services?

	Very unsatisfactory	Unsatisfactory	Satisfactory	Very satisfactory
Product quality				
Value for money				
Taking into account your needs				
Communication quality				
Respect of delivery times				
Compliance with billing deadlines				

2 How much would you recommend the company/brand to a friend or colleague?

Not at all — Absolutely

0 1 2 3 4 5 6 7 8 9 10

DOCUMENT 2 Réponses obtenues au questionnaire envoyé aux Pays-Bas

	Very unsatisfactory	Unsatisfactory	Satisfactory	Very satisfactory
Product quality	0	0	3	20
Value for money	0	4	17	2
Taking into account your needs	1	1	11	10
Communication quality	3	9	10	1
Respect of delivery times	3	14	6	0
Compliance with billing deadlines	0	0	21	2

Note	0	1	2	3	4	5	6	7	8	9	10
Nombre						1	2	4	9	6	1

DOCUMENT 3 Indicateurs de satisfaction de l'année précédente

Analyse des réponses aux questionnaires envoyés aux 26 clients des Pays-Bas ayant passé commande au cours de l'année :

	Taux de satisfaction client
Product quality	96 %
Value for money	70 %
Taking into account your needs	82 %
Communication quality	75 %
Respect of delivery times	61 %
Compliance with billing deadlines	78 %

Taux de rétention client	87 %
Net Promoter Score	25 %

3 Récompenser les clients pour leur fidélité

L'entreprise Arômes de Paris est spécialisée dans la production de matières premières pour la parfumerie et la cosmétique.
Elle souhaite offrir une récompense à ses plus gros clients, pour les remercier de leur fidélité. Chaque année, elle a coutume de réunir les directeurs des achats de ces entreprises, à l'occasion d'un court séjour à Paris, autour d'un dîner dans un cabaret.

Il ne sera pas possible pour ces professionnels d'effectuer le déplacement cette année. Aussi, le directeur commercial d'Arômes de Paris vous demande de l'assister dans la recherche d'une idée. Il souhaite offrir une expérience mémorable à ses clients.

1. **Recherchez par Internet des idées de cadeau ou de service à offrir aux clients d'Arômes de Paris.**

Pour valider votre choix, vous devez en évaluer le coût par rapport au bénéfice espéré. Vous disposez d'un extrait de la base de données clients de l'entreprise (**document**), dans laquelle figurent les montants des ventes réalisées au cours de l'année. Le directeur commercial d'Arômes de Paris a fixé une limite de 2 % du chiffre d'affaires réalisé avec chaque client.

2. **Estimez le coût de l'opération.**

3. **Contrôlez que votre proposition respecte les limites financières imposées.**

DOCUMENT Extrait de la base de données clients

Nom client	Localisation	Activité	Montant commandes	Nombre commandes	Ancienneté
Schwartz Gmbh	Berlin (DE)	Industriel	295 000 €	26	10 ans
Romani SA	Marseille (FR)	Distributeur	302 000 €	24	6 ans
Stampi SRL	Milan (IT)	Industriel	187 000 €	18	7 ans
Buhrman	Rotterdam (NL)	Industriel	230 000 €	11	2 ans
Grupo Abar	Barcelone (ES)	Distributeur	164 000 €	14	4 ans

CHAPITRE

6 Négocier avec un acheteur étranger

COMPÉTENCES PROFESSIONNELLES

Communiquer en français et en anglais dans des contextes interculturels
- → Élaborer des messages écrits et oraux en intégrant les codes et normes culturels
- → Adapter les outils commerciaux et de communication aux normes culturelles
- → Mener des entretiens commerciaux
- → Produire des documents commerciaux

Gérer la relation commerciale internationale
- → Assurer la qualité de la relation client/fournisseur/prestataire
- → Proposer une solution adaptée

L'internationalisation de l'entreprise va engendrer des rencontres avec des partenaires étrangers. Ces échanges dans un contexte interculturel devront être sérieusement préparés afin d'optimiser les chances de réussite.
La connaissance de la culture du pays et l'intérêt porté aux prospects sont des prérequis indispensables.
Une parfaite connaissance de l'offre de l'entreprise, une maîtrise des techniques de négociation et une bonne capacité d'adaptation permettent de mener un entretien de négociation dans les meilleures conditions.

SITUATION PROFESSIONNELLE

TAÏWAN

Nom officiel : République de Chine
Régime politique : démocratie parlementaire
Superficie : 36 197 km^2
Capitale : Taipei
Villes principales : Taipei, Kaohsiung, Taichung, Taoyuan, Tainan
Population : 23,6 millions d'habitants
Langue officielle : chinois mandarin
Langue des affaires : anglais
Monnaie : nouveau dollar taïwanais (1 EUR = 34,53 NTD)
PIB par habitant : 52 300 USD (2020)
Clients : Chine, États-Unis, Hong Kong, Japon, Singapour
Fournisseurs : Chine, Japon, États-Unis, Corée, Malaisie (France : 18e)

1. Actualisez les données pays par une recherche sur Internet.
2. Caractérisez les pratiques commerciales, sociales et environnementales du pays, après consultation de l'évaluation des risques par Coface.

Fondée en 2015, Lavandière de Provence conçoit des produits cosmétiques écoresponsables, avec un positionnement haut de gamme, tous fabriqués sur le territoire provençal.

Elle commercialise deux gammes de produits :
- Cubic Line : des savons, des bougies, des parfums pour la maison ;
- Body Line : du gel douche, du savon-bain, du savon liquide, du lait corporel et des savonnettes pour le corps.

En France, les produits sont distribués dans les grands magasins et chez plus de 1 000 parfumeurs. À l'export, l'entreprise Lavandière de Provence est présente en Suède, en Norvège, en Finlande, au Royaume-Uni et en Allemagne.

Son site Internet est disponible en français, en anglais et en allemand.

Jeanette Borgström, cofondatrice de l'entreprise, a été conviée à un webinaire fin 2020, à l'occasion de l'ouverture d'un bureau de représentation de Taïwan à Aix-en-Provence. Elle s'est alors montrée fort intéressée par ce pays très démocratique, où les entreprises françaises jouissent d'une image de luxe.

Une étude sectorielle concluante a été suivie d'une recherche de distributeurs potentiels. Jeanette Borgström a entrepris un déplacement à Taipei, où elle a obtenu plusieurs rendez-vous, notamment avec Lin Chang, gérante de Funfuntown, pour la vente de sa gamme Body Line.

Elle vous demande de l'assister dans la préparation de son premier rendez-vous à Taipei et du suivi de la relation avec ce distributeur. La langue de communication est l'anglais.

À l'aide des **documents 1 à 4**, vous effectuerez les tâches suivantes :

1. Listez les tâches à accomplir pour la préparation de ce rendez-vous. — ➲ Fiche ressource 1

2. Proposez les modifications à apporter à la carte de visite de Jeanette Borgström pour l'adapter au contexte de cette négociation.

3. Concevez les outils d'aide à la vente (OAV) suivants : la fiche prospect, le plan de découverte et l'argumentaire.

4. Élaborez le tarif export et les conditions générales de vente export (CGVE).

5. Préparez une liste d'objections et les arguments à leur opposer.

6. Préparez le bon de commande à utiliser en cas de réussite de la négociation.

➲ Fiche ressource 2

7. Par une recherche sur Internet, identifiez les éléments culturels à prendre en compte pour réussir la négociation avec un acheteur taïwanais. Rédigez une fiche sur le protocole des affaires à respecter à Taïwan, à l'aide des informations collectées.

» Fiche ressource 3
» Chapitres 1 à 3

8. Simulez l'entretien de négociation avec le prospect Lin Chang, analysez votre prestation orale à l'aide de la grille d'analyse.

» Fiche ressource 4

Funfuntown détient actuellement deux magasins, à Taipei et à Tainan, et procédera à l'ouverture prochaine de trois nouvelles boutiques à travers le pays. Lin Chang et Jeanette Borgström sont parvenues à un accord pour la distribution des produits de la gamme Body Line, dans les cinq points de vente. Le contrat doit être formalisé.

9. Listez les clauses à faire figurer dans le contrat de distribution des produits Body Line de Lavandière de Provence à Taïwan.

» Fiche ressource 5

Jeanette Borgström s'interroge sur la couverture du risque de non-paiement à mettre en place et envisage de recourir à une garantie ou une caution bancaire.

10. Étudiez l'intérêt du recours à une telle garantie ou caution dans le contrat de distribution.

» Fiche ressource 6

VOTRE DOSSIER

DOCUMENT 1 Lavandière de Provence, Company Presentation

Lavandière de Provence is a cosmetics-lifestyle brand based in Marseille and created in 2015 by Cyril Gombert, a biologist and expert in sustainable development and Jeanette Borgström, Swedish, in love with France and its art of living. Together, they have created a lifestyle cosmetics brand that looks like them, chic and modern, but also committed to respecting Nature.

Lavandière de Provence has bet on the marriage of French elegance with Provençal nature, to offer its customers designer products, of quality and with low environmental impact. The brand proves that chic does not forbid ethics and that respect for Nature is not an obstacle to the creation of high-end products.

Tracing its path, Lavandière de Provence is today considered as an authentic luxury brand, with high quality products, with meticulous finish and offered at their fair price. It continues to advance by developing new products and processes to satisfy the desires of its demanding customers while still further reducing its impact on the environment.

NATURE, OUR MOST PRECIOUS ASSET AND OUR CHOICE ABOVE ALL

Cyril Gombert is a true professional in sustainable development and committed by nature to this mission. It is therefore natural that when this luxury brand was created, the choice was made and validated to work in this direction through several axes:

– a rigorous selection of natural products – working with local producers in Provence for natural scents and perfumes;

– opt for packaging that is both design, elegant and refined, but above all, with noble and respectful of the environment materials, such as glass and wood.

This guideline then became the symbol and identity of Lavandière de Provence, which has never ceased from the beginning to move forward in this direction. Its strategy is not a race for labels, but is the fruit of an innovative and evolving in-depth reflection with the aim of a balance in the 3 spheres of sustainable development: economy, equity and environment. This brand guideline is not considered as a constraint, but rather as an opportunity, nor is it a fixed objective to be achieved, but a permanent dynamic of seeking balances to limit its ecological footprint, without however deny its ambitions in terms of quality.

BETWEEN FLORAL AND SUNNY SCENTS, THE FRAGRANCES OF PROVENCE ARE AT LAVANDIÈRE

It is in fact the fruit of constant research, quality work and a desire to offer scents in its products that are both exquisite and as natural as possible that Lavandière de Provence constantly seeks powerful and natural fragrances at the same time.

What could be more natural for Lavandière de Provence than to systematically seek out the unique and characteristic scents that the Provençal region offers to bring out all their quintessence to put in its products.

https://lifestyle.lavandieredeprovence.com/

DOCUMENT 2 Lavandière de Provence, Honey Products

Honey, a symbol of pleasure and the sweetness of life, is also an ingredient of choice in dermatology and cosmetology. Explanations…

Natural honey is a substance made by bees to store food in the summer and to be able to feed on it when weather conditions are unfavourable. It is the fruit of a long work since it is estimated at 35,000 trips from the hive to the honey flowers, or about 15,000 hours of work. Once brought back to the hive, the flower nectar deposited by the foraging bees in the wax cells will be ventilated in order to be dehydrated. When its water concentration reaches no more than 18%, honey is obtained.

Since the beginning of Humanity, honey has been considered a treasure of Nature.

First collected in the nests of wild bees, humans have domesticated honey bees in fixed or mobile artificial hives. […]

Honey has been used in cosmetics for millennia, the Egyptians and Chinese had noticed its moisturizing and healing properties for the skin almost 4,000 years ago, the Roman armies used it as a poultice to heal wounds of war.

Recent studies show that the enzymes in honey are powerful detoxifiers for the skin and therefore it is recommended to use honey soaps after removing makeup. They are also perfect for rehydrating dry skin, especially in winter, the skin becoming dehydrated, especially in this season due to heat and dry weather.

Short-circuit production:

To reduce its CO_2 emissions, Lavandière de Provence has sought to reduce distances to its suppliers to a minimum: they are all within a radius of 150 km around Marseille, except for the bottle which is located in the region from Milan in Italy. In addition to the obvious ecological benefits, this short circuit production allows for greater responsiveness in orders and a closer partnership with the various suppliers.

Waste reduction:

Lavandière de Provence is committed to reducing the volume of waste by limiting packaging (light boxes without cellophanes) and by reusing 80% of the packaging boxes and 90% of the pallets of its suppliers. In addition, the computer and telephony equipment used in the company is refurbished equipment, which helps to limit electronic waste.

Eco-sourcing:

Lavandière de Provence has chosen to use glass for products that allow it. The bottles of the Cubic Line, made of high quality glass, can be refilled at will. This reuse of the bottles allows more ecology and economy. In addition, glass is one of the few materials that can be infinitely recycled. Beyond the packaging, Lavandière de Provence limits the chemical ingredients in its formulations and uses as much as possible natural ingredients, if possible local.

Telework:

Lavandière de Provence encourages its employees to telework to limit CO_2 emissions, but also to increase their quality of life by reducing transport hours.

R&D:

The brand's R&D is entirely focused on innovative solutions to further limit its impact on the environment, both in production processes and in the sourcing of raw materials

https://lifestyle.lavandieredeprovence.com/

DOCUMENT 3 Lavandière de Provence, Body Line Collection

BODY LINE, OUR TRADITIONAL COLLECTION AND PROVENCAL SCENTS FOR THE BODY

Between natural essential oils and scents of Provence, it is a whole range dedicated to the body and the care that we wanted to develop for you, to ensure that at every moment of the day, your sense of smell is awakened.

Perfect alliance of scents and respect for the skin, the Body Line Collection of La Lavandière de Provence extends from hand soap to body milk with natural products, pleasant and subtle scents.

And of course, packaging that is always very neat, with rectilinear and square shapes in a glass case because it is anxious to protect our environment.

Treat your senses to the benefits of liquid soap from Marseille Lavandière de Provence. Naturally scented with essential oils from Provence, they will be the perfect ally to prolong the summer with the scents of lemon, lavender or olive. Beyond the extraordinary scents of Provence, their oils will bring you their natural benefits: moisturizing for olive oil, soothing and purifying for essential oil of lavender, purifying and toning for essential oil of lemon.

BARS OF SOAP

BAR OF SOAP OLIVE *Alpilles Collection* 125 g	BAR OF SOAP HONEY *Sainte-Victoire Collection* 125 g	BAR OF SOAP LEMON *Côte d'Azur Collection* 125 g	BAR OF SOAP LAVENDER *Luberon Collection* 125 g

All of our soaps are made in the tradition of the Provence soap factory. We have selected their exclusive formulas to bring out the best in your skin. The perfumes are of natural origin and the ingredients have been selected for their specific properties (exfoliant, softener etc.). Discover our soap collection and give your skin the softness it deserves.

Olive (leaves), honey, lemon (bark), lavender (flowers)

BODY MILK

BODY MILK OLIVE *Alpilles Collection* 200 ml	BODY MILK HONEY *Sainte-Victoire Collection* 200 ml	BODY MILK LEMON BLOSSOM *Côte d'Azur Collection* 200 ml	BODY MILK LAVENDER *Luberon Collection* 200 ml

Our body milks thoroughly moisturise the skin, leaving you soft and feeling luxurious.
Delicately scented, their elegant bottles will soon be a permanent addition to your bathroom.
Packaged in an elegant frozen glass bottle. Suitable for all skin types and the whole family.

LIQUID SOAP

MARSEILLE LIQUID SOAP OLIVE *Alpilles Collection* 500 ml	MARSEILLE LIQUID SOAP HONEY *Sainte-Victoire Collection* 500 ml	MARSEILLE LIQUID SOAP LEMON *Côte d'Azur Collection* 500 ml	MARSEILLE LIQUID SOAP LAVENDER *Luberon Collection* 500 ml

Our Marseille liquid soaps are made of the best ingredients (olive oil, selected vegetal oils, essential oils and honey). All of our liquid soaps are made in Marseille, France in the tradition of the Provence soap factory. We have selected their exclusive formulas to satisfy a knowledgeable and discerning clientele. Suitable for all skin types. For the body and the hands as well.

96% natural.

Free from paraben, free from palm oil, free from artificial colorings.

BATH SOAP

BATH SOAP OLIVE *Alpilles Collection* 500 ml	BATH SOAP HONEY *Sainte-Victoire Collection* 500 ml	BATH SOAP CITRUS *Côte d'Azur Collection* 500 ml	BATH SOAP LAVENDER *Luberon Collection* 500 ml

Delicately perfumed with the scents of Provence, these bath soaps will leave your skin both soft and scented. Offered in a large format bottle and design, it makes a perfect addition to your bath experience.

SHOWER GEL

SHOWER GEL OLIVE *Alpilles Collection* 250 ml	SHOWER GEL HONEY *Sainte-Victoire Collection* 250 ml	SHOWER GEL LEMON *Côte d'Azur Collection* 250 ml	SHOWER GEL LAVENDER *Luberon Collection* 250 ml

Delicately scented with the warm scents of Provence. Packaged in very chic and design bottle, convenient and practical with its dispenser. Ideal for the whole family, they will fit easily in the shower, bathtub or travel bag. Suitable for all skin types.

We provide refills for all our products.

https://www.lavandieredeprovence.com/en

DOCUMENT 4 Lavandière de Provence, Body Line – Informations sur les prix

Range	Full name	Perfume	Weight	Packs	Unit Retail Price France
BARS OF SOAP	BAR OF SOAP OLIVE Alpilles Collection	Olive	125 g	6	9,00 EUR
	BAR OF SOAP HONEY Sainte-Victoire Collection	Honey	125 g	6	9,00 EUR
	BAR OF SOAP LEMON Côte d'Azur Collection	Lemon	125 g	6	9,00 EUR
	BAR OF SOAP LAVENDER Luberon Collection	Lavender	125 g	6	9,00 EUR
BODY MILK	BODY MILK OLIVE Alpilles Collection	Olive	200 ml	6	39,00 EUR
	BODY MILK HONEY Sainte-Victoire Collection	Honey	200 ml	6	39,00 EUR
	BODY MILK LEMON BLOSSOM Côte d'Azur Collection	Lemon	200 ml	6	39,00 EUR
	BODY MILK LAVENDER Luberon Collection	Lavender	200 ml	6	39,00 EUR
LIQUID SOAP	MARSEILLE LIQUID SOAP OLIVE Alpilles Collection	Olive	500 ml	6	35,00 EUR
	MARSEILLE LIQUID SOAP HONEY Sainte-Victoire Collection	Honey	500 ml	6	35,00 EUR
	MARSEILLE LIQUID SOAP LEMON Côte d'Azur Collection	Lemon	500 ml	6	35,00 EUR
	MARSEILLE LIQUID SOAP LAVENDER Luberon Collection	Lavender	500 ml	6	35,00 EUR
BATH SOAP	BATH SOAP OLIVE Alpilles Collection	Olive	500 ml	6	39,00 EUR
	BATH SOAP HONEY Sainte-Victoire Collection	Honey	500 ml	6	39,00 EUR
	BATH SOAP CITRUS Côte d'Azur Collection	Citrus	500 ml	6	39,00 EUR
	BATH SOAP LAVENDER Luberon Collection	Lavender	500 ml	6	39,00 EUR
SHOWER GEL	SHOWER GEL OLIVE Alpilles Collection	Olive	250 ml	6	29,00 EUR
	SHOWER GEL HONEY Sainte-Victoire Collection	Honey	250 ml	6	29,00 EUR
	SHOWER GEL LEMON Côte d'Azur Collection	Lemon	250 ml	6	29,00 EUR
	SHOWER GEL LAVENDER Luberon Collection	Lavender	250 ml	6	29,00 EUR

En France (pas de minimum de facturation)	En Asie (minimum de facturation : 3 000,00 EUR)
Business to Consumer (BtoC), taux de marge : 35 %, TVA : 20 % (transport inclus dès 65,00 EUR) Business to Distributor (BtoD), taux de marge : 22 % (transport inclus), paiement sous 30 jours	Coûts additionnels (ajout étiquette en chinois...) : + 9 % Taux de marge : 30 % Transport : + 8 % si vente en CFR Kaohsiung

FICHE RESSOURCE

1 Préparer un entretien de négociation

I Collecter des informations, pour comprendre l'environnement

- **Connaître le pays :** une étude pays a généralement été réalisée en amont d'une prospection. À défaut, il est possible de se procurer une fiche pays (www.teamfrance-export.fr). Elle permet d'avoir connaissance des aspects politiques, économiques, sociaux et aussi géographiques (climat, tenue adaptée...).
- **S'informer sur la culture :** connaître les aspects culturels du pays, les mentalités même locales, le rapport au temps, la culture des affaires avec les techniques pour négocier afin d'apprendre à décoder les comportements, bien mémoriser les bonnes pratiques (formules de politesse...) pour ne pas commettre d'impairs, éviter les stéréotypes.
- **Connaître le marché :** l'étude sectorielle réalisée préalablement permet de connaître la réglementation et la concurrence (l'offre nationale et internationale), la demande (les profils et comportements d'achat des consommateurs, les tendances).
- **Se renseigner sur le prospect :** consulter le site Internet de l'acheteur potentiel, comprendre son activité, évaluer son réseau, mesurer son potentiel et, si possible, sa capacité financière.

II Préparer les OAV (outils d'aide à la vente) pour faciliter l'entretien de négociation

Les cartes de visite, fiches prospects, fiches produits, flyers, tarifs export et conditions générales de vente, l'argumentaire, le traitement des objections, les bons de commande sont préparés en amont (➲ Fiche ressource 2).

III Définir sa stratégie de vente en accord avec la stratégie de l'entreprise

Stratégie distributive Gagnant / Perdant	Stratégie intégrative Gagnant / Gagnant
• Recherche de l'épreuve de force • Relation déséquilibrée • Les intérêts personnels priment souvent.	• Tactiques d'influence positive • Confiance et satisfaction mutuelles

Les entreprises éthiques et responsables ont une stratégie intégrative et cherchent à développer une relation pérenne avec leurs clients, profitable à chaque partie. Elles cherchent à fidéliser la clientèle car la conquête de nouveaux clients est souvent difficile, en raison de la concurrence.

IV Préparation mentale et physique

Outre le savoir-faire, des qualités personnelles sont requises.

Attitudes et aptitudes du négociateur en milieu interculturel	
État d'esprit	• Croire en son produit. • Être ouvert, capable de s'adapter. • S'intéresser à son interlocuteur. • Savoir et aimer construire une relation professionnelle qui peut passer par une relation amicale.
Présentation physique	• Soigner son apparence. • Avoir une tenue vestimentaire adaptée au pays, à la religion, au climat, au secteur d'activité. • Avoir un sac adapté avec ses documents et ses produits. • Sourire. • Être impeccable (vêtements propres et chaussures cirées).
Comportement	• Être ponctuel. • Respecter le protocole (si la poignée de main est d'usage, elle doit être ferme, avec une main sèche). • Avoir son portable en silencieux, rangé, voire éteint (il pourra être sorti pour les calculs de prix). • Être attentif aux réactions et attitudes de l'interlocuteur. • Être persuasif, décoder les comportements. • Mener l'entretien. • Rester calme. • Être courtois, chaleureux. • Faire preuve d'empathie. • Bien gérer le temps imparti. • Venir avec un cadeau ou non, selon les rituels du pays (si un cadeau est offert, l'ouvrir ou non de suite).
Communication verbale	• Savoir communiquer dans une langue adaptée (un interprète est parfois nécessaire pour une meilleure maîtrise de la langue et des codes). • Pratiquer l'écoute active. • Avoir recours à un langage positif, enthousiaste. • Ne pas contredire le prospect, mais trouver des arguments.
Communication non verbale	• Maîtriser ses gestes, mimiques, postures. • S'adapter à la culture de son interlocuteur : contacts visuels, intonation, silences (respecter des temps de pause et des silences, particulièrement en Asie).

FICHE RESSOURCE

2 Concevoir les outils d'aide à la vente (OAV)

I La carte de visite

Logo ou nom entreprise

Prénom Nom
Fonction
Portable (+ 33(0)...)
E-mail

NOM ENTREPRISE
Adresse CP Ville – France
+ 33(0) 2 43...

QR Code
ou
Site Internet

Logo

First name Surname
Position
Mobile (+ 33 (0)...)
E-mail

COMPANY'S NAME
Address Zip Code City, Country
+ 33(0) 2 43...

QR Code
or
website

La carte de visite est rédigée en anglais ou est bilingue (anglais/français ou anglais/autre langue).

II La fiche prospect

Exploitée par le commercial lors de la rencontre du prospect, elle permet de recueillir les informations collectées pendant l'entretien et comporte des informations sur :

- la date, le lieu et l'auteur de la fiche (en en-tête, à gauche) ;
- l'entreprise du prospect (activité, secteur d'activité, coordonnées...) ;
- le contact (nom, fonction, portable, mail, langue d'échange, typologie) ;
- la situation actuelle de l'entreprise et ses solutions actuelles (fournisseurs, produits achetés...) ;
- la situation future de l'entreprise (les besoins, le budget...) et ses solutions futures (intérêt pour nos produits, quantités...) ;
- la suite à donner (facture pro forma à préparer, échantillon à envoyer...).

III Le flyer entreprise

Cette documentation commerciale permet de présenter l'entreprise et ses produits. Elle est rédigée dans la langue du prospect, à défaut en anglais.

Un soin particulier doit être apporté à son élaboration (papier glacé, quadrichromie...) car elle véhicule l'image de l'entreprise.

Les informations plus détaillées sont disponibles sur le site Internet de l'entreprise.

IV Les fiches produits

Elles présentent les caractéristiques techniques et commerciales des produits (photos, spécifications techniques, normes, dimensions, matières ou ingrédients, coloris, tailles...).

Ces informations figurent aussi sur le site Internet de l'entreprise.

La traduction rigoureuse de ces informations est fondamentale. Le recours à un traducteur peut s'imposer. En l'absence de budget nécessaire, l'entreprise peut s'inspirer des sites d'acteurs majeurs sur le marché, traduits dans la langue qui l'intéresse, plutôt que de recourir à un traducteur en ligne généraliste.

V Le tarif export et les CGVE (conditions générales de vente export)

- Prévoir des Incoterms adaptés aux capacités de l'entreprise, mais aussi compatibles avec ses prospects (par exemple, un petit détaillant à l'étranger voudra être livré dans sa boutique).
- Définir la monnaie de facturation : EUR et/ou devise du prospect.
- Les CGVE (conditions générales de vente à l'export) préciseront :

– les conditions de livraison : Incoterm, délai, éventuel moyen de transport ;
– les conditions de paiement : devise, moyen de paiement (le virement, en général), garantie de paiement si nécessaire, délai (avec un éventuel acompte à la commande et le solde à 30 jours de la date de facturation, par exemple) ;
– les éventuelles remises, selon la valeur des achats et/ou le profil du client (en BtoD ou BtoC) ;
– les éventuelles garanties de paiement.

Veiller à la précision des CGVE et à la faisabilité des informations écrites, car elles engagent l'exportateur en cas de conclusion de la vente.

VI L'argumentaire

1 La construction de l'argumentaire

L'argumentaire est construit avec la méthode « CAP », dans la langue de communication.

<table>
<tr><th>Caractéristiques</th><th>Avantages</th><th>Preuves</th></tr>
<tr><td>Lister des caractéristiques techniques, commerciales.</td><td>Trouver l'avantage pour chaque caractéristique :
– un bénéfice pour le client ;
– un point positif de la caractéristique.</td><td rowspan="2">Convaincre en apportant la preuve de chaque argument avec :
– une démonstration ;
– une vidéo ;
– des témoignages ;
– des résultats de tests de produits ;
– les résultats d'une étude statistique ;
– des références clients (attention, elles diffèrent d'un pays à l'autre).</td></tr>
<tr><td colspan="2">Caractéristique + Avantage
= Argument</td></tr>
</table>

Durant l'entretien de négociation, le commercial sélectionne quelques arguments seulement, en fonction de la typologie de son prospect, repérée en phase de découverte.

Selon la technicité des produits, il faut prévoir un lexique bilingue français/langue d'échange (quelques termes dans la langue du prospect, si elle est différente de la langue d'échange, peuvent s'avérer utiles). Avec les applications de traduction simultanée de plus en plus performantes sur les téléphones portables, ce lexique est cependant de moins en moins utile.

2 La définition des objectifs

Le commercial définit ses objectifs :

- **objectif principal :** vendre *x* produits, vendre la référence *y*, réaliser une vente d'au moins tel chiffre d'affaires, une rentabilité maximale, l'écoulement d'un surstock, la conquête d'un marché... ;
- **objectifs de repli :** à défaut, vendre au moins une référence ou préparer le terrain pour la prochaine rencontre (savoir quand recontacter le prospect selon son budget disponible...).

En commerce international, selon le produit vendu, il est rare de vendre dès la première rencontre.

VII Le traitement des objections

- Anticiper les objections du prospect étranger, les points qui pourraient bloquer la vente.
- Se préparer au traitement à prévoir avec les différentes alternatives (options possibles).
- Connaître sa marge de manœuvre, notamment en termes de prix, de remise.

Différentes objections	
Objections réelles	Le prospect n'est pas convaincu. Il a des doutes, des incompréhensions. Il faut lui transmettre des informations complémentaires. Exemples – Objection fondée : l'offre ne correspond pas aux attentes du prospect, la négociation sera difficile. – Objection non fondée : l'offre correspond aux attentes du prospect, mais l'objection est injustifiée, il y a un malentendu.
Objections prétextes	Le client ne souhaite pas acheter, il se sert de l'objection pour mettre fin à l'entretien.

- Affaiblir l'objection en posant des questions (« Qu'est-ce qui vous fait dire cela ? »).
- Transformer l'objection en avantage.
- Énumérer les avantages perdus en cas de non-achat.
- Valoriser l'apport du produit.
- Mettre l'accent sur les économies réalisées grâce à l'investissement.
- Donner le prix de revient à une unité de mesure valorisante (exemple : coût par année, selon la durée de vie estimée du produit).

VIII Le bon de commande

Le bon de commande est préparé sur papier à en-tête de l'entreprise et comporte :

- ses coordonnées (nom de l'entreprise, adresse, pays, numéro de téléphone, nom du contact) ;
- un titre (*Order Form / Purchase Order*) ;
- un numéro.

Sont à compléter :

- la date ;
- les informations sur le prospect (nom de l'entreprise, adresse de facturation, adresse de livraison, nom du contact, numéro de téléphone, mail) ;
- le détail des produits commandés (références, descriptions, prix unitaires, quantités) ;
- le montant total à payer (toujours hors taxes à l'export) après les éventuelles remises ;
- la devise de facturation ;
- les conditions de paiement : moyen de paiement, délai de paiement ;
- les conditions de livraison : Incoterm, délai de livraison.

Le bon de commande peut être complété en ligne durant l'entretien. Une fois saisi, il est transmis au service commercial ; une facture commerciale sera générée, mentionnant les références bancaires. Après réception de la facture, le prospect pourra procéder au virement bancaire, dans les conditions prévues.

Bon de commande

NOM ENTREPRISE FRANÇAISE
Adresse
CP Ville
France
Phone: +33 ....
Mail: info@..................

ORDER FORM N°......

Date: / / *(dd/mm/yyyy)*

From: .... *(First name Last name of the sales representative)*
Phone: +33.6.

To: ....
(Prospect Company)
Mail: .... @ ....

Billing address:
.... *(Address)*
....
.... *(Zip Code)*
.... *(City)* .... *(Country)*

Delivery address:
.... *(Address)*
....
.... *(Zip Code)*
.... *(City)* .... *(Country)*

Attn: Mr / Ms .... (name)
P: +......... ....
E-mail: .... @ ....

Incoterm: ....

REF.	DESCRIPTION	QTY	U/P	AMT … *(currency)*
			TOTAL	

Payment terms: bank transfer, 80% deposit in order, 20% 30 days invoice date
Delivery time: +20 days

ACCEPTED BY BUYER

FICHE RESSOURCE

3 Respecter les étapes d'un entretien de vente

Le déroulement d'un entretien de négociation sera différent selon le contexte, la personnalité du ou des interlocuteurs, le lieu de la rencontre...

Afin de conduire efficacement une négociation, il est important d'avoir un fil conducteur et de respecter certaines phases.

Prendre ses dispositions pour arriver un peu avant l'heure pour être détendu, calme et psychologiquement prêt est recommandé.

Phase 1. La prise de contact

« On ne fait qu'une seule fois une première impression. »

- Salutations (en respectant le protocole : « *Hi* » ou « *Hola* » peuvent être trop familiers, selon la culture, le profil et la position des prospects dans l'entreprise).
- Présentations (remettre sa carte de visite et recevoir celle du prospect en y portant beaucoup d'attention ; l'échange des cartes de visite peut intervenir en fin d'entretien).
- Vérification du bon interlocuteur (responsable des achats et surtout décisionnaire).
- « *Small talk* » (afin d'établir un climat de confiance).
- Vérification du temps disponible, pour une bonne gestion de l'entretien.
- Demander à poser des questions pour mieux comprendre les besoins et prendre des notes.

Phase 2. La découverte des besoins

Elle répond à deux objectifs :

- comprendre la situation de l'entreprise et identifier ses besoins ;
- déterminer les mobiles d'achat du prospect.

Les questions sont posées de manière structurée, en allant du général au plus précis pour :

- s'informer sur la situation de l'entreprise ;
- approfondir la connaissance des besoins ;
- orienter le questionnement en fonction de l'offre dont on dispose.

Le plan de découverte préparé ne sera pas lu ; seuls des mots-clés figurent sur la fiche prospect en français (rédaction possible en langue d'échange afin de faciliter la communication), qui sera complétée au fur et à mesure, lors de l'entretien.

Le commercial doit pratiquer l'écoute active ; il est possible que le prospect lui livre des informations concernant une question qu'il avait prévue plus tard. Il ne doit pas hésiter à répéter, à reformuler une question si le prospect ne semble pas comprendre, ou à faire répéter s'il n'a pas saisi sa réponse. Il faut nourrir le dialogue, faciliter l'échange.

Avec le comportement et les réponses du prospect, il est possible de déterminer ses motivations et ses mobiles d'achat :

MOTIVATIONS D'ACHAT		
Hédonistes	**Oblatives**	**Auto-expression**
Volonté de se faire plaisir	Volonté de faire plaisir aux autres	Volonté d'être reconnu

MOBILES D'ACHAT			
Sécurité	**Orgueil**	**Nouveauté**	**Confort**
Besoin d'être rassuré sur la qualité des produits	Volonté de se démarquer, d'être le premier	Amateur de changement	Besoin de bien-être
Conseiller, présenter des garanties, déconseiller certaines options.	Mettre en évidence des signaux affectifs, la rareté, l'originalité, le prix aussi.	Valoriser la tendance actuelle du produit.	Présenter la facilité d'utilisation, les avantages du produit.
« Je comprends parfaitement votre volonté. Soyez rassuré. Je vous propose ce produit ... »	« Vous avez raison. » « Ce produit est unique. » « Son originalité vient de... »	« Ce produit vient juste d'être lancé... » « Cette innovation répond à la demande... » « Avec cette nouveauté, vous allez attirer... »	« Vos clients apprécieront la simplicité de nos produits. » « Nos modes d'emploi sont très bien illustrés et facilement exploitables. »
Argent	**Sympathie**	**Environnement**	**National**
Recherche de bonnes affaires	Envie de faire plaisir, convivialité	Sensibilité à la protection de la nature	Préférence pour les produits locaux
Détailler les éléments constitutifs du prix, valoriser chaque composant du produit et le rapport qualité/prix.	Être chaleureux, agréable, avec une certaine retenue.	Faire référence aux normes environnementales, à la protection de la couche d'ozone.	Faire référence à la *French Touch*.
« Nos tarifs sont élaborés au plus juste. » « La qualité de... justifie largement le prix annoncé. » « Nous vous offrons un très bon / excellent rapport qualité/prix. »	« Voulez-vous essayer / goûter / toucher ? » « Je suis tout à fait de votre avis. »	« Nous sommes soucieux... » « Nous partageons vos valeurs chez... »	« Je comprends votre position et respecte ce choix. » « Notre produit vous apportera une diversité avec du *made in France* apprécié de vos clients. »

Phase 3. La reformulation des besoins

Il est très important de reformuler les besoins détectés et d'avoir une validation du prospect avant de passer à la phase suivante.

Il est possible que la langue d'échange ne soit pas celle des deux interlocuteurs, il faut donc bien vérifier les points essentiels.

Phase 4. L'argumentation

L'argumentaire préparé à l'avance permet de :

- dévoiler le produit en le montrant (présentation réelle, virtuelle, sur une tablette ou dans une brochure) ;
- présenter l'offre de manière claire, précise et la valoriser ;
- choisir 3 à 4 arguments (caractéristique + avantage associé) en lien avec la typologie du prospect, identifiée en phase de découverte ;
- créer de l'interaction, en nommant le prospect et en lui demandant ce qu'il en pense.

Le prix ne doit pas être un sujet tabou mais doit permettre de :

- se différencier des concurrents ;
- mettre en avant un avantage concurrentiel.

Phase 5. Le traitement des objections

Il est probable que le prospect émette des objections au cours de l'entretien, qui peuvent être de deux natures :

L'objection fondée	L'objection non fondée
Objection réelle, sincère. Les craintes ou points de blocage sont justifiés.	Objection fausse, souvent un prétexte pour ne pas acheter, qui peut naître d'une mauvaise compréhension, d'un malentendu.

L'anticipation des objections et leur traitement permettent au commercial d'être plus à l'aise (*cf.* phase de préparation).

Une reformulation de l'objection lui permettra de réfléchir au meilleur traitement à y apporter. Il est primordial de faire preuve d'empathie, de maintenir un vocabulaire positif. Le commercial devra toujours traiter les objections de façon technique et veiller à ce qu'elles soient levées, pour valider et poursuivre son argumentation.

Il ne doit pas s'avancer sur des décisions qui ne relèvent pas de sa compétence et prendra des notes sur les demandes du prospect, afin de consulter le bon interlocuteur en interne (service production pour la customisation, service commercial/export/logistique pour l'Incoterm, les délais, la devise...).

Phase 6. La conclusion de la vente

Durant l'argumentation, le commercial doit détecter un ou des signaux d'achat de la part du prospect.

Signaux d'achat verbaux	Signaux d'achat non verbaux
• Un accord (prévoir une question encourageant le prospect à accepter l'offre) • Une appropriation des produits • Une question sur les CGVE	• Un sourire • Un acquiescement

La conclusion se fera grâce à la crédibilité de l'offre, sa pertinence, la clarté des bénéfices, le pouvoir de conviction. Il conviendra alors de sortir puis de remplir le bon de commande, en maintenant le dialogue avec le prospect.

Une ou des factures pro forma pourront être envoyées dans les 24 h/72 h, selon les possibilités, et si l'offre est acceptée, le contrat sera formé, engageant l'entreprise et son client.

Le commercial devra vérifier les adresses de facturation et de livraison, qui peuvent être différentes, maîtriser son tarif export, les éventuels calculs liés à des remises...

Phase 7. La prise de congé

Après avoir rangé son matériel, laissé la documentation et les éventuels échantillons au prospect, le commercial va :

- le remercier pour son temps, sa confiance en son entreprise ;
- le féliciter pour son investissement ;
- le rassurer sur l'adéquation des produits commandés avec ses besoins ;
- le conforter dans son choix d'investissement ;
- l'informer des étapes suivantes (suivi avec facturation, paiement, livraison) ;
- lui faire part de sa disponibilité ;
- le saluer, en respectant le protocole des affaires du pays et selon la relation développée.

FICHE RESSOURCE

4 Analyser un entretien de négociation

La grille d'analyse d'un entretien de négociation

	– –	–	+	+ +	Commentaire
La préparation					
• Connaissance du pays/de la culture					
• Connaissance des produits					
• Connaissance du prospect					
• OAV					
• Stratégie définie					
Les étapes de la vente					
La prise de contact • Salutations • Présentations • Contrôle identité interlocuteur + pouvoir de décision • « *Small talk* » • Demande à poser des questions + prise de notes					
La découverte des besoins • Effectue un questionnement structuré • Accuse réception • Rebondit et fait approfondir • Complète la fiche prospect					
La reformulation des besoins • Reformulation pertinente des besoins • Mobiles d'achat repérés					
L'argumentation • Effet d'annonce • Montre le produit • Bonne présentation des produits • Personnalisation de l'offre • Bons arguments sélectionnés • Contrôle de l'acceptation • Pas de monologue					
Le traitement des objections • Identifie l'objection • Accepte et valorise l'objection • Traite l'objection • Contrôle l'acceptation du traitement					
La conclusion de la vente • Détecte les signaux d'achat • Complète méthodiquement le bon de commande, montants inclus • Continue de parler en remplissant le document					
La prise de congé • Félicite le prospect • Remercie le prospect • Rassure le prospect • Conforte le prospect dans son choix • Informe le prospect des étapes suivantes • Annonce sa disponibilité • Salue					
La communication					
• Tenue professionnelle					
• Écoute active					
• Fluidité de la langue d'expression					
• Positif, enthousiaste					
Appréciation générale du vendeur					
• Compétences techniques : • Comportement :					

FICHE RESSOURCE

5 Rédiger le contrat de vente à l'international

Un **contrat de vente** est un engagement mutuel du vendeur et de l'acheteur. À l'international, se pose la question des systèmes juridiques différents et des éventuelles juridictions compétentes en cas de litige.

La convention de Vienne de 1980, la CVIM (Convention des Nations unies sur les contrats de vente internationale de marchandises), définit les règles en matière de formation du contrat, de livraison, de paiement, de garantie, de recours en cas de litige...

Elle présente des limites car tous les pays ne sont pas signataires et elle ne traite pas des problèmes de validité du consentement, ni des problèmes de transfert de propriété ou encore de la responsabilité du vendeur du fait des produits.
Il convient de rédiger un contrat de vente de manière détaillée, de se faire aider d'un avocat ou d'un juriste pour son expertise ; la langue de rédaction est aussi très importante et le recours à un traducteur est fréquent.

Les principales clauses du contrat sont les suivantes :

1. Parties	Coordonnées complètes des entreprises, noms et titres des personnes habilitées à signer le contrat
2. Marchandise	
Description	Spécifications, qualité requise, certificats exigés, pays d'origine, échantillons
Quantité	Précision de l'unité de mesure, de la tolérance de variation
Inspection	Modalités et partie qui supporte les frais des inspections avant expédition
Emballage	Spécifications des emballages et conditionnements
3. Livraison	Incoterm, lieu de livraison, date ou délai de livraison
4. Prix	Prix total et unitaire, montant en chiffres et en lettres, précision de la devise
5. Paiement	
Banque	Coordonnées bancaires du vendeur (IBAN)
Délai	Exemple ▸ À 60 jours de la date d'expédition
Acompte	Pourcentage du prix et date du paiement, échéancier pour le solde
Mode	Moyen de paiement (virement, traite) et mécanisme (crédit documentaire, LCSB)
6. Documents	À remettre par le vendeur, conformément à l'Incoterm
7. Pénalités	Taux d'intérêt appliqué par le vendeur en cas de retard de paiement, pourcentage du prix versé à l'acheteur en cas de retard de livraison
8. Force majeure	Définition de la force majeure empêchant la poursuite du contrat
9. Résolution du contrat	Cas d'inexécution du contrat entraînant sa résolution : défaut d'ouverture du crédit documentaire, défaut de livraison, faillite...
10. Contrôle de qualité	Conditions dans lesquelles l'acheteur peut faire procéder à une expertise en cas de contestation sur la qualité de produits livrés (organisme, partage des frais...)
11. Droit applicable	Exemple ▸ Convention de Vienne de 1980
12. Règlement des différends	Procédure de conciliation, recours à l'arbitrage (de la CCI, par exemple)

D'après Business France.

FICHE RESSOURCE

6 Mettre en place des garanties et cautions bancaires

La **garantie bancaire internationale** est un engagement bancaire irrévocable, destiné à indemniser le bénéficiaire en cas de défaillance d'un partenaire commercial étranger. Elle se distingue de la caution.

I Caution et garantie

La caution	La garantie à première demande
Il s'agit d'un engagement accessoire à l'obligation du débiteur principal, engagement qui oblige la caution à exécuter la dette du débiteur principal en lui ménageant un recours en remboursement contre ce dernier. Ainsi, la caution ne peut être tenue à plus que le débiteur principal. Au même titre que ce dernier, elle peut opposer au bénéficiaire toutes les exceptions liées au contrat pour suspendre son paiement. Sans établissement de la défaillance du débiteur principal par le bénéficiaire ou de la preuve de celle-ci (décision judiciaire), la caution n'est pas tenue de s'exécuter. Pour résumer : on discute d'abord, on paie ensuite.	Il s'agit d'un engagement autonome du contrat de base. L'engagement du garant est uniquement déterminé par les termes de la garantie et ne dépend pas du contrat commercial. Le garant s'engage à payer inconditionnellement et irrévocablement à première demande du bénéficiaire, jusqu'à concurrence du montant de la garantie, sans que le bénéficiaire ait à justifier du bien-fondé de sa mise en jeu. Pour résumer : on paie d'abord, on discute ensuite.

II Les garanties bancaires

On distingue plusieurs types de garanties :

- **la garantie de paiement :** émise par la banque de l'acheteur, elle prémunit le vendeur contre un éventuel incident de paiement en lui garantissant le paiement du marché ;
- **la lettre de crédit *Stand-By* (LCSB) :** garantie bancaire payable à première demande, elle assure un paiement au bénéficiaire (exportateur) par la banque du donneur d'ordre (importateur), si ce dernier n'a pas rempli ses obligations de paiement des marchandises et/ou des services ;
- **les garanties de marché :** ce sont les plus courantes. Elles sont émises en faveur de l'acheteur étranger, à l'occasion d'un marché de fournitures de matériel ou de travaux.

Garantie de soumission	Émise lorsque l'exportateur souhaite répondre à un appel d'offres pour garantir son sérieux (souvent 1 % à 5 % du contrat).
Garantie de restitution d'acompte	Dans le cas où un acompte a été versé par l'acheteur, cette garantie permet à celui-ci de récupérer l'acompte en cas de déroulement anormal du contrat (exemple : retard de la première livraison) (souvent 10 à 30 % du contrat).
Garantie de bonne fin	Émise afin de couvrir l'exécution complète et correcte des engagements pris par l'exportateur (souvent 10 à 15 % du contrat).
Garantie de dispense de retenue de garantie	Lorsqu'un marché est achevé, s'ouvre une période de garantie pendant laquelle une partie du prix n'est pas immédiatement payée (retenue de garantie), afin de couvrir la réparation des éventuels désordres ou malfaçons. Cette garantie permet à l'exportateur de recevoir le dernier terme du paiement avant l'expiration de la période de garantie, tout en assurant à l'acheteur la restitution de ce paiement si la réception définitive ne pouvait être prononcée (usuellement 5 % du contrat).

1 Réussir sa prise de contact avec un prospect japonais

Représentant d'une marque parisienne de prêt-à-porter, vous préparez votre rendez-vous avec un distributeur japonais. Vous utilisez en particulier comme support la règle des 4 × 20 (document 1) et des informations sur la prise de contact au Japon (document 2).

1. Listez les étapes de votre préparation, en précisant les particularités à prendre en compte avec un prospect japonais.
2. Entraînez-vous par une simulation, avant la prise de contact avec le distributeur japonais.

DOCUMENT 1 La règle des 4 × 20

Il existe une technique simple pour ne rien oublier : la règle des 4 × 20.

- Les 20 premiers pas : avoir une attitude sûre.
- Les 20 premiers centimètres qui vous séparent de votre interlocuteur : sourire et le regarder dans les yeux.
- Les 20 premiers mots : faire une phrase de présentation courte.
- Les 20 premières secondes : être conscient que tout se joue à cet instant : c'est là que se joue le ressenti du client.

DOCUMENT 2 Tips to do business with the Japanese

1. PREPARE BUSINESS CARDS IN ADVANCE

The way you present and introduce yourself to Japanese potential business associates plays an immensely important role in the outcome of any future potential relation. While it's generally understood in Japan that people from other countries might be used to different standards, it always benefits to send a clear message from the get-go. [...]

Before you leave for Japan prepare business cards specifically for your trip. *Meishi* (or name cards) are widely used in Japan and they are exchanged at every meeting, with many people. Even for a 3-day business trip, you will probably want several dozen cards with you – and will likely want several hundred if you will be attending a trade show or other event. The design and the information on the card provide the very first look into your attention to detail and care for your business.

When you order your cards, don't assume that all the people you'll meet can read or speak English fluently. Make sure that the card is both in English and Japanese (using the card's two faces for this purpose is the most common method) and if possible, have someone with a professional understanding of the language proofread your card before sending to print. ▸▸

▶▶ Always keep your cards in perfectly mint condition without folds, scratches, dog ears and the likes. Do not keep your cards in your pants pocket (especially your back pocket). It does not look professional, in Japan, to hand someone something you fished from a pocket too close to certain areas of your body.

The standard size of a Japanese business card is usually 55mm × 91mm (sizes may change, but this is the most commonly used) – which is different than cards typically found in the West. [...]

How to exchange business cards in Japan

In addition to the looks of the card, also how to hand them plays a role. You should present them holding them with both hands, with your information facing the person you're giving the card to so it's easily readable. Pinch the corners of your card between your thumbs and your index. Absolutely avoid handing cards with one hand, or holding it between your index and middle finger.

As you pass your card, chances are that the other person will do the same. Here a little game starts. Both parties will lower their card trying to place it underneath their counterpart's. This action shows that you're humbling yourself and you consider the other person being more important than you are. Eventually, of course, you will exchange cards. Hold yours with your left hand as you take the other card with your right hand, always pinching it between thumb and index finger.

It's polite to read the card once you collect it and to store it in a case or something similar. Avoid putting it in your wallet or in any place that might damage it, or that might give the idea that you don't care about it. This is only one of the several ritualistic behaviors that are very common when meeting a person for the first time for business.

2. PRACTICE INTRODUCING YOURSELF IN JAPANESE

Before the card exchange, you will introduce yourself. It's ok to shake hands (avoid: a long shake; a shake with two hands, cupping the other person's; squeezing too hard) – and this may be preferred by both sides.

You can also bow. When you do so, you should bow at a 45 degree angle, as you state your name and position in the company. The other person will likely do the same. You should also avoid looking up or at the other person as you bow. Men should bow while keeping their arms along the sides of their torso, while women should join their hands in front of their lower belly.

Do not bow and shake hands at the same time.

When meeting someone for the first time, try to introduce yourself in Japanese, even if you can't speak the language fluently. The simplest phrase to remember when introducing yourself is: "*Haji-me-ma-shi-te. XX desu.*" - I'm XX. Nice to meet you.

Being able to use a few key phrases shows you've done your homework and already sets you apart from many of your competitors. [...]

Extrait de « *Business Etiquette in Japan: 17 Definitive Tips to Do Business With the Japanese* », septembre 2020, https://livejapan.com/

2 Être prêt(e) ! Traiter les objections

● **Complétez le tableau suivant.**

	OBJECTIONS	TRAITEMENT
1	« Je ne vois pas la valeur ajoutée et je n'ai pas le temps d'y réfléchir. »	
2	« Je travaille déjà avec votre concurrent. »	
3	« J'en ai besoin vite, et vous avez la réputation d'être lents. »	
4	« Je vais réfléchir. »	
5	« C'est trop cher. »	
6	« Je dois consulter la concurrence. »	
7	« La conjoncture n'est pas favorable. »	
8	« Votre produit permet-il de faire... ? »	
9	« ... » (Objection muette : silence prolongé, expression dubitative)	
10	« Je ne suis pas intéressé. »	

3 Préparer un entretien de négociation avec un importateur new-yorkais

Installée en Provence, dans le Var, l'entreprise familiale CATRICE Gourmet fabrique des terrines, des tapenades, des sauces et autres spécialités provençales pour apéritifs et buffets, depuis plus de trente ans.

Ambassadrice du Grand Sud et des saveurs authentiques, la gastronomie provençale se perpétue et évolue au gré des influences. Un voyage gourmand entre les plateaux de garrigue et les rivages méditerranéens.

Cette cuisine a ses créateurs et ses défenseurs, chacun ayant pour éthique profonde le respect du goût et l'utilisation d'ingrédients sélectionnés. CATRICE Gourmet s'attache chaque jour à suivre ces valeurs, dans sa fabrication artisanale de spécialités culinaires de Provence.

Cela fait une dizaine d'années que l'entreprise a également créé son atelier de conditionnement et d'aromatisation d'huiles d'olive vierge du bassin méditerranéen, de vinaigres et de gros sel de Méditerranée, opérations totalement réalisées à la main.

Au fil du temps, sa gamme s'est enrichie d'une sélection de recettes artisanales gourmandes et de produits de terroirs: miels, biscuits pur beurre, sirops, nougats de Provence, apéritifs à base de vin...

CATRICE Gourmet
Tél. : 04 94 70 XX XX
Z.A. La Combe - 83690 Salernes

www.catricegourmet.com

Le responsable export de l'entreprise CATRICE Gourmet va recevoir un prospect américain, spécialisé dans l'importation de produits gourmets, en déplacement professionnel en France. Vous l'assistez dans la préparation de cette rencontre en vous aidant des documents 1 et 2.

1. **Créez votre carte de visite.**
2. **Rédigez un plan de découverte en anglais.**
3. **Concevez un argumentaire produit.**
4. **Préparez le traitement des objections.**

Après négociation, une première vente a été conclue.

5. **À l'aide du document 3, rédigez le bon de commande à faire signer au distributeur américain à l'issue de l'entretien.**

DOCUMENT 1 Informations relatives au prospect américain

Baldor Speciality Food

Importateur spécialisé dans l'importation de produits gourmets aux États-Unis

John Baldor, 155 Food Center Dr, The Bronx, NY (10474)

DOCUMENT 2 Objections à traiter

Objection 1	"I visited a similar company as yours, but much bigger, I am afraid Catrice Gourmet could not produce as many products I would be ordering in the coming months. "
Objection 2	"All my products have my company's name on them, I want Baldor SF to be written below Catrice Gourmet."
Objection 3	"I know you have no customers in the US and I am afraid delivery time could not be respected."

DOCUMENT 3 Informations relatives à la commande de l'importateur américain

Références, quantités et prix unitaires :
- Black tapenades – 20 boxes of 10 jars – 4,20 EUR
- Black olives with truffle juice - 50 boxes of 25 jars - 4,30 EUR
- Extra virgin olive oil – 25 boxes of 15 bottles – 15,90 EUR
- Pistou sauce – 20 boxes of 10 jars – 4,20 EUR

Paiement par virement

Règlement de 50 % à la commande, solde à 60 jours

Délai de livraison : 30 jours

Prix CIP New York en EUR

CHAPITRE

7 Collecter, exploiter et partager l'information commerciale

COMPÉTENCES PROFESSIONNELLES

Exploiter les données clients/fournisseurs	→ Collecter les données clients/fournisseurs → Mettre à jour et enrichir les données → Exploiter des bases de données → Partager l'information commerciale
Gérer la relation commerciale internationale	→ Évaluer la performance commerciale
Communiquer en français et en anglais dans des contextes interculturels	→ Élaborer des messages écrits et oraux en intégrant les codes et normes culturels → Adapter les outils commerciaux et de communication aux normes culturelles → Produire des documents commerciaux

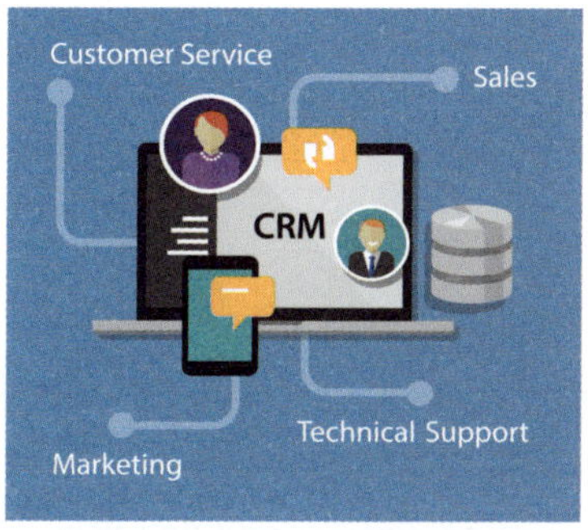

Les données sont aujourd'hui l'essence des entreprises. Leur utilisation leur permet de développer leur activité, de gagner des parts de marché, d'améliorer leurs processus, de satisfaire leurs partenaires.
Ces données doivent être stockées, mises à jour en permanence et partagées. Pour répondre à cet enjeu, les entreprises disposent de nombreux outils collaboratifs qui permettent à leurs collaborateurs, sédentaires ou nomades, de rester interconnectés.
Comme l'information est précieuse, il est impératif que les SI (systèmes d'information) sécurisent bien ces informations.

SITUATION PROFESSIONNELLE

NORVÈGE

Régime politique : monarchie constitutionnelle
Superficie : 625 217 km²
Population : 5,3 millions d'habitants
Capitale : Oslo
Villes principales : Oslo, Bergen, Trondheim, Stavanger, Bærum
Langue officielle : norvégien
PIB par habitant : 75 419,6 USD (2019)
Monnaie : couronne norvégienne (1 EUR = 10,08 NOK)
Clients : Royaume-Uni, Allemagne, Pays-Bas, Suède, France
Fournisseurs : Suède, Allemagne, Chine, États-Unis, Danemark (France 9e)

1. Actualisez les données pays par une recherche sur Internet.
2. Caractérisez les pratiques commerciales, sociales et environnementales du pays, après consultation de l'évaluation des risques par Coface.

Créée il y a tout juste un an, l'entreprise Long Courrier s'est très vite imposée comme l'une des spécialistes du bagage et du sac pour tous les voyageurs de loisirs ou d'affaires. Elle propose des articles de qualité à la ligne moderne et aux couleurs distinctives.

Engagée pour le développement durable, Long Courrier accompagne les voyageurs vers une mobilité plus verte et respectueuse de l'environnement : les coques et les tissus des produits sont fabriqués à partir de matériaux recyclés issus de déchets plastiques.

Le PET (plastique recyclé), nécessaire pour la fabrication des bagages, est acheté à plusieurs fournisseurs situés en Italie et aux Pays-Bas. La totalité des matières et accessoires proviennent de fournisseurs européens. Long Courrier réalise le design, choisit les fournitures et confie la fabrication de ses produits à un sous-traitant tunisien.

Valises, mallettes, sacs à roulettes, valisettes ou sacs cabine, sacs à ordinateur et trousses de toilette sont déclinés dans des camaïeux de couleurs vives et acidulées : citron vert, lagon, soleil, framboise, papaye… Chacun de ces bagages est une invitation au voyage.

« You are French »

Le slogan de Long Courrier la positionne comme une marque tendance, véhiculant une image d'élégance « à la française ».

En France, ses bagages sont commercialisés par des détaillants spécialisés et dans les grands magasins (Printemps et Galeries Lafayette).

Cette entreprise de création récente s'est très vite développée à l'export et les produits de Long Courrier sont déjà vendus dans de nombreuses bagageries en Suisse, en Belgique, en Allemagne, en Autriche et en Italie ; l'entreprise a récemment conclu un contrat de distribution avec une chaîne de grands magasins en Norvège.

La prospection de clientèle est confiée à trois commerciaux qui partagent des fichiers sur un drive, que le comptable exploite pour la facturation des ventes ; l'entreprise ne s'est pas encore dotée de tous les outils digitaux nécessaires à une bonne gestion de sa *supply chain*.

Des problèmes de livraison sont survenus à plusieurs reprises : les transporteurs n'ont pas pu remettre les colis aux clients, l'adresse étant incomplète et le numéro de téléphone absent ou erroné.

Soucieux de satisfaire ses clients et de ne pas ternir l'image de l'entreprise, le dirigeant de Long Courrier vous charge de procéder aux améliorations du fichier clients.

➲ Fiches ressources 1 et 2

1. Par une recherche sur Internet, identifiez les normes de libellé des adresses postales et l'indicatif téléphonique des pays clients de l'entreprise.

2. À l'aide d'une recherche sur Internet, procédez aux corrections nécessaires des données clients.

➲ Documents 1 et 2

Fichier clients
liennathan.fr/mw995z

3. Recherchez par Internet les coordonnées GPS des clients et ajoutez-les dans le fichier clients.

➲ Document 3

4. Proposez d'autres améliorations à apporter au fichier clients, pour son exploitation commerciale.

5. Précisez au dirigeant de Long Courrier les règles à respecter pour la collecte et l'exploitation des données sur les clients.

Le dirigeant de Long Courrier vous transmet les informations dont il dispose sur le nouveau distributeur norvégien Steen & Strøm (document 4) et vous charge de compléter ces données dans le fichier clients. Avant de téléphoner à cette entreprise, vous décidez d'effectuer une première recherche par Internet, afin de connaître les codes à respecter pour la prise de contact avec des Norvégiens et de compléter vos informations sur le distributeur.

6. Recherchez sur Internet, dans les annuaires Kompass et Europages, et sur le site Internet de Steen & Strøm les informations utiles sur ce distributeur ; insérez-les dans le fichier clients.

7. Listez les informations complémentaires à obtenir auprès du distributeur norvégien.

8. Recherchez sur Internet les informations culturelles à connaître pour la prise de contact professionnelle avec des Norvégiens.

9. Rédigez en anglais le script de votre appel téléphonique à l'entreprise norvégienne, en vue d'obtenir ces informations.

Le dirigeant de Long Courrier vous communique les coordonnées de ses fournisseurs étrangers. Vous êtes chargé(e) d'enrichir et d'organiser ces données.

10. À l'aide d'une recherche sur Internet, améliorez le fichier fournisseurs.

➲ Document 5
➲ Fiche ressource 3

Jusqu'à présent, l'entreprise Long Courrier vend EXW, par manque d'expérience de l'organisation logistique. Sous la pression d'une partie de sa clientèle, elle envisage un changement de ses conditions de livraison.
Vous êtes chargé(e) de prendre des informations sur les prestations proposées par plusieurs transitaires et commissionnaires de transport, pour les expéditions par route aux clients situés à l'étranger.

➲ Fiche ressource 4

11. Rédigez le courrier d'appel d'offres à adresser aux transitaires et commissionnaires de transport identifiés.

12. Concevez un modèle de fichier prestataires logistiques.

Vous souhaitez à présent partager les fichiers clients, fournisseurs et transitaires entre les différents collaborateurs de l'entreprise Long Courrier.

➲ Fiche ressource 5

13. Proposez un type d'outil à utiliser pour le partage de ces informations.

14. Précisez les précautions à prendre pour sécuriser le partage des informations entre les différents services de l'entreprise.

DOCUMENT 1 Les opérations d'amélioration d'un fichier clients

Les normes postales
Il s'agit de respecter les règles pour l'écriture des adresses, en vue de garantir la bonne livraison des courriers et des colis : ordre des informations de l'adresse, emplacement des données.

Le nettoyage
Il consiste à supprimer les adresses non valides, pour diminuer les risques de retours des e-mails et courriers (« *User unknown in relay recipient table* », ou NPAI, « N'habite pas à l'adresse indiquée »).

Le dédoublonnage
Les doublons (un nom, une adresse ou toute une ligne à l'identique) doivent être supprimés pour augmenter l'efficacité des campagnes marketing et diminuer les risques d'erreur de distribution des courriers et colis.

La déduplication
Il s'agit de supprimer d'un fichier les informations déjà utilisées dans un autre fichier, ou d'agréger les différents fichiers, afin d'avoir un fichier unique et complet, exploitable par tous les utilisateurs.

DOCUMENT 2 Le référentiel client unique

Nous assistons depuis une dizaine d'années à une forte diversification des canaux et des points de contact : mobile, application mobile, réseaux sociaux, chatbots, etc. C'est l'une des conséquences de la révolution digitale. Celle-ci entraîne une complexification des parcours clients et une tendance à l'éparpillement des données dans le système d'information. Les entreprises empilent les outils.

Même si ces différents outils s'interconnectent de mieux en mieux, il n'en reste pas moins que chacun dispose de sa propre base de données. Les données sont connectées entre elles, mais ne sont pas unifiées. Cette dispersion des données dans différents lieux pose des problèmes en termes de compréhension des parcours clients mais aussi en termes d'exploitation marketing. Les entreprises disposent de plus en plus de données mais peinent à en réaliser une exploitation efficace.

Le référentiel client unique (RCU) est le système qui permet de consolider les données et de disposer d'une vision à 360° de ses clients.

Le RCU structure, harmonise, centralise et met à jour en temps réel les données personnelles, transactionnelles, comportementales des clients de l'entreprise. Elles sont ainsi disponibles pour l'ensemble des dispositifs et canaux de contact utilisés par l'entreprise : points de vente, mobile, desktop, site e-commerce, espace personnel, application mobile, carte de fidélité, etc. […]

Un RCU offre aux différentes fonctions de l'entreprise :
- un accès plus facile aux données ;
- un accès à des données de qualité, car harmonisées (suppression des redondances, résolution des conflits de données, intégrité référentielle…) et mises à jour en temps réel ;
- une meilleure gestion des formats de données ;
- un contrôle plus efficace sur la donnée.

D'après « Qu'est-ce qu'un RCU ? Définition du référentiel client unique », www.custup.com

DOCUMENT 3 Comment récupérer les coordonnées GPS d'un lieu

Dans Google Maps (https://www.google.fr/maps) : saisir l'adresse, faire un clic gauche sur l'endroit précis correspondant au lieu pour lequel on recherche les coordonnées GPS.
Ces coordonnées s'affichent dans la barre d'outils, sous la forme de deux séquences de chiffres.
Le premier nombre correspond à la latitude (entre –90 et 90), le second à la longitude (entre –180 et 180). Attention à bien garder la valeur négative, si c'est le cas pour le lieu recherché.

DOCUMENT 4 Informations sur Steen & Strøm

STEEN & STRØM
DEPARTMENT STORE

www.steenogstromoslo.no
Støperigata 1 – P.O.Box 1593, vika – Oslo

Steen & Strøm est un grand magasin situé à Nedre Slottsgate, dans le centre d'Oslo, en Norvège.

Ce *Department Store* compte plus de 500 marques norvégiennes et internationales, sur une surface de plus de 33 000 mètres carrés.

Steen & Strøm is a Scandinavian shopping center company, with 18 leading centers located in the most attractive marketplaces in Denmark, Norway, and Sweden.

Steen & Strøm is owned by the Dutch Pension Fund APG (43.9%) and the French shopping center group Klépierre (56.1%). Klépierre is a major player in continental Europe's retail property market, with more than 100 retail facilities spanning 16 countries and a property portfolio worth EUR 23,8 billion.

https://fr.linkedin.com/company/steen-&-strom

DOCUMENT 5 Informations sur les fournisseurs étrangers de Long Courrier

- Fournisseur de polypropylène (pour les coques des bagages) et de PET ou PP recyclé (pour la doublure intérieure)
  Manifattura Cattaneo
  Via Tevere, 19
  21017 Samarate (VA)
  Italie
  www.manifatturacattaneo.com

▶▶

▶▶

- Fournisseur de polypropylène et polymère circulaire (pour les coques des bagages)
  Quality Circular Polymers (QCP BV)
  Polymeerstraat 1,
  Geleen,
  Pays-Bas
  www.qcpolymers.com

- Fournisseur de fermetures à glissière métalliques et de fermetures à scratch
  Texxi-Unit
  Via Alessandro Manzoni, 12/1
  22060 Arosio (CO)
  www.texxi.it

- Fournisseur de roulettes
  Tecno Ruote
  Via A. Pacinotti, 21
  36040 Brendola (VI)
  www.tecnoruote.it

- Fournisseur de boucles métalliques
  ANDREI S.R.L.
  Viuzzo Del Piscetto, 13
  50018 Scandicci (FI)
  www.andreisrl.it

- Sous-traitant chargé de la fabrication des produits
  TILTEX
  Av Farhat Hached
  8070 Korba
  www.tiltex.fr

DOCUMENT 6 Comment faire un appel d'offres de transport (*Request for Proposal*)

L'étape préalable consiste à définir précisément ses besoins. Pour cela, il faut analyser les expéditions réalisées jusque-là par l'entreprise :
- les provenances/destinations : nationales, européennes, internationales ;
- les modes de transport empruntés : routier, ferroviaire, aérien, maritime ;
- le colisage des expéditions : poids, volume ;
- la nature des clients livrés : professionnels, particuliers ;
- les conditions de livraison pratiquées : frais et risques assumés par l'entreprise.

Une grille de cotation est élaborée, de façon à permettre aux soumissionnaires de communiquer leur offre sur des bases identiques et à simplifier la comparaison des offres lors du dépouillement.
L'émetteur de l'appel d'offres doit obtenir la grille tarifaire de base des transitaires et transporteurs et la liste de tous les suppléments possibles avec leurs règles d'application (livraison le samedi, livraison urgente, surcharge carburant...).

FICHE RESSOURCE

1 Collecter et organiser les données clients

Toutes les données collectées sur les prospects et les clients sont stockées et organisées dans un fichier, afin de pouvoir être partagées et exploitées par tous les services de l'entreprise, de la prospection au SAV et à la fidélisation.

I La collecte des informations sur les clients

1 Les informations à collecter

Les informations doivent permettre de segmenter la base de données, de contacter les clients et de personnaliser les communications (voir chapitre 5).

Types de données	Données
Entreprise	Raison sociale, activité, adresse postale, numéro de téléphone, site Web
Identité du contact dans l'entreprise cliente	Nom, prénom, adresse mail, numéro de téléphone, fonction dans l'entreprise, langue utilisée
Transactions	Dernières commandes : dates et montants, produits achetés
Comportement d'achat	Visites du site Web, échanges sur les réseaux sociaux
Projets en cours	Nature, échéance, budget

2 Les sources d'information à exploiter

Les données sur les clients proviennent :
- des devis et factures émis, pour les données relatives à l'identité ;
- des formulaires créés sur le site Web et des commentaires postés par les clients sur les comptes des réseaux sociaux, pour les données comportementales ;
- des demandes de devis, des questionnaires administrés *via* le site Web et des campagnes d'e-mailing, pour connaître les projets en cours ;
- des commerciaux, qui rencontrent les clients dans leur entreprise ou à l'occasion de rencontres professionnelles, comme des salons.

3 Les règles à respecter : le RGPD

Le règlement général de protection des données (RGPD) est un texte réglementaire européen qui encadre le traitement des données de manière égalitaire sur tout le territoire de l'Union européenne. Il est entré en application le 25 mai 2018.

Les obligations qui pèsent sur l'entreprise sont les suivantes :
- **déclaration à la CNIL** (Commission nationale de l'informatique et des libertés) relative à la collecte et à l'utilisation des données personnelles sur ses clients ;
- **information de sa clientèle** de la durée de conservation et des conditions d'accès à ces données. Cette information peut figurer sur un document accompagnant un devis ou une facture, ou bien sur une page dédiée sur son site Internet ;
- **droit d'accès, de rectification, d'opposition, d'effacement** des clients, à la portabilité et à la limitation du traitement des données. Cette demande doit pouvoir se faire par un simple mail ;
- **sécurité des données :** l'entreprise doit donc mettre à jour ses logiciels et antivirus, et changer régulièrement les mots de passe permettant l'accès à ses fichiers.

Actuellement, la CNIL distingue e-mailing BtoB et BtoC :

– l'e-mailing marketing BtoC fonctionne en mode *opt-in* : le consommateur doit avoir donné son accord préalable à la collecte de son adresse mail aux fins de prospection commerciale ;

– l'e-mailing BtoB fonctionne en mode *opt-out* : le professionnel peut recevoir des e-mails à visée prospective sans même avoir donné son consentement. Il peut, en revanche, s'opposer à l'utilisation ultérieure de ses données personnelles.

II L'organisation des données dans le logiciel de CRM

L'organisation des données clients doit correspondre aux besoins de tous les services et collaborateurs qui vont les utiliser.

- L'utilisation d'un logiciel de CRM (*Customer Relationship Management*), ou GRC (gestion de la relation client) en français, permet d'avoir une version unique du fichier clients et de le faire évoluer.
- Les données peuvent être analysées afin d'identifier des opportunités de vente et de procéder à une évaluation des clients.
- Le logiciel de CRM permet d'automatiser l'envoi des e-mails, des relances, la prise de rendez-vous...
- Il permet d'avoir une vue globale des données clients et de gérer la relation dans son ensemble. Les informations sont disponibles pour toutes les équipes marketing, commerciale, service client, qui peuvent suivre les dossiers et l'historique complet, qualifier le prospect ou le client et personnaliser la relation.
- Il garantit un contact efficace avec les prospects, la prise en charge des réclamations.
- Il constitue un gain de productivité grâce à l'automatisation des tâches récurrentes.

Fiche client

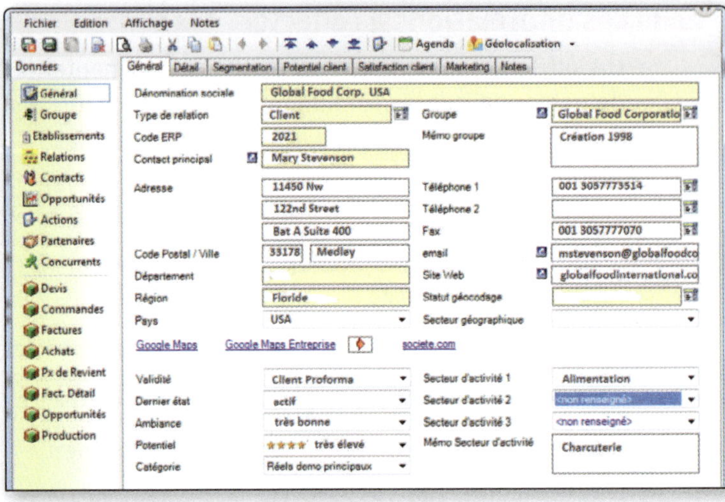

Satisfaction client

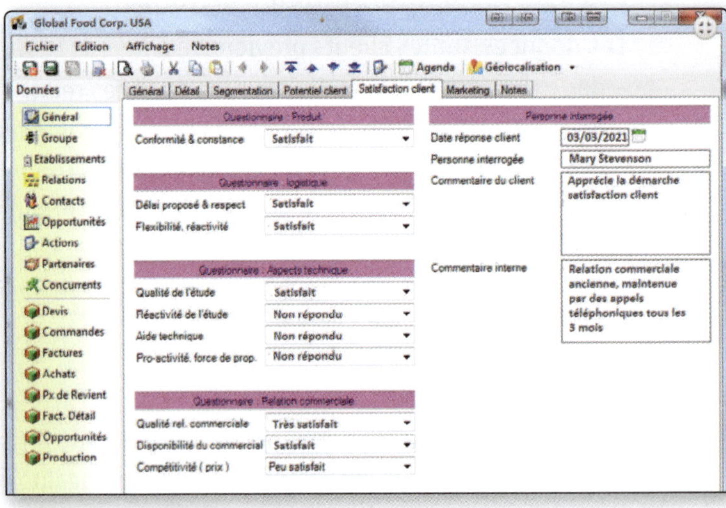

Prise de rendez-vous avec le client

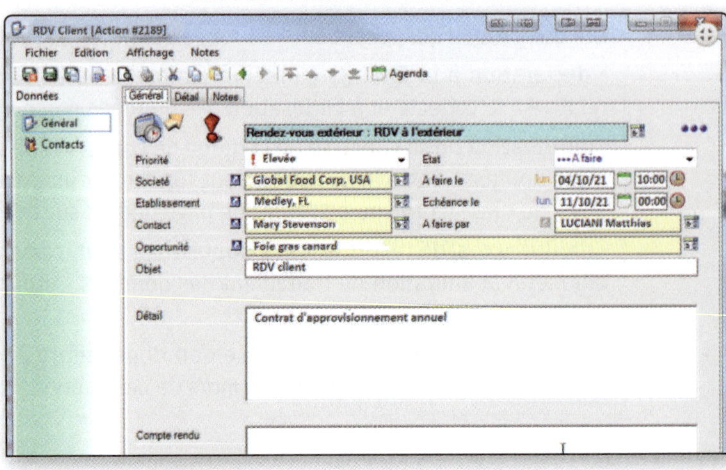

FICHE RESSOURCE

2 Mettre à jour les données clients

Indépendamment de l'utilisation du fichier clients, les données évoluent et certaines sont très volatiles (le contact a changé d'entreprise, l'entreprise a changé d'adresse ou de nom…).

Des campagnes marketing réalisées sur des fichiers non actualisés peuvent avoir des retours négatifs où l'on ne parvient plus à joindre le bon destinataire et donnent une mauvaise image de l'entreprise.

Il est essentiel de vérifier l'état de son fichier pour exploiter une base de données à jour. Une base de données clients n'est pertinente et utile que si elle est actualisée et qualifiée.

I La structuration des données clients

- **Déterminer les données utiles à chaque service** pour personnaliser et trier les fiches clients : la base de données est en effet partagée par de nombreux collaborateurs, chargés de la prospection, l'émission des bons de commande, l'organisation de la livraison, la facturation, le SAV, le suivi de la relation client.
- **Déterminer les données qui doivent être impérativement** renseignées pour assurer la fiabilité du fichier et le bon traitement des données.
- **Normer certains types de données** permet d'exploiter plus facilement la base (par exemple, le secteur d'activité, le chiffre d'affaires, les adresses postales).
- **Identifier les clients par leur numéro d'identification dans le registre des entreprises** garantit l'absence de doublon, en évitant les confusions entre les entreprises qui portent les mêmes noms :

– en France : les entreprises sont identifiées par leur numéro de SIRET (Système d'identification du répertoire des établissements) ;

– à l'étranger : les entreprises sont identifiées par un numéro d'identification fiscale (NIF) en Espagne, un *Value Added Tax* (VAT) *number* au Royaume-Uni, un *Corporate Identification Number* (CIN) en Inde, un *National Company Number* (NCN) en Nouvelle-Zélande… ;

– à l'international : les entreprises peuvent disposer d'un numéro d'immatriculation international DUNS (*Data Universal Numbering System*) : il s'agit d'un code à 9 chiffres attribué aux personnes morales par l'agence de notation américaine Dun & Bradstreet (D&B). Cet identifiant numérique est devenu un standard mondial qui permet d'identifier et de répertorier de façon unique une entité et ses filiales à l'échelle internationale. Près de 260 millions d'entreprises à travers 224 pays disposent actuellement d'un numéro DUNS.

II L'audit du fichier clients

Les objectifs sont :

– de détecter les clients inactifs depuis plusieurs années : faire des requêtes et des filtres permet de lister les entreprises qui ne commandent plus et de déterminer le choix à opérer (les conserver ou les éliminer de la base de données) ;

– d'identifier les changements survenus : contact, e-mail, numéro de téléphone, adresse… ;

– de nettoyer le fichier des doublons et des données caduques ;

– de vérifier et d'optimiser les données des meilleurs clients : explorer le site Web et les données accessibles sur les réseaux sociaux, les alertes dans l'actualité, les articles de blog, les rapports annuels… pour enrichir la connaissance des clients « grands comptes ».

Accumuler des données alourdit la base, allonge les temps d'accès et accroît les risques de doublons et d'erreurs. La vision des tableaux de bord, outils de pilotage de l'entreprise, peut en être altérée, les indicateurs de performance étant faussés.

FICHE RESSOURCE

3 Gérer la base de données fournisseurs

Afin de pouvoir prendre des décisions en temps réel sur sa chaîne de production ou sur ses approvisionnements, l'entreprise doit disposer de données fournisseurs fiables, mises à jour en permanence.

I Les données à collecter sur les fournisseurs

Types de données	Données
Entreprise	Raison sociale, activité, adresse postale, numéro de téléphone, site Web
Identité du contact dans l'entreprise	Nom, prénom, adresse mail, numéro de téléphone, fonction dans l'entreprise, langue utilisée
Offre	Produits / services proposés
Tarifs	Prix, devise
Conditions de paiement	Mode et délai
Conditions de livraison	Délais de fabrication, de livraison, Incoterm(s)

Les données personnelles sur les contacts chez les fournisseurs sont elles aussi encadrées par le RGPD : l'entreprise doit les informer de la collecte et de l'utilisation des données les concernant.

Elle ne stockera que les informations utiles et indispensables à la gestion de ses approvisionnements.

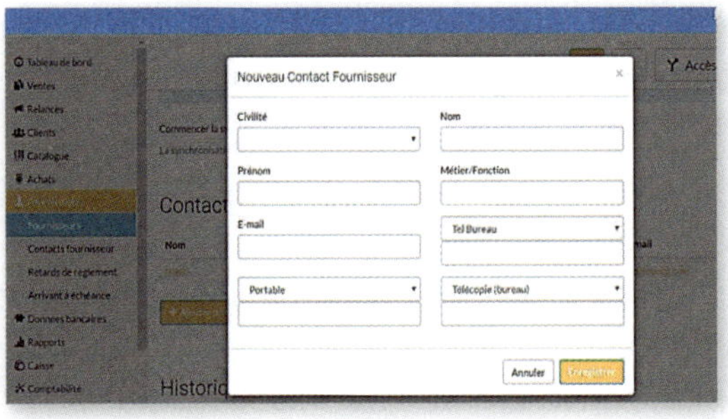

II Les enjeux de la gestion des données fournisseurs

La gestion du risque fournisseur (ou *Supplier Information Management*, SIM) est une variable stratégique pour l'entreprise qui recourt à des centaines, voire des milliers de fournisseurs à l'international. Le moindre défaut d'information ou de mise à jour de l'une des fiches fournisseurs peut lui faire courir des risques importants : amendes, problème d'image, de réputation, paiements effectués sur un compte bancaire frauduleux... Le risque concerne ses fournisseurs directs ainsi que les fournisseurs de ses fournisseurs, qui eux-mêmes pourraient ne pas respecter les règles que l'entreprise a imposées à ses fournisseurs.

III La mise à jour des données fournisseurs

Une base fournisseurs à jour est indispensable afin de pouvoir passer des commandes plus rapidement, d'éviter les erreurs coûteuses de réception et de facturation et d'améliorer la satisfaction et les performances des fournisseurs.

La méthode la plus efficace consiste à demander aux fournisseurs de gérer eux-mêmes leur profil d'informations et d'automatiser les requêtes de mise à jour.

Le « nettoyage » de la base de données fournisseurs passe par :
- l'organisation du fichier par familles de produits ;
- la suppression des doublons et des fournisseurs auxquels l'entreprise n'a pas commandé de marchandises depuis longtemps.

Centralisée et mise à jour, la base de données fournisseurs permet :
- une meilleure maîtrise des risques ;
- la création d'un tableau de bord Fournisseurs pour l'évaluation de leur performance.

FICHE RESSOURCE

4 Gérer la base de données prestataires logistiques

Les prestataires de services, en particulier les transitaires et transporteurs, font également l'objet de la collecte et de l'organisation de données.

I Les données à collecter sur les prestataires logistiques

Types de données	Données
Entreprise	Raison sociale, activité, adresse postale, numéro de téléphone, site Web
Identité du contact dans l'entreprise	Nom, prénom, adresse mail, numéro de téléphone, fonction dans l'entreprise, langue utilisée
Offre	Services proposés, modes de transport empruntés, délais, sous-traitants et partenaires mobilisés
Démarche qualité	Normes ISO, RSE
Tarifs	Tarifs contractuels, tarifs négociés
Conditions de paiement	Délai de paiement, devise de facturation

II La collecte des données sur les prestataires logistiques

Ces données sont collectées à l'occasion des demandes de cotation (*Request For Quote*) ponctuelles effectuées auprès des transporteurs, des transitaires, des commissionnaires de transport et de leurs factures.
L'entreprise peut également procéder à un appel d'offres (*Request for Proposal*), afin de collecter et comparer les propositions commerciales et tarifaires des prestataires logistiques susceptibles de satisfaire ses exigences.
Au-delà des tarifs des prestations de transport et de dédouanement, les services complémentaires apportés par les transitaires doivent être examinés : la traçabilité des expéditions, la qualité de la communication, les outils utilisés pour la transmission des documents...

L'entreprise peut travailler avec un seul prestataire, dans le cadre d'un partenariat négocié, ou recourir à plusieurs partenaires, de façon à les mettre en concurrence ou à profiter de leurs réseaux respectifs, en fonction de leur spécialisation et de leur expérience.

III L'enrichissement de la base de données prestataires logistiques

La base de données prestataires logistiques est enrichie après chacune des expéditions qui leur ont été confiées et permet de mesurer l'efficacité du service rendu.
Les informations à relever sont les suivantes :
- le taux de retard : d'enlèvement, de livraison, de gestion des procédures douanières ;
- le taux d'incident : avaries ou manques sur les colis ;
- la qualité de la communication : la disponibilité et la réactivité du personnel, la traçabilité de l'expédition, la gestion documentaire.

IV L'exploitation de la base de données prestataires logistiques

Un fichier bien organisé et actualisé simplifie le choix du prestataire lors de l'organisation d'une nouvelle expédition à l'import ou à l'export, en fonction de la destination, du colisage, de la nature des marchandises, des délais à satisfaire, des contraintes de prix.
Il permet également d'alimenter le tableau de bord destiné à évaluer la performance des prestataires.

FICHE RESSOURCE

5 Partager l'information dans l'entreprise

Les collaborateurs de l'entreprise disposent de nombreux moyens, traditionnels ou digitaux, pour partager l'information. Cependant, tous ne sont pas adaptés à toutes les formes de communication. Ainsi, si le SMS suffit pour prévenir du retard d'un collaborateur à une réunion, il n'est pas adapté pour faire le point avec une équipe sur la réalisation de ses objectifs.
De même, la messagerie électronique continue d'être un moyen privilégié de communiquer dans l'entreprise, mais doit être utilisée de manière efficiente.
Le développement du télétravail, du coworking ou encore du flex-office rend indispensable le recours à des outils de travail collaboratif.

> En flex-office, forme d'organisation venue des États-Unis, les employés ne disposent plus de bureau attitré et chacun s'installe où il le veut. En 2019, cela concernait 24 % des salariés en France. L'Oréal, PSA, Danone, le Crédit Agricole, la BNP, Bouygues, SFR... ont opté pour le flex-office, y voyant le moyen de réduire les coûts immobiliers, quand le taux d'occupation des bureaux d'une entreprise ne dépasse pas 30 % du temps en moyenne.

I Le choix de l'outil pour partager l'information

Ce choix dépend principalement :
- du nombre de personnes à atteindre ;
- du caractère du contenu de la communication (public ou confidentiel) ;
- de la nécessité d'archiver le contenu de la communication ;
- de la nécessité d'une interaction entre les collaborateurs.

Outils	Utilisation recommandée
Le téléphone	Obtenir une information ou faire le point sur un dossier.
L'e-mail	Suivre des projets en cours, diffuser des informations pratiques.
Les outils collaboratifs	Partager en ligne des fichiers de travail, organiser un planning, suivre un budget, travailler à plusieurs sur un même projet ou sur un document partagé.
La réunion en présentiel ou en visioconférence	Faire une présentation, travailler sur un projet, en présenter les résultats.
L'entretien	Échanger sur des sujets plus confidentiels, entre deux ou trois personnes.
La note de service	Transmettre des informations à un groupe de collaborateurs ou à tous les membres de l'entreprise.
Le compte rendu	Rapporter les résultats d'une visite, d'une réunion, de l'étude d'un dossier.

II Les principes de l'utilisation de la messagerie électronique

Un certain nombre de principes doivent être respectés pour un traitement optimisé de la messagerie électronique.

Avantages	– Facilité de multiplication des messages, indépendamment du nombre de destinataires – Disponibilité immédiate – Traçabilité et suivi des échanges – Facilité de gestion de la diffusion de l'information – Possibilité de classement, archivage et recherche des messages conservés
Modalités d'utilisation	– Utiliser une adresse professionnelle. – Utiliser des répertoires pour y classer les messages. – Traiter les messages dans les heures qui suivent leur réception, ou les archiver dans le dossier adéquat, traiter immédiatement les messages urgents ou qui ne nécessitent qu'une réponse brève. – Éviter d'envoyer ou de traiter des e-mails en dehors des heures d'ouverture de l'entreprise. – Mettre un message d'absence pour une absence prévue supérieure à 24 h.

Choix des destinataires	– Limiter l'envoi à quelques destinataires (ceux qui sont vraiment concernés par l'objet). – Éviter d'inclure des collaborateurs de niveaux hiérarchiques différents dans le même message.
Contenu du message (voir chapitre 4)	– Envoyer un e-mail par objet pour en faciliter le tri et le traitement ultérieur. – Formaliser clairement l'objet du message pour en faciliter l'identification. – Préciser le délai de réponse attendu et ne pas abuser du caractère d'urgence. – Adopter un style de rédaction simple et efficace. – Limiter la longueur du texte du message et inclure une pièce jointe si nécessaire, pour en faciliter la lecture et le classement.
Tri et classement	Créer en amont des filtres pour faciliter le tri automatique des messages.
Points de vigilance	– Relire le message et vérifier les destinataires avant envoi : contrôler l'orthographe, la grammaire et la ponctuation. – Pour les actions complexes, choisir un autre mode de communication ou doubler le message d'un appel téléphonique. – Éviter les mails « ping-pong » : au bout de 3 échanges, faire le choix de téléphoner. – Ne jamais tenter de régler un différend ou un conflit par un e-mail.

III Utiliser des outils collaboratifs

Alors que la culture du papier était très importante il y a encore quelques années, la technologie a apporté réseaux, plateformes et outils de partage. De la messagerie à la plateforme de stockage, en passant par la gestion de projet ou l'espace collaboratif, les outils permettant d'optimiser le travail en équipe disponibles sur le marché sont nombreux (voir chapitre 14). Ils visent à partager l'information en temps réel, tout en réduisant les réunions, les e-mails et les échanges dispersés. Leur utilisation est indispensable pour le travail sur des projets communs, lorsque les employés de l'entreprise sont dispersés sur le territoire national ou à l'étranger.

1 Les fonctionnalités des outils collaboratifs

- Partage de fichiers
- Stockage de données
- Partage de calendrier
- Travail sur un projet commun

2 La plateforme collaborative et le réseau social interne

Lorsque les outils collaboratifs sont insuffisants, l'entreprise peut choisir de recourir à une plateforme collaborative, un intranet ou un réseau social interne. Outre le partage de documents et l'échange d'informations, un intranet accessible à distance permet de relier des collaborateurs en télétravail, en déplacement ou en poste à l'étranger.
Les employés de l'entreprise, déjà familiarisés avec les réseaux sociaux grand public, les utilisent facilement. Ces supports sont adaptés à des budgets restreints.

3 Les outils collaboratifs et la sécurité des données

Dans toutes les entreprises, la sécurité des données est primordiale. Or, les collaborateurs utilisent de plus en plus leurs outils personnels et se connectent à des réseaux extérieurs à celui de l'entreprise. Pour éviter de s'exposer à la cybercriminalité, l'équipement en outils collaboratifs performants est indispensable : les informations et les échanges doivent être centralisés au sein d'outils sécurisés. Le cryptage des données permet de sécuriser ces échanges.

Un VPN (*Virtual Private Network*, ou réseau privé virtuel) crée un tunnel chiffré pour les données, protège l'identité en ligne, permet de cacher l'adresse IP et d'utiliser les points d'accès Wi-Fi publics en toute sécurité.

FICHE RESSOURCE

6 Partager l'information avec les partenaires

La qualité de la relation de l'entreprise avec ses partenaires est la clé de sa réussite. La réussite de leur collaboration repose sur la simplification de la communication.

I Le développement d'un portail fournisseurs

Donner à ses fournisseurs l'accès à un portail dédié permet :
- de disposer d'informations complètes et actualisées : les fournisseurs peuvent compléter les données les concernant ;
- de dématérialiser les documents transactionnels : les fournisseurs peuvent recueillir les commandes de l'entreprise, déposer leurs factures ;
- de leur donner une vision sur le paiement de leurs factures ;
- de publier des appels d'offres ;
- de recueillir leurs propositions commerciales : c'est un outil qui simplifie le sourcing pour l'entreprise.

Exemple ▸ **Leroy Merlin a ouvert un portail fournisseurs très abouti qui permet à ceux-ci d'échanger des informations sur les approvisionnements et les commandes, ou de consulter les tarifs.**

II La digitalisation des achats

L'entreprise s'engage à livrer ses clients dans le respect des termes contractuels et doit sécuriser ses approvisionnements en amont. Cet enjeu la pousse à travailler en mode collaboratif avec ses partenaires.

La digitalisation des achats permet d'en rationaliser l'organisation et de l'optimiser : la possibilité de signer des contrats en ligne, de valider des commandes sur un smartphone augmente la flexibilité et la performance de la fonction achat.

La simplification des process améliore la relation avec les fournisseurs.

III L'entreprise étendue

La mise en place de logiciels communs avec ses fournisseurs et ses clients permet à l'entreprise étendue de développer avec eux une collaboration optimale : le cloud, les réseaux sociaux, les messageries partagées ouvrent les services de l'entreprise à ses partenaires. Elle peut alors échanger directement avec eux des documents, des avis, des propositions commerciales.

L'entreprise peut être étendue jusqu'à l'alliance : une entreprise pilote un réseau de partenaires dont les métiers sont complémentaires. Elle offre alors une prestation globale à sa clientèle.

IV Les forums et réseaux sociaux

Les réseaux sociaux professionnels sont spécialisés dans la mise en relation professionnelle en ligne. Ils permettent aux individus de développer leur carnet d'adresses et de se créer un réseau de relations d'affaires par la multiplication des contacts.

L'employeur peut trouver de nouveaux collaborateurs, l'entrepreneur de nouveaux clients.

Exemple ▸ **Chez Bouygues Telecom, des forums permettent des discussions sur les produits et des échanges sur les pratiques professionnelles.**

1 Organiser les données clients

La SPC (Société Parisienne de Climatisation) fabrique des climatiseurs pour les bureaux. Ses produits remplissent toutes les conditions réglementaires techniques et répondent aux enjeux environnementaux par une utilisation réduite des fluides frigorigènes et une complète recyclabilité de ses matériaux.

La SPC souhaite étendre son activité à l'international et vise l'Italie.

Elle a acheté une étude du marché italien de la climatisation et participé récemment au salon Mostra Convegno Expocomfort à Milan. Il s'agit à présent d'exploiter les données collectées dans le cadre de cette prospection.

Vous êtes associé(e) à cette tâche.

- **À l'aide du document ci-dessous, proposez une organisation et un mode d'exploitation de ces données.**

DOCUMENT **Données disponibles à exploiter**

- Base de données des clients actuels de l'entreprise
- Annuaires professionnels Europages et Kompass
- Résultats de l'étude du marché italien de la climatisation
- Liste des entreprises ayant fait l'objet de l'envoi d'une invitation au salon
- Notes prises par les commerciaux suite à leurs contacts avec les responsables des achats dans les entreprises visées
- Fiches prospects élaborées lors de la participation au salon

2 Collecter des données sur les clients

Dolce Follia crée des produits cosmétiques bio solides à base de beurre de karité, d'huile d'olive et de pétales de fleurs. Ses crèmes et baumes ont des propriétés hydratantes et apaisantes.

L'entreprise commercialise ses produits dans la plupart des pays européens, par l'intermédiaire d'un réseau de détaillants spécialisés dans la parfumerie.

Afin de vendre également ses produits en direct aux consommateurs finaux, elle a fait apporter à son site Internet les aménagements permettant d'effectuer de la vente en ligne. ▶▶

▸▸ Elle souhaite pouvoir collecter des données sur les visiteurs de son site et sur ses acheteurs, et vous consulte sur les règles à respecter pour recueillir et exploiter ces données en toute légalité.

1. **Identifiez, par une recherche sur Internet, les contraintes imposées aux entreprises par le RGPD.**

2. **Conseillez l'entreprise sur la méthodologie à mettre en œuvre pour la collecte des données sur ses clients.**

3 Collecter des données sur un fournisseur

La Cueillette propose des recettes gourmandes en portions individuelles, pour des repas équilibrés. Ses associations de viandes ou poissons, pâtes ou quinoa, toujours accompagnées de jeunes légumes, sont cuisinées selon des recettes artisanales. Les produits sont commercialisés en grandes surfaces.
L'entreprise souhaite développer une gamme bio, destinée au rayon « produits gourmets ». Ces nouveaux produits seront conditionnés dans des bocaux en verre et un appel d'offres a été émis sur une marketplace pour trouver un fournisseur d'emballages.
Parmi les offres reçues, celle d'un fabricant britannique a retenu l'attention du directeur du service achats.
Il vous charge de la prise d'informations sur ce producteur.

1. **À l'aide du document ci-dessous et d'une recherche sur le site Internet de la société Lifestyle Packaging, identifiez les informations complémentaires à demander au producteur britannique.**

2. **Rédigez, en anglais, le mail à adresser au producteur britannique pour obtenir ces informations.**

DOCUMENT Informations sur le producteur britannique

lifestyle
PACKAGING

Melton House, Jackson Way, Melton,
North Ferriby
HU14 3HJ
www.lifestylepackaging.com

Traditional Glass Ointment Jar (not pre-capped) that can be sold in handy pack sizes and additional bulk orders. The glass jar is a perfect piece of packaging for creams and health based tablets. The pack comes in a variety of colours and sizes to give you the choice for your next new product with screw top mechanism.
Handy pack sizes – a large range of sizes available.

A strong product for applications such as creams.
Available in a range of colours (sprayed to order).
MOQ: 2,500 units

4 Sécuriser les données du système d'information

DRON'APT
Saint-Saturnin-lès-Apt
Vaucluse (84)
France

Dron'Apt, située dans le Vaucluse, fabrique des drones professionnels pour la sécurité, la surveillance et l'inspection thermique, destinés aux professionnels de l'audiovisuel et de l'agriculture. L'entreprise a misé sur l'international pour assurer son développement : 90 % de ses appareils sont exportés. Son succès repose sur la technologie de ses produits et sur son offre de services (formation au télépilotage, SAV, pièces détachées…).
Dron'Apt dépose régulièrement des brevets pour protéger ses innovations.
Ses fichiers articles, fournisseurs et clients contiennent des données sensibles, que l'entreprise doit absolument protéger.
Vous êtes associé(e) à une étude des risques encourus et des moyens à mettre en œuvre pour les couvrir.

● **À l'aide d'une recherche par Internet, complétez le tableau ci-dessous en vue de recenser les risques informatiques auxquels les données de Dron'Apt sont exposées et les moyens de s'en protéger.**

Risques informatiques	Définition	Moyens de protection
Virus		
Malware		
Spam		
Hacking		
Spyware		
Phishing		
Ransomware		

5 Utiliser des outils de travail collaboratif

L'entreprise Natarelux conçoit et fabrique des piscines d'intérieur destinées aux hôtels et complexes de loisirs. Les produits sont élaborés en fonction des besoins de la clientèle et incluent la mise en service et le service après-vente. Les piscines de Natarelux sont élaborées avec des matériaux écoresponsables, 100 % recyclables et sont garanties *made in France*.
Une chaîne émiratie de clubs de vacances haut de gamme a été approchée lors d'un salon professionnel à Dubaï et une délégation de quatre membres de ce groupe important est attendue dans l'entreprise Natarelux pour une visite des installations de production et une démonstration des produits.
Vous faites partie de l'équipe chargée d'organiser la réception de ces clients potentiels dans l'entreprise et leur séjour en France.

1. **Listez les tâches à accomplir et répartissez-les entre les membres de l'équipe.**
2. **Recherchez sur Internet un tutoriel pour l'utilisation du logiciel Trello.**
3. **À l'aide du logiciel Trello et des documents ci-dessous, concevez le planning des tâches à accomplir par chaque membre de l'équipe.**

DOCUMENT 1 Composition de l'équipe chargée de l'organisation de l'accueil des clients étrangers

Eliott BAELDEN Directeur export	Toni SPIAGGI Assistant export	Alexandra NANO Assistante marketing	Laurent VATHEZ Responsable produit

DOCUMENT 2 Présentation du logiciel Trello

Trello est un outil de gestion de projet en ligne, offrant une version gratuite.
Il permet de présenter un projet, d'organiser les tâches et de faciliter la collaboration d'une équipe.
Des cartes sont utilisées pour représenter les tâches et les idées.
Les collaborateurs associés au projet restent synchronisés, avec n'importe quel appareil, en temps réel.
https://trello.com/fr/guide/trello-101.html

CHAPITRE

8 Assurer la coordination des services

COMPÉTENCES PROFESSIONNELLES

Assurer la coordination des services

→ Rendre compte en interne

→ Assurer des relations de coordination avec les services et entités de l'organisation

Les entreprises s'appuient sur des processus pour mener à bien leurs projets, et elles comptent sur le bon déroulement de ces processus pour les terminer dans les temps, sans surcoût et de la façon la plus simple possible. Les *workflows* permettent à une entreprise de mieux cartographier, gérer et optimiser ses processus internes. Les collaborateurs de l'entreprise et les partenaires externes mobilisés coordonnent leurs actions.

SITUATION PROFESSIONNELLE

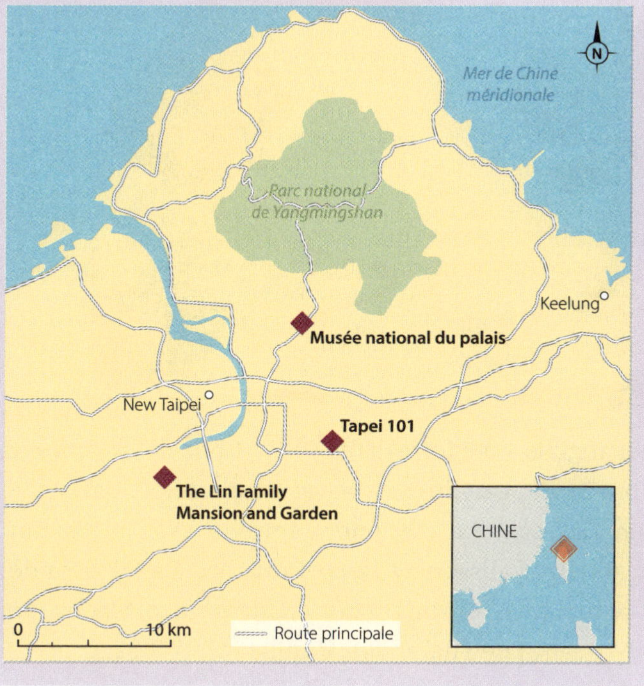

TAÏPEI

Capitale de Taïwan

Municipalité spéciale directement administrée par le gouvernement central

Superficie : 272 km²

Population de la ville : 2,6 millions d'habitants

Population de l'agglomération : 7 millions d'habitants

Langue officielle : chinois mandarin

Langue des affaires : anglais

Monnaie : nouveau dollar taïwanais (1 EUR = 34,53 NTD)

Population à haut pouvoir d'achat, très sensible à la mode et aux tendances, hyperconnectée et très consommatrice de réseaux sociaux.

1. Actualisez les données par une recherche sur Internet.
2. Caractérisez les pratiques commerciales, sociales et environnementales du pays, après consultation de l'évaluation des risques par Coface.

Depuis 1963, Pôle Sud a mis au point 2900 recettes de glaces artisanales « comme si vous les aviez faites dans votre cuisine » et, chaque année, plus de 1 500 créations sur mesure sont produites pour des restaurants qui lui confient le soin de réaliser leurs idées les plus originales. Outre le conseil et l'art du glacier, Pôle Sud apporte des solutions à ses clients en matériel (vitrines, congélateurs...) et accessoires (cornets, pots, cuillères à dégustation, bouliers...).
Ses conseillers commerciaux sont issus des métiers de la restauration et proposent à sa clientèle de CHR un service de réalisation de carte de desserts, des formations au travail de la glace et l'aménagement de glaciers.

Pôle Sud fait partie du regroupement de glaciers, pâtissiers et boulangers La Compagnie des Desserts, spécialiste des desserts surgelés dédiés à la restauration.

Avec le temps, Pôle Sud a affirmé son identité, en cultivant les saveurs à haute expression d'épices et d'aromates, de fruits frais et de desserts traditionnels issus de la gastronomie des quatre coins du monde.

Yaourt brassé, Thym de la garrigue, Oreo®, Caramel anglais avec toffees fondants, Chocolat au piment d'Espelette, Fève de Tonka, Gingembre avec gingembre confit, Lait de coco, Mascarpone, Miel de lavande, Plombières, Poivre de Sichuan, Praline rose, Rocher, Tiramisu mascarpone, Verveine, Wasabi, Safran, Moutarde de Meaux, Amarena cerises confites, Cacahuète, Calisson d'Aix-en-Provence, Lait d'amande, Lait de poule, Pain d'épices de Dijon, Pomme façon « Tarte tatin », Touron suprême, Cheesecake, Madeleine, Sablé breton, Thé vert Matcha, Thé Rooibos, Thé des Massais, Thé Thaï rouge, Vanille Tahiti, Sésame noir... autant de créations originales dont le choix des ingrédients fait l'objet d'un soin particulier.

Pôle Sud favorise les circuits courts : le lait est produit par une exploitation agricole située au pied des Pyrénées, les fruits proviennent essentiellement de coopératives fruitières de la vallée du Rhône. Quelques matières premières sont importées, comme la patate douce violette (Japon), la vanille (Tahiti, Mexique, Madagascar), le sésame (Taïwan)...

Sésame noir
92795
Crème glacée - Saveurs d'Asie.

Vous avez récemment rejoint l'équipe du service Export de Pôle Sud, en tant qu'assistant(e) de la responsable Mailys Galy.

1. Cartographiez les processus de l'entreprise Pôle Sud.

➲ Document 1
➲ Fiche ressource 1

Un importateur chinois, Duomier Trading, situé à Shanghai et client régulier de Pôle Sud, a fait parvenir une commande de plus de 3 tonnes de glaces et sorbets de divers parfums. Vous êtes associé(e) au traitement de cette commande.

➲ Document 2
➲ Fiches ressources 2 et 3

2. Listez l'ensemble des services internes et partenaires externes à mobiliser pour traiter cette commande.

3. Précisez votre demande à chacun des collaborateurs et prestataires impliqués par le traitement de la commande du client.

4. Préparez une *to do list* pour réaliser le traitement de cette commande.

Une importation de sauce au sésame noir a été réalisée pour la fabrication des glaces commandées par le client chinois et pour reconstituer le stock. Le fournisseur taïwanais a envoyé par e-mail la liasse documentaire relative à son expédition. Le transitaire chargé de l'organisation logistique de cette importation a fait parvenir sa facture.

➲ Documents 3, 4 et 5

5. Relevez les informations à partager avec les services concernés de l'entreprise ou avec ses partenaires et précisez-en l'utilité.

Le service Production a fabriqué les produits commandés par Duomier Trading. La commande peut être expédiée.

6. Rédigez, en anglais, le message à envoyer par e-mail au client chinois pour l'informer de l'expédition de sa commande.

7. Retracez dans un schéma le processus d'exportation de glaces en Chine, en mettant en évidence la coordination des services internes et des partenaires impliqués.

➲ Documents 6 à 12

8. Rédigez un compte rendu des opérations à l'attention de Mailys Galy. Vous conclurez par une proposition d'automatisation des processus de gestion des opérations import et export.

VOTRE DOSSIER

DOCUMENT 1 Processus des opérations d'achat/vente de Pôle Sud

À l'achat

Les approvisionnements sont déclenchés par le service Achats, en fonction des besoins de la production :

– réassort des ingrédients nécessaires pour la production ;
– production à la commande pour l'export quand un étiquetage spécifique est requis (Chine, par exemple).

Un délai de 4 semaines est nécessaire pour la production des commandes, en l'absence de stock.

À l'exportation

- Réception de la commande par le service Export
- Transmission de la commande par le service Export au site de production (délai de fabrication de 4 semaines)
- Confirmation des dates de production par l'atelier
- Information du transitaire par le service Export pour la réservation du conteneur et confirmation d'une date de positionnement aux entrepôts
- Envoi par le service Export des consignes de palettisation au service Préparation
- Constitution des palettes par le service Préparation selon les contraintes export (renforcement des palettes avec intercalaires, airbags, cornières…) et envoi d'une photo de chaque palette au service Export
- Constitution de la liasse documentaire par le service Export (certificat sanitaire, attestation des fraudes…) et transmission au service Qualité pour modification et/ou validation
- Une fois les documents sanitaires vérifiés et validés par le service Qualité, transmission par le service Export des demandes à chaque service (vétérinaires, fraudes, CCI)
- La veille du chargement du conteneur, transmission par le service Export de la facture au service Préparation et de la liasse documentaire au transitaire
- Le jour du chargement, transmission par le service Préparation d'une copie de la lettre de voiture
- Après confirmation du chargement, envoi des documents par le service Export au client

DOCUMENT 2 Commande de l'importateur chinois

Order #008

Duomier Trading Co., Ltd
Pudong District
Shanghai (Chine)

Ice creams and sorbets

2,388 boxes

Flavours: fresh milk, mango, peanut, Matcha green tea, chocolate, strawberry, chocolate mint, Madagascar bourbon vanilla, Bulgarian yoghurt, rose petal, black sesame, lime, coconut

CIF Shanghai

DOCUMENT 3 Document de transport maritime pour l'importation de Taïwan

ORIGINAL

S/O NO: R581

PACIFIC CONCORD
INTERNATIONAL LIMITED
OCEAN BILL OF LADING

(FOR PORT TO PORT OR MULTIMODAL TRANSPORT SERVICE)
NOT NEGOTIABLE UNLESS CONSIGNED"TO ORDER"

沛榮國際股份有限公司 海攬（基）字第417號
台北市敦化北路 56 號4樓
4F., 56, DUNHUA N. RD., TAIPEI.

THE INTERNATIONAL MULTIMODAL TRANSPORT OPERATOR & CARRIER
LICENSED BY MINISTRY OF COMMUNICATIONS R.O.C. UNDER LICENSE NO.417

Shipper
FLAVOR FULL FOODS INC.
No. 73, Fangyuan Sec., Douyuan Rd., Fangyuan Township,
Changhua County 528, Taiwan

Consignee
POLE SUD
4 rue des romains-11200 Lezignan Corbieres France
TEL:+33 [illegible]

Notify Party (Complete name and address)
SAME AS CONSIGNEE

Place of Receipt: TAICHUNG, TAIWAN	Precarriage By	Excess Value Declaration: Refer to Clause 8 (3) on reverse side
Vessel & Voy. No: ONE EAGLE 016W	Port of Loading: KAOHSIUNG, TAIWAN	Inland Routing (for the Merchant's reference only)
Port of Discharge: FOS	Place of Delivery: MARSEILLE	Final Destination (for the Merchant's reference only)

Particulars furnished by the Merchant

Container No. And Seal No. Marks & Nos.	Quantity And Kind of Packages	Description of Goods	Measurement (CBM) Gross Weight (KGS)
YMMU6224242/40' RQ Black Sesame Sauce 18K Drum POLE SUD LEZIGNAN CORBIERES CTN NO. 1-28 MADE IN TAIWAN	1 PLT VVVVV	28 DRUMS OF BLACK SESAME SAUCE 18KG/PLASTIC DRUM 1 PLT S.T.C. 28 DRUMS HS CODE 2008.19 CARRIER IS NOT RESPONSIBLE FOR DRUM PACKING AND SHIPPER WILL BE RESPONSIBLE FOR SUCH PACKING AND ANY CONTAMINATION OF OTHER CARGO. 'FREIGHT PREPAID'	529.76(KGS) 1.5900(CBM)
TOTAL NUMBER OF CONTAINERS OR PACKAGES (IN WORDS)	SAY TOTAL ONE (1) PALLET ONLY		

FREIGHT & CHARGES	Revenue Tons	Rate per	Prepaid	Collect
OCEAN FREIGHT			AS ARRANGED	
Service Type: LCL-LCL	Exchange Rate: US$1=NT$31.3400 EUR1=NT$34.3200		Prepaid at: TAIPEI, TAIWAN	Payable at

RECEIVED by the Carrier the Goods as specified above in apparent good order and condition unless otherwise stated, to be transported to such place as agreed, authorized or permitted herein and subject to all the terms and conditions appearing on the front and reverse of this Bill of Lading to which the Merchant agrees by accepting the Bill of Lading, any local privileges and customs notwithstanding.
The particulars given above as stated by the shipper and the weight, measure, quantity condition contents and value of the Goods are unknown to the Carrier.
In WITNESS whereof three original Bills of Lading has been signed if not otherwise stated before one of which to be completed the other(s) to be void.
If required by the Carrier the full set of original Bill of Lading must be surrendered duly endorsed in exchange for the Goods or delivery order.
JURISDICTION AND LAW CLAUSE: The contract evidenced by or contained in this Bill of Lading is governed by the law of Taiwan and any claim or dispute arising hereunder or in connection herewith shall be determined by the Courts in Taiwan and no other Court.

Number of Original B(s)/L: THREE (3)
Place of B(s)/L Issue/Date: TAIPEI, TAIWAN AUG. 12, N
B/L NO.: EFO[illegible]
Laden on Board the Vessel: AUG. 12, N

For delivery of goods please apply to
TCC LOGISTICS
10 PLACE DE LA JOLIETTE 13004 MARSEILLE
PH: [illegible] FAX: [illegible]
CONTACT: [illegible]

PACIFIC CONCORD INTERNATIONAL LIMITED
by ______ AS CARRIER

DOCUMENT 4 Facture du fournisseur taïwanais de sauce au sésame noir

FOREWAY SESAME EXPERT

Flavor Full Foods Inc.
富味鄉食品股份有限公司

COMMERCIAL INVOICE

COPY

REF NO.: LCD-003-N **DATE:** AUG. 12, N
FOR ACCOUNT AND RISK OF MESSERS: POLE SUD
4 rue des Romains-11200 Lézignan Corbières France
SHIPPED PER ONE EAGLE V.016W **FROM** TAICHUNG, TAIWAN **TO** MARSEILLE
SALING ON OR ABOUT AUG. 12, N
PAYMENT TERM: 100% T/T IN ADVANCE BEFORE PRODUCTION

DESCRIPTION OF GOODS	QUANTITY	UNIT PRICE	AMOUNT
		CFR MARSEILLE	
BLACK SESAME SAUCE 18KG HS CODE: 2008191980	28 DRUMS	USD 99.84	USD 2,795.52
		TOTAL:	USD 2,795.52

SAY TOTAL : U.S. DOLLARS TWO THOUSAND SEVEN HUNDRED NINETY FIVE AND CENTS FIFTY TWO ONLY.

FLAVOR FULL FOODS INC.

DOCUMENT 5 Facture du transitaire chargé de la logistique de l'importation de Taïwan

Blue Water Shipping A/S
Quai du Commandant Malbert 18, F-29200 Brest, France
Tel: +33 298 449 091, E-mail: brest@bws.net
www.bws.dk

BLUE WATER
WWW.BWS.DK

POLE SUD
Rue des Romains 4
11200 Lezignan-Corbieres
France

163918

Invoice Number:	13144658
Invoice Date:	20.09.N
Your Customer No:	152022
Your Account No:	152022
Your VAT No:	FR89509136180
Your Reg. No:	89509136180
Our VAT No:	DK31044839
Our Reg. No:	DK40516611
Page:	1 / 1

INVOICE

Order: 3077206 **Date:** 05.09.N
Our contact: [redacted] +33[redacted]@bws.dk

Shipper: FLAVOR FULL FOODS INC., 12F.,NO.65,GUANGFU S. RD.,SONGSHAN DIST. , TW- TAIPEI
Consignee: La Compagnie Des Desserts, Rue Des Romains 4, F-11200 Lezignan-Corbieres
Delivery: La Compagnie Des Desserts, Rue Des Romains 4, F-11200 Lezignan-Corbieres
INCO Terms: CFR FOS **Insurance:** Cargo Insurance not provided

Shipping Details:
Vessel:
POL: **ETD:** **POD:** **ETA:**

Container Details:

Type	Container no.	Expected pickup	Expected delivery	Customer order no:
LCL	YMMU6224242	09.09.N	21.09.N	LCD-003-N

Marks/Numbers:	Items	Units	Commodity	Dims. (cm)	Weight kg.	CBM	UN / Class
	28	Drum	BLACK SESAME SAUCE		529,76	1,520	

Frais Arrivee	535,00 EUR
Douane import	130,00 EUR
Livraison	200,00 EUR
Droits douanes 281+4 eur	285,00 EUR
TVA	154,00 EUR
Calculation total:	1 304,00 EUR

Invoice	Tax-exempt	Taxable	Tax %	Tax type	Tax amount	Total amount
	1 304,00 EUR		0,0 %		0,00 EUR	1 304,00 EUR
Amount	**1 304,00 EUR**	**0,00 EUR**			**0,00 EUR**	**1 304,00 EUR**

Please note, that we have favourable insurance solutions.

Bank: Handelsbanken, Finland
Account: 31311001[redacted]
Swift: HANDFIHH
IBAN: FI293131[redacted]

Due date: 20.10.N

If due date is exceeded, 1.5% will be charged per month

Medlem af Danske Speditører og Nordisk Speditørforbund. Alle opgaver udføres i henhold til Nordisk Speditørforbunds Almindelige Bestemmelser (NSAB 2015). Bestemmelserne begrænser speditørens ansvar som kontraktspart i henhold til § 3 B for bortkomst, forringelse eller beskadigelse af gods til SDR 8,33 pr. kg og for forsinkelse op til fragtbeløbet, og for alle andre tab til SDR 100.000 for hver opgave (§ 21). Speditørens ansvar som formidler i henhold til § 3 C er begrænset til SDR 50.000 for hver opgave og totalt for én og samme hændelse til SDR 500.000 (§ 24). Ved oplagring er det samlede ansvar for skade ved en og samme hændelse begrænset til SDR 500.000 (§ 25). Særlig opmærksomhed henledes på netværksklausulen (§ 2), at krav mod speditøren forældes efter et år (§ 28), og at pante- og tilbageholdsretten (§ 14) omfatter såvel aktuelle som tidligere krav.

Member of the Nordic Association of Freight Forwarders. All services rendered are subject to the General conditions of the Nordic Association of Freight Forwarders (NSAB 2015). As a contracting party according to § 3 B, the conditions will limit the liability of the freight forwarder for loss of, deterioration of, or damage to goods to SDR 8,33 per kilo. Regarding delay, the liability is limited to the amount of the freight. For all other loss, the freight forwarder's liability is limited to SDR 100,000 in respect of each assignment (§ 21). As intermediary according to § 3 C, the freight forwarder's liability is limited to SDR 50,000 in respect of each assignment and totally in the event of any one occurrence SDR 500,000 (§ 24). When under storage, the freight forwarder's liability in relation to all customers is limited to SDR 500,000 with regard to damage occurring on one and the same occasion (§ 25). Special attention is directed to the network clause (§ 2); claims against the freight forwarder are statute-barred after one year (§ 28); and the lien on goods (§ 14) applies to both current and previous claims.

DOCUMENT 6 Facture d'exportation des glaces en Chine

SAS COMPAGNIE DES DESSERTS
au capital de 16 478 741 euros
RC NARBONNE 503 387 003
N° TVA : FR 31 503 387 003 000 26
4, Rue des Romains
ZI des Corbières
11200 LEZIGNAN – CORBIERES
04 68 27 62 88
www.compagniedesdesserts.com

INVOICE

Delivery Address
Duomier Trading Co., Ltd
N298 LIANZHEN ROAD
PUDONG
201203 SHANGHAI
Chine

Invoice Address
Duomier Trading CO., Ltd
ROOM 832, IMMEUBLE N1
Numéro 333, JINGANG Rd.
PUDONG DISTRICT
201203 SHANGHAI
Chine

TYPE	DATE	NUMBER	CUSTOMER	Registration Number
INVOICE	15/10/N	20125743	FR75242	

Customer phone: 0086185125[redacted] **EXP - EXPORT** **Zone 003 - SOFINO**

CODE	DESIGNATION	QUANTITY	GROSS UNIT	NET PRICE	TOTAL EXCL VAT
	ORDER #008 FOR DUOMIER TRADING				
92816	FRESH MILK ICE CREAM 2.5L	148	11.18	11.18	1,654.64
92698	ALPHONSO MANGO SORBET 2.5L	128	12.47	12.47	1,596.16
92879	PEANUT ICE CREAM 2.5L	88	15.81	15.81	1,391.28
92776	MATCHA GREEN TEA ICE CREAM 2.5L	32	20.61	20.61	659.52
92041	CHOCOLATE ICE CREAM 2.5L	240	9.42	9.42	2,260.80
92091	STRAWBERRY WITH STRAWBERRY PIECES EGG BASED ICE CREAM 2.5L	132	18.18	18.18	2,399.76
92488	CHOCOLATE MINT ICE CREAM 2.5L	48	12.83	12.83	615.84
92483	MADAGASCAR BOURBON VANILLA ICE CREAM 2.5L	1,200	16.34	16.34	19,608.00
92680	BULGARIAN YOGHURT ICE CREAM 2.5L	52	8.48	8.48	440.96
92526	ROSE PETAL ICE CREAM 2.5L	32	14.76	14.76	472.32
92521	LIME SORBET 2.5L	88	18.27	18.27	1,607.76
92541	BLACK SESAME ICE CREAM 2.5L	120	13.38	13.38	1,605.60
92611	COCONUT SORBET 2.5L	80	15.31	15.31	1,224.80
	TOTAL NUMBER OF QUANTITY (IES)	2,388			

ICE CREAMS AND SORBETS – KEEP THE GOODS UNDER -18°C

FORWARDER: OCEANS

INCOTERMS 2020: CIF SHANGHAI – CHINA

TOTAL NET WEIGHT: 3617.88 KG
TOTAL GROSS WEIGHT: 3818.10 KG

THERE IS A TEMPERATURE RECORDER ON THE PALLET
7 PALLETS

CLAUSE OF RESERVE OF PROPERTY: We reserve ourselves the property of the delivery goods, until their integral payment, in accordance with law 80.335 on 12th of May 1980.
DISCOUNT: For a prepayment, to apply a deduction of 0.0164% of amount H.T. per day of anticipation.
PENALTY CLAUSE: In the event of non payment at the contractual limit, it will be due in addition to the invoice a penalty equal to once and half legal interest rate.
Exonération de TVA en application de l'article 262 I, 1° du CGI
Article 15.1 de la 6e directive TVA 77/388 modifiée
Article 146 paragraphe 1, point a) de la directive 2006/112/CE

Invoice Number:	20125743
Date:	15/10/N
Customer Number:	FR75242
Excl. VAT:	35,537.44
Incl. VAT:	35,537.44

Net Amount	VAT Rate	VAT Amount	Total Incl. VAT
35,537.44	0.00%	0.00	35,537.44

Payment Terms: BACS (1)
Expiry the: 20/10/N

TOTAL AMOUNT EUR 35,537.44

(1) « BACS » signifie « *Bankers Automated Clearing Service* » (virement bancaire).

DOCUMENT 7 Certificat d'origine des glaces exportées en Chine

cerfa N° 11012*01

1. Expéditeur (nom, adresse, pays) *Consignor* Expedidor
المرسل 发货人 Отправитель

LA COMPAGNIE DES DESSERTS
04 RUE DES ROMAINS
Z.I DES CORBIERES
11200 LEZIGNAN CORBIERES France / France

N° N_10_15_7171051

ORIGINAL

DUPLICATA

COMMUNAUTÉ EUROPÉENNE
EUROPEAN COMMUNITY COMUNIDAD EUROPEA
المجموعة الاوروبية
欧洲共同体
ЕВРОПЕЙСКОЕ СООБЩЕСТВО

CERTIFICAT D'ORIGINE
CERTIFICATE OF ORIGIN CERTIFICADO DE ORIGEN
شهادة المنشأ 原产地证明
СЕРТИФИКАТ О ПРОИСХОЖДЕНИИ ТОВАРА

2. Destinataire (nom, adresse, pays) *Consignee* Destinatario
المرسل اليه 收货人 Получатель

Duomier Trading CO.,Ltd
ROOM 832, IMMEUBLE N1
Numéro 333, JINGANG Rd.PUDONG
201203 SHANGHAI China / Chine

3. Pays d'origine *Country of origin* Pais de origen
بلد المنشأ 原产国 Страна происхождения

UNION EUROPÉENNE-France /
EUROPEAN UNION-France

4. Informations relatives au transport (mention facultative)
Transport details Expedicion مرسلة بواسطة 运输情况
Вид транспорта и маршрут следования (насколько это известно)

Mer/Sea

5. Remarques *Remarks* Observaciones
ملاحظات 注备 Для служебных отметок

INVOICE NUMBER 20125743

6. N° d'ordre ; marques, numéros, nombre et nature des colis ; désignation des marchandises
Item number ; marks, numbers, number and kind of packages ; description of goods
N° de orden ; marcas, numeros, nombre y naturaleza de los bultos ; designacion de las mercancias
مواصفات البضاعة : رقم التسلسل ،العلامة ،رقم الطرود ،عدد وطبيعة الطرود
序号；商标；号码；包装件数量和性质；商品种类；
Порядковый номер, маркировочные знаки, нумерация, количество мест и вид упаковки; описание товара

7. Quantité *Quantity* Cantidad
الكمية 数量
Количество

6.	7.
92816 GLACE AU LAIT FRAIS 2,5L / FRESH MILK ICE CREAM 2,5L	148 piece(s)
92526 PETALES DE ROSES GLACE 2,5L / ROSE PETAL ICE CREAM 2,5L	32 piece(s)
92483 VANILLE BOURBON DE MADAGASCAR CREME GLACEE 2,5L / MADAGASCAR BOURBON VANILLA ICE CREAM 2,5L	1 200 piece(s)
92041 CHOCOLAT CREME GLACEE 2,5L / CHOCOLATE ICE CREAM 2,5L	240 piece(s)
92488 MENTHE CHOCOLAT GLACE 2,5L / CHOCOLATE MINT ICE CREAM 2,5L	48 piece(s)
92091 FRAISE AVEC MORCEAUX DE FRAISE GLACE AUX ŒUFS 2,5L / STRAWBERRY WITH STRAWBERRY PIECES EGG BASED ICE CREAM 2,5L	132 piece(s)
92680 BULGARE GLACE 2,5L / BULGARIAN YOGHURT ICE CREAM 2,5L	52 piece(s)
92879 CACAHUETE CREME GLACEE 2,5L / PEANUT ICE CREAM 2,5L	88 piece(s)
92776 THE VERT MATCHA CREME GLACEE 2,5L / MATCHA GREEN TEA ICE CREAM 2,5L	32 piece(s)
92611 NOIX DE COCO SORBET 2,5L / COCONUT SORBET 2,5L	80 piece(s)
92698 MANGUE ALPHONSO SORBET 2,5L / ALPHONSO MANGO SORBET 2,5L	128 piece(s)
92541 FRAISE AVEC MORCEAUX DE FRAISE SORBET 2,5L / STRAWBERRY WITH STRAWBERRY PIECES SORBET 2,5L	120 piece(s)
92521 CITRON VERT SORBET 2,5L / LIME SORBET 2,5L	88 piece(s)
**	**********************

8. L'autorité soussignée certifie que les marchandises désignées ci-dessus sont originaires du pays figurant dans la case N°3
THE UNDERSIGNED AUTHORITY CERTIFIES THAT THE GOODS DESCRIBED ABOVE ORIGINATE IN THE COUNTRY SHOWN IN BOX 3
LA AUTORIDAD INFRASCRITA CERTIFICA QUE LAS MERCANCIAS DESIGNADAS SON ORIGINARIAS DEL PAIS INDICADO EN LA CASILLA N°3
تشهد السلطة الموقعة أدناه أن البضائع المذكورة أعلاه مصدرها البلاد المذكورة في الحقل رقم ٣
签发该证当局证实上述商品原产于第3栏内所注明的国家
Подписавший уполномоченный орган удостоверяет, что вышеприведенные товары происходят из страны, указанной в графе N° 3

CO Verification: https://certificates.iccwbo.org
N° de sécurité / Security number

CCI AUDE
Pour le Président,

15.10.N

CCI AUDE

Chambre de Commerce et d'Industrie de l'Aude

ICC – INTERNATIONAL CHAMBER OF COMMERCE – CERTIFICATE OF ORIGIN – Accredited Chamber – WORLD CHAMBERS FEDERATION

Lieu et date de délivrance : désignation, signature et cachet de l'autorité compétente
Place and date of issue ; name, signature and stamp of competent authority
Lugar y fecha de expedicion ; designacion, firma y sello de la autoridad competente
مكان ،وتاريخ وتسمية وتوقيع وختم السلطة المختصة، 发证地点和日期；发证当局的名称，签字和印章
Место и дата выдачи ; наименование, подпись и печать уполномоченного органа.

REPRODUCTION INTERDITE

Réf. 36011 GMJ www.gmjphoenix.com

N° 4341646

DOCUMENT 8 Certificat sanitaire pour l'exportation des glaces en Chine

ORIGINAL ⦿ DUPLICATA ○ Nombre total de duplicatas délivrés / 官方发出副本总数:

Nom et adresse de l'expéditeur / 发货人名称和地址: LA COMPAGNIE DES DESSERTS 04 RUE DES ROMAINS ZI DES CORBIERES 11200 LEZIGNAN-CORBIERES FRANCE	Certificat N°/ 证书号: FR 9120002624 **REPUBLIQUE FRANÇAISE** **MINISTERE DE L'AGRICULTURE ET DE LA PECHE** Certificat Sanitaire pour l'exportation de produits laitiers vers la République Populaire de CHINE 法国农业及渔业部 向中国出口奶制品卫生证书
Nom et adresse du destinataire / 收货人名称和地址: Duomier Trading CO.,Ltd ROOM 832, IMMEUBLE N1 Numéro 333, JINGANG Rd.PUDONG DISTRICT 201203 SHANGHAI CHINE	Services vétérinaires de / 当地兽医部门: ESSONNE - FRANCE Lieu d'expédition / 发货地: PLATEFORME LOGISTIQUE LA COMPAGNIE DES DESSERTS CHEZ OLANO - RUE DIDIER DAURAT - 91320 WISSOUS - FRANCE - 503 387 003 00026
Identification du moyen de transport (nom du bateau / numéro de vol) / 运输方式（船只名称 / 航班号）: TRANSPORT MARITIME: HMM COPENHAGEN (OU SUBSTITUT) / SEAFREIGHT: HMM COPENHAGEN (OR SUBSTITUTE)	Lieu de destination / 目的地: République Populaire de Chine / 中华人民共和国 SHANGHAI - CHINE

Numéro du conteneur et des scellés / 集装箱号和封识号: SEAL/SCELLE: MN077131

- Nom(s) du (des) produit(s) / 产品名称: ICE CREAM / CREMES GLACEES
- Type(s) de produit(s) (1) / 产品种类: MILK OR DAIRY INGREDIENT OF COW - PASTEURIZED MILK AND PASTEURIZED MIX, FROZEN ICE CREAM / LAIT OU INGREDIENT LAITIER DE VACHE - LAIT PASTEURISE ET MIX PASTEURISE, GLACE CONGELEE
- Nature de l'emballage / 包装方式: PLASTIC AND CARDBOX / PLASTIQUE ET CARTON
- Nombre de colis / 数量: 1 972 TUBS - 493 PARCELS / 1 972 BACS - 493 COLIS
- Poids net / 净重: 2 977,24 KG
- Date(s) de production et de péremption / 生产日期和保质期限: VOIR ANNEXE/SEE ATTACHMENT
- Adresse(s) et numéro(s) d'agrément(s) sanitaire(s) de(s) établissement(s) d'origine et atelier(s) de transformation / 产品生产和加工企业的卫生批准号:
Pole Sud, 4 rue des romains, 11 200 Lézignan-Corbières, France
N° FR 11 203 001 CE

Je soussigné vétérinaire officiel certifie que les laits et les produits à base de lait décrits ci-dessus remplissent les conditions sanitaires qui suivent. 我，官方兽医，证明上述奶和奶制品符合后面所附的兽医卫生条件。 Lieu / 地点 EVRY-COURCOURONNES Date / 日期 20 OCT. N Vétérinaire Officiel Signature et cachet personnel du vétérinaire officiel* 官方兽医的签字和个人名章*	Cachet officiel* / 官方印章*

* Le cachet officiel et la signature du vétérinaire officiel doivent être reportés sur chacun des feuillets séparés ; la couleur doit être différente de celle de l'impression.

* 官方印章和官方兽医签字应出现在证书的每一页；颜色应区别于印刷的颜色。

CN PL SEP 06 1/2

Note : certificat sanitaire émis pour les glaces uniquement (présence de matières premières d'origine animale : lait, œufs).

DOCUMENT 9 Certificat d'exportation

UNION EUROPÉENNE | RÉPUBLIQUE FRANÇAISE | DGCCRF

Attestation pour l'exportation
Export Certificate
出口证书

Déclaration de l'expéditeur / Statement by the consignor / 发件人声明

1. Expéditeur (nom, adresse complète, pays) / Consignor (name, full address, country) / 发件人（姓名、详细地址、国家） LA COMPAGNIE DES DESSERTS (50338700300026) RUE DES ROMAINS ZONE INDUSTRIELLE DES CORBIERES 11200 LEZIGNAN-CORBIERES FRANCE(FR)	2. Pays d'expédition / Country of shipment / 出口国 FRANCE (FR)
3. Destinataire (nom, adresse complète, pays) / Consignee (name, full address, country) / 收件人（姓名、详细地址、国家） Duomier Trading CO.,Ltd ROOM 832, IMMEUBLE N1 Numéro 333, JINGANG Rd.PUDONG DISTRICT 201203 SHANGHAI Chine (CN)	4. Pays de destination / Country of destination / 目的地 Chine (CN)
5. Identité du moyen de transport (nature) / Identity of means of transport (nature) / 运输方式（性质） ☐ Aérien/ air/ 空运 ☑ Maritime/ sea/ 海运 ☐ Ferroviaire/ train/ 铁路运输 ☐ Routier/ road/ 陆运 ☐ Autre/ other/ 其他	6. Réf. de l'expéditeur (facultatif) / Ref. number of consignator (optional) / 发件人参考编号（非必填项） ORDER#008

7. Description des produits / Description of products / 产品描述

SORBETS:
92611 NOIX DE COCO SORBET 2,5L - LOT: 99004
92698 MANGUE ALPHONSO SORBET 2,5L - LOT: 98288
92541 FRAISE AVEC MORCEAUX DE FRAISE SORBET 2,5L - LOT: 99002
92521 CITRON VERT SORBET 2,5L - LOT: 98802
DETAILS EN ANGLAIS: VOIR ANNEXES/PLEASE CHECK ALL THE DETAILS IN ENGLISH ON THE ATTACHED DOCUMENTS

DUPLICATA

Nombre d'annexes jointes / Number of attached annexes / 附件数目 : 6 ...
INVOICE_20125743_15.10.2020_ORDER#008_DUOMIER_TRADING_CHINA.pdf
PACKING_LIST_ORDER#008_DUOMIER_TRADING_CHINA__V2.pdf COCO_SORBET_V8.pdf CITRON_VERT_SORBET_V5.pdf
FRAISE_MORCEAUX_SORBET_V4.pdf MANGUE_SORBET_HE_V8.pdf

8. Type de colis / Type of package / 包裹类型	9. Nombre de colis / Number of packages / 包裹数目	10. Masse nette ou volume net / Net mass or volume / 净重
CT - Carton	104	640,64 Kg

Attestation de l'autorité compétente / Attestation by the competent authority / 官方主管机构证明

- que la fabrication et la vente des produits ci-dessus sont légalement autorisées en France (dans l'UE) / that the manufacture and sale of the above mentionned products are authorised in France according to the french (E.U.) legislation / 上述产品经批准于法国（和欧盟境内）合法制造和销售
- que les productions de cette entreprise peuvent être vendues en France / that the products of this company can be marketed in France / 该公司产品可于法国销售

Service de l'État, adresse / Authority, address / 国家机构名称、地址 :

DDCSPP DE L'AUDE
CITE ADMINISTRATIVE
PLACE GASTON JOURDANNE
11807 CARCASSONNE CEDEX
FRANCE

Preuve d'authenticité / Authenticity proof / 真实性的证明 :

Réf. et code de vérification de l'attestation / Ref. and verification code of the certificat / 证明验证码 : [redacted]

.GOUV.FR

RÉPUBLIQUE FRANÇAISE DÉMOCRATIQUE UNE ET INDIVISIBLE
DGCCRF

Dossier suivi par / Case followed by / 案例之后
[redacted], Inspecteur de la ccrf

Le 19/10/N

[redacted]
Sous-directrice des produits et marchés agroalimentaires
DGCCRF

Vérifier l'authenticité du document sur le site officiel / Check the authenticity of the document on the official website / 在官方网站上查看文档的真实性
http://telecertex.dgccrf.finances.gouv.fr/Consultation/Document?id=[redacted]

Note : certificat d'exportation émis pour les sorbets uniquement (absence de matière première d'origine animale).

DOCUMENT 10 Liste de colisage pour l'exportation des glaces en Chine

la compagnie des desserts

PACKING LIST ORDER#008 DUOMIER TRADING
INVOICE N°20125743

TOTAL NUMBER OF REFERENCES =>	**13**	**CONTAINER NUMBER:TRIU667960/6**	
TOTAL PARCEL QUANTITIES =>	**2388**	**SEAL NUMBER: MN077131**	
TOTAL NET WEIGHT (KG) =>	**3617,88**		
TOTAL GROSS WEIGHT (KG) =>	**3818,70**	(include pallets + container weight)	

Nb réf	TYPE	CODE	ITEM ENGLISH DESIGNATION	HS CODE	QTY (TUBS)	QTY (BOXES)	NET WEIGHT /TUB (KG)	TOT. NET WEIGHT (KG)	GROSS WEIGHT /PARCEL (KG)	TOTAL GROSS WEIGHT (KG)	Dimensions	PALET N°	DLUO / BBD	N° LOT / Batch n°	Date de production / Production date
1	ICE CREAMS	92816	FRESH MILK ICE CREAM 2,5L	21050099	**148**	37	1,63	241,24	1,71	252,34	170x148x138	1	07/10/N+2	98928	07/10/N
2		92526	ROSE PETAL ICE CREAM 2,5L		**32**	8	1,50	48,00	1,59	50,72	170x148x138	1	05/10/N+2	99162	05/10/N
3.1		92483	MADAGASCAR BOURBON VANILLA ICE CREAM 2,5L		**384**	96	1,50	576,00	1,59	608,64	170x148x143	2	30/09/N+2	94560	30/09/N
3.2		92483	MADAGASCAR BOURBON VANILLA ICE CREAM 2,5L		**384**	96	1,50	576,00	1,59	608,64	170x148x143	3	30/09/N+2	94560	30/09/N
3.3		92483	MADAGASCAR BOURBON VANILLA ICE CREAM 2,5L		**384**	96	1,50	576,00	1,59	608,64	170x148x143	4	30/09/N+2	94560	30/09/N
3.4		92483	MADAGASCAR BOURBON VANILLA ICE CREAM 2,5L		**48**	12	1,50	72,00	1,59	76,08	170x148x143	5	30/09/N+2	94560	30/09/N
4		92041	CHOCOLATE ICE CREAM 2,5L		**240**	60	1,50	360,00	1,59	380,40	170x148x138	5	08/10/N+2	98719	08/10/N
5		92488	CHOCOLATE MINT ICE CREAM 2,5L		**48**	12	1,50	72,00	1,59	76,08	170x148x138	5	07/10/N+2	99006	07/10/N
6		92541	BLACK SESAME ICE CREAM 2,5L		**120**	30	1,50	180,00	1,59	190,80	170x148x138	7	06/10/N+2	99002	06/10/N
7		92091	STRAWBERRY WITH STRAWBERRY PIECES EGG BASED ICE CREAM 2,5L		**132**	33	1,50	198,00	1,59	209,22	170x148x138	6	06/10/N+2	94546	06/10/N
8		92680	BULGARIAN YOGHURT ICE CREAM 2,5L		**52**	13	1,50	78,00	1,59	82,42	170x148x138	6	29/09/N+2	98808	29/09/N
9		92879	PEANUT ICE CREAM 2,5L		**88**	22	1,50	132,00	1,59	139,48	170x148x141	6	08/10/N+2	99159	08/10/N
10		92776	MATCHA GREEN TEA ICE CREAM 2,5L		**32**	8	1,50	48,00	1,59	50,72	170x148x142	6	23/09/N+2	98935	23/09/N
9		**SUB-TOTAL ICE CREAMS**			**2092**	**523**		**3157,24**		**3334,18**					
11	SORBETS	92611	COCONUT SORBET 2,5L	21050010	**80**	20	1,50	120,00	1,59	126,80	170x148x140	1	06/10/N+2	99004	06/10/N
12		92698	ALPHONSO MANGO SORBET 2,5L		**128**	32	1,63	208,64	1,71	218,24	170x148x138	7	05/10/N+2	98288	05/10/N
13		92521	LIME SORBET 2,5L		**88**	22	1,50	132,00	1,59	139,48	170x148x138	7	29/09/N+2	98802	29/09/N
4		**SUB-TOTAL SORBETS**			**296**	**74**		**460,64**		**484,52**					
13	**TOTAL**				**2388**	**597**		**3617,88**		**3818,70**		**7**			

FROZEN DESSERTS - KEEP THE GOODS UNDER -18°C
REGISTRATION NUMBER : 25 013 001 394
QUERY NUMBER : 13 19 03 14

DOCUMENT 11 Lettre de voiture pour le transport des glaces jusqu'au port du Havre

LETTRE DE VOITURE UNIQUE N° 027391

Valider en cochant la case intéressée

☒ **NATIONALE** ou ☐ **INTERNATIONALE** (CMR)

À défaut de convention écrite entre les parties au contrat de transport ou de déclaration de valeur spécifiée par le donneur d'ordre, la responsabilité du transporteur, en cas de perte ou avarie survenue aux marchandises ou en cas de retard à la livraison, est limitée au montant de l'indemnité prévue par le contrat type concernant le transport.

Ce transport est soumis, nonobstant toute clause contraire, à la Convention relative au contrat de transport international de marchandises par route (CMR). This carriage is subject, notwithstanding any clause to the contrary, to the Convention on the Contract for the International Carriage of goods by road (CMR).

EX. EXPÉDITEUR / EX. SENDER

DATE : 23/10/N

CACHET DE L'ENTREPRISE

SARL TRANSPORTS ORTA
Au Capital de 40 000 €
2, route du Havre
76110 SAINT SAUVEUR D'EMALLEVILLE
Tél. : 02 27 30 45 11 - Fax : 02 27 30 45 12 - Mail : transportsorta@orange.fr
SIRET 347 830 960 00022 - TVA FR 66 347 830 960

CONDUCTEURS / Drivers

IMMATRICULATIONS / Plate N° — Véhicules moteur : FQ 512 FW — (semi)-remorque : FJ 552 BJ

DONNEUR D'ORDRES (Client ou commissionnaire) — Nom : — Adresse : ORTA 76 Havre

MISSION INSTRUCTIONS : -18 °C ORDER 08 — LIVRAISON DEMANDÉE LE 23/10/N 9H00

TRANSPORTEUR TERMINAL *Unloading carrier* : TDF

MARQUE *Mark*	NOMBRE *Number*	NATURE DE LA MARCHANDISE *Nature of the goods*	POIDS / VOLUME / M. LINÉAIRE *Weight / Volume / Linear meter*	VALEUR DÉCLARÉE *Declared value*	DÉTAILS DES FRAIS *Detail of charges*
		20 Reefer TRIU 667 960/6 — 7 palettes CHINE			PRIX DU TRANSPORT *Carriage charges* — TAXES DIVERSES *Different taxes* — TAXES C/REMBOURSEMENT *Cash on delivery taxe*
CONTAINER ENLEVÉ PLOMBÉ SUR LES QUAIS DU PORT VÉRIFICATION DU NOMBRE DE COLIS IMPOSSIBLE		PLOMB : MN077131	3818 kg		TOTAL HORS TAXES *Total exc. V.A.T.* — T.V.A. *V.A.T.*

☐ MARCHANDISES DANGEREUSES *Dangerous goods* Déclaration jointe obligatoire
☐ TRANSPORT SOUS TEMPÉRATURE DIRIGÉE *Refrigerated transport*

DOCUMENTS ANNEXES *Documents attached* : TARE 27910

FORMALITÉS DOUANE *Customs forms*

TOTAL T.T.C. *Total inclued V.A.T.* — ☐ PORT DÛ *Carriage forward* ☐ PORT PAYÉ *Carriage paid* — CONTRE REMBOURSEMENT *Cash on delivery*

CONDITIONS GÉNÉRALES AU VERSO

CHARGEMENT / *Loading* — DOCUMENT DE SUIVI	DÉCHARGEMENT / *Unloading*
EXPÉDITEUR - REMETTANT : OLANO/CDD	DESTINATAIRE : TDF
ADRESSE : Rue Didier DAURAT	ADRESSE : Zone Portuaire
VILLE : Wissous DPT : 91320 PAYS : France	VILLE : Havre DPT : 76 PAYS : France
DATE et heure d'arrivée au lieu de chargement : le 23/10 à 09 h 00	DATE et heure d'arrivée au lieu de déchargement : le ___ à ___ h ___
DATE et heure de départ du véhicule chargé libéré : le 23/10 à 09 h 30	DATE et heure de départ du véhicule déchargé libéré : le ___ à ___ h ___
Nom du conducteur : signature — EXPÉDITEUR - REMETTANT : signature et cachet commercial	Nom du conducteur : signature — DESTINATAIRE : signature et cachet commercial
Le refus non motivé de signature engage la responsabilité de l'expéditeur - remettant.	Le refus non motivé de signature engage la responsabilité du destinataire.

PRESTATIONS ANNEXES / *Extra services*

EFFECTUÉES AU CHARGEMENT	EFFECTUÉES AU DÉCHARGEMENT
CONVENUES*	CONVENUES*
NON CONVENUES*	NON CONVENUES*
NOM DU DEMANDEUR : SHANGHAI	NOM DU DEMANDEUR

RESERVES / *Réservations*

AU CHARGEMENT	AU DÉCHARGEMENT

MOUVEMENTS DE SUPPORTS

	Type Mouvements	
PALETTES : 80 x 120 ☒ 100 x 120 ○ EUROP ○ — BACS ○ ROLLS ○ AUTRES ○ — Enlevés : 7 — Rendus : Ø		PALETTES : 80 x 120 ○ 100 x 120 ○ EUROP ○ — BACS ○ ROLLS ○ AUTRES ○ — Livrés : — Repris :

DOCUMENT 12 Document de transport maritime des glaces en Chine

ONE
OCEAN NETWORK EXPRESS

FIRST ORIGINAL

PAGE : 1 OF 2

BILL OF LADING
(NON NEGOTIABLE UNLESS CONSIGNED TO ORDER)

SHIPPER/EXPORTER SAS COMPAGNIE DES DESSERTS 4, RUE DES ROMAINS ZI DES CORBIERES 11200 LEZIGNAN - CORBIERES FRANCE TVA: FR 31 503 387 003 000 26	BOOKING NO. LEHA46973300 BILL OF LADING NO. ONEYLEHA46973300 EXPORT REFERENCES(for the Merchant's and/or Carrier's reference only. See back clause 8. (4).) CF20101658
CONSIGNEE DUOMIER TRADING CO.,LTD ROOM 832, IMMEUBLE N1 NUMERO 333, JINGANG RD.PUDONG 201203 SHANGHAI CHINA CN>	FORWARDING AGENT-REFERENCES FMC NO.
NOTIFY PARTY (It is agreed that no responsibility shall be attached to the Carrier or its Agents for failure to notify) DUOMIER TRADING CO.,LTD ROOM 832, IMMEUBLE N1 NUMERO 333, JINGANG RD.PUDONG 201203 SHANGHAI CHINA NP>	RECEIVED by the Carrier in apparent good order and condition (unless otherwise stated herein) the total number or quantity of Containers or other packages or units indicated in the box entitled "Carrier's Receipt", to be carried subject to all the terms and conditions hereof from the Place of Receipt or Port of Loading to the Port of Discharge or Place of Delivery, as applicable. Delivery of the Goods to the Carrier for Carriage hereunder constitutes acceptance by the Merchant (as defined hereinafter) (i) of all the terms and conditions, whether printed, stamped or otherwise incorporated on this side and on the reverse side of this Bill of lading and the terms and conditions of the Carrier's applicable tariff(s) as if they were all signed by the Merchant, and (ii) that any prior representations and/or agreements for or in connection with Carriage of the Goods are superseded by this Bill of Lading. If this is a negotiable (To Order/of) Bill of Lading, one original Bill of Lading, duly endorsed must be surrendered by the Merchant to the Carrier (together with any outstanding Freight) in exchange for the Goods or a Delivery Order or the pin codes for any applicable Electronic Release System. If this is a non-negotiable (straight) Bill of Lading, or where issued as a Sea Waybill, the Carrier shall deliver the Goods or issue a Delivery Order or the pin codes for any applicable Electronic Release System (after payment of outstanding Freight) to the named consignee against the surrender of one original Bill of Lading, or in the case of a Sea Waybill, on production of such reasonable proof of identify as may be required by the Carrier, or in accordance with the national law at the Port of Discharge or Place of Delivery as applicable. IN WITNESS WHEREOF the Carrier or their Agent has signed the number of Bills of Lading stated at the top, all of this tenor and date, and whenever one original Bill of Lading has been surrendered all other Bills of Lading shall be void.

PRE-CARRIAGE BY	PLACE OF RECEIPT LE HAVRE	
OCEAN VESSEL VOYAGE NO. FLAG HMM COPENHAGEN 002E	PORT OF LOADING LE HAVRE	FINAL DESTINATION(for the Merchant's reference only)
PORT OF DISCHARGE SHANGHAI	PLACE OF DELIVERY SHANGHAI	TYPE OF MOVEMENT(IF MIXED, USE DESCRIPTION OF PACKAGES AND GOODS FIELD) FCL / FCL CY / CY

(CHECK "HM" COLUMN IF HAZARDOUS MATERIAL) PARTICULARS DECLARED BY SHIPPER BUT NOT ACKNOWLEDGED BY THE CARRIER

CNTR. NOS. W/SEAL NOS. MARKS & NUMBERS	QUANTITY (FOR CUSTOMS DECLARATION ONLY)	H M	DESCRIPTION OF GOODS	GROSS WEIGHT	GROSS MEASUREMENT
TRIU6679606 / MN077131			/ 2388 PACKAGES /FCL / FCL/20RF/3818.100KGS/		
NO MARKS	2388 PACKAGES		OF ICE CREAMS AND SORBETS NET WEIGHT : 3617.880 KG CARGO IS STOWED IN A REFRIGERATED CONTAINER SET AT THE SHIPPER'S REQUESTED CARRYING TEMPERATURE OF MINUS 18 DEG' C. CN> CONTACT : XIZI WU MAIL : WU.XIZI@LIVE.FR	3818.100KGS	

OCEAN NETWORK EXPRESS

** TO BE CONTINUED ON ATTACHED LIST **

Declared Cargo Value US $ ______________ . If Merchant enters a value, Carrier's limitation of liability shall not apply and the ad valorem rate will be charged.

FREIGHT & CHARGES PAYABLE AT / BY:	SERVICE CONTRACT NO.	DOC FORM NO.	COMMODITY CODE	EXCHANGE RATE
LE HAVRE, SEINE-MARITIME SHANGHAI, SHANGHAI	LEHN00074A			

CODE	TARIFF ITEM	FREIGHTED AS	RATE	PREPAID	COLLECT

[3] ORIGINAL BILLS(S) OF LADING HAVE BEEN SIGNED, WHERE DELIVERED AGAINST ONE, THE OTHERS(S) TO BE VOID.

DATE CARGO RECEIVED

DATE LADEN ON BOARD
29 OCT N BG

PLACE OF BILL(S) ISSUE
LE HAVRE

DATED
29 OCT N

The printed terms and conditions on this Bill are available at its website at www.one-line.com

SIGNED BY: OCEAN NETWORK EXPRESS (EUROPE) LTD FRANCE OFFICE LE HAVRE
, as agent for and on behalf of

Ocean Network Express Pte. Ltd.
(ONE), AS CARRIER

ONE
OCEAN NETWORK EXPRESS

FICHE RESSOURCE

1 L'approche processus

L'**approche processus** est une méthode visant à décomposer les activités d'une entreprise, étape par étape, pour en étudier le fonctionnement et les interactions, afin d'améliorer l'organisation de l'entreprise.

I Le fonctionnement d'un processus

Un processus reçoit des éléments d'entrées, aussi appelés « input » (matières premières, informations, compétences...), et y apporte une valeur ajoutée, dont le résultat est appelé « output ».

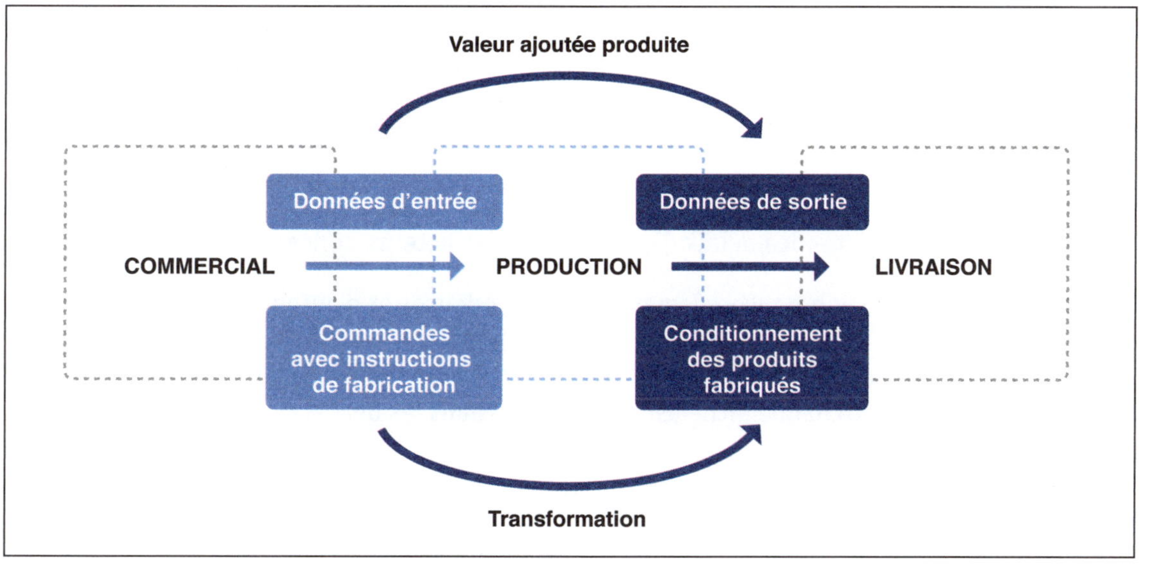

Chaque processus est en interaction avec un autre processus.

La chaîne des valeurs ajoutées créées par l'interaction des processus est la réponse au besoin exprimé par le client.

II La cartographie des processus

Il s'agit de modéliser l'ensemble des activités de l'entreprise. Les étapes pour y parvenir sont les suivantes :
- recensement des activités ;
- transformation des activités et sous-activités en processus ;
- agencement des processus de façon logique ;
- description des interactions qui lient les processus ;
- précision des valeurs ajoutées obtenues après le passage par chacun des processus.

Exemple Dans une entreprise, l'organisation est la suivante :
- le service Achats passe la commande des matières premières ;
- le service Production achète les outils et les machines pour la fabrication et le conditionnement, après validation par le service Direction ;
- les commandes clients sont traitées par le service commercial ;
- le design et les tests sont réalisés par le bureau d'études ;
- la fabrication est réalisée par le service Production ;
- l'emballage et la palettisation sont organisés par le service Conditionnement ;
- l'expédition et la livraison sont organisées par le service Administration des ventes ;
- la facturation est effectuée par le service Comptabilité.

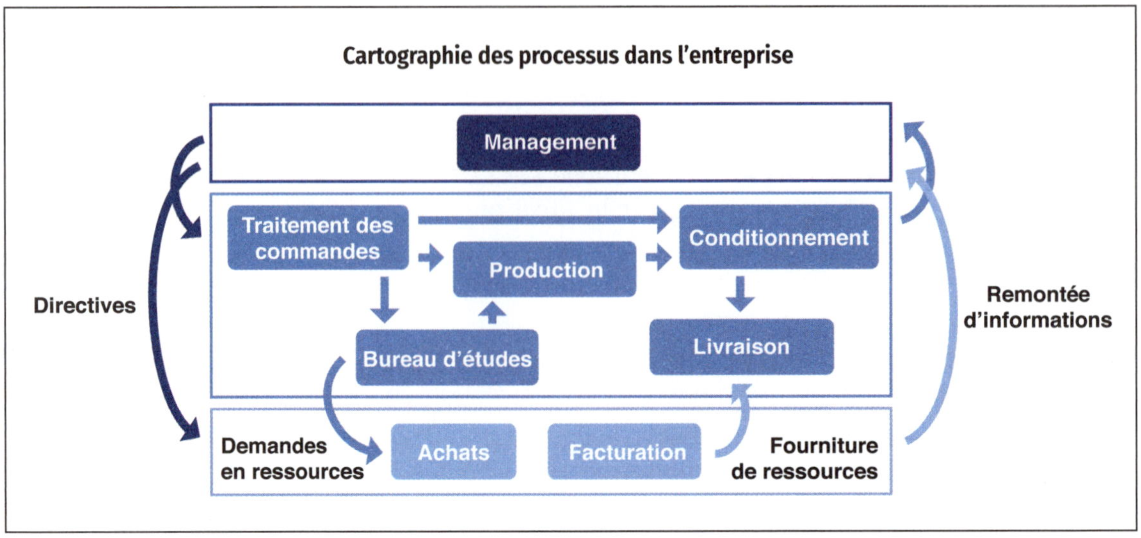

III Le *workflow*

Le ***workflow***, ou « flux de travaux », consiste à formaliser les traitements à réaliser, le cheminement à suivre, les délais d'exécution et les acteurs concernés, pour un travail précis.

Un outil de gestion de *workflow* permet de modéliser et d'automatiser les flux de travaux dans l'entreprise.

Le *workflow* permet d'organiser les différentes tâches que les collaborateurs doivent accomplir et de s'assurer que chaque tâche est bien réalisée dans les délais.

Exemples *Workflows*

- Organisation d'événements : rappels automatisés, tableau de bord retraçant les actions menées, synchronisation de l'agenda…
- Gestion des litiges clients : modélisation et centralisation des réclamations

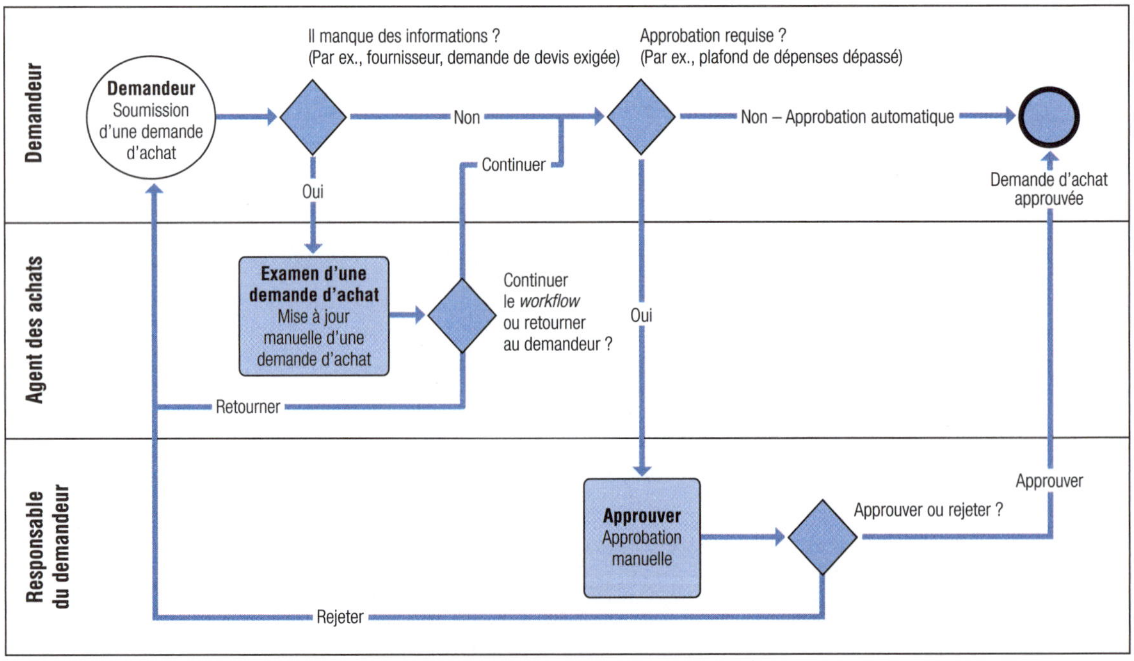

Un logiciel de *workflow* (Lucidchart, Heflo, Nintex…) permet d'automatiser et de personnaliser les méthodes de travail, de créer des tableaux de bord apportant des informations en temps réel aux utilisateurs, de partager des formulaires…

FICHE RESSOURCE

2 Les processus d'achat et de vente à l'international

Les opérations d'importation et d'exportation font appel à un grand nombre d'intervenants : des fournisseurs, des transitaires, des transporteurs, des assureurs, les douanes, des banques, des clients. Un grand nombre d'opérations doivent être coordonnées, des flux d'informations doivent être échangés et toutes les parties prenantes doivent pouvoir communiquer efficacement tout au long de la *supply chain*.

La gestion d'une opération d'achat ou de vente à l'international exige beaucoup de rigueur et impose la mise en place de processus métiers : chaque collaborateur impliqué doit savoir exactement ce qu'il a à faire.

> Le processus de gestion de la liasse documentaire est plus ou moins complexe en fonction :
> – de l'Incoterm, qui détermine les opérations logistiques à organiser ;
> – de la nature du produit, qui conditionne les exigences réglementaires à satisfaire ;
> – du pays de provenance ou de destination, qui détermine les documents à produire ;
> – du mode de transport principal, qui détermine le choix des prestataires et les mentions à apposer sur les documents.

Ce processus de gestion implique en interne :
– les assistants des services Achats, Export ;
– les collaborateurs des services Marketing, Administration, Comptabilité et Logistique ;
– les responsables des services Achats, Export, Qualité, Administration et Finances.

I Le processus d'achat à l'international

Avant de contacter un fournisseur dans un pays tiers, il faut s'assurer que le produit peut légalement :
– être exporté par le fournisseur : le produit est licite, le fournisseur dispose des éventuelles autorisations requises (numéro d'identification, licence d'exportation, permis CITES…) – la consultation de la base de données TARIC permet de connaître ces exigences ;
– être importé en France : il est licite et conforme aux réglementations et normes européennes (marquage CE, licence d'importation en cas de contingent…).

Les étapes du traitement d'une importation nécessitent la mise en relation avec de nombreux partenaires externes :

Étapes du traitement d'une importation	Partenaires
Contacter le fournisseur étranger	
• Envoi d'une demande d'offre : avec précision de la nature et des quantités des produits souhaités, l'Incoterm et le lieu de livraison, le délai d'expédition, la devise de facturation, le mode et les délais de règlement, l'éventuelle demande d'inspection avant expédition (avec précision de l'organisme d'inspection).	Fournisseur
• Étude de l'offre du fournisseur : contrôle de la conformité de l'offre à la demande	Fournisseur
• Envoi de la confirmation de la commande.	
↓ **Organiser le paiement du fournisseur**	
• Remettre à la banque de l'entreprise une demande d'ouverture de crédit documentaire ou de lettre de crédit *Stand-by* (LCSB) (si convenu avec le fournisseur).	Banque
• Mettre en place la couverture du risque de change (en cas de facturation en devise) auprès de la banque ou de la compagnie d'assurance.	Compagnie d'assurance
↓ **Organiser la logistique de l'importation**	
• Envoi d'une demande de cotation au transitaire de l'entreprise en fonction de l'Incoterm (ou à plusieurs transitaires, en vue de retenir la meilleure solution de transport) : avec	Transitaire

▶▶

précision du colisage de l'expédition (nombre, poids brut et volume des colis), de la nature de la marchandise (périssable, dangereuse, fragile...), de l'Incoterm, du mode de transport choisi, des lieux de départ et de livraison, de la date souhaitée de prise en charge. • Envoi d'un bordereau d'instructions au transitaire, conformément à la solution de transport choisie, en précisant les instructions de dédouanement.	
• Contact de la compagnie d'assurance, pour assurer la marchandise pendant son transport (en fonction de l'Incoterm choisi).	Compagnie d'assurance
↓ **Gérer la liasse documentaire**	
• Contrôler les documents envoyés par le fournisseur : la facture, la liste de colisage et la note de poids, les éventuels certificats d'origine, de conformité (à une norme), le document de transport (B/L, LTA, CMR) ; si un crédit documentaire ou une LCSB a été ouvert(e), c'est la banque émettrice, destinataire de ces documents, qui procède à leur contrôle.	Chambre de commerce Banque
• Transmettre les documents au transitaire, pour l'enlèvement de la marchandise au port ou à l'aéroport d'arrivée et le dédouanement ; lui communiquer le numéro de nomenclature douanière des produits importés.	Transitaire
• Donner un mandat au transitaire pour le dédouanement, l'émission des documents douaniers éventuels (documents de circulation EUR1, EURMED, ATR).	Douanes
↓ **Contrôler la marchandise et les documents à réception**	
• Contrôler le nombre et l'état des colis : en cas de manque ou d'avarie, émettre des réserves sur le document de transport et, en fonction de l'Incoterm, confirmer ces réserves par courrier au transporteur, à la compagnie d'assurance, au fournisseur.	Transporteur Fournisseur Compagnie d'assurance
• Contrôler la déclaration en douane transmise par le transitaire et la classer avec la facture du fournisseur. • Contrôler la facture du transitaire (prestations, honoraires, sommes payées aux douanes) et la transmettre à la comptabilité pour le règlement.	
↓ **Payer le fournisseur**	
• À l'échéance, donner l'ordre de virement à la banque ; si un crédit documentaire a été émis, le règlement sera effectué par la banque, qui prélèvera le compte de l'importateur pour le montant facturé, augmenté des frais du crédit documentaire ou de la LCSB et des éventuels frais de change de la devise.	Banque

II Le processus de vente à l'international

Avant de répondre à la demande d'offre ou à la commande d'un client étranger, il faut :
- contrôler son encours, si c'est un client connu : historique des commandes, paiement des factures, factures en cours ;
- contrôler l'intensité du risque de non-paiement, si c'est un nouveau client ;
- contrôler la disponibilité des produits en stock ou la capacité de les produire ; contacter le sous-traitant si la production est confiée à un tiers ou le fournisseur si les produits sont achetés à un fabricant.

Étapes du traitement d'une exportation	Partenaires
Traiter la demande d'offre ou le bon de commande	
• Envoyer au client une offre commerciale (facture pro forma) avec précision de la nature et des quantités des produits souhaités, le prix unitaire et total, l'Incoterm et le lieu de livraison, la devise de facturation, le mode et les délais de règlement, les délais de fabrication et d'expédition, l'éventuelle demande de crédit documentaire irrévocable ou irrévocable et confirmé ou de LCSB, l'éventuelle demande d'acompte.	Client

• Confirmer la commande au client après réception de son acceptation de l'offre ou de la notification par la banque de l'ouverture de crédit documentaire ou de LCSB (à contrôler par rapport à l'offre émise) ; cette confirmation est envoyée après réception de l'acompte, le cas échéant (ou du paiement du total, en cas de paiement d'avance). • Transmettre la commande au service Production ou à l'entrepôt. • Mettre en place la couverture du risque de change, dans le cas d'une facturation en devise. • Mettre en place la couverture du risque de non-paiement par l'envoi d'une demande d'agrément sur l'acheteur à la compagnie d'assurance, en l'absence de technique bancaire de couverture.	Client Banque Banque Compagnie d'assurance
↓ **Organiser la logistique de l'exportation** • Processus identique à celui d'une importation. • Vérifier les règles d'emballage et d'étiquetage sur le marché d'exportation.	Transitaire Compagnie d'assurance
↓ **Gérer la liasse documentaire** • Émettre la facture et la liste de colisage, la note de poids, et éventuellement un certificat de qualité, de conformité à une norme, d'emballage, un certificat phytosanitaire (obtenu auprès des services des Douanes), une licence d'exportation (obtenue auprès du ministère concerné), des documents exigés par la réglementation du pays du client. • Se procurer un certificat d'origine auprès de la chambre de commerce, si besoin. • Faire certifier les documents par les autorités consulaires du pays du client, le cas échéant. • Transmettre ces documents au transitaire, avec communication d'une date d'enlèvement de la marchandise dans les locaux de l'entreprise. • Envoyer ces documents et le document de transport transmis par le transitaire au client ou à la banque notificatrice (en cas de crédit documentaire). • Confirmer l'expédition des marchandises au client, en lui rappelant les date et lieu d'expédition.	Douanes Ministère Chambre de commerce Consulat Transitaire Banque Client
↓ **Contrôler la réception du paiement** • Contrôler le paiement par le client (ou par la banque émettrice ou notificatrice en cas de crédit documentaire) à l'échéance. • En cas d'impayé (en l'absence de crédit documentaire), contacter le client (voir chapitre 9).	Banque Client
↓ **S'assurer de la satisfaction du client** • Contacter le client pour s'assurer que l'expédition s'est bien déroulée, que les produits lui donnent satisfaction et que ses besoins ont bien été pris en compte (voir chapitre 5).	Client

La génération des documents et leur archivage peuvent être automatisés par un logiciel ERP, qui permet également d'assurer une communication collaborative avec les transitaires de l'entreprise.

FICHE RESSOURCE

3 La coordination des services impliqués dans les opérations internationales

L'assistant import/export coordonne les actions de l'ensemble des acteurs impliqués dans les opérations d'achat et de vente à l'international ; il est l'interface entre les services internes de l'entreprise et ses partenaires. Son rôle est de gérer les opérations administratives et logistiques d'import-export de l'entreprise depuis la commande jusqu'à la livraison et au paiement. Il assure aussi la gestion des relations entre les différents partenaires de la transaction commerciale.

I À l'import

L'assistant import coordonne les commandes de matières premières et de marchandises jusqu'à leur livraison et leur paiement.

Opérations	Services internes	Partenaires externes
Commande de matières premières ou marchandises	Achats	Fournisseurs
Organisation de la logistique de l'importation	Logistique	Transitaires
Ouverture du crédit documentaire	Achats	Banque
Couverture du risque de change	Achats Comptabilité	Banque ou compagnie d'assurance
Dédouanement des marchandises	Logistique	Douanes
Réception des marchandises	Entrepôt Achats	Transporteur
Paiement des fournisseurs et des transitaires	Comptabilité	Banque

II À l'export

L'assistant export intervient dès que le commercial a enregistré la commande d'un client.

Opérations	Services internes	Partenaires externes
Traitement des demandes d'offres et des bons de commande	Export Entrepôt Production	Clients
Couverture des risques de change et de non-paiement	Export Comptabilité	Banque ou compagnie d'assurance
Émission des documents, visas	Export	Chambre de commerce Consulats
Organisation de la logistique de l'exportation	Logistique	Transitaire
Dédouanement des marchandises	Logistique	Douanes
Encaissement des règlements des clients	Comptabilité	Banque
Paiement des transitaires	Comptabilité	Banque

III Dans les opérations commerciales

L'assistant import/export participe à l'organisation, au déroulement et au suivi des opérations commerciales suivantes :
- réalisation d'une mission commerciale à l'étranger ;
- participation de l'entreprise à un salon professionnel ;
- réception ou visite de clients ou de fournisseurs étrangers.

Il est généralement sédentaire et a une fonction support auprès du responsable commercial ou du responsable Achats, qu'il assiste et auquel il rend compte.

1 Cartographier les processus d'une entreprise

Créée en 2016 à Perpignan, Payote propose le plus grand choix d'espadrilles *made in France* et écoresponsables. Plus de 250 modèles sont disponibles pour chausser les pieds de toute la famille.

Les processus de production, de livraison et de préparation des colis sont montrés en toute transparence sur les réseaux Facebook et Instagram.

- **À partir de la description de l'entreprise Payote dans le document ci-dessous et de la consultation par Internet de ses comptes sur les réseaux sociaux, cartographiez les processus de l'entreprise.**

DOCUMENT Présentation de Payote

Toutes les étapes de la fabrication des espadrilles sont réalisées en France : conçues à Perpignan, siège de l'entreprise, elles sont produites dans un atelier spécialisé situé à Mauléon, dans le Pays basque, selon un cahier des charges comportant 14 étapes.

Sélectionnées avec soin, les matières utilisées s'inscrivent pleinement dans une démarche responsable : du coton recyclé pour les espadrilles unies, de l'encre végétale pour teindre les toiles, de la corde naturelle pour toutes les semelles intérieures et du caoutchouc recyclé pour la partie extérieure. L'atelier a conservé toutes les étapes traditionnelles de fabrication, de la corde qu'il tresse aux semelles en caoutchouc, qu'il vulcanise lui-même, en passant par la coupe des toiles, et surtout, le cousu main de l'espadrille. Il est le dernier fabricant à utiliser cette technique de couture manuelle de la toile sur la semelle, une couture à l'italienne en fil de nylon qui offre à ses produits une meilleure résistance et plus de durabilité.

Payote écoule entre 100 et 150 paires d'espadrilles par jour, au prix moyen de 30 EUR. Les produits sont principalement distribués en ligne, sur le site Payote.fr et sont livrés par Colissimo, à domicile ou dans un magasin Relay. La marque a ouvert sa première boutique en nom propre en 2021 à Perpignan.

On peut aussi trouver ses espadrilles dans quelques boutiques en France (la marque catalane dispose d'un corner au sein des Galeries Lafayette Haussmann à Paris, ainsi que dans le quartier du Marais, au BHV), en Angleterre, aux Pays-Bas, en Suisse et au Japon.

Payote emploie 23 collaborateurs, entre l'usine, le pôle création, la logistique et le SAV. Disposant à ce jour d'un local de 120 m² pour la marchandise et de 80 m² de bureaux à Perpignan, Payote a pour projet de s'installer prochainement dans une maison de 270 m², actuellement en rénovation, à côté du site actuel, et étudie la possibilité de monter une petite usine à Perpignan, qui fabriquerait des produits haut de gamme.

2 Retracer la coordination des services

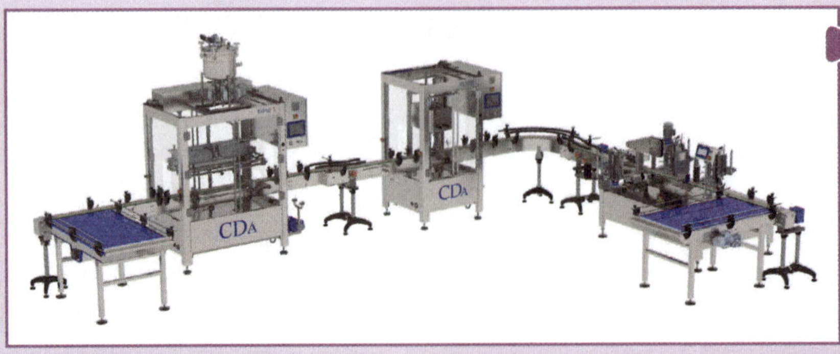

La société CDA conçoit et fabrique des machines de remplissage, de vissage et d'étiquetage, ainsi que des lignes complètes de conditionnement. Ses machines s'adaptent à de nombreuses industries, comme celles du vin, de l'agroalimentaire, de la peinture, de la chimie, de l'e-cigarette, de la cosmétique, des produits animaliers et vétérinaires.

Entièrement conçues dans ses locaux de Narbonne grâce à ses équipes d'ingénieurs, les pièces de ses machines sont ensuite usinées, soudées, ébavurées dans son entreprise d'usinage CDU avant d'être assemblées et réglées au sein de CDA.

Ses machines sont reconnues pour leur fiabilité, leur facilité d'utilisation, leur durabilité et leur excellent rapport qualité/prix.

Aujourd'hui, CDA c'est :

- 150 collaborateurs ;
- des clients dans 120 pays ;
- 35 distributeurs ;
- plus de 9 000 machines vendues ;
- plus d'un milliard de produits conditionnés ;
- 5 entités indépendantes, détenues par le même actionnaire principal, Pascal Delrieu : CDA France, CDA USA, CDA DE (Allemagne), CDU (centre de fabrication des pièces) et CDS (service après-vente).

CDA USA distribue les machines aux États-Unis, au Canada et en Amérique du Sud ; CDA DE sert la clientèle germanophone en Allemagne, en Autriche et dans une partie de la Suisse.

Leur fournisseur exclusif est CDA France, qui elle-même se procure les pièces auprès de CDU et assemble les produits finis. CDU transforme la matière première achetée à des fournisseurs européens en pièces détachées.

- **À l'aide du document ci-dessous, présentez, sous forme de schéma, la chronologie des processus et la coordination des services impliqués dans le traitement d'une commande client.**

DOCUMENT Le process de CDA

1 *Identification du besoin*
- Analyse de votre projet
- Etude et conseil technique
- Structuration de l'offre CDA

2 *Achat*
- Etablissement bon de commande
- Acceptation et signature contrat

3 *Ingénierie sur mesure*
- Reflexion faisabilité par bureau d'études CDA
- Réalisation du plan machine
- Présentation et validation du plan

4 *Fabrication*
- Usinage et pré-montage éléments
- Montage et assemblage éléments
- Réglages et tests machines

5 *Contrôle qualité*
- Contrôle des réglages
- Nettoyage machine
- Emballage machine

6 *Livraison*
- Acheminement machine par transporteur
- Installation machine par technicien CDA
- Mise en marche et test machine

Source : cdafrance.com

3 Traiter une commande client

La SA Aquin est un fabricant français de matériel et fournitures, destinés aux entreprises de forage hydraulique. Le commercial chargé de la zone Afrique subsaharienne a remis le 3 janvier une offre commerciale à la Cape Drill Tech, société sud-africaine pour le traitement des eaux.
Le client sud-africain a accepté l'offre 3 mois plus tard et sa banque a émis, sur son ordre, un crédit documentaire en faveur du fournisseur français.
Assistant(e) export au sein de la SA Aquin, vous êtes chargé(e) du traitement de cette commande.

À l'aide des documents ci-dessous :

1. **Listez les tâches que vous devez accomplir pour le traitement de la commande du client sud-africain.**
2. **Identifiez les services de l'entreprise à impliquer pour cette commande.**
3. **Rédigez les instructions à envoyer par e-mail au transitaire de la SA Aquin.**
4. **Rédigez, en anglais, le courrier à adresser par e-mail au client pour accuser réception de sa commande.**

DOCUMENT 1 Offre commerciale à l'acheteur

SA AQUIN
P.A. de la Guerche
30600 VAUVERT, France
Téléphone : 00 33 466 755 090
Fax : 00 33 466 322 431

CAPE DRILL TECH
Crawford Rd, Belthorn Estate
Cape Town, 7764
South Africa

Offre pro forma 15/VCAEP/485/SH3

Vauvert, le 3 janvier N

Item	Désignation	Qté	PU euros	Total euros
3	**Mât oscillant flottant sur chaland motorisé** Groupe électropompes de surface pour mât oscillant flottant 2 × 720 m³/h à 30 mCe Type KSB Etanorm sur chaland aluminium Lot robinetteries, boulonneries et joints Équipement hydroflex Canalisation d'aspiration et de refoulement en acier anticorrosion	1	277 500	277 500
	Chaland aluminium motorisé (60 CV)	1	137 520	137 520
9	**Pièces de rechange**			
12	Pièces de rechange pour mât oscillant flottant sur chaland motorisé	1	8 500	8 500

Total Ex Works	**Euros**	**423 520**
Transport, fret	**Euros**	**9 333**
Total CFR PORT CAPE TOWN	**Euros**	**432 853**

DÉLAI ET CONDITIONS DE PAIEMENT

Validité de l'offre	120 jours
Délai de mise à disposition Ex Works	16 semaines à réception de la L/C
Conditions de paiement	L/C confirmée à vue
Contact : Laure Vouchert Export Manager	00 33 6 89 26 45 47

COORDONNÉES BANCAIRES

NATEXIS BANQUE – ADRESSE : 30 avenue Pierre Mendes France 75013
BIC / *Bank Identifier Code* : NATXFRPPXXX
IBAN / *INTERNATIONAL BANK ACCOUNT NUMBER* : FR76 3000 7530 2906 0967 0008 054

DOCUMENT 2 Notification d'ouverture de crédit documentaire

BANQUE BCC

N/Référence : CDE 115488
Votre contact : 33 (0)1 53 76 XX WW V. CHABIB
Télécopie : 33 (0)1 53 76 XX XX

SA AQUIN
P.A. de la Guerche
30600 VAUVERT

Paris, le 29/04/N

CRÉDIT DOCUMENTAIRE

Donneur d'ordre : CAPE DRILL TECH – CAPE TOWN – AFRIQUE DU SUD
Bénéficiaire : SA AQUIN – 30500 VAUVERT – FRANCE
Montant : 432 853,00 Devise : EUR Validité : 29/12/N

Messieurs,

Nous vous informons de l'ouverture du CRÉDIT DOCUMENTAIRE irrévocable n° 044ICD001416099 émis en votre faveur par notre correspondant : ABSA BANK Ltd
Agence Johannesburg
7th Floor, Barclays Tower West
15, Troye Street
Johannesburg, 21001
AFRIQUE DU SUD

Valable à nos guichets jusqu'au 29/12/N pour présentation des documents pour paiement à vue.
Nous vous prions de noter que ce crédit documentaire comporte NOTRE CONFIRMATION aux conditions reprises sur les 3 annexes ci-jointes faisant partie intégrante de ce crédit.

En cas d'irrégularités constatées lors de l'utilisation, notre confirmation deviendra nulle et sans effet au prorata de l'utilisation et le règlement ne s'effectuera qu'après réception par nos soins :
1) de l'accord de la banque émettrice si cet accord est reçu dans la validité du crédit ;
2) de l'accord de la banque émettrice et de la réception de la couverture correspondante si cet accord est reçu après la péremption du crédit.

Lors de l'utilisation, nous vous prions de bien vouloir accompagner IMPÉRATIVEMENT les documents d'un exemplaire supplémentaire de votre facture et d'un relevé d'identité bancaire IBAN pour nous permettre de vous en effectuer le règlement et de nous communiquer votre n° de TVA intracommunautaire.

Ce crédit documentaire est soumis aux Règles et Usances Uniformes relatives aux crédits documentaires (version révisée de 2007 – publication n° 600 de la Chambre de commerce internationale).

Si vous n'êtes pas d'accord sur les conditions d'utilisation de ce crédit, nous vous conseillons de vous mettre directement en rapport avec vos acheteurs pour qu'ils donnent les instructions nécessaires de modification à notre correspondant.
Nous attirons votre attention sur le fait que nous nous réservons le droit de NE PAS accepter les documents comportant des clauses contraires à la réglementation européenne OU française en vigueur (ex. : clauses de boycott) ; dans cette hypothèse, lesdits documents seront retournés au présentateur.

Veuillez agréer, Messieurs, nos salutations distinguées.

GESTION DES CRÉDITS
DOCUMENTAIRES

V. CHABIB

CHAPITRE

9 Suivre les règlements

COMPÉTENCES PROFESSIONNELLES

Gérer la relation commerciale internationale	→ Assurer la qualité de la relation client/fournisseur/prestataire → Suivre les règlements → Proposer une solution adaptée → Gérer la relation dans le cadre des réclamations, des litiges et des sinistres
Communiquer en français et en anglais dans des contextes interculturels	→ Élaborer des messages écrits et oraux en intégrant les codes et normes culturels → Adapter les outils commerciaux et de communication aux normes culturelles → Produire des documents commerciaux

En BtoB, et particulièrement à l'international, les entreprises sont contraintes d'accorder des délais de paiement à leurs clients pour des durées supérieures à celles qui sont pratiquées pour les ventes nationales. Ces délais pèsent lourd sur la trésorerie de l'entreprise (ils représentent en moyenne 2 % du chiffre d'affaires, soit 2 mois d'activité). Un impayé peut la mettre en difficulté de trésorerie, voire l'empêcher elle-même de payer ses propres fournisseurs. Un suivi rigoureux des règlements des clients et des fournisseurs est l'une des clés de la performance de l'entreprise.

SITUATION PROFESSIONNELLE

IRLANDE

Régime politique : République démocratique
Superficie : 70 280 km²
Population : 4,941 millions d'habitants
Capitale : Dublin
Villes principales : Dublin, Cork, Galway, Limerick, Waterford
Langues officielles : irlandais (gaélique) et anglais
PIB par habitant : 78 779 USD (2019)
Monnaie : euro (EUR)
Clients : États-Unis, Royaume-Uni, Belgique, Allemagne, Pays-Bas (France : 8e)
Fournisseurs : Royaume-Uni, États-Unis, France, Allemagne, Chine

1. Actualisez les données pays par une recherche sur Internet.
2. Caractérisez les pratiques commerciales, sociales et environnementales du pays, après consultation de l'évaluation des risques par Coface.

F-one

Depuis 1994, F-one met au point les produits les plus avancés pour que ses riders ressentent un maximum de sensations sur l'eau. Dès la naissance du kitesurf, elle a créé certaines des premières planches disponibles au grand public.
F-one, c'est une équipe de passionnés par le développement produit et le challenge de créer le meilleur matériel pour ses utilisateurs qui sont de plus en plus nombreux.
Ses kites ont remporté des compétitions et des courses dans le monde entier.

F-one innove constamment grâce à son équipe de designers et de testeurs. Les modèles sont brevetés, pour assurer la protection des inventions.
Pour F-one comme pour Manera, sa marque d'accessoires (combinaisons, harnais, etc.), le développement des produits passe, un peu, par de la modélisation informatique et, toujours, par les essais en mer, que le patron assure, comme « la validation finale ».
Sa gamme étendue se compose de matériels de kite, foil, surf foil, wind surf, stand up paddle.

Les produits sont vendus par des détaillants spécialisés et des écoles de surf, en France et en Europe. La société a généré un chiffre d'affaires de 15 millions d'euros en 2019.

Vous collaborez au suivi des règlements des fournisseurs et des clients situés à l'étranger.
(La situation professionnelle ci-dessous fait référence à des entreprises réelles, mais a été bâtie sur des données fictives, à des fins pédagogiques.)

Afin d'améliorer la communication avec les membres de l'entreprise qui effectuent une partie de leur temps de travail à distance et avec ses distributeurs, le dirigeant de F-one a acheté en ligne

75 licences d'un logiciel de visioconférence à la société américaine Mooz.
Une fois la commande enregistrée, il a reçu un devis à accepter et à retourner signé au fournisseur (document 1). Quelques jours plus tard, un e-mail de Mooz l'a invité à télécharger le logiciel.
La facture de Mooz reçue par e-mail le 27 novembre a été réglée le 26 décembre, pour son montant HT de 6 300 EUR (documents 2 et 3).
Le fournisseur américain a bien enregistré le règlement (document 4), mais il a envoyé plusieurs messages (documents 5 à 7) réclamant le paiement du montant de la TVA.
Vous êtes chargé(e) de traiter le suivi de cet achat.

1. Contrôlez la facture d'achat du logiciel de visioconférence. — ➲ Fiche ressource 1
2. Déterminez le montant dû au fournisseur américain. — ➲ Fiche ressource 1
3. Rédigez, en anglais, le message à envoyer à Mooz pour clore le dossier.

Le montant des créances clients s'élève à 526 676,62 EUR à la date du 7 février N (document 8). Le responsable export de F-one vous charge de faire le point, afin d'identifier les retards de paiement.
Vous relevez une facture impayée depuis 40 jours, celle du client Blue Power, situé à Waterford, en Irlande (document 9). Vous devez le contacter par téléphone.
Un autre client irlandais, B. Kite, présente un encours très élevé, sans retard de paiement cependant. Afin de procurer de la trésorerie à l'entreprise F-one, vous êtes chargé(e) de l'inciter à payer sa facture en renonçant à son délai de paiement.

4. Collectez, par une recherche sur Internet, des informations sur le style de communication à adopter avec des clients professionnels irlandais.
5. Rappelez les précautions à prendre avant d'appeler le client Blue Power au sujet de sa facture impayée. — ➲ Fiches ressources 2 et 3
6. Rédigez, en quelques lignes, les arguments que vous allez développer lors de votre premier appel téléphonique de relance au client Blue Power. — ➲ Fiches ressources 2 et 3
7. Rédigez, en anglais, le message que vous lui adresserez par e-mail, suite à votre appel téléphonique, en vous basant sur l'hypothèse qu'il a promis le règlement de sa facture à la fin du mois de février.
8. Rédigez, en anglais, le message que vous adresserez au client B. Kite, afin de lui proposer un escompte de 2,5 % pour règlement anticipé. — ➲ Fiche ressource 4

En mars, vous constatez que le client Blue Power n'a toujours pas réglé sa facture. Vous ne parvenez pas à le joindre par téléphone et les messages que vous lui adressez restent sans réponse.

9. Rédigez, en anglais, le courrier de relance à envoyer au client Blue Power, avec une facturation des pénalités de retard, conformément aux modalités précisées dans la facture. — ➲ Fiche ressource 3

DOCUMENT 1 Devis de Mooz reçu le 16 novembre N

mooz

Order Form Number: Q770995
Valid Until:

Mooz Video Communication Inc. ('Mooz')
35 Spring Hill Road
San Francisco, CA 94103
Email: michael.swift@mooz.us

Billed To **Customer:** FONE **Contact Name:** Julien Salles Route de la Foire Perols 34470	**Sold To** **Customer:** FONE **Contact Name:** Julien Salles Route de la Foire Perols 34470
Auto Renew: Yes **Initial Paid Subscription Term:** 12 Month **Renewal Subscription Term:** 12 Month **Paid Period Start Date:** 11/16/N	**Billing Method:** Email **Currency:** EUR **Payment Method:** Wire Transfer **Payment Term:** Net 30

This Mooz Order Form and any other Order Forms that reference this Order Form are governed by Mooz Terms and Conditions found at http://www.mooz.us/terms (unless Customer and Mooz have entered a written governing Master Subscription Agreement, in which case such written agreement will govern). Information regarding Mooz's support services can be found at http.//support.mooz.us.

SERVICE	BILLING PERIOD	QUANTITY	PRICE	TOTAL
Pro Annual	Annual	75	EUR 84.00	EUR 6,300.00
			(Before Taxes) Annual Payment:	**EUR 6,300.00**

Payment Schedule Summary (Before Taxes)
First Payment: EUR 6,300.00 Annual Recurring Payment: EUR 6,300.00 (At the beginning of the Second Year)

Other Terms & Notes

Named Host - means any licensed host who may host an unlimited number of meetings during the Term using the Service, subject to the applicable terms and conditions. Any meeting will have at least one Named Host. Unless Customer has purchased an extended capacity, the number of participants (participants do not require a license) will not exceed 300 per meeting. Named Host license may not be shared or used by anyone other than the individual to whom the Named Host license is assigned.

Fees - The fees for the Services, if any, are described in the Order Form. The actual fees may also include overage amounts or per use charges for audio and/or cloud recording in addition to the fees in the Order, if such use is higher than the amounts described in the Order, and you agree to pay these amounts or charges if you incur them. Invoicing for Services begins on the first day that the service is available for use by the Customer and monthly thereafter for the duration Term, except for annual pre-pay option which is invoiced once in the first month of the annual term. Invoices are pro-rated from paid period start date to base subscription end date. Purchase order, if any, issued in connection with this order should reference the above order from number. Commitments not utilized by the Customer during the month for which they are committed may not be carried forward into any subsequent month or term.

State and/or local taxes may apply to Mooz services.

Professional Services, if purchased, will be presented in a separate Order Form.

Accepted and agreed as of the date specified below by the authorized representative of Customer

Signature:
Print Name:
Date:
Mooz Service Effective Date: 11/16/N
PO # (If Applicable):
VAT # (If Applicable):

The Services will be activated within 48 hours of order signature or Mooz Service Effective Date, whichever is later.

If a PO# is required for processing the invoice related to this order, please provide a PO with this order. If issuance of PO is delayed, please provide a PO within 5 days of the service effective date via email to billing@mooz.us. Notwithstanding the fore-going, the period for payment shall commence as of the applicable invoice date. Such payment period shall not restart based on any delays in issuing a Purchase Order or any procurement process.

DOCUMENT 2 Facture d'achat du logiciel de visioconférence à Mooz reçue le 27/11/N

mooz

INVOICE

Mooz Video Communications, Inc.
35 Spring Hill Road
San Francisco. CA 94103
billing@mooz.us

Invoice Date	: 11/26/N
Invoice #	: INV54262556
Payment Terms	: Net 30
Due Date	: 12/26/N
Account Number	: 7004067726
Currency	: EUR
Account Information	: FONE Route de la Foire Perols 34470 France

For ACH* and Wire Transfer Payment:
Account Name: Mooz Video Communications, Inc.
Bank Name: Wells Fargo Bank
Account Number: 3087921149
Routing Number (WT): 121000248
Routing Number (ACH): 121042882
SWIFT Code: WFBIUS6S
Remittance Details should be sent to: Finance@mooz.us

Purchase Order Number: 15104006805

Customer VAT/Tax Number:

CHARGE DETAILS				
Charge Description	Service Period	Subtotal	Tax	TOTAL
Charge Name: FONE Pro Annual Quantity: 75 Unit Price: EUR 84.00	11/26/N – 11/25/N+1	EUR 6,300.00	EUR 1,260.00	EUR 7,560.00
INVOICE TOTALS				
		Subtotal		EUR 6,300.00
		Total (Including Tax)		EUR 7,560.00
		Invoice Balance		EUR 1,260.00
TAX DETAILS				
Charge Name	Tax Name	Jurisdiction	Charge Amount	Tax Amount
FONE	VAT 20.000%	Federal	EUR 3,600.00	EUR 1,260.00
			Total Tax	**EUR 1,260.00**

Provided by Mooz Video Communications, Inc. Rates, terms and conditions for Mooz Phone services are set by Mooz Video Communications, Inc.

* *Automated Clearing House* (ACH) est le nom du système sécurisé de transfert des paiements qui connecte entre elles toutes les institutions financières aux États-Unis.

DOCUMENT 3 E-mail d'accompagnement de la facture de Mooz, reçu le 27/11/N

Message INV54262556_A10931279_11262020.pdf (74 Ko)

Thank you for your business! Please see attached for a copy of INV54262556:
Account Number: 7004067726
Invoice Number: INV54262556
Invoice Due Date: 12/26/N
Invoice Total Amount: EUR 7,560.00

Please refer to the payment instructions in the attached invoice. If you would like to make a one time credit card or PayPal payment for this invoice, you can do so at anytime here. Your invoice history can be found here.

Pay Invoice

DOCUMENT 4 Accusé de réception du paiement, reçu le 27/12/N

Your payment has been successfully processed and applied to your account. Below you will find details of the transaction:

Mooz Account Number: 7004067726
Payment Method: Wire Transfer
Payment Date: 12/26/N
Amount: EUR 6,300.00

Need to review or update your billing information or subscription?
Please log-in here.

Thank you for your business!
Team Mooz

DOCUMENT 5 Facture de relance de Mooz reçue le 25/01/N+1

mooz

INVOICE

Mooz Video Communications, Inc.
35 Spring Hill Road
San Francisco. CA 94103
billing@mooz.us

Invoice Date	: 11/26/N
Invoice #	: INV54262556
Payment Terms	: Net 30
Due Date	: 12/26/N
Account Number	: 7004067726
Currency	: EUR
Account Information	: FONE Route de la Foire Perols 34470 France

For ACH and Wire Transfer Payment:
Account Name: Mooz Video Communications, Inc.
Bank Name: Wells Fargo Bank
Account Number: 3087921149
Routing Number (WT): 121000248
Routing Number (ACH): 121042882
SWIFT Code: WFBIUS6S
Remittance Details should be sent to: Finance@mooz.us

Purchase Order Number: 15104006805

Customer VAT/Tax Number:

CHARGE DETAILS				
Charge Description	Service Period	Subtotal	Tax	TOTAL
Charge Name: FONE Pro Annual Quantity: 75 Unit Price: EUR 84.00	11/26/N – 11/25/N+1	EUR 6,300.00	EUR 1,260.00	EUR 7,560.00
INVOICE TOTALS				
		Subtotal		EUR 6,300.00
		Total (Including Tax)		EUR 7,560.00
		Invoice Balance		EUR 1,260.00
TAX DETAILS				
Charge Name	Tax Name	Jurisdiction	Charge Amount	Tax Amount
FONE	VAT 20.000%	Federal	EUR 3,600.00	EUR 1,260.00
			Total Tax	**EUR 1,260.00**
TRANSACTIONS				
			Invoice Total	**EUR 7,560.00**
Transaction Date	Transaction Number	Transaction Type	Description	Applied Amount
12/26/N	P-693327083	Payment		EUR 6,300.00
			Invoice Balance	**EUR 1,260.00**

Provided by Mooz Video Communications, Inc. Rates, terms and conditions for Mooz Phone services are set by Mooz Video Communications, Inc.

DOCUMENT 6 Message de relance de Mooz, reçu le 25/01/N+1

Message INV54262556_A109031279_11262020.Pdf (76 Ko)

As a courtesy, we would like to inform you that your recent invoice INV54262556 has an outstanding balance of 1,260.00 EUR and is now 30 days pasts its due date of 12/26/N total outstanding invoice balance of 1,260.00 EUR as of 01/25/N.

To avoid **service interruption**, please update your billing information including your current billing address here. If you'd like to make a one time credit card or PayPal payment for this invoice, you can do so at anytime here.

Pay Now

DOCUMENT 7 Messages du service Recouvrement de Mooz, reçus le 27/01/N+1

• 1er message

We would like to advise you that we still have not received a status update, remittance notice or payment on the outstanding balance of your account after several attempts to coordinate with you.

Details are below for your convenience:

Account Name	*Invoice Number*	*Currency*	*Account Number*	*Due Date*	**SUM of Invoice Amount**
FONE	INV54262556	EUR	A10931279	12/26/N	EUR 7,560.00
Grand Total					**EUR 7,560.00**

We are requesting for full payment of the total past due amount within 2 days of this notification. If there is no response, your account may be subjected to credit hold and or service disruption. If your payment has already been submitted, we thank you and would appreciate it if you could provide the remittance details to avoid any potential service/credit interruptions.

We trust that you will treat this email with utmost urgency.

Thank you for your cooperation.

Kind regards,
Kate

Accounts Receivable, Credit & Collections
Mooz Video Communications
Click **mooz.us**

• 2e message

My name is Kate and I am part of the Accounts Receivable team at Mooz. I am assigned AR specialist for your account. Effective today, you will be receiving email communication from me personally. This could relate to friendly reminder of near due invoices, overdue invoices and/or past due invoices. Providing you with great services means that we start by aligning our records with yours.

Thank you for your continued business. Looking forward to working with you.

Kind regards,
Kate

Accounts Receivable, Credit & Collections
Mooz Video Communications
Click **mooz.us**

DOCUMENT 8 État des créances clients export

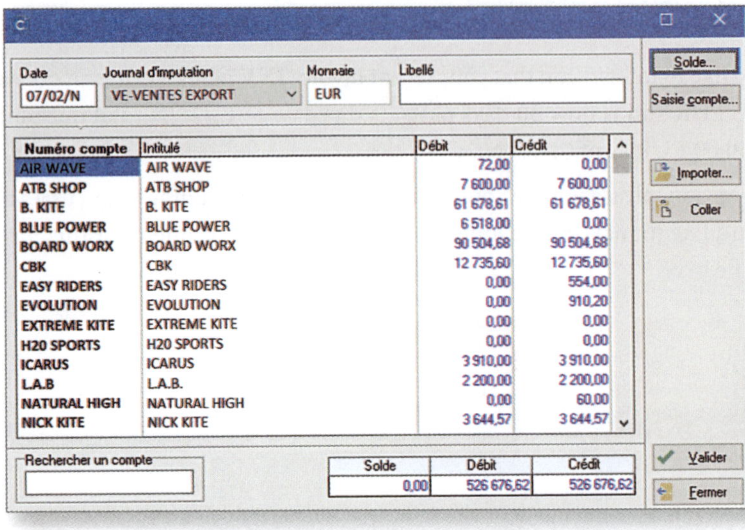

Date : 07/02/N — Journal d'imputation : VE-VENTES EXPORT — Monnaie : EUR — Libellé :

Numéro compte	Intitulé	Débit	Crédit
AIR WAVE	AIR WAVE	72,00	0,00
ATB SHOP	ATB SHOP	7 600,00	7 600,00
B. KITE	B. KITE	61 678,61	61 678,61
BLUE POWER	BLUE POWER	6 518,00	0,00
BOARD WORX	BOARD WORX	90 504,68	90 504,68
CBK	CBK	12 735,60	12 735,60
EASY RIDERS	EASY RIDERS	0,00	554,00
EVOLUTION	EVOLUTION	0,00	910,20
EXTREME KITE	EXTREME KITE	0,00	0,00
H20 SPORTS	H20 SPORTS	0,00	0,00
ICARUS	ICARUS	3 910,00	3 910,00
L.A.B	L.A.B.	2 200,00	2 200,00
NATURAL HIGH	NATURAL HIGH	0,00	60,00
NICK KITE	NICK KITE	3 644,57	3 644,57

Rechercher un compte

Solde	Débit	Crédit
0,00	526 676,62	526 676,62

Solde... / Saisie compte... / Importer... / Coller / Valider / Fermer

DOCUMENT 9 Facture de vente au client Blue Power

F-one

BLUE POWER
142 Lower Main Street, Dungarvan
Co. Waterford, X35 RK60 Ireland
Phone: (058) 42764
E-mail: garrywelsh@bluepower.com
VAT: IE5549823

P.O. N°220005691

INVOICE
 # 0003903345

Invoice Date: 27th November, N

Incoterm: CPT Waterford
Currency: EUR
Payment Term: Net 30
Payment Method: Swift Transfer

Description	Quantity	Unit Price	Amount
F One Bandit Discount 20%	5	1,570.00	7,850.00 – 1,570.00
Net			6,280.00
Carriage			238.00
		Due Amount	**6,518.00**

In the event of late payment, compensation will be payable in accordance with Article L441-6 of the French Commercial Code, calculated at the annual interest rate of 10%. In the event of late payment, a lump sum indemnity of EUR 40 will be collected for recovery costs (decree No. 2012-1115 of 10/02/2012). In accordance with the Law of May 12, 1980 No. 80335, the delivered goods remain our property until full payment of the price.

"VAT exemption: article 262 ter I of the General Tax Code"

Account Information:
Bank Name: CIC Perpignan
Routing: FR 41199 11054 00073993629 87
Swift Code: CMCIFRPP

F-ONE SAS – Route de la Foire – Perols 34470 (France)
RCS Montpellier B3380726687 – SIRET 38072668700037 – TVA intracommunautaire FR29380726687

FICHE RESSOURCE

1 Facturer à l'international : les mentions à faire figurer sur la facture

« Tout achat de produits ou toute prestation de service pour une activité professionnelle fait l'objet d'une facturation.
Le vendeur est tenu de délivrer la facture dès la livraison ou la prestation de services [...]. L'acheteur est tenu de la réclamer.
Le vendeur et l'acheteur conservent chacun un exemplaire de toute facture émise [...]. La facture émise sous forme papier est rédigée en double exemplaire. [...] » (Article L441-9 du Code de commerce)

I Les fonctions de la facture

À l'international, la facture est le document de référence tout au long de l'opération import ou export : elle permet d'établir la déclaration d'exportation ou d'importation, la déclaration d'échanges de biens (DEB), le titre de transport, les certificats d'origine et éventuellement le règlement par crédit documentaire.

Elle remplit quatre fonctions :
- probatoire : elle constitue un moyen de preuve des opérations d'achat et de vente ;
- fiscale : c'est un instrument contre la fraude, notamment au niveau de la TVA ;
- économique : elle assure la transparence tarifaire ;
- financière : elle est un support essentiel pour la mise en place du financement à l'exportation, comme le crédit documentaire.

II Les mentions obligatoires sur la facture (*invoice*)

Pour la facturation nationale, la loi du 4 août 1994 impose l'utilisation de la langue française, mais pour les factures à l'exportation, rien ne s'oppose à ce que les factures soient rédigées dans une autre langue.
Des directives européennes définissent les mentions obligatoires sur la facture, la possibilité de la transmettre par voie électronique et la liberté de son mode de stockage.

La facture export est émise dès la réalisation de la livraison ou de la prestation de services et doit comporter les mentions suivantes :
- la date d'émission (date de la vente ou de la prestation de services) ;
- le nom complet et l'adresse de l'établissement de l'émetteur ;
- le nom complet et l'adresse du client ;
- l'adresse de livraison, si elle est différente de celle du client (*delivery address*) ;
- un numéro « séquentiel » qui identifie la facture de façon unique ;
- la quantité et la dénomination précise des marchandises (*quantity, item*) ;
- la date à laquelle le paiement doit être effectué (*payment terms*) ;
- le prix unitaire et total hors taxes, avec la devise de référence (*total and unit price, currency*) ;
- les escomptes, rabais, ristournes éventuels, s'ils ne sont pas compris dans le prix unitaire (*discount*) ;
- le numéro individuel d'identification (n° RCS et SIREN) lorsque l'émetteur de la facture est français ;
- le numéro de TVA intracommunautaire du vendeur et celui de l'acheteur, pour les échanges intracommunautaires (*VAT ID.*) ;
- le taux et le montant de la TVA applicable ou la clause d'exonération de TVA.

Depuis le 1er janvier 2013, la mention de « l'indemnité forfaitaire pour frais de recouvrement due au créancier en cas de retard de paiement » doit apparaître sur les factures et dans les conditions générales de vente, ainsi que son montant fixé à 40 EUR. Cette indemnité s'ajoute aux indemnités de retard.

III Les mentions facultatives sur la facture

Plusieurs mentions, facultatives mais recommandées, peuvent figurer sur la facture :
- les coordonnées du destinataire si elles sont différentes de celles de l'acheteur ;
- l'origine et la provenance des marchandises ;
- le transport : date et mise à disposition, lieu de réception, moyen de transport, lieu de chargement, lieu de destination ;
- les coordonnées bancaires du vendeur ;
- les références des factures pro forma et des bons de livraison concernés ;
- l'Incoterm utilisé (dans la plupart des pays, les droits et taxes sont calculés sur la valeur transactionnelle ; une somme figurant sans référence à un Incoterm peut être considérée par les services douaniers comme un prix « départ usine ») ;
- la clause de réserve de propriété (si acceptée par l'acheteur) ;
- la clause de règlement des différends ;
- les conditions générales de vente (au verso de la facture) ;
- le cachet commercial et la signature de l'exportateur.

IV Les mentions relatives à la TVA

En BtoB, la facturation d'une exportation de biens est émise hors taxes : l'acheteur acquitte la TVA (ou bénéficie du régime de l'autoliquidation qui le dispense de ce paiement) à l'administration fiscale de son pays, en même temps que les éventuels droits de douane, lors du dédouanement import (acheteur situé dans un pays tiers), ou dans sa déclaration de TVA (acheteur situé dans l'UE).

Différents régimes sont applicables :
- exportations de marchandises à destination des pays tiers (pays hors UE) : facturation hors taxes, mention « exonération de TVA : article 262 I du Code général des impôts (CGI) » ;
- livraisons intracommunautaires (expéditions de marchandises à destination d'une entreprise assujettie et établie dans un État membre de l'UE) : facturation hors taxes, mention « exonération de TVA : article 262 ter I du CGI » ;
- prestations de services : « exonération de TVA : article 259A ou 259B du CGI ».

Le lieu d'imposition des prestations de services est déterminé de la façon suivante :

Lieu d'établissement du prestataire	Lieu d'établissement du client	Lieu de taxation
France	Non assujetti France ou UE	France
France	Assujetti France	France
France	Assujetti État membre	Non imposable en France
France	Pays tiers	Non imposable en France
État membre ou pays tiers	Non assujetti France ou UE	Non imposable en France
État membre ou pays tiers	Assujetti France	France

FICHE RESSOURCE

2 Prévenir les impayés

Si les grandes entreprises paient fréquemment leurs factures avec du retard, les impayés concernent plutôt les PME, plus fragiles. Leur retard de paiement peut être lié à des difficultés de trésorerie. Plus le retard s'aggrave, plus le risque de défaillance du client augmente.

I Prévenir l'insolvabilité de ses clients

Le recours à une technique de couverture bancaire ou à une assurance permet de supprimer le risque de non-paiement de l'importateur. Avec ou sans couverture, la surveillance des comptes clients est l'une des clés de la prévention du risque d'impayés.

1 La couverture du risque de non-paiement

- Le crédit documentaire ou la lettre de crédit *Stand-By* supprime le risque d'impayé : le vendeur est réglé par un établissement financier.
- La souscription d'une assurance-crédit permet d'être indemnisé du montant de l'impayé.

  Remarque Euler-Hermes, Coface et Atradius détiennent 80 % du marché français de l'assurance-crédit.
- L'affacturage permet d'obtenir le financement au comptant et en euros des créances export, supprimant ainsi le risque de non-paiement et le risque de change.

  Remarque Eurofactor, Factofrance, BNP Factor, Natixis Factor et CGA se partagent plus de 80 % du marché, soit 312 milliards d'euros de factures.

Ces solutions ont un coût, mais il n'est pas comparable à la perte causée par un impayé.

Exemple Une entreprise dont la marge est de 10 % devra vendre pour 100 000 EUR de marchandises pour récupérer la perte liée à un impayé de 10 000 EUR. À l'effort commercial supplémentaire, il faut ajouter le coût lié à la relance et aux éventuelles procédures de recouvrement.

2 La gestion du risque client par le *credit manager*

Dans l'entreprise, le *credit manager* oriente les commerciaux vers les clients qui ont le plus de potentiel. Il accorde des délais de paiement aux clients afin de maximiser le chiffre d'affaires, en leur offrant un service concurrentiel.
Ses missions ont pour objectif d'éviter les impayés.

Les missions du *credit manager* sont les suivantes :
- vérifier les contrats et les conditions générales de vente ;
- analyser la solvabilité des clients (et des fournisseurs) ;
- déterminer les délais, les moyens de paiement et la limite de crédit pour chaque client ;
- accorder des délais de paiement aux clients en fonction de leur situation ;
- mettre en place des garanties en cas de risque ;
- rencontrer les clients avec les commerciaux, afin de préserver la relation commerciale ;
- surveiller les encaissements et résoudre les litiges avec les commerciaux et le gestionnaire du recouvrement.

> Le plus souvent, il n'y a pas de *credit manager* dans les PME ; c'est le comptable qui doit assurer ces missions en plus de toutes ses autres tâches, avec peu de temps à y consacrer et sans formation particulière au *credit management*.

3 Les précautions à prendre pour limiter les risques d'impayés

Certaines précautions peuvent être prises pour éviter un impayé :
- vérifier sa facture et sa conformité à l'offre remise au client (prix, quantités, références, délais) avant de l'envoyer : le moindre écart permet un refus de paiement de la part de l'acheteur, qui estime que le contrat n'a pas été rempli ;
- si le montant de la facture est important, téléphoner au service comptabilité de l'acheteur, pour s'assurer qu'il l'a bien réceptionnée et qu'elle est conforme, donc « bonne à payer ».

II Surveiller les encours clients

1 Le délai moyen de paiement (DSO : *Days Sales Outstanding*)

Il se calcule de la façon suivante : **(Encours clients TTC / Chiffre d'affaires TTC) × Nombre de jours de la période considérée** (en général, 90 jours).

Exemple Pour un encours en fin de mois de 150 000 EUR et un CA TTC de 300 000 EUR, avec une période de référence de 90 jours, le DSO est de : (150 000 / 300 000) × 90 = 45 jours.

> En France, le DSO moyen est de 72 jours. Le délai moyen de paiement des clients dans le monde est de 67 jours. Avec 92 jours, la Chine détient le chiffre moyen le plus élevé du monde. Les secteurs comme l'électronique, les biens d'équipement et la construction ont des DSO moyens plus importants tandis que les secteurs de l'alimentaire et de la distribution ont des indicateurs plus bas. Le commerce en BtoB a un DSO plus élevé qu'en BtoC. (D'après www.affacturage.fr)

2 La surveillance des comptes clients

Le *credit manager*, le comptable ou l'agent de recouvrement suit l'encaissement des créances. Il intervient le plus tôt possible, afin d'éviter une aggravation du retard de paiement. Il s'agit pour lui d'identifier la cause du retard et de traiter aussi tôt que possible les éventuels litiges.

Une gestion rigoureuse de ses encaissements donne une image de sérieux de l'entreprise.

III Suivre les paiements

Les logiciels d'ERP (*Enterprise Resource Planning*) ou PGI (progiciel de gestion intégré) peuvent gérer de nombreuses fonctions et optimiser la chaîne d'activité, du stock jusqu'à l'édition des factures.

Ce type de logiciel permet notamment de :
- gérer les factures, les bons de commande et les bons de livraison ;
- gérer les achats et les ventes dans l'entreprise ;
- suivre les paiements ainsi que les relances clients ;
- gérer les fournisseurs et les prix d'achat.

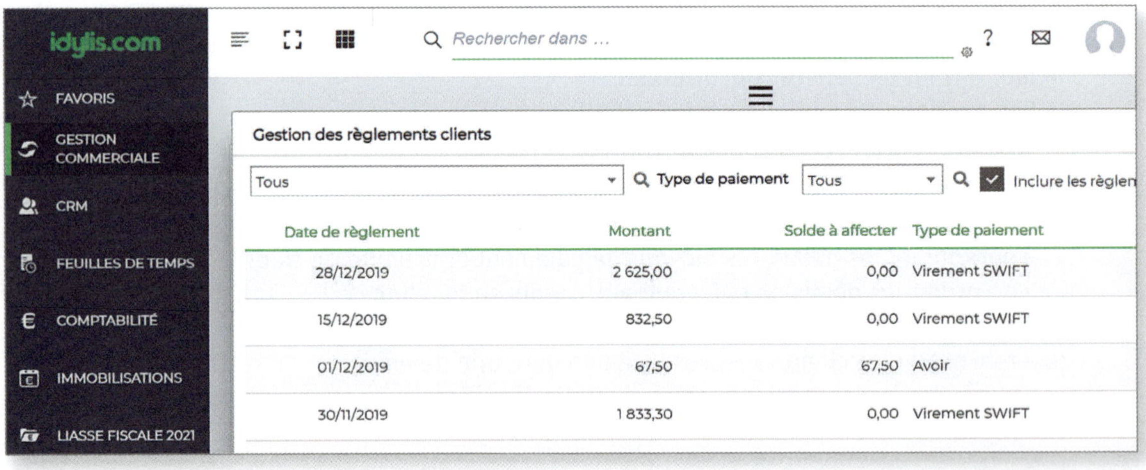

FICHE RESSOURCE

3 Recouvrer les factures impayées

Relancer un client est une opération délicate, qui exige de la diplomatie. Il ne s'agit pas de mettre un terme au courant d'affaires qui le lie à l'entreprise.

Le plus souvent, l'acheteur qui ne paie pas sa facture dans les délais convenus est solvable, il adapte simplement ses sorties à ses entrées de trésorerie.

I Les étapes préalables à la relance client

- **Vérifier que le client n'a pas payé :** c'est une première étape indispensable, pour ne pas relancer un client qui a réglé sa facture, ce qui démontrerait la désorganisation du fournisseur. Il est possible que son règlement n'ait pas été correctement imputé à son compte.
- Vérifier la conformité de la facture au bon de commande.
- Vérifier que la livraison a bien été réalisée selon les termes prévus.
- **Attendre quelques jours** après l'échéance de règlement : le client aura peut-être attendu cette date pour déclencher son paiement.
- **Relire les e-mails échangés** avec le client : il a peut-être formulé une réclamation ou demandé un report de paiement de quelques jours.

Une fois ces vérifications effectuées et lorsque l'impayé est avéré :

- **informer le commercial**, interlocuteur privilégié du client, mieux placé pour le contacter, le questionner sur ce qui ne va pas et récupérer le paiement ;
- **identifier le bon interlocuteur** dans l'entreprise : qui est chargé d'autoriser le paiement de la facture ? Qui va le déclencher ?

II La relance du client

Que ce soit par écrit ou par téléphone, la démarche est d'abord commerciale. L'objectif est de connaître la raison du blocage. Relancer le client par téléphone (à J+2 ou J+3) est le moyen le plus rapide et le plus efficace, il permet de personnaliser la relation et d'obtenir des informations.

L'appel du client doit être préparé :

- prendre connaissance du dossier du client : le volume d'affaires généré avec lui, l'historique de ses commandes, les conditions de vente consenties… ;
- se munir des éléments constitutifs de la vente impayée : offre, bon de commande, bon de livraison, facture, messages échangés.

L'appel peut aboutir ou non :

- si le client répond, la cause du retard peut être identifiée, une solution peut être trouvée pour le règlement de la facture (paiement différé, paiement immédiat d'une partie du montant et nouvelle échéance pour le solde) ;
- si le client ne répond pas, un message lui sera laissé, avant un nouvel appel.

Dans tous les cas, un courrier écrit lui sera adressé :

- pour formaliser les nouvelles modalités du règlement de la facture, comme convenu lors de l'échange téléphonique ;
- pour rappeler au client que sa facture n'a pas été réglée, s'il n'a pas été possible de le joindre par téléphone : la facture et les coordonnées bancaires du fournisseur sont jointes à ce premier courrier de relance.

III La mise en demeure

Si les tentatives d'appel et de relance par courrier n'aboutissent pas, le créancier (*creditor*) est tenu d'adresser à son débiteur (*debtor*) une mise en demeure (*formal notice*). Ce courrier, envoyé en recommandé (*registered mail*), demande de manière officielle au client débiteur de régler la facture due dans un délai imparti, sous peine de poursuites judiciaires (*legal proceedings*).

Dans le cas où le recouvrement amiable (*amical debt recovery*) ne serait pas efficace, il convient de connaître les règles de prescription en vigueur pour pouvoir agir en justice, dans le pays du client. Le facteur temps est primordial pour assurer le recouvrement, surtout à l'international.

Exemples ▸ **Le délai de prescription d'une facture impayée est de 2 ans en Chine, 6 ans en Australie.**

IV Les pénalités de retard de paiement

La notion d'intérêts de retard (*default interests*) est très répandue dans le commerce international et constitue un outil très efficace pour obtenir une compensation financière aux retards de paiement (*late payment*) et pour inciter ses clients à payer aux dates d'échéances contractuelles.

1 La réglementation applicable

La Convention des Nations unies pour les ventes internationales de marchandises (CVIM de 1980) donne le droit au vendeur de faire valoir des demandes de dommages-intérêts (*damages*), en cas de non-paiement de ses factures.

La loi relative aux nouvelles réglementations économiques (dite « loi NRE ») de 2001 incite l'ensemble des États membres de l'Union européenne à rendre les intérêts de retard obligatoires dans leurs pays respectifs.

Les documents commerciaux (conditions générales de vente, factures, contrats, etc.) doivent obligatoirement préciser les conditions d'application des pénalités de retard ainsi que le taux d'intérêt choisi.

> Cette loi aurait été inspirée par la culture juridique anglo-saxonne ou germanique, d'une tradition très sévère envers les mauvais payeurs.

En réalité, les entreprises n'appliquent que très rarement cette obligation de faire payer des intérêts de retard, de crainte de détériorer la relation commerciale avec leurs clients.

2 Le montant des intérêts de retard

L'entreprise détermine librement le taux des intérêts de retard, qui ne peut être inférieur au taux d'intérêt légal, fixé chaque semestre par arrêté publié au *Journal officiel* (0,79 % pour le premier semestre 2021). Ce taux étant très bas, les entreprises optent généralement pour un taux d'intérêt moyen de 12 % l'an (1 % par mois de retard).

Le calcul des pénalités de retard prend en compte : le montant de l'impayé, la durée du retard de paiement et le taux d'intérêt appliqué.

Exemple ▸ **Pour une facture impayée de 16 000 EUR et un retard de paiement de 45 jours, le montant des pénalités au taux annuel de 12 % sera de : 16 000 × 12 % × (45 / 360) = 240 EUR.**
À ces pénalités, s'ajoutent, en France, les 40 EUR de frais de recouvrement prévus par le Code de commerce.

En théorie, le vendeur n'est pas censé réclamer ces sommes dues de plein droit, car elles devraient être payées spontanément par le client négligent.

FICHE RESSOURCE

4 Accorder des réductions de leur facture aux clients

Proposer une réduction de sa facture à un client qui renonce à son délai de paiement est un excellent moyen d'améliorer sa trésorerie et de réduire le risque d'impayé.
Par ailleurs, l'entreprise peut être amenée à accorder des réductions sur le prix facturé : c'est le principe des rabais, remises et ristournes.

I Accorder un escompte pour paiement anticipé (*early payment discount*)

1 Les avantages de l'escompte commercial

L'escompte commercial est accordé par l'entreprise pour deux raisons :
- améliorer sa trésorerie : accorder un escompte commercial à un client est moins coûteux que payer un escompte financier à un établissement bancaire ;
- diminuer le risque de non-paiement : réduire le délai d'encaissement diminue le risque d'impayé ; en effet, plus le délai de paiement accordé est long, plus le risque de non-paiement est grand.

Cette offre de réduction du prix de la facture en cas de paiement anticipé peut intéresser le client : il améliore sa rentabilité et donc sa marge.

2 Le montant de l'escompte commercial

L'entreprise fixe librement le taux de réduction à offrir à ses clients, qui est cependant conditionné par sa rentabilité. Elle doit d'abord déterminer le coût moyen de son propre financement. Cette réduction est calculée sur le montant de la facture HT.

Exemple Facturation de 12 500 EUR HT, avec un escompte de 2 % pour règlement dans les 7 jours, à un client qui bénéficie par contrat d'un délai de paiement de 60 jours :
Escompte : 12 500 × 2 % = 250 EUR Règlement : 12 500 – 250 = 12 250 EUR

L'octroi d'un escompte pour règlement anticipé n'est pas une obligation ; un client ne peut exiger une réduction en cas de paiement comptant.

Le fournisseur qui accorde cette réduction doit l'insérer dans ses conditions générales de vente et le mentionner sur ses factures.

II Les rabais, remises et ristournes

Ces réductions de prix s'appliquent dans des circonstances bien précises. Elles peuvent se cumuler entre elles et avec un escompte pour règlement anticipé : elles doivent alors être calculées dans un ordre précis : rabais, remise(s), puis escompte.

1 Le rabais (*rebate*)

Cette réduction commerciale est accordée lorsque le produit présente un défaut, lorsqu'il ne correspond pas exactement à la commande du client (remplacement du produit épuisé par un produit équivalent) ou en cas de retard de livraison.

Il s'agit de compenser une moins-value.

2 La remise (*discount*)

La remise est accordée sur des commandes en grandes quantités ou à des clients fidèles. Elle est destinée à récompenser le client qui effectue des commandes importantes.

3 La ristourne (*refund*)

La ristourne est un geste commercial accordé à un client sur le montant total de ses commandes annuelles. Accordée à la fin de l'année, elle est calculée sur le chiffre d'affaires global réalisé avec un client donné.

En France, la loi sur les marges arrière encadre cette pratique pour limiter le pouvoir de domination de la grande distribution. Les ristournes entrent dans le calcul du seuil de vente à perte (dumping), pratique elle-même interdite.

Exemple **Cumul d'un rabais, d'une remise et d'un escompte**
Commande d'un client export : 1 000 clés USB de couleur bleue. Ce client régulier bénéficie d'un délai de paiement de 30 jours. Le vendeur accorde un escompte de 2 % pour règlement comptant.

Tarif des clés USB :

À l'unité	6,00 EUR
De 100 à 500 unités	Remise 5 %
Plus de 500 unités	Remise 10 %

Facturation de 1 000 clés USB de couleur verte (la couleur bleue est épuisée) :

	Montants (EUR)
1 000 clés USB à 6 EUR	6 000,00
Rabais 10 % à déduire : 6 000 × 10 %	– 600,00
Total	**5 400,00**
Remise sur quantité à déduire : 5 400 × 10 %	– 540,00
Prix net total	**4 860,00**
En cas de paiement anticipé : escompte 2 % À déduire : 4 860 × 2 %	– 97,20
Montant à payer au comptant	**4 762,80**

4 Présentation de la facture avec les conditions de pénalités et de réductions commerciales

<table>
<tr><td colspan="4">Vendeur : nom et adresse</td><td colspan="2">Facture n°</td><td>Date</td></tr>
<tr><td colspan="4">Adresse de livraison
(si différente de l'adresse de l'acheteur)</td><td colspan="3">Acheteur : nom et adresse
N° TVA intracommunautaire
(si livraison intracommunautaire)</td></tr>
<tr><td colspan="4">Référence commande client</td><td>Incoterm</td><td colspan="2">Monnaie de facturation</td></tr>
<tr><td colspan="7">Date et lieu d'expédition des marchandises</td></tr>
<tr><td colspan="7">Désignation des marchandises</td></tr>
<tr><td colspan="4">Références</td><td>Quantité</td><td>PU HT</td><td>Total HT</td></tr>
<tr><td colspan="4">Réf. 1
Réf. 2</td><td></td><td></td><td></td></tr>
<tr><td colspan="4">Frais de transport et assurance (le cas échéant)</td><td></td><td></td><td></td></tr>
<tr><td colspan="4" align="right">Total</td><td></td><td></td><td></td></tr>
<tr><td colspan="4">Rabais ou remises (le cas échéant)</td><td></td><td></td><td></td></tr>
<tr><td colspan="6" align="right">Total HT</td><td></td></tr>
<tr><td>TVA</td><td>Taux</td><td>Base HT</td><td>Montant</td><td colspan="2" rowspan="2"></td><td></td></tr>
<tr><td></td><td></td><td></td><td></td><td></td></tr>
<tr><td colspan="6" align="right">Total à payer</td><td></td></tr>
<tr><td colspan="7">Marquage des colis
Origine des marchandises
Nomenclature douanière
Si exonération de TVA : mention d'exonération</td></tr>
<tr><td colspan="7">Délai ou date limite de paiement</td></tr>
<tr><td colspan="7">Taux des pénalités de retard + Indemnité forfaitaire de 40 EUR pour frais de recouvrement
Conditions d'escompte</td></tr>
<tr><td colspan="7" align="center">SIREN du vendeur – N° RCS – Greffe – Forme juridique – Capital social –
N° TVA intracommunautaire</td></tr>
</table>

1 Réaliser le suivi d'un règlement client

L'entreprise Hobby commercialise une gamme étendue de tapis auprès d'un réseau de magasins de la grande distribution, en France et à l'étranger. Elle a récemment livré un acheteur néerlandais pour un montant important et a constaté que sa facture était restée impayée.
Vous collaborez au traitement de ce dossier.

À l'aide du document ci-dessous :

1. **Contrôlez la conformité de la facture envoyée au client néerlandais.**
2. **Rédigez, en anglais, le message à lui envoyer par e-mail, pour lui demander le paiement de sa facture.**

DOCUMENT Facture

HOBBY
4 rue Montgolfier
62000 Arras – France

Phone: 03 83 87 80 15
VAT number: FR36 390529079

commercial@hobby.com
SIRET number: 390529079 00034

BO CONCEPT
Alexandrium Shopping Center
Watermanweg 27
30 67 GA Rotterdam
The Netherlands

Invoice No. 011900854 – 22/11/N

Reference	Description	m²	Unit Price	Amount
2519	Ethnic, hand knotted carpet in India 2.50 × 3.00	7.50	250.00	1,875.00
2509	Seafront, hand knotted carpet in India 2.50 × 3.00	7.50	250.00	1,875.00
Port	Shipping cost	1.00	376.00	376.00

VAT	Description	Rate	Total excl. VAT	Amount
V0	VAT 0%		4,126.00	0.00

Amount Excl. Taxes	4,126.00
Net Excl. Taxes	4,126.00
VAT	0.00
Total Incl. Taxes	4,126.00
Total Due EUR	**4,126.00**

En cas de retard de paiement, sera exigible, conformément à l'article L441-6 du Code de commerce, une indemnité calculée sur la base de trois fois le taux d'intérêt légal en vigueur. En cas de retard de paiement, une indemnité forfaitaire de 40 € sera perçue pour frais de recouvrement (décret n° 2012–1115 du 02/10/2012).
Conformément à la loi du 12 mai 1980 n° 80335, les marchandises livrées demeurent notre propriété jusqu'au paiement intégral du prix.

Beneficiary: HOBBY
Bank: Crédit Agricole Nord de France
62000 Arras
IBAN: FR7619106000190700282000034
CODE BIC: AGRIFRPP891

2 Calculer le DSO d'une entreprise

L'entreprise Flow Up attache une grande importance au nombre de jours du crédit clients pour piloter sa stratégie commerciale : il lui permet d'identifier les mauvais payeurs et de leur demander un acompte lors de leurs prochaines commandes.
Le responsable export vous charge du calcul du DSO du mois de juin N.

À l'aide du document ci-dessous :

1. Calculez le DSO du mois de juin N de l'entreprise Flow Up.

2. Commentez ce résultat en le rapprochant de ceux des mois précédents.

DOCUMENT **État des encours clients**

Période (mois)	CA TTC	Encours	DSO
Juin N	1 200 000	900 000	
Mai N	800 000	1 000 000	63,65 jours
Avril N	1 700 000	1 000 000	60,52 jours
Mars N	1 600 000	900 000	58,45 jours

3 Facturer des pénalités de retard de paiement

L'entreprise Flow Up a identifié trois clients qui, en dépit de relances par téléphone et par e-mail, n'ont pas réglé leur facture.
Le responsable export vous charge de leur adresser un courrier plus formel, avec un exemplaire de la facture dont le montant doit être majoré de pénalités de retard au taux d'intérêt annuel de 12 %.

À l'aide du document ci-dessous :

1. Calculez le montant à facturer à chacun de ces trois clients.

2. Rédigez, en anglais, le courrier type à leur adresser.

DOCUMENT **État des créances impayées au 3 juillet N**

	Client TRUYG Ltd	Client ADAMS SA	Client DORT Gmbh
Numéro de facture	F0210456	F0210412	F021498
Date de la facture	30/04/N	24/04/N	15/05/N
Échéance	30 jours	30 jours	à la livraison
Montant en EUR	12 725	4 876	5 030

4 Accorder des réductions de prix aux clients

Redwoodpaddle est le numéro 1 du Stand up Paddle (SUP) en France, depuis 1999.
Cette PME, située à Perpignan, en Occitanie, conçoit des planches, pagaies et accessoires, avec les meilleurs matériaux, pour offrir à ses adeptes performance et plaisir de la glisse.

Redwoodpaddle a mis sa nouvelle gamme de paddles gonflables sur le marché. Pour écouler les stocks de ses anciens modèles, elle accorde des remises à ses clients *(pour des raisons de confidentialité les données sont fictives).*

Ainsi, le pack starter, vendu initialement au prix de 350 EUR, fera l'objet d'une remise de 10 % de son prix.
À sa clientèle professionnelle, elle accordera également un escompte de 2 %, en cas de paiement à la livraison.

Pour les commandes dans le document ci-dessous :

1. **Calculez le prix à facturer à chacun des clients.**
2. **Calculez le coût total des réductions accordées, pour Redwoodpaddle.**
3. **Sachant que la marge bénéficiaire de l'entreprise avant réduction est de 20 %, calculez le nouveau taux de marge procuré par ces ventes.**

DOCUMENT Commandes clients à facturer

Purchase order n°00050032
O'TOULE SPORTS
Link Road
Mahon, Cork
T12 X7HK, Ireland
Pack Starter 10'7: 10 units

Conditions de paiement contractuelles : 30 jours

Conditions de paiement demandées par le client : 30 jours

Purchase order n°00050040
KITE DEL VIENTO
Eduardo Chillida Paseakelua,
s/n, 20008
Donostia, Gipuzkoa
San Sebastian
España
Pack Starter 10'7: 12 units

Conditions de paiement contractuelles : 30 jours

Conditions de paiement demandées par le client : à réception

Purchase order n°00050045
WOOLACOMBE KITE CLUB
Marine Rd
Woolacombe
EX34 7ZZ
United Kingdom
Pack Starter 10'7: 3 units

Conditions de paiement contractuelles : 30 jours

Conditions de paiement demandées par le client : à réception

Purchase order n°00050047
MARINA PUNAT Ltd
Putnica 7
51521, Punat
Croatia
Pack Starter 10'7: 25 units

Conditions de paiement contractuelles : 45 jours

Conditions de paiement demandées par le client : 45 jours

5 Effectuer le suivi d'un approvisionnement

Pour sa prochaine participation au salon alimentaire SIAL à Paris, l'entreprise Agora a commandé les éléments de son stand à un concepteur polonais, Polstand. La facture commerciale lui est parvenue avec la marchandise.
Chargé(e) de la réception de cette commande, vous avez constaté qu'il manquait des éléments et en avez informé le service comptabilité, qui a retenu le paiement de la facture.
Vous devez contacter le standiste polonais pour l'informer de la livraison incomplète de cette commande.

1. **Rédigez, en anglais, le message à envoyer par e-mail au fournisseur polonais Polstand.**

Après plusieurs messages et appels téléphoniques, et en l'absence de réaction du fournisseur, il est convenu de procéder au règlement des marchandises livrées.

2. **Rédigez, en anglais, le courrier à adresser au fournisseur Polstand pour lui demander une facture rectificative.**

DOCUMENT 1 Extrait de la facture du standiste Polstand

PACK BOOTH 9 m² (EUR 350/m²) EUR 3,150

LAYOUT
- Filmed needle punched carpet (green color)
- Partition in 2.50 m high aluminum frame filled with a digital forex of your communication
- 1 storage room of 1 m², lockable and equipped with 2 shelves and a coat hook
- 1 host bank
- 6 LED recessed spots
- 2 LED rod lights
- 2 blocks of 3 sockets (reserve + booth)

Payment Term: at receipt
Payment Method: Swift Transfer

DOCUMENT 2 Éléments manquants dans la livraison

Moquette aiguilletée (couleur verte)
Réserve de 1 m² fermant à clé et équipée de 2 étagères et d'une patère

CHAPITRE

10 Traiter un litige

COMPÉTENCES PROFESSIONNELLES

Gérer la relation commerciale internationale	→ Assurer la qualité de la relation client/fournisseur/prestataire → Proposer une solution adaptée → Gérer la relation dans le cadre des réclamations, des litiges et des sinistres
Communiquer en français et en anglais dans des contextes interculturels	→ Élaborer des messages écrits et oraux en intégrant les codes et normes culturels → Adapter les outils commerciaux et de communication aux normes culturelles → Produire des documents commerciaux

Le développement de l'entreprise à l'international l'expose à de nouveaux partenaires, dans de nouveaux pays, avec des cultures, des pratiques commerciales et des systèmes juridiques différents.
Les relations d'affaires peuvent donner lieu à des désaccords et des litiges, induisant des coûts élevés et fragilisant en particulier les petites entreprises. Il leur faut trouver le moyen d'éviter ou de régler les différends, dans toutes les phases contractuelles, de la négociation à l'exécution.

SITUATION PROFESSIONNELLE

MADAGASCAR

Régime politique : République démocratique
Superficie : 587 295 km²
Population : 26,97 millions d'habitants
Capitale : Antananarivo
Villes principales : Antananarivo, Fianarantsoa, Antsiranana, Mahajanga, Toamasina
Langues officielles : français, malgache
PIB par habitant : 554 USD par an (2021)
Monnaie : ariary (1 EUR = 4 578 MGA)
Clients : France, États-Unis, Chine, Japon, Allemagne
Fournisseurs : Chine, France, Émirats arabes unis, Inde, Afrique du Sud

1. Actualisez les données pays par une recherche sur Internet.

2. Caractérisez les pratiques commerciales, sociales et environnementales du pays, après consultation de l'évaluation des risques par Coface.

French Macarons se positionne comme le premier producteur « artisan industriel » de macarons de France.

Si les produits sont fabriqués en chaîne et surgelés dans son usine à Toulouse, ils respectent la recette traditionnelle et ne contiennent pas de colorant ou d'additif chimique. Pour la coque, du sucre, des amandes et du blanc d'œuf ; pour le fourrage, de la crème, du chocolat, de la vanille Bourbon, de l'extrait naturel de fruits…

French Macarons exporte la plus grande partie de sa production, soit par la vente directe à des centrales d'achats hôtelières et à des grossistes pour la restauration, soit par l'intermédiaire d'importateurs-distributeurs. Ses macarons sont vendus en Europe, en Asie et en Amérique du Nord.

Sa gamme est composée de macarons :
- aux saveurs traditionnelles : chocolat, vanille, caramel, café, pistache, réglisse ;
- aux saveurs fruitées : framboise, fraise, citron, cassis ;
- aux saveurs exotiques : mangue, kiwi, noix de coco ;
- aux saveurs florales : fleur d'oranger, violette, rose.

Pour les besoins de sa production, French Macarons importe du beurre de cacao d'une union de coopératives indépendantes à 90 % biologiques, située en République dominicaine. Cette organisation paysanne lui garantit des approvisionnements certifiés AB (Agriculture biologique) et Fairtrade.

La vanille est achetée à la Coopérative des planteurs de vanille d'Andilamboahangy, sur l'île de Madagascar, dans la Réserve de biosphère instaurée par l'Unesco en 1990 (une grande forêt tropicale à l'est de Madagascar) (document 1).
La vanille bénéficie, elle aussi, des labels Agriculture biologique et commerce éthique.

Afin d'assurer une meilleure conservation des gousses de vanille, French Macarons les achète en quantités relativement limitées (par lots de 50 kg – on compte approximativement 250 gousses dans un kilogramme de vanille).
La vanille est expédiée depuis le port de Toamasina à Madagascar, par voie maritime.

Lors de sa dernière livraison en mars N, le directeur des achats de French Macarons constate un problème de qualité dont il informe aussitôt son fournisseur : les gousses de vanille sont sèches, au lieu d'être grasses et luisantes. Le poids net de la marchandise est donc très inférieur à celui commandé par le producteur français et facturé par le fournisseur malgache.

Le responsable de la coopérative d'Andilamboahangy exige le paiement de sa facture. Il assure que les gousses de vanille étaient en parfait état lors de leur expédition. Le transporteur ne peut être tenu pour responsable, les colis étant intacts lors de leur réception.

Le directeur du service Achats de French Macarons vous demande de l'assister dans le traitement de ce litige. Vous disposez du contrat d'approvisionnement conclu avec ce fournisseur (document 2) et de sa facture (document 3).

1. Identifiez les moyens prévus par le contrat conclu avec le fournisseur malgache pour le règlement des différends et expliquez-en les modalités.

➲ Fiches ressources 1 à 3

Vous avez procédé à une estimation des frais d'arbitrage pour le règlement de ce litige (document 4).

2. Identifiez les autres solutions de règlement de ce litige.
3. Conseillez le directeur du service Achats sur la suite à donner à ce litige.
4. Rédigez le courrier à adresser à la coopérative d'Andilamboahangy dans la recherche d'une issue à ce différend.

➲ Fiches ressources 2 et 4

French Macarons a été alertée par l'un de ses commerciaux sur les pratiques déloyales de l'un de ses partenaires : un distributeur turc copie les recettes de la pâtisserie et produit, sous son nom, des macarons qu'il revend pour son propre compte. Les volumes concernés ne semblent pas encore très importants, mais le dirigeant de la pâtisserie veut dénoncer les agissements de ce partenaire indélicat et mettre un terme à son contrat de distribution.

Chargé(e) de la communication commerciale avec les clients et les distributeurs étrangers, vous êtes associé(e) au traitement de ce dossier.
Vous disposez d'informations concernant ce distributeur (document 5) et du contrat de distribution conclu avec lui (document 6).

5. Relevez, dans ce contrat, les clauses relatives à un litige de cette nature.

➲ Fiches ressources 2 et 4

6. Identifiez le droit applicable à ce contrat et ses conséquences pour le règlement de ce litige.

➲ Fiche ressource 3

7. Rédigez, en anglais, le courrier à envoyer au distributeur turc pour mettre un terme à son contrat.

DOCUMENT 1 The Andilamboahangy Cooperative

The Andilamboahangy cooperative produces vanilla and cloves according to organic and Fairtrade standards. The cultivation of vanilla and other spices enables the harmonious coexistence of people and nature and prevents ecological exploitation. The traditional knowledge of the population and the humid, tropical climate are the ideal basis for excellent and best tasting organic Bourbon vanilla and cloves.

Products:

- Organic Bourbon vanilla pods / powder / cut
- Organic Bourbon vanilla extract liquid
- Organic Bourbon vanilla extract powder
- Organic cloves whole / powder / cut

633 members • 5 villages • Surface 115 ha

BIO USDA ORGANIC Naturland FAIRTRADE

DOCUMENT 2 Extraits du contrat conclu avec la coopérative Andilamboahangy

[…]

Article 8. Défaut de conformité

8.1. L'Acheteur examine les Marchandises ou les fait examiner le plus rapidement possible si la situation le permet. L'Acheteur notifie au Vendeur tout défaut de conformité des Marchandises, en précisant la nature du défaut de conformité, dans un délai de 15 jours après qu'il a découvert ou aurait dû découvrir le défaut de conformité. En tout état de cause, l'Acheteur perd le droit de se fonder sur un défaut de conformité s'il omet d'informer le Vendeur du défaut de conformité dans un délai de deux mois à compter de la date à laquelle les Marchandises ont été effectivement remises à l'Acheteur.

8.2. Si l'Acheteur a donné un avis de non-conformité au Vendeur, il peut choisir de :

8.2.1. Demander au Vendeur la livraison de la quantité manquante des Marchandises, sans aucuns frais supplémentaires pour l'Acheteur ;

8.2.2. Demander au Vendeur le remplacement des Marchandises défectueuses par des Marchandises conformes, sans aucuns frais supplémentaires pour l'Acheteur ;

8.2.3. Demander au Vendeur la réparation des Marchandises, sans aucuns frais supplémentaires pour l'Acheteur ;

8.2.4. Réduire le prix proportionnellement à la différence entre la valeur que les Marchandises effectivement livrées avaient à la date de la livraison et la valeur que les Marchandises conformes auraient eue à cette même date.

▸▸

▶▶ L'Acheteur ne peut réduire le prix si le Vendeur remplace les Marchandises défectueuses par des Marchandises conformes ou répare les Marchandises endommagées conformément aux articles 8.2.2 et 8.2.3 du présent article ou si l'Acheteur refuse d'accepter les moyens de réparation proposés par le Vendeur ;

8.2.5. Déclarer le présent contrat résolu conformément à l'article 10 du présent contrat. L'Acheteur est, en tout cas, en droit de réclamer des dommages-intérêts. […]

Article 14. Procédure de règlement des différends

14.1. Tout litige, différend ou réclamation né du présent contrat, ou se rapportant au présent contrat ou à sa conclusion, son interprétation, son exécution, sa violation, sa résiliation ou sa nullité sera tranché par voie d'arbitrage conformément au règlement d'arbitrage de la Chambre de commerce internationale de Paris par un arbitre unique nommé conformément audit règlement. Le lieu de l'arbitrage sera situé à Paris. La langue de l'arbitrage sera le français.

Article 15. Droit applicable et principes directeurs

15.1. Les questions relatives à ce contrat qui ne sont pas réglées par les dispositions contenues dans le contrat sont réglées par la Convention des Nations unies sur les contrats de vente internationale de marchandises (Convention de Vienne de 1980 ci-après dénommée CVIM). Les questions qui ne sont pas traitées par la CVIM sont réglées par les Principes d'UNIDROIT relatifs aux contrats du commerce international (ci-après dénommés les Principes d'UNIDROIT) ; les questions qui ne sont pas traitées par les Principes d'UNIDROIT sont réglées par le droit national applicable du pays où l'Acheteur a son siège social.

15.2. Le présent contrat est exécuté dans un esprit de bonne foi et de loyauté.

DOCUMENT 3 Facture de la coopérative Andilamboahangy

Andilamboahangy Cooperative

Andilamboahangy
Madagascar
+261 33 37 200 87

INVOICE No. 3222390

French Macarons
50 route de Bayonne
Toulouse, 31300
France

Shipment from: Toamasina

Carriage Paid to: Fos-sur-Mer

March 5th, N

Description	Quantity	Unit Price	Amount EUR
Organic vanilla pods 10 kg Sea freight	5	4,990.00	24,950.00 110.00
		Total due	**25,060.00**

Payment Term: on receipt
Payment Method: wire transfer

DOCUMENT 4 Estimation des frais d'arbitrage de la CCI de Paris

Pour la résolution d'un litige de 30 000 USD (équivalent de 25 000 EUR sur la base d'un taux de change de 1 EUR = 1,20 USD) :

Total ICC Cost Calculator

Amount in Dispute (USD)	30000
Number of Arbitrators	1
Type of Arbitration Procedure	Ordinary
Complexity of Dispute (Hours of Legal Work Required)	1000
Lawyers' Average Hourly Rates (USD/Hour)	50

Filing Fee	**$5,000**
ICC Administrative Expenses	**$5,000**
Minimum Fees per Arbitrator	**$3,000**
Average Fees per Arbitrator	**$4,203**
Maximum Fees per Arbitrator	**$5,406**
ICC Administrative Expenses and Average Fees of Arbitral Tribunal	**$9,203**
Estimated Total Legal Fees per Party	**$50,000**
Anticipated Expert Costs per Party	**$0**
Anticipated Witness, Management and Other External Costs per Party	**$10,194**
Estimated Total Cost of ICC Arbitration per Party**	**$64,795**

Ce calculateur ne fournit qu'une estimation. Les hypothèses sous-jacentes suivantes sont utilisées dans le calculateur de coûts d'arbitrage CCI :

- Les coûts de la CCI et du tribunal arbitral sont basés sur le barème des dépenses administratives et les honoraires de l'arbitre de la CCI en vigueur au 1er janvier 2021.
- Les frais juridiques moyens varient de USD 50 par heure à USD 600 par heure. La plupart des cabinets d'avocats factureront bien plus que USD 50 par heure et les frais juridiques sont le principal coût de l'arbitrage international.
- L'arbitrage CCI moyen nécessite entre 1 000 et 5 000 heures de travail, en fonction de sa complexité.
- 82 % des frais dans les procédures de la CPI concernent les frais de justice, honoraires d'experts et frais de témoins.
- Dans les cas de faible complexité (moins de 2 000 heures de travail juridique) et les cas avec de petits montants en litige (moins de USD 2 000 000), on suppose qu'aucun expert quantique ou juridique n'est requis. [...]
- Chaque partie est censée payer les frais administratifs de la CPI et les frais du tribunal de manière égale. Si un répondant refuse de payer, toutefois, ses demandes reconventionnelles ne seront pas entendues, mais le demandeur devra supporter les frais du défendeur (qui peuvent ensuite être réclamés dans la sentence sur les dépens à l'issue de l'arbitrage).
- Il convient de rappeler qu'une partie gagnante peut se voir rembourser la totalité ou une partie importante de ses frais de justice par la partie perdante dans la sentence arbitrale finale.

www.international-arbitration-attorney.com/

DOCUMENT 5 Informations sur le distributeur turc

TFP Turkish Food Product

Hatboyu Bolvari Sk. No: 175
34775 Istanbul

Producteur / Distributeur
Création : 1987
Secteur : Pâtisseries et semi-finis pour pâtisseries, cocktails et topping

DOCUMENT 6 Contrat de distribution conclu avec le distributeur turc (extraits)

[...]

9. Intellectual Property

9.1. The Supplier grants to the Distributor the non-exclusive right to use in the Territory in relation to the promotion, marketing and sale of the Goods the Supplier's Trademarks details and any other Trademarks used by the Supplier in relation to the Goods at any time during the Term which are notified in writing to the Distributor (the "Trademarks") and any patent, copyright, design right or other Intellectual Property rights ("Intellectual Property") of the Supplier, to the extent necessary for the purposes of exercising its rights and performing its obligations under this contract.

9.2. The Distributor shall ensure that each reference to and use of any of the "Trademarks" by the Distributor in relation to the Goods in any advertising or marketing material or otherwise is in a manner from time to time approved by the Supplier and accompanied by an acknowledgement, in a form approved by the Supplier, that it is a Trademark (or registered Trademark) of the Supplier.

9.3. The Distributor shall not:

- **9.3.1.** Modify the Goods or their packaging, except to the extent that this is required in accordance with applicable law;
- **9.3.2.** Alter or remove from the Goods any of the Trademarks, or the numbers or other means of identification used on or in relation to the Goods;
- **9.3.3.** Use any of the Trademarks in any way which might prejudice their distinctiveness or validity or the goodwill of the Supplier;
- **9.3.4.** Use in relation to the Goods any Trademarks other than the Trademarks without obtaining the prior written consent of the Supplier;
- **9.3.5.** Use in the Territory any Trademarks or trade names which so resemble any of the Trademarks as to be likely to cause confusion or deception;
- **9.3.6.** Use any of the Trademarks as part of the Distributor's corporate or business name; or
- **9.3.7.** Apply for or register as a Trademark or as a domain name in the Territory or elsewhere any name or mark which is the same as or similar to any of the Trademarks or any domain name of the Supplier, but if the Distributor applies for or registers any Trademark or domain name in breach of this Article, it shall transfer it to the Supplier on demand. [...]

9.4. Except as provided in this contract, the Distributor shall have no rights in respect of any trade names or Trademarks used by the Supplier in relation to ►►

▶▶ the Goods or of the goodwill associated with them, or any other Intellectual Property of the Supplier in respect of the Goods. [...]

9.7. The Distributor shall not do or authorize any third party to do any act which would or might invalidate or be inconsistent with any of the Trademarks or any other Intellectual Property of the Supplier or its licensor in respect of the Goods, and shall not authorize any third party to do so. [...]

9.9. In the event of any such infringement or claim: [...]

9.9.2. The Supplier shall have sole control over any proceedings or negotiations in connection with the infringement or claim [...].

12. Duration and termination

12.1. This contract will take effect on the date of its signature by both parties or, if the signatures do not occur simultaneously, when the latest signature is given. [...]

12.4. Either party may (without limiting any other remedy) at any time terminate this contract by giving written notice to the other if:

12.4.1. The other party commits any breach of this contract and (if capable of remedy) fails to remedy the breach within thirty 30 days after being required by written notice to do so [...].

13. Consequences of termination [...]

13.2. The Supplier shall be entitled to repurchase from the Distributor all or part of any stocks of the Goods then held by the Distributor at their invoice value or the value at which they stand in the books of the Distributor, whichever is lower.

13.3. The Distributor shall at its own expense within thirty 30 days send to the Supplier or otherwise dispose of in accordance with the directions of the Supplier all samples of the Goods and any advertising, promotional or sales material relating to the Goods then in the possession of the Distributor.

13.4. Outstanding unpaid invoices rendered by the Supplier in respect of the Goods shall become immediately payable by the Distributor and invoices in respect of goods ordered prior to termination, but for which an invoice has not been submitted shall be payable immediately upon submission of the invoice. [...]

23. Dispute resolution procedure

Any dispute, controversy or claim arising out of or relating to this contract, in particular its conclusion, interpretation, performance, breach, termination or invalidity, shall be finally settled by the courts of France, Paris which will have exclusive jurisdiction.

24. Language of contract

This contract has been negotiated and concluded in English. It may be translated into any other language for practical purposes, but the English version shall prevail in the event of any doubt.

25. Applicable law

French national law shall apply to this contract.

FICHE RESSOURCE

1 Les types de litiges commerciaux

Un litige commercial est un différend entre deux partenaires commerciaux : il peut s'agir d'un client (commerçant ou particulier), d'un fournisseur, d'un distributeur, d'un prestataire de services ou d'un concurrent.

Pour chaque type de litige, un processus de règlement est proposé, amiable ou judiciaire. Mais, dans la plupart des cas, des solutions différentes peuvent être prévues dans le contrat par les parties.

Type de litige	Nature du litige	Processus de règlement
Achat ou vente de matières premières et de marchandises	La qualité, la quantité, le prix.	Ces litiges pourront éventuellement faire l'objet d'une décision judiciaire prise par les tribunaux compétents sur le lieu d'activité de l'acheteur. Des contrats types, élaborés par les associations commerciales, sont fondés sur leurs propres règles d'arbitrage.
	Le transport, les conditions de livraison.	Intégration au contrat de dispositions contractuelles claires : les Incoterms, publiés par la CCI, définissent clairement les responsabilités de l'acheteur et du vendeur en ce qui concerne le transfert des coûts et des risques de la logistique et les documents à produire.
Soumission à un appel d'offres	Un soumissionnaire peut estimer que les règles n'ont pas été respectées et qu'il a été traité de manière non équitable.	Le demandeur dépose une requête auprès du tribunal ou de l'autorité compétente mentionné dans l'appel d'offres. Divers processus de négociation ou de médiation peuvent être utilisés.
Recours à un distributeur	• Non-respect par le producteur du délai de livraison des marchandises au distributeur, de la clause d'exclusivité. • Non-respect par le distributeur de sa zone de distribution, de la clause de non-concurrence (fabrication pour son compte de produits similaires, par exemple), de son obligation de payer le producteur.	• Recours à un tribunal, aux services d'un expert, d'un arbitre. • Les contrats de distribution comportant des informations commerciales sensibles et confidentielles, les parties peuvent préférer insérer des clauses compromissoires* dans leurs contrats. • Des formulaires standards de contrats d'agence et de distribution approuvés dans tous les pays sont disponibles sur le site du Centre de commerce international (www.intracen.org).
Recours à un agent	Rémunération de l'agent au moment de la résiliation du contrat.	Dans de nombreux pays (notamment les États membres de l'UE), des lois impératives protègent les agents, indépendamment des dispositions contractuelles.
Propriété intellectuelle	Redevances à payer par le licencié, produits couverts par la licence, résiliation de la licence, non-respect de la licence, violation des règles de concurrence.	Les parties au contrat doivent prévoir les modalités de règlement des litiges, contentieux ou arbitrage. Elles peuvent, par exemple, désigner l'OMPI (Organisation mondiale de la propriété intellectuelle) ou la Cour internationale d'arbitrage de la CCI.

▶▶

Type de litige	Nature du litige	Processus de règlement
Noms de domaine	Cybersquattage : enregistrement abusif des noms de domaine sur Internet.	Procédure uniforme de résolution de conflits en matière de noms de domaine de l'ICANN (Société pour l'attribution des noms de domaines et des numéros sur Internet) : désignation d'un groupe d'experts administratifs et résolution dans les 55 jours.
Transport des marchandises	Les litiges concernent surtout le transport maritime, qui emporte la majeure partie des marchandises à l'international et portent le plus souvent sur le facteur temps, en raison du risque de péremption ou de détérioration rapide des marchandises, et des surestaries éventuellement exigibles en cas de retard à l'arrivée du bateau.	• Règlement des différends par le biais de la London Maritime Arbitration Association (à Londres) ou de la Society of Maritime Arbitrators (à New York). • Établissement de contrats standards intégrant des clauses d'arbitrage qui font rarement l'objet de négociations.
Coentreprise (joint-venture)	Contribution de chaque participant à la production et l'exploitation des licences, assistance technique, disponibilité et formation du personnel, devises et modes de paiement, dissolution de la coentreprise.	En raison des différents systèmes juridiques impliqués en cas de litige, les tribunaux ne constituent pas toujours le meilleur moyen de résolution. La médiation peut constituer une meilleure méthode pour régler des différends et permettre de préserver une relation à long terme.
Douane	Litiges sur la classification des marchandises, qui conditionne le montant des droits et taxes et déclenche des contraintes telles que les licences, les quotas, les inspections.	L'OMD (Organisation mondiale des douanes) est la seule issue au règlement des questions de classification douanière, mais ne joue qu'un rôle de conseil dans l'interprétation de la nomenclature du SH (système harmonisé), à la demande d'un gouvernement et pas d'une société privée. Les litiges de classification sont renvoyés devant les tribunaux nationaux et les administrations.
	Litiges sur la valeur déclarée : la douane peut rejeter la valeur transactionnelle (valeur de la facture) en cas de doute sur son exactitude.	Dans ce cas, l'importateur doit avoir la possibilité de justifier le prix déclaré.
Paiement avec crédit documentaire	Litiges concernant la conformité des documents avec les RUU (règles et usances uniformes) de la CCI.	Depuis 1997, les litiges portant sur des crédits documentaires peuvent être résolus en obtenant un avis exécutoire de la part d'experts au titre de la procédure DOCDEX administrée par la CCI.

* Une clause compromissoire prévoit le recours à un tiers neutre, indépendant et impartial, afin d'arbitrer tous les litiges pouvant naître dans le cadre du contrat.

Remarque La procédure uniforme de résolution de conflits en matière de noms de domaine de l'ICANN (www.icann.org), aujourd'hui devenue la norme internationale admise pour régler les différends, coûte entre 1 500 USD pour un seul nom de domaine traité par un seul expert et 7 000 USD pour un litige concernant au moins 10 noms de domaine traités par 3 experts. L'OMPI traite plus de la moitié de tous les litiges relatifs à des noms de domaine (environ 6 000 procédures par an).

Les litiges naissent le plus souvent d'une interprétation d'un système juridique différent ou de l'usage d'une langue étrangère. Le problème réside donc principalement dans la rédaction du contrat international. Un contrat bien rédigé est essentiel pour le bon déroulement des relations d'affaires.

FICHE RESSOURCE

2 La rédaction du contrat

Un contrat bien rédigé permet d'encadrer la relation commerciale avec précision et souplesse, en tenant compte des spécificités liées à sa dimension internationale. La consultation d'un avocat spécialisé peut être nécessaire pour les contrats complexes.

I Les paramètres à prendre en compte pour rédiger le contrat

- **La langue de rédaction du contrat :** l'idéal est de choisir une langue maîtrisée par les deux parties, car une traduction pourrait dénaturer certaines finesses juridiques.

Remarque Le terme français « transaction » signifie qu'il y a concession réciproque des deux parties, ce qui n'est pas le cas de son équivalent en anglais « *gentleman agreement* ».

- **Le langage de rédaction du contrat :** des termes simples et concis assurent une meilleure utilisation et moins de matière à litige que des termes vagues ou ambigus.
- **La possibilité de modifier le contrat** à une date ultérieure, en cas de changement de situation.
- **L'environnement économique, juridique et social du partenaire**

Remarque Pour les contrats de franchise, certains pays, comme la France, la Chine, la Roumanie, encadrent ce contrat en obligeant le franchiseur, en amont de la signature du contrat, à fournir de nombreuses informations au franchisé (expérience, marché potentiel, réseau, durée du contrat, non-concurrence, etc.).

- **La définition des méthodes de résolution des litiges :** elle suppose que les parties aient au préalable identifié les types de litiges pouvant survenir.

Remarque Il est important de connaître les habitudes culturelles de son partenaire : en Chine, où la tradition juridique est plutôt orale, on s'en tient aux grandes lignes du contrat, alors qu'au Japon, tout doit être mentionné par écrit.

II Les clauses à insérer dans le contrat

1 Le droit applicable au contrat

Les deux entreprises sont situées dans des pays différents, mais le droit d'un seul pays s'appliquera au contrat. Il leur appartient de déterminer lequel. Il peut être également envisagé de soumettre le contrat au droit d'un troisième pays ou encore de le soumettre à des règles de droit international. L'entreprise doit s'interroger sur la loi la plus avantageuse pour elle.

Remarque Un distributeur aura intérêt à choisir la loi belge, un agent préférera la loi française.

À défaut de choix exprimé par les parties, le règlement européen du 17 juin 2008 stipule que le droit applicable sera le suivant, en fonction de la nature du contrat :

Nature du contrat	Droit applicable
Contrat de vente de biens	Pays du vendeur
Contrat de prestation de services	Pays du prestataire
Contrat de franchise	Pays du franchisé
Contrat de distribution	Pays du distributeur

Remarque Contrairement au droit français, le droit de « Common law » (en vigueur dans les pays anglo-saxons) ne donne aucune valeur au préambule d'un contrat ou à une clause pénale ; la notion de bonne foi y est par ailleurs inconnue.

2 La juridiction compétente en cas de litige

Les parties peuvent soumettre les éventuels litiges à une juridiction étatique (un tribunal) ou à une cour arbitrale (comme la London Maritime Arbitration Association pour les litiges relatifs au transport des marchandises). Si le choix porte sur un tribunal, il est conseillé de le choisir dans le pays du droit applicable au contrat.

Il est nécessaire de s'informer sur les règles de compétence des tribunaux, qui peuvent varier d'un pays à l'autre.

Remarque En France, les litiges concernant les agents sont du ressort des tribunaux judiciaires et non des tribunaux de commerce.

Les principales différences entre un juge national et un arbitre sont les suivantes :

	Juge national	Cour arbitrale
Clause à insérer dans le contrat	Clause attributive de compétence	Clause compromissoire
Définition	Instance judiciaire, il s'agit d'un tribunal de l'État, dont la décision (le jugement) est d'application obligatoire.	Alternative à l'instance judiciaire, il s'agit d'un tribunal composé de 1 à 3 arbitres, dont la décision (la sentence arbitrale) est d'application obligatoire.
Confidentialité	Justice publique : les jugements sont publiés.	Justice privée : les sentences ne sont pas publiées.
Coût	Gratuité des procédures en France (seuls les frais d'avocat et de dossier sont à payer).	Coûts de rétribution, de déplacement et de séjour des arbitres (il faut prévoir plusieurs réunions par mois, sur plusieurs mois).
Durée	Variable en fonction des tribunaux et des pays, souvent plus longue que l'arbitrage	Au moins un an

Les grandes institutions d'arbitrage international sont :
- la Chambre de commerce international (CCI), Paris ;
- le Centre international pour le règlement des différends relatifs aux investissements (CIRDI), rattaché à la Banque mondiale ;
- l'American Arbitration Association (AAA), New York ;
- la London Court of International Arbitration (LCIA), Londres.

3 La clause de force majeure

Des événements peuvent rendre l'exécution du contrat difficile ou impossible : une catastrophe naturelle, par exemple, peut empêcher le fournisseur de produire. Les législations de la plupart des pays incluent des dispositions applicables aux cas de force majeure.

Remarque Dans le droit anglo-saxon, la notion de force majeure n'existe pas.

4 La clause d'adversité

Des événements peuvent alourdir la charge qui pèse sur l'une des parties : les fluctuations des cours d'une matière première, par exemple, peuvent être financièrement désastreuses pour le vendeur ou pour son client. Dans la plupart des pays, des lois régissent les situations d'adversité, mais les dispositions varient considérablement d'un pays à l'autre.

Remarque La CCI a mis en place des dispositions destinées à aider les parties à rédiger leurs contrats, qui prévoient les conditions de non-responsabilité dans les cas de force majeure et d'adversité.

5 La clause de non-concurrence

Pour être valable, elle doit déterminer la durée et la zone géographique. C'est une clause importante pour les contrats d'agents commerciaux.

6 La clause de confidentialité

Elle peut viser, par exemple, la protection des droits de propriété industrielle du fabricant. Pour être valable, elle doit être encadrée par une durée précise.

FICHE RESSOURCE

3 Le cadre juridique de sécurisation des échanges internationaux

Le contrat de vente est le pilier du commerce international dans tous les pays, quels que soient leur tradition juridique et leur niveau de développement économique.

La vente internationale, comme la plupart des opérations de commerce international, est régie par deux catégories de règles : les unes issues des sources spontanées que sont les usages et la pratique, les autres de sources étatiques diverses, législations nationales et conventions internationales.

La Convention des Nations unies sur les contrats de vente internationale de marchandises (CVIM) est considérée comme l'un des traités fondamentaux du droit commercial international.

I Les lois nationales

Chaque droit national comprend un droit de la vente, qui a vocation à s'appliquer à des ventes internationales lorsqu'il est désigné comme droit applicable au contrat.

Or, le droit national n'est pas toujours adapté aux transactions internationales.

Exemple ▸ **En droit français, en cas d'inexécution par une partie, la sanction est la résolution de la vente. Or, dans le commerce international, où les marchandises auront souvent été transportées à des milliers de kilomètres, il est antiéconomique de leur faire faire le chemin inverse.**

II Les Incoterms

Les *International Commercial Terms*, règles internationales pour l'interprétation des termes commerciaux, sont des usages codifiés par la Chambre de commerce internationale. Les 11 Incoterms constituent un recueil de clauses énonçant les obligations et responsabilités des parties commerciales qui y souscrivent :

- la répartition des obligations entre vendeur et acheteur : qui organise le transport ? l'assurance ? le dédouanement ? Qui fournit les documents ?
- la répartition des coûts : qui paie le transport ? l'assurance ? le dédouanement ?
- la répartition des risques : jusqu'où le vendeur est-il responsable des risques encourus par la marchandise pendant le transport ? Le transfert des risques se fait au « lieu de livraison », qui ne correspond pas toujours au lieu de destination.

Les Incoterms ne définissent pas le point de transfert de propriété. Ce point est généralement traité par la clause de réserve de propriété stipulée au contrat ou dans les conditions générales de vente.

III La CVIM

COMMISSION DES NATIONS UNIES POUR LE DROIT COMMERCIAL INTERNATIONAL

La CNUDCI, organe juridique principal du système des Nations unies dans le domaine du droit commercial international, a pour mandat de supprimer les obstacles juridiques au commerce international à travers la modernisation et l'harmonisation progressives des règles du commerce. Elle est à l'origine de la Convention des Nations unies sur les contrats de vente internationale de marchandises (CVIM ou Convention de Vienne).

Adoptée le 11 avril 1980 à Vienne et entrée en vigueur le 1er janvier 1988, elle a été ratifiée par 89 pays à ce jour (2021). Parmi les absents notables, on trouve le Royaume-Uni, la Russie ainsi que les pays du Maghreb (Algérie, Maroc, Tunisie).

Remarque ▸ **Les pays ayant ratifié la CVIM appartiennent à toutes les régions du monde, relèvent de tous les systèmes juridiques et sont à tous les stades de développement.**

1 Objet

« La CVIM a pour objet de fournir un régime moderne, uniforme et juste pour les contrats de vente internationale de marchandises. Elle contribue ainsi de manière considérable à la sécurisation des échanges commerciaux et à la réduction du coût des opérations. »

https://uncitral.un.org

2 Utilité

« L'adoption de la CVIM offre à la vente internationale de marchandises une législation moderne et uniforme qui s'appliquerait à tous les contrats de vente de marchandises conclus entre les parties ayant leur établissement dans des États contractants [sans avoir recours] aux règles de droit international privé [...].

La CVIM [...] peut s'appliquer [...] si les parties en décident ainsi, qu'elles aient ou non leur établissement dans un État contractant leur offrant un corps de règles neutre qui peut être facilement accepté étant donné sa nature transnationale et le grand nombre de documents interprétatifs.

Enfin, les petites et moyennes entreprises [...] établies dans les pays en développement n'ont généralement guère la possibilité de consulter un juriste lors de la négociation d'un contrat. Elles sont donc plus vulnérables aux problèmes résultant d'un traitement inapproprié, dans le contrat, des questions liées au droit applicable. Elles risquent aussi d'être les parties contractantes les plus faibles et de rencontrer des difficultés pour maintenir l'équilibre contractuel. Elles tireraient donc un avantage particulier de l'application automatique du régime juste et uniforme mis en place par la CVIM aux contrats qui entrent dans son champ d'application. »

https://uncitral.un.org

3 Principales dispositions

« La CVIM régit les contrats de vente internationale de marchandises entre les entreprises privées, à l'exclusion de la vente aux consommateurs, de la vente de services et celle de certains types de marchandises. [...]

Certaines questions [...], comme la validité du contrat et l'effet du contrat sur la propriété des marchandises vendues, sont exclues du champ d'application de la Convention.

La deuxième partie de la Convention traite de la formation du contrat, qui résulte de la rencontre d'une offre et d'une acceptation. La troisième partie traite des obligations des cocontractants.

Comptent parmi les obligations du vendeur celles de livrer les marchandises conformément à la quantité et à la qualité stipulées dans le contrat, de remettre les documents y afférant et de transférer la propriété des marchandises. L'acheteur s'oblige à payer le prix et à prendre livraison des marchandises.

[La Convention] édicte des règles communes relatives aux moyens dont dispose une partie en cas de contravention au contrat par son cocontractant. La partie lésée peut exiger l'exécution contractuelle, demander des dommages-intérêts ou résoudre le contrat en cas de contravention essentielle. »

https://uncitral.un.org

4 Application

D'application volontaire, la CVIM s'impose néanmoins aux cocontractants lorsque le droit applicable au contrat est celui d'un pays partie à la Convention. Cela signifie qu'en cas de dispositions contradictoires entre le contenu de la loi applicable au contrat et une disposition de la CVIM, c'est cette dernière qui devra s'appliquer.

FICHE RESSOURCE

4 La résolution des litiges commerciaux internationaux

Deux types de solutions s'offrent aux entreprises pour régler leurs litiges commerciaux internationaux : des solutions extrajudiciaires ou judiciaires.

I Les méthodes extrajudiciaires de résolution des litiges

L'arbitrage, la médiation, la conciliation et le mini-procès font intervenir des tiers pour le règlement des litiges, dont le mode d'intervention diffère. Ces solutions permettent d'éviter de passer par un tribunal.

- **L'arbitrage :** c'est un tribunal arbitral composé d'un (ou de plusieurs) arbitre(s) (trois en général) chargé(s) de résoudre le conflit. Le ou les arbitres peuvent être choisis pour leurs qualifications professionnelles et techniques.
  Chaque partie expose ses arguments devant le ou les arbitres chargé(s) de statuer sur le différend.
  Remarque Une entreprise doit réfléchir à l'opportunité d'une clause d'arbitrage, en particulier à l'occasion d'un litige à faible enjeu. En effet, le coût de l'arbitrage pourrait se révéler, à terme, aussi important que l'enjeu du litige lui-même. Une PME ou une ETI qui souhaite insérer une clause d'arbitrage pour un litige national ou international doit préalablement consulter les barèmes d'arbitrage de l'institution qu'elle envisage de saisir.
  Exemple Frais d'arbitrage tunisien entre des sociétés libanaise et française, pour un litige d'un montant de 50 000 USD :

Frais administratifs	3 000 USD
Honoraires de l'arbitre	6 005 USD
Frais de déplacement et séjour	4 795 USD
Total	13 800 USD

- **La médiation :** le médiateur ne propose pas une solution mais aide les parties à trouver les bases d'un accord. Cette procédure est rapide (quelques jours) et peu coûteuse.
- **La conciliation :** elle désigne « l'arrangement amiable auquel parviennent des personnes en conflit, au besoin avec l'aide d'un tiers ». Le conciliateur est une personne bénévole, qui présente des garanties de discrétion et d'impartialité.
  Si la procédure aboutit, les parties et le conciliateur signent un accord de règlement. Si elle échoue, le litige peut être porté devant une cour ou un tribunal d'arbitrage.
- **Le mini-procès :** des conseillers sont nommés pour représenter les parties et tenter de trouver une solution amiable. Cette procédure, qui n'est pas judiciaire, est très utilisée aux États-Unis.

II La procédure judiciaire

1 Le déroulement de la procédure judiciaire de règlement des litiges commerciaux

Les phases de la procédure judiciaire sont les suivantes :
- citation du défendeur par exploit d'huissier ;
- échange de conclusions ;
- plaidoiries ;
- délibéré du tribunal ;
- prononcé du jugement.

La procédure est orale, contradictoire et publique : le jugement est rendu en audience publique.
Le président du tribunal peut prononcer une injonction de payer : cette procédure est destinée à recouvrer, dans des délais rapides, certaines créances impayées.

2 La Chambre internationale du tribunal de commerce de Paris

En France, la Chambre internationale du tribunal de commerce de Paris juge les litiges de dimension internationale en première instance ; la Chambre internationale de la cour d'appel de Paris (CICAP) juge les appels en deuxième instance.

Ces chambres sont compétentes pour traiter des litiges relatifs à des contrats de commerce international de droit français ou de droit étranger, en matière :
- de contrats commerciaux ;
- de contrats de transport ;
- de concurrence déloyale ;
- de pratiques anticoncurrentielles ;
- d'opérations sur instruments financiers.

La compétence de ces chambres résulte généralement d'une stipulation contractuelle.
Pour convaincre les entreprises de choisir Paris comme juridiction de règlement de leurs litiges commerciaux internationaux, les procédures applicables devant ces chambres spécialisées ont été adaptées aux pratiques internationales, notamment anglo-saxonnes. Les juges permanents de ces chambres sont anglophones ; la langue anglaise peut être utilisée pour les documents présentés et pour les auditions et les débats. Néanmoins, les actes de procédure restent rédigés en français.

Remarque Avec ce double degré de juridiction, la France espère récupérer une partie du contentieux commercial international traité par la justice britannique jusqu'au Brexit et devenir une place judiciaire de premier plan au niveau international.

III Les méthodes privilégiées par les entreprises

Les solutions généralement préférées sont extrajudiciaires, pour plusieurs raisons :
- la rapidité : l'arbitrage offre une solution plus rapide qu'une action en justice ;
- le choix : les partenaires peuvent choisir des arbitres expérimentés et efficaces alors qu'ils ne peuvent pas choisir les membres d'un tribunal ;
- la décision sans appel : la sentence rendue par l'arbitrage est définitive alors qu'une décision de justice peut être contestée en appel ;
- la confidentialité : les arbitrages se font en privé alors que les décisions de justice sont publiques et relayées par les médias.

Même si l'arbitrage reste la principale méthode de règlement des litiges commerciaux internationaux, d'autres méthodes, comme la médiation, sont plus adaptées aux besoins des PME, leur permettant de trouver des solutions plus rapides et des résultats plus concrets que les solutions légalistes.

Remarque Dans plusieurs pays d'Afrique et d'Amérique latine, la médiation s'est révélée si efficace qu'elle est devenue obligatoire avant d'engager une procédure judiciaire.

1 Traiter un litige sur une expédition

Happy Few conçoit du matériel de scène (audio, vidéo, scène et éclairage) destiné aux professionnels de l'organisation de spectacles et d'événements, proposé à la vente ou à la location. Sa clientèle se compose principalement d'organisateurs de salons professionnels et conférences, en France et à l'étranger.

Elle a vendu récemment un ensemble à un acheteur saoudien, auquel elle a accordé un délai de paiement de 30 jours. À l'échéance, elle n'a reçu aucun règlement et a relancé ce client plusieurs fois (document 1).
Elle reçoit enfin un courrier de sa part, dans lequel il conteste la facture (document 2).
Vous devez conseiller le dirigeant de Happy Few sur le traitement de ce litige.

- **Rédigez le courrier à adresser au client saoudien.**

DOCUMENT 1 Courrier de relance au client saoudien

After several attempts to contact you, we have not received payment for our invoice.
We remind you details below:
Invoice No. 127600912
Stage material
Amount: 84,320 EUR CIP Riyadh
Due date: 09/12/N
We are requesting for payment of the due amount within 2 days of this notification.

DOCUMENT 2 Courrier du client saoudien

We received the equipment in poor condition and could not use it. You will understand that we cannot pay your bill.
Packages are available to you at our premises in Riyadh.

2 Former un recours pour cybersquattage

La société Styles commercialise des fournitures de bureau *via* son site Internet styles.com. Elle a enregistré ce nom de domaine comme marque de commerce il y a plusieurs années.
Elle a récemment découvert qu'un cybersquatteur utilise sa marque et détourne une partie de sa clientèle sur un site créé récemment au Royaume-Uni, avec pour nom de domaine styles.uk.
Le dirigeant de l'entreprise française souhaite mettre un terme à cette concurrence déloyale et effectuer un recours contre cet imitateur.

▶▶ Il vous charge d'une prise d'informations sur les démarches à effectuer.

- **À l'aide du document ci-dessous et d'une recherche sur Internet, conseillez le dirigeant de l'entreprise Styles sur les démarches à entreprendre pour obtenir la fermeture du site concurrent.**

DOCUMENT La procédure de l'ICANN contre le cybersquattage

Dans l'optique de résoudre rapidement les cas de cybersquattage, l'OMPI et l'ICANN ont mis en place une procédure administrative uniforme et obligatoire, pour le règlement des litiges relatifs aux noms de domaine génériques de tête (.com, .net, .org).

Les personnes habilitées à agir sont les titulaires de marques de commerce s'estimant lésés par l'enregistrement d'un nom de domaine générique de tête par un tiers.

L'article 4(a) est relatif aux moyens devant être soulevés par le demandeur titulaire de marque s'estimant lésé par l'enregistrement du nom de domaine litigieux. Celui-ci doit prouver trois éléments :

- "That the domain name registered by the respondent is identical or confusingly similar to a trademark or a service mark in which the complainant has rights;
- that the respondent has no legitimate interests in respect of the domain name;
- that the domain name has been registered and used in bad faith."

(Source : Rules for Uniform Domain Name Dispute Resolution Policy, paragraph 4(a).)

3 Traiter un litige avec un distributeur

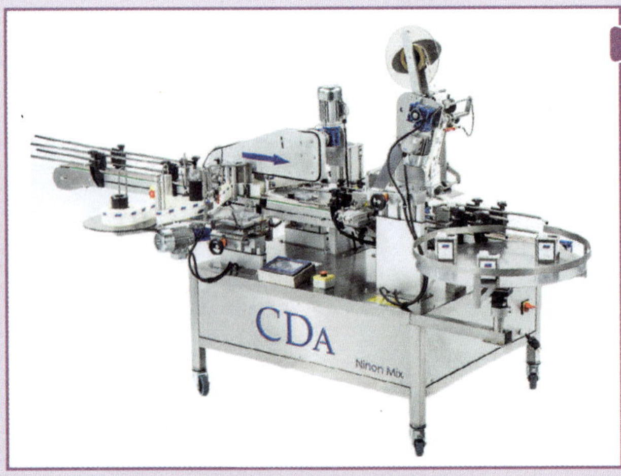

La société CDA, située à Narbonne, dans le sud de la France, conçoit et fabrique des machines de remplissage, de vissage et d'étiquetage, ainsi que des lignes complètes de conditionnement.

Ses machines s'adaptent à de nombreuses industries, comme celles du vin, de l'agroalimentaire, de la peinture, de la chimie, de la cosmétique, des produits animaliers et vétérinaires...

L'un de ses distributeurs, Shieryou International Trading, situé à Shanghai, lui a commandé un exemplaire de son dernier modèle, Ninon Mix, une étiqueteuse automatique polyvalente adaptée aux produits carrés, cylindriques, ovales ou coniques.

La commande du distributeur a aussitôt été traitée par le service export de CDA et remise au cours de la même semaine à son transitaire, pour l'expédition par voie maritime en Chine. Un exemplaire de la facture commerciale (document 1) et un exemplaire de la confirmation d'enlèvement ont été envoyés en version numérique au distributeur chinois.

Un mouvement de grève des dockers dans les ports maritimes français n'a pas permis l'expédition de la machine dans les délais prévus. CDA a informé son distributeur d'un retard dans la livraison (document 2) et lui a transmis une copie du message reçu de son transitaire (document 3). ▶▶

Un mois plus tard, le distributeur refuse la livraison : n'ayant pas reçu le matériel à temps, il n'a pas pu en faire la démonstration lors de sa présentation à une délégation de clients venus de plusieurs régions de Chine.
Vous assistez le service export dans le traitement de ce litige. Vous disposez du contrat de distribution conclu avec Shieryou International Trading (document 4).

1. **Contrôlez le respect de ses obligations contractuelles par le fournisseur français.**
2. **Établissez les responsabilités dans ce litige.**
3. **Exposez la manière dont ce différend peut être résolu.**
4. **Rédigez le courrier à adresser à l'importateur chinois.**

DOCUMENT 1 Facture commerciale

CDA France

Shieryou International Trading

Invoice n° F50004398 – 2nd March, N

Sea transport from Fos-Marseille to Shanghai
DPU Shanghai Port
Étiqueteuse Ninon Mix EUR 15 000
Technical documentation
2 pallets
Payment Swift transfer at 30 days

DOCUMENT 2 Message du transitaire

De : TRANSMER Marseille
À : CDA Service export
Objet : Retard dans votre expédition en Chine

Bonjour,

Suite à un mouvement de grève dans le port de Fos-Marseille, nous sommes désolés de vous informer d'un retard dans l'organisation de votre expédition concernant :
- 1 palette : machine à étiqueter
- 1 palette de documentation commerciale

Conditions initiales :
Au départ du port de Fos-Marseille
À destination du port de Shanghai
Départ prévu le : 2 mars N
Transit time : 28 jours

Nouvelles conditions :
Au départ du port d'Anvers
À destination du port de Shanghai
Nouveau départ prévu le : 17 mars N
Transit time : 30 jours

Les éventuels frais supplémentaires vous seront facturés dans un autre message.
Nous vous remercions de votre compréhension.

Cordialement,
Le service commercial

DOCUMENT 3 Courrier de CDA à Shieryou International Trading

From: CDA France
To: Shieryou International Trading
Object: Late delivery
Attached file: Freight forwarder's message

Dear Partner,

We regret to inform you of a delay in the delivery of your machine.
We have been informed by our freight forwarder of a change in the organization of your shipment: the goods will finally leave from the port of Antwerp, which will cause an estimated delay of 17 days.

We are very sorry for this inconvenience.

Best regards

Export Service
CDA France

DOCUMENT 4 Extrait du contrat conclu avec le distributeur chinois

3. Procédure de passation des commandes

3.1. Le Distributeur remet au Fournisseur, au moins 30 jours avant la date d'expédition souhaitée, sa commande écrite pour les Marchandises à livrer au Distributeur.

3.2. Chaque commande de Marchandises doit être faite par écrit et a besoin d'être confirmée, par écrit, par le Fournisseur. Le Fournisseur confirme la commande, par écrit, au Distributeur dans un délai de 15 jours à compter de la date de la commande, sauf si le Fournisseur dispose d'une raison valable pour ne pas le faire. Dès la confirmation par le Fournisseur, chaque commande devient définitive, mais le Fournisseur peut, à sa discrétion, accepter une modification de la commande pendant 10 jours à compter de la date de la commande.
[…]

3.6. Suivant la confirmation de chaque commande, le Fournisseur informe, dès que possible et en tout cas dans les 8 jours, le Distributeur de la date envisagée pour la livraison des Marchandises.

3.7. Le Fournisseur doit utiliser tous les moyens raisonnables pour livrer les Marchandises à la date envisagée pour la livraison de chaque commande.

3.8. Pénalités de retard
S'il y a un retard dans la livraison de Marchandises de plus de 10 jours après la date de livraison prévue, à moins que le retard soit dû à une force majeure, le prix des Marchandises est réduit de 1 % pour chaque jour de retard jusqu'à la livraison des Marchandises, dans la limite maximale de 50 % du prix.

CHAPITRE

11 Évaluer la performance commerciale de l'entreprise

COMPÉTENCES PROFESSIONNELLES

Gérer la relation commerciale internationale

- → Assurer la qualité de la relation client/fournisseur/prestataire
- → Suivre les règlements
- → Proposer une solution adaptée
- → Gérer la relation dans le cadre des réclamations, des litiges et des sinistres
- → Évaluer la performance commerciale et financière
- → Proposer des mesures correctrices pour améliorer la performance commerciale et financière

La performance commerciale correspond à la capacité de l'entreprise à vendre de manière profitable des biens et des services correspondant aux attentes de sa clientèle. La relation client constitue donc un enjeu stratégique pour l'entreprise, dont la compétitivité est liée à leur satisfaction. L'utilisation de tableaux de bord permet d'identifier les axes d'amélioration de la performance, par rapport aux objectifs quantitatifs (croissance de la rentabilité et des parts de marché) et qualitatifs (satisfaction de la clientèle et bonne image de marque) de l'entreprise.

SITUATION PROFESSIONNELLE

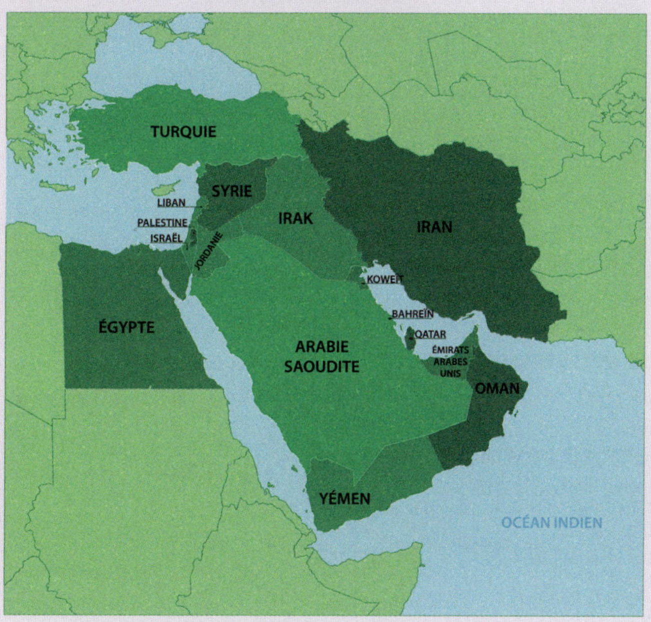

MOYEN-ORIENT

États : Jordanie, Irak, Israël, Palestine, Syrie, Turquie, Liban, Arabie saoudite, Yémen, Oman, Émirats arabes unis, Qatar, Bahreïn, Koweït, Égypte

Absence d'union politique ou culturelle

Superficie : 7 millions de km²

Population : 444 millions d'habitants

Villes principales : Istanbul (Turquie), Le Caire (Égypte), Téhéran (Iran)

Langues majoritaires : arabe, persan, turc, kurde et hébreu

1re source de richesse : pétrole

PIB par habitant : 7 100 USD en moyenne, de 2 500 USD (Yémen) à 80 000 USD (Qatar)

Part du Moyen-Orient dans le commerce de la France : 2,7 % des exportations et 1,2 % des importations

1. Actualisez les données par une recherche sur Internet.
2. Caractérisez les pratiques commerciales, sociales et environnementales de la zone, après consultation de l'évaluation des risques par Coface.

La Maison Chevalier produit depuis 60 ans des selles d'équitation pour toutes les disciplines (complet, dressage, saut d'obstacles), pour tous les cavaliers.
Ses produits, d'une qualité et d'une durabilité exceptionnelles, sont conçus à partir de matériaux naturels ou recyclés et assurent le confort et la sécurité du cavalier et de son cheval.

Cinq personnes travaillent à la fabrication d'une selle (pour la coupe, l'assemblage, le matelassage et le laçage, le montage et le graissage) et deux autres s'occupent du contrôle final du produit. La Maison Chevalier fabrique entre 500 et 700 selles par an dans ses ateliers du sud-ouest de la France. L'entreprise emploie 26 personnes et réalise cette année un chiffre d'affaires de 1,9 million d'euros, dont 40 % à l'exportation.

Le sellier souhaite renforcer son positionnement haut de gamme auprès de ses clients professionnels et particuliers, sans pour autant abandonner les produits de milieu de gamme.
À l'étranger, la clientèle est constituée de distributeurs et de clubs d'équitation. Chacun des membres de l'équipe commerciale export a la responsabilité d'une zone d'exportation (Europe du Nord, Europe du Sud, Moyen-Orient) et bénéficie du soutien d'un assistant export.

L'année 2020 a été difficile et l'activité de l'entreprise a subi le contrecoup des fermetures de clubs d'équitation. Elle a heureusement conservé une clientèle de particuliers, pour laquelle elle conçoit des modèles sur mesure à forte valeur ajoutée.
Depuis cette période, les efforts déployés n'ont pas vraiment permis de redresser le chiffre d'affaires et le dirigeant de l'entreprise souhaite fidéliser la clientèle professionnelle à l'étranger pour conserver ses parts de marché à l'export, tout particulièrement au Moyen-Orient : ce marché a révélé un fort potentiel et des moyens importants ont été consacrés à sa prospection.
Il va réunir son équipe commerciale, dont vous faites partie en tant qu'assistant(e) export, pour l'associer à une réflexion sur l'amélioration de la performance commerciale et sur les mesures à adopter pour atteindre cet objectif.

Vous êtes chargé(e) de préparer cet atelier de travail. Vous disposez des rapports d'activité du service Export (documents 2 à 5).

1. Identifiez les membres de l'entreprise à associer à la réflexion sur la stratégie commerciale. — Document 1 ; Fiche ressource 1
2. Définissez les indicateurs à utiliser pour évaluer la performance commerciale de l'entreprise et son évolution depuis deux ans. — Documents 2 à 5 ; Fiches ressources 2 et 3
3. À l'aide d'un tableur, construisez un tableau de bord destiné à évaluer la performance commerciale de l'entreprise sur la zone Moyen-Orient. — Fiche ressource 4
4. Analysez les résultats mis en évidence par votre tableau de bord et proposez des actions correctrices. — Fiche ressource 4
5. Proposez des actions pour remotiver l'équipe commerciale chargée de la zone Moyen-Orient. — Fiche ressource 5

VOTRE DOSSIER

DOCUMENT 1 Organigramme de la Maison Chevalier

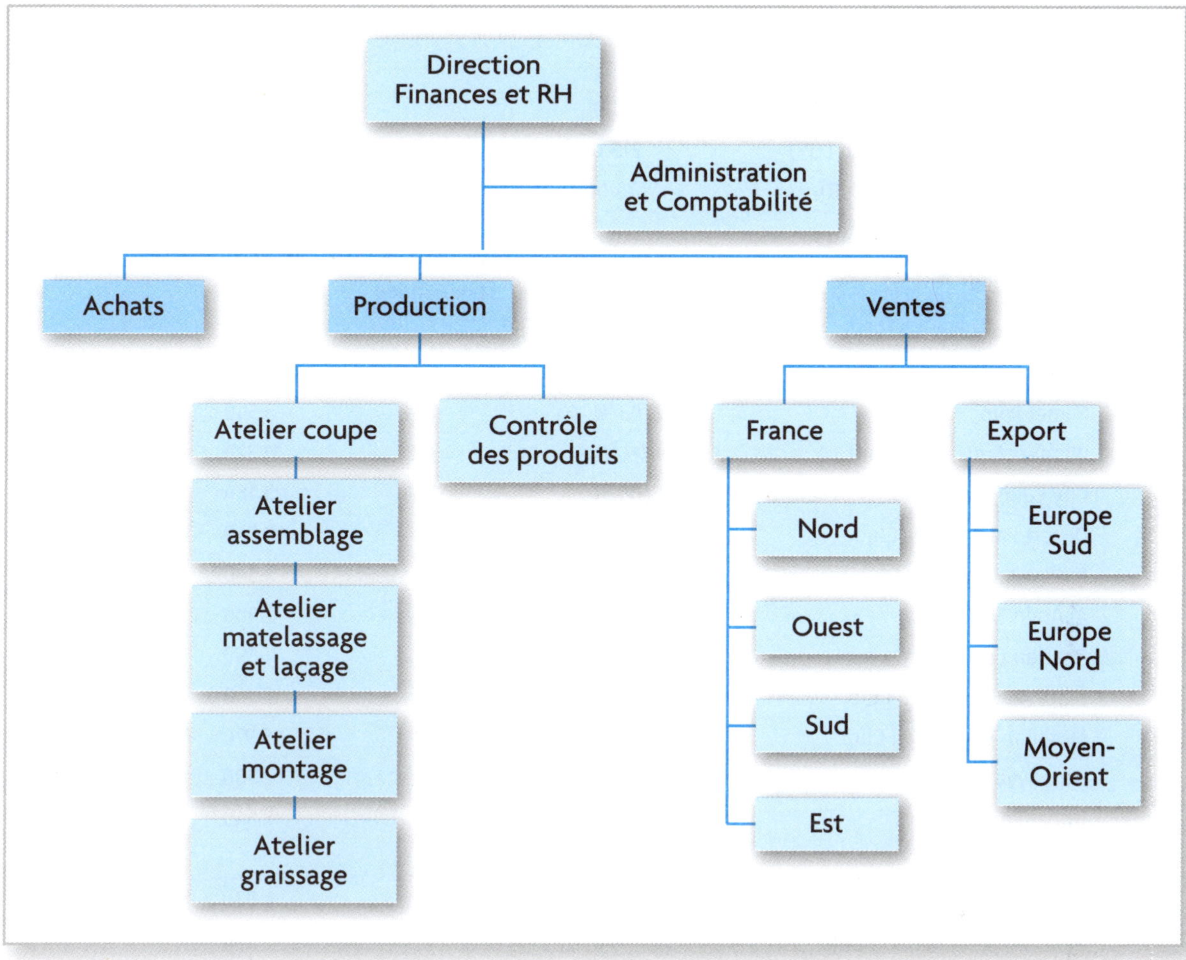

DOCUMENT 2 État des ventes export réalisées par rapport aux prévisions (en EUR)

Chiffre d'affaires export	N-1		N	
	Prévision	Réalisation	Prévision	Réalisation
Europe du Sud	210 000	180 000	220 000	230 000
Europe du Nord	530 000	250 000	380 000	420 000
Moyen-Orient	260 000	210 000	250 000	90 000
Total	**1 000 000**	**640 000**	**850 000**	**760 000**

DOCUMENT 3 Rapport de la prospection au Moyen-Orient

Prospection Moyen-Orient	N-1	N
Nombre de clients potentiels identifiés	54	41
Nombre d'appels émis/d'e-mails envoyés	50	41
Nombre de contacts établis	36	33
Nombre de rendez-vous	28	11
Nombre d'offres remises	20	4
Nombre de commandes	3	4

DOCUMENT 4 État des ventes au Moyen-Orient

Clients Moyen-Orient	N-1
Nombre de clients	15
Nombre total de commandes	20
Chiffre d'affaires total (en EUR)	210 000
Marge brute totale (en EUR)	70 000

Ventes année N	Date de la dernière commande	Nombre de commandes	Montant cumulé
Clients fidélisés			
Dubai World Cup	10/12/N	2	6 700
Camel Polo	02/03/N	1	3 540
Winners Equestrian Club	04/11/N	3	11 320
City Equestrian Club	05/05/N	1	3 180
Desert Palm Riding Club	15/12/N	2	10 260
Inddor Riding Arena	30/09/N	1	3 540
Al Atain Equestria	27/02/N	1	2 980
Sharjah Club	02/04/N	1	1 890
Jebel Ali Equestrian Club	05/10/N	1	2 140
Messilah Equestrian Club	05/12/N	3	8 970
Furusiyya Equestrian Club	21/11/N	2	7 300
Dubai Pony Club	18/11/N	1	3 540
Nouveaux clients			
Al Ain Club	08/06/N	1	4 830
Abu Dhabi Equestrian Club	29/09/N	1	7 540
Sofitel	18/09/N	1	9 100
Al Sahra	29/07/N	1	3 170
	Total	**23**	**90 000**

Marge brute réalisée : 30 000 EUR

DOCUMENT 5 Évaluation de la satisfaction des clients au Moyen-Orient

Questionnaire administré auprès de tous les clients actifs au cours de l'année N

Taux de réponse : 100 %

	Très insatisfait	Insatisfait	Satisfait	Très satisfait
Prise en compte des besoins		2	6	4
Conseil	1	3	5	3
Remise de l'offre		2	5	5
Suivi de la commande	1	4	6	1
Facturation		1	6	5
Communication	3	4	5	0

Réponses à la question :

« Dans quelle mesure recommanderiez-vous l'entreprise/la marque à votre entourage ? »

Notes	Nombre de réponses	
	N-1	N
9 ou 10	8	4
7 ou 8	7	5
0 à 6	0	3

FICHE RESSOURCE

1 Les missions du service commercial

Le service commercial constitue l'interface entre l'entreprise et ses clients. En BtoB, le commercial est davantage conseiller que vendeur : il apporte son expertise technique et sa maîtrise de l'approche client.

I La structure d'un service commercial

Le service commercial peut être organisé :
- par bien/service ;
- par zone géographique ;
- par type de clientèle/de distribution.

Le service commercial travaille en relation avec les services Achats, Expédition, Logistique, Administration des ventes, Financier, Marketing. Lorsque l'entreprise est de petite taille, le service Export gère l'ensemble des opérations de commerce international : la prospection, la prise de commande et l'administration des ventes export.

II Les missions du service commercial

Fonction	Missions
Directeur commercial	– Définir, animer et superviser la stratégie commerciale en vue d'accroître le chiffre d'affaires de l'entreprise. – Identifier les évolutions du marché et le positionnement de l'entreprise sur le marché. – Piloter la politique produit et la politique prix de l'entreprise. – Encadrer l'équipe commerciale.
Responsable export	– Assurer le développement des ventes de l'entreprise sur les marchés étrangers. – Étudier les marchés étrangers, mettre en place des actions de prospection, participer à des salons, des missions export. – Fixer les objectifs opérationnels. – Analyser les résultats commerciaux et proposer des actions pour les améliorer. – Négocier avec les clients « grands comptes » et les groupements d'achats.
Commercial export	– Développer les ventes de l'entreprise à l'étranger. – Animer son portefeuille clients : analyser les besoins des clients, les rencontrer, les conseiller, négocier, vendre, les fidéliser. – Prospecter pour développer son portefeuille clients.
Assistant export	– S'assurer du bon déroulement de la livraison et du paiement des clients : assurer l'organisation de l'expédition, la gestion documentaire. – Assurer le suivi client, résoudre les litiges liés à des incidents ou des retards de livraison. – Collecter des informations sur les marchés étrangers en vue d'assurer la veille commerciale et de déceler de nouvelles opportunités.
Responsable service après-vente	Répondre aux attentes de la clientèle, recevoir et gérer les réclamations, assurer la remise en état des produits et résoudre les problèmes d'installation.

FICHE RESSOURCE

2 La définition des indicateurs de performance commerciale

La **performance** est la combinaison de l'efficacité (obtenir le résultat escompté) et de l'efficience (en mobilisant le minimum de moyens). La performance commerciale s'évalue par rapport à des objectifs, à l'aide d'indicateurs quantitatifs (coût par prospect, chiffre d'affaires, marge...) et qualitatifs (satisfaction de la clientèle).

I Les étapes de l'évaluation de la performance commerciale

L'amélioration de la performance commerciale passe par plusieurs étapes :
- la définition des objectifs commerciaux ;
- la définition des indicateurs de performance commerciale (*Key Performance Indicators*, KPI) ;
- l'analyse des informations issues de ces indicateurs ;
- l'identification des points à améliorer ;
- la mise en place de mesures correctrices.

L'outil utilisé pour contrôler la réalisation des objectifs sur une période donnée est le tableau de bord commercial.

II La définition des indicateurs de performance commerciale (KPI)

Les indicateurs de performance doivent être SMART : Spécifiques, Mesurables, Atteignables, Réalistes et Temporels. Ils sont calculés par type de produit, par type de client, par canal de distribution, par canal de communication : ils permettent d'identifier les produits, les clients ou les canaux les plus rentables et ceux qui ont besoin d'actions correctrices. Calculés par commercial, ils permettent d'évaluer leur performance individuelle.

Champ	Exemple d'indicateurs
Prospection	– Le taux de contact : Nombre de prospects contactés / Nombre de prospects total – Le taux d'efficacité de la prise de contact : Nombre de rendez-vous / Nombre de contacts – Le taux de transformation (taux de conversion des prospects en clients) : Nombre de ventes / Nombre de prospects identifiés ou contactés ou rencontrés – Le taux de conquête : Nombre de clients nouveaux / Nombre de clients total – Le coût d'acquisition client, le coût par prospect ou par *lead* (CPL) : Coût de la prospection / Nombre de clients acquis – Le nombre de visiteurs sur le site Internet, le nombre de contacts générés par le site, le taux de conversion visiteur-contact
Ventes	– Le chiffre d'affaires réalisé, le panier moyen : Chiffre d'affaires / Nombre de ventes – La marge dégagée, la valeur client (somme actualisée du chiffre d'affaires estimé) – La rentabilité du temps investi, la fréquence des interactions commerciales
Qualité des produits	– Le nombre de livraisons retournées pour cause de produits défectueux – Le nombre de retours au service après-vente – Le coût du contrôle qualité
Service	– Le taux de litige : Nombre de litiges / Nombre de livraisons – Le taux de retard : Nombre de retards / Nombre de livraisons – Le taux de satisfaction : Nombre de commandes satisfaites / Nombre de commandes
Fidélisation de la clientèle	– Le taux de rétention (taux de fidélisation) : [(Nombre de clients finaux – Nombre de clients nouveaux) / Nombre de clients initiaux] × 100 – Le taux d'attrition : Nombre de clients perdus / Nombre de clients total (inverse du taux de rétention) – Le taux de recommandation (NPS, *Net Promoter Score*) – Le taux de satisfaction – Le taux d'effort client

FICHE RESSOURCE

3 L'exploitation des données clients

On peut identifier trois enjeux majeurs liés à l'analyse des données clients :
- l'enrichissement de la connaissance client ;
- la personnalisation de la relation client ;
- l'optimisation des campagnes marketing et de communication.

L'analyse des données clients vise à identifier, attirer et conserver les clients les plus rentables pour l'entreprise. Elle permet de personnaliser la relation client.

I La segmentation RFM : Récence, Fréquence, Montant

L'analyse RFM consiste à identifier des groupes de clients en fonction de leur comportement d'achat. Elle repose sur des critères objectifs et mesurables, tirés de l'historique des commandes. Cette méthode part du principe qu'un client qui a acheté récemment, qui achète fréquemment et qui génère beaucoup de chiffre d'affaires commandera à nouveau. Elle permet d'identifier les meilleurs clients et de construire une segmentation sur la base de leurs caractéristiques spécifiques (segmentation comportementale). L'objectif de la segmentation RFM est de déterminer la valeur des clients, de façon à adapter les actions marketing.

1 La méthode

Au préalable, il faut déterminer la période de référence (un an, par exemple) et pondérer chaque critère en fonction de l'importance qui lui est accordée, par un coefficient.
Le scoring RFM donne une note à chaque client, calculée de la façon suivante :
Score RFM = (Récence × Coefficient) + (Fréquence × Coefficient) + (Montant × Coefficient)

Exemple Historique des ventes en Allemagne de l'entreprise NOSTRA

Clients	Dernière commande	Nombre de commandes année N	Montant cumulé
ARTUS GmbH	Octobre N	5	37 500
BAUMAN GmbH	Septembre N	3	50 000
BRAUN GmbH	Février N	2	15 800
DOMA GmbH	Juin N	4	30 000
FOLIEN GmbH	Janvier N-1	0	28 000
KLOTZ GmbH	Janvier N	6	18 500
LIEBES GmbH	Décembre N	4	42 000
MEDIC GmbH	Novembre N	2	25 000
NKL GmbH	Mars N	3	20 000
PRÄGE GmbH	Mars N-1	0	22 500

Les paramètres déterminés dans l'entreprise NOSTRA sont les suivants :

Récence (coefficient 3) : 4 points pour une commande dans les derniers mois, 3 points pour une commande au trimestre précédent, puis 2 points... jusqu'à 0 pour une commande depuis plus de 12 mois. Dernière commande en décembre N : 4 points × 3 = 12 points

Fréquence (coefficient 3) : le nombre de commandes est repris en valeur brute. 5 commandes = 5 points × 3 = 15 points

Montant : montant moyen d'une commande en milliers d'euros : 7 500 EUR = 7,5 points

Clients	Dernière commande	Récence	Nombre de commandes année N	Fréquence	Montant cumulé	Montant moyen année N	Montant arrondi	Score RFM
ARTUS GmbH	Octobre N	12	5	15	37 500	7500	7,5	34,5
BAUMAN GmbH	Septembre N	9	3	9	50 000	16667	16,7	34,7
BRAUN GmbH	Février N	3	2	6	15 800	7900	7,9	16,9
DOMA GmbH	Juin N	6	4	12	30 000	7500	7,5	25,5
FOLIEN GmbH	Janvier N-1	0	0	0	28 000	0	0,0	0,0
KLOTZ GmbH	Janvier N	3	6	18	18 500	3083	3,1	24,1
LIEBES GmbH	Décembre N	12	4	12	42 000	10500	10,5	34,5
MEDIC GmbH	Novembre N	12	2	6	25 000	12500	12,5	30,5

NKL GmbH	Mars N	3	3	9	20 000	6667	6,7	18,7
PRÄGE GmbH	Mars N-1	0	0	0	22 500	0	0,0	0,0

Le calcul des scores permet d'identifier 4 segments de clients, avec des comportements d'achat et une valeur différents pour l'entreprise NOSTRA.

2 L'utilisation de la segmentation RFM

La segmentation de la base clients permet de mettre en place des actions adaptées au comportement des clients.

Types de clients	Caractéristiques	Actions à entreprendre
Client VIP	A acheté récemment, achète souvent et pour des montants en général supérieurs à la moyenne.	Le faire bénéficier d'avantages exclusifs pour le récompenser (invitation à un événement, par exemple).
Client fidèle	A acheté récemment et achète régulièrement, mais pour un montant situé dans la moyenne.	Lui offrir des promotions, le remercier pour sa fidélité.
Client à fort potentiel	A acheté récemment pour un montant important mais achète peu fréquemment.	Lui faire découvrir davantage les biens et les services de l'entreprise.
Client à risque	N'a pas acheté récemment mais avait pour habitude d'acheter pour des montants élevés.	Le relancer, lui proposer une promotion immédiate, personnaliser la relation et les actions.

II L'analyse de la rentabilité des clients

La valeur vie client (en anglais, CLV, *Customer Lifetime Value*) est la somme des profits actualisés attendus en moyenne sur la durée de vie d'un client type. Il s'agit donc d'un indicateur prédictif, dont le calcul peut cependant se baser sur des valeurs vie réelles passées.
L'objectif de cet outil est de cibler ses meilleurs clients afin de les fidéliser, d'améliorer leurs services et d'attirer de nouveaux clients.

CLV = Montant moyen des commandes × Nombre moyen annuel de commandes
× Durée de la relation commerciale

Exemple Un client depuis 4 ans a passé en moyenne 3 commandes par an pour un montant moyen de 9 600 EUR.
CLV = 9 600 × 3 × 4 = 115 200 EUR

Cette valeur client est à comparer au coût d'acquisition du client pour en déterminer la rentabilité.

III L'analyse de la tendance d'achat des clients

Le chiffre d'affaires moyen	Il s'obtient en divisant le total du chiffre d'affaires de la période étudiée par le nombre de commandes.
Le chiffre d'affaires modal	Le mode correspond à la valeur la plus fréquente dans une série. Le chiffre d'affaires modal est donc le montant commandé le plus fréquent.
Le chiffre d'affaires médian	La médiane correspond à la valeur qui partage la série en deux parties égales. Le chiffre d'affaires médian correspond à la valeur commandée en dessous et au-dessus de laquelle se situent 50 % des commandes. Si 50 % est remplacé par 25 % et 75 %, on divise la série en 4 quartiles ; il est également possible de procéder avec des déciles (tranches de 10 %).
L'écart type	Il mesure la dispersion de la série autour de sa moyenne. Plus son montant est proche de la moyenne, moins la moyenne est représentative de la distribution. En général, un écart type élevé est couplé à un mode et une médiane significativement différents de la moyenne. Ce type de distribution est souvent multimodal (courbe à plusieurs bosses).

Exemple Distribution multimodale : le panier moyen connaît un premier mode à 5 000 EUR et un second à 12 000 EUR : la moyenne de 8 000 EUR ne représente pas beaucoup de clients.

Les tableurs offrent la possibilité d'effectuer ces calculs très simplement, par l'utilisation des formules intégrées.

FICHE RESSOURCE

4 L'évaluation de la performance commerciale

L'évaluation de la performance commerciale est facilitée par l'utilisation d'un tableau de bord.

I Les utilisateurs du tableau de bord

Le tableau de bord est utilisé par :
- le directeur commercial et le responsable export : ils analysent l'activité commerciale par produit, par zone, par commercial et peuvent définir les actions correctrices à réaliser ;
- les commerciaux : ils analysent leur activité réelle par rapport aux objectifs qui leur sont fixés.

II La construction du tableau de bord

1 Les outils utilisés

Le tableau de bord peut être réalisé :
- à l'aide d'un tableur Excel ;
- avec un logiciel dédié à la gestion commerciale (CRM, *Customer Relationship Management*) ;
- dans un système d'information plus global (ERP, *Enterprise Resource Planning*).

Ces deux dernières solutions permettent une automatisation de la collecte et du traitement des données.

2 La fréquence d'observation

La fréquence d'élaboration du tableau de bord dépend des objectifs poursuivis : annuelle, mensuelle, quotidienne...

3 Le choix des KPI

Les KPI sont définis en fonction de la stratégie de l'entreprise et de ses objectifs :
- l'analyse des résultats par rapport aux objectifs : augmentation du chiffre d'affaires, de la marge, acquisition de parts de marché... ;
- l'évaluation du succès d'une action de prospection, d'une campagne de communication, du lancement d'un nouveau produit, de l'exportation sur un nouveau marché... ;
- l'évaluation de la satisfaction de la clientèle.

4 Les qualités d'un tableau de bord

Mobile	Il doit pouvoir être consulté en réunion, en déplacement professionnel ou en télétravail.
Visuel	Les résultats doivent être traduits en tableaux, graphiques, courbes.
Intuitif	Il doit traduire la masse de données exploitées en un résultat clair et compréhensible.
Synthétique	Trop d'indicateurs peuvent brouiller les pistes et rendre l'ensemble illisible.
Dynamique	L'actualisation du tableau de bord doit être automatisée. Il doit être mis à jour en même temps que les données.
Partagé	Chaque membre de l'équipe commerciale doit disposer d'un accès personnalisé au tableau de bord, de façon à accéder aux données dont il a besoin pour organiser ses actions commerciales.

FICHE RESSOURCE

5 Le développement de la performance des commerciaux

L'évaluation de la performance commerciale, au-delà de l'analyse des résultats, doit permettre également de motiver les commerciaux. Par ailleurs, l'entreprise doit associer tous les membres de son personnel à la réalisation de ses projets et responsabiliser l'ensemble des équipes dans la relation client.

I L'intégration des commerciaux dans la recherche de l'amélioration de la performance

Après l'analyse des résultats, des séances de coaching peuvent être organisées dans le but de faire un bilan et de proposer des solutions aux points à améliorer. Les collaborateurs, associés à ces propositions, seront impliqués dans leur mise en œuvre et collaboreront à l'amélioration de la performance commerciale.

II La mise en place d'outils d'aide à la vente

L'entreprise doit fournir des outils performants à ses vendeurs pour leur permettre d'atteindre leurs objectifs.

Des outils de prospection	- Un site Internet complet et adapté à l'international - Des brochures, des fiches produits, des supports de présentation, de démonstration, interactifs et traduits en plusieurs langues - Un logiciel de CRM pour construire des bases de données qualifiées - Une plateforme d'e-mailing - Des offres d'essai et des démonstrations
Des outils de veille	Accès aux médias et aux réseaux sociaux
Des outils de communication	- Des contenus adaptés à l'international sur les réseaux sociaux - Des communiqués de presse - Des webinaires - Des newsletters
Des outils de pilotage commercial	- Un logiciel de CRM - Des rapports personnalisés d'activité et de productivité

III L'implication et la stimulation de l'équipe commerciale

Afin de créer la cohésion et d'impliquer ses commerciaux dans la recherche de l'amélioration de leur performance, l'entreprise peut les associer à différents types de programmes :
- des programmes de formation : ils enrichissent les commerciaux, renforcent leur expertise et prouvent la confiance de l'entreprise qui investit en eux ;
- des gratifications : elles poussent les commerciaux à atteindre, voire à dépasser leurs objectifs ;
- des incentives : elles peuvent prendre la forme de jeux-concours, de challenges entre équipes, de séminaires... Les meilleurs sont récompensés par un cadeau, un voyage, une prime en argent ou en nature.

La team building améliore l'intelligence collective et le développement de compétences, telles que la complémentarité, la solidarité et la confiance en l'équipe.

Exemple de team building ▸ **Un atelier animé par un pisteur-secouriste destiné à initier les participants à la recherche de la victime d'une avalanche, basé sur la cohésion, l'adaptation, la collaboration et le management des collaborateurs.**

1 Évaluer la performance d'une prospection téléphonique

GOLF Design produit du matériel de golf, commercialisé par des distributeurs spécialisés. Lors de sa participation au salon Rheingolf à Düsseldorf, elle a exposé ses derniers produits et établi des contacts avec des distributeurs potentiels en Allemagne.
La semaine suivante, les deux assistants export ont été chargés d'appeler ces prospects par téléphone. Vous collaborez à l'évaluation du succès de cette action.

À l'aide du document ci-dessous :

1. **Évaluez la performance des deux assistants export lors de cette prospection téléphonique.**

2. **Identifiez des axes d'amélioration de leur performance.**

DOCUMENT **Résultats obtenus par les assistants export lors de la relance téléphonique des prospects**

	Jean-Pierre C.	Mélanie S.
Nombre de prospects à contacter	100	100
Nombre de contacts établis	78	66
Nombre de demandes d'offre	6	9
Nombre de demandes de documentation	23	34
Nombre de demandes de rappel ultérieur	14	8
Nombre de refus	35	15

2 Évaluer la performance d'une campagne promotionnelle

Tout Schuss propose une offre complète aux amateurs de ski et de sports de montagne : matériel (skis, raquettes, luges...), vêtements (pantalons, vestes, gants, bonnets, écharpes...) et accessoires (lunettes solaires, masques...). Les produits sont régulièrement renouvelés et les promotions sont fréquentes.
La clientèle est constituée de particuliers et de professionnels. Le site est disponible en français, en anglais et en italien.
Afin de mesurer la performance de sa dernière campagne promotionnelle visant à inciter ses clients à renouveler leurs achats, l'entreprise a créé un tableau de bord que vous êtes chargé(e) d'analyser.

À l'aide des documents ci-dessous :

1. **Évaluez la performance de la dernière campagne de promotion de Tout Schuss.**
2. **Formulez des recommandations au dirigeant de l'entreprise afin d'améliorer la performance de ses futures campagnes.**

DOCUMENT 1 Campagne promotionnelle (du 15 au 25 janvier)

Les fichiers clients ont été exploités et un e-mail a été envoyé à deux reprises, 10 jours puis 3 jours avant le début de la campagne, à 4 300 contacts.

Promotion offerte aux clients professionnels
- Remise de 15 %

Promotions offertes aux clients particuliers
- Remise de 10 % pour l'achat d'un matériel et d'un vêtement de montagne
- Remise de 10 % sur les réservations auprès des partenaires affiliés :
  – Forfait remontées mécaniques (dans 10 stations de ski)
  – Cours de ski ESF (École du ski français)

CTA (*Call To Action* : élément cliquable) sur le site : **Profitez de votre remise**

DOCUMENT 2 Tableau de bord de la campagne promotionnelle (du 15 au 25 janvier)

	Objectif	Réalisation
Taux d'ouverture des e-mails	30 %	860
Taux de clics (nombre de visites du site / nombre d'e-mails ouverts)	30 %	146
Taux de clics sur le CTA / nombre de visites	50 %	58
Taux de conversion (nombre de ventes / nombre de visites)	70 %	41
Taux de rebond de l'e-mailing	0 %	112

3 Évaluer la performance d'un centre de relation client

TOP PC PRO commercialise une large gamme d'ordinateurs portables auprès d'une clientèle de professionnels et de particuliers.

L'entreprise mise beaucoup sur le service après-vente et attache un intérêt particulier à la qualité de la relation commerciale. Elle a mis en place un centre d'appels, animé par trois commerciaux multilingues, qui peuvent traiter les demandes des clients en français, en anglais, en espagnol, en italien et en allemand.

La performance de ce centre d'appels fait l'objet d'une évaluation régulière, à laquelle vous êtes associé(e). Les clients sont questionnés sur leur niveau de satisfaction du service apporté.

À partir des documents suivants :

1. **Appréciez la performance commerciale des trois commerciaux chargés du traitement des appels téléphoniques des clients.**
2. **Proposez des axes d'amélioration de leur performance commerciale.**

DOCUMENT 1 Évaluation par les clients du niveau d'effort nécessaire pour que leur demande soit traitée – sur une échelle de 1 (faible) à 5 (important)

Échelle d'effort	1	2	3	4	5
Pourcentage de réponses	30	26	20	16	8

DOCUMENT 2 Tableau de bord des performances des commerciaux Cataléya, Enzo et Robin – Centre de relation client

Indicateurs	Objectif	Cataléya	Enzo	Robin
DMC[1]	6 min	11 min	6 min	5 min
DMT[2]	10 min	14 min	11 min	12 min
Taux de décroché[3]	88 %	89 %	94 %	91 %
Durée d'attente[4]	30 s	22 s	38 s	37 s
Nombre d'appels par jour	36	30	40	44
Taux de résolution au premier appel	75 %	85 %	70 %	65 %

1. DMC : durée moyenne de conversation
2. DMT : durée moyenne de traitement (DMC + temps de traitement après l'appel)
3. Taux de décroché : pourcentage d'appels entrants décrochés
4. Durée d'attente : délai moyen avant décroché

4 Construire un tableau de bord

Leader américain de l'e-commerce et multimédia, FAC (First American Channel) propose des produits cosmétiques, home, fashion, bijoux... vendus *via* un site Web marchand et une chaîne de téléachat, dans de nombreux pays.

L'entreprise crée un catalogue de produits sans cesse renouvelés. Le pôle Achats passe la commande aux fournisseurs et organise la logistique des approvisionnements. Les produits sont alors soumis à un contrôle qualité. Le département marketing est en charge de la publicité sur le site Internet. Il n'existe pas de service commercial à proprement parler. Un service clients répond aux questions des clients par téléphone, mais c'est le pôle Achats qui va rechercher la solution.

Récemment recruté(e) comme assistant(e) achats au pôle Achats bijoux, vous êtes associé(e) à l'évaluation de la performance commerciale de votre service.

- **À l'aide du document suivant, concevez un tableau de bord avec les KPI utilisés par l'entreprise FAC pour évaluer la performance commerciale du pôle Achats bijoux.**

DOCUMENT L'évaluation de la performance chez FAC

C'est le pôle Achats qui sélectionne les produits et est à l'origine de l'offre. C'est donc ce service qui est amené à évaluer quotidiennement la performance de l'activité : dans chaque département (cosmétiques, home, fashion, bijoux...), l'assistant achats mesure le chiffre d'affaires du jour. Un reporting hebdomadaire fait l'objet d'une réunion qui rassemble tous les acteurs du pôle Achats.

1. Le reporting hebdomadaire

Chaque assistant fait le reporting de son pôle : les ventes, les succès remportés, les problèmes rencontrés (un problème avec un fournisseur, par exemple) et les solutions apportées, sur chaque produit proposé au cours de la semaine.

- **Analyse des ventes de la semaine**

Ventes des nouvelles références : chiffre d'affaires par produit, sur le site Internet et sur la chaîne de téléachat (ventes « *on air* »), part dans le chiffre d'affaires total de la semaine, évolution par rapport à la semaine précédente.
Même analyse pour les ventes des anciennes références.

- **Analyse des écarts : « *Meet the forecast* »**

Analyse des écarts entre les prévisions et les réalisations en EUR et en %, pour les ventes TSV (*Today Special Value*), réalisées sur la chaîne de téléachat.
Mise en évidence de la référence qui a généré le plus de chiffre d'affaires et recherche d'explication. Si aucune référence ne s'est vraiment distinguée, on cherche à comprendre pourquoi.

- **Définition de la stratégie à mettre en œuvre la semaine suivante**

À partir de ce reporting, la stratégie de la semaine suivante est définie : les références à recommander (stock épuisé des références qui se sont bien vendues), celles à ne pas recommander.
Si c'est la gamme d'une même couleur qui s'est bien vendue, on va recommander des produits de cette couleur.

- **Analyse des problèmes rencontrés au cours de la semaine et des solutions apportées**

– Les problèmes rencontrés peuvent être liés à un retard de livraison par le fournisseur, qui n'a pas permis de proposer le produit à la vente « *on air* ». Le produit aura été remplacé par un autre, qui aura généré des ventes satisfaisantes ou pas.
La solution trouvée avec le fournisseur, pour que le problème ne se renouvelle pas, est présentée. La possibilité de continuer avec ce fournisseur ou la nécessité de rompre la relation commerciale est étudiée.
– Les problèmes peuvent aussi être liés à un dysfonctionnement ou à une erreur sur le site Internet : le fait d'avoir mal identifié un produit (une pierre désignée « quartz » au lieu de « saphir », par exemple) a fait perdre des ventes ; on cherche à évaluer le montant de chiffre d'affaires perdu.
Il s'agit de faire remonter le problème au service marketing.

2. Le reporting mensuel

Un reporting mensuel doit également être établi afin d'étudier le poids de chaque semaine d'activité dans le mois.
Il permet de partager les succès d'un département Achats avec tous les acteurs de ce pôle.
Il peut aussi aboutir à modifier la stratégie d'un département : le planning de diffusion d'un produit à l'antenne, le marketing d'un produit, la PLV (accessoires utilisés pour la mise en valeur du produit à l'antenne) ou l'abandon d'une marque.

5 Analyser la tendance d'achat des clients étrangers

W&B (White & Black) conçoit des coffrets de chocolats destinés aux entreprises qui souhaitent récompenser leurs partenaires (collaborateurs, clients, fournisseurs). Elle propose toute une collection de créations chocolatées raffinées et gourmandes, achetées à des producteurs français rigoureusement sélectionnés.

L'entreprise réalise 85 % de son chiffre d'affaires à l'export.

Le marché est saisonnier et W&B enregistre sans surprise des pics d'activité au moment des fêtes de Noël, de la Saint-Valentin et à Pâques, dans tous les pays où elle commercialise ses produits.

Le volume moyen des ventes est cependant très variable d'un marché à l'autre : il tient naturellement à la taille des entreprises clientes et à des facteurs culturels, mais s'explique également par des différences de performance commerciale dans les différentes zones d'exportation.

Afin d'adapter les efforts commerciaux dans ses différents marchés et de proposer des offres adaptées à ses clients, le dirigeant de l'entreprise W&B vous charge d'analyser les ventes réalisées dans quatre pays en particulier : le Japon, l'Allemagne, les Émirats arabes unis et la Russie.

À partir des documents ci-dessous :

1. **Calculez le chiffre d'affaires réalisé dans chacun des quatre pays étudiés.**
2. **Analysez les ventes dans chacun des quatre pays, par type de produit et de conditionnement.**
3. **Présentez un tableau qui synthétise ces ventes (ventes moyennes, médianes et modales, écart type).**
4. **Identifiez les caractéristiques culturelles qui peuvent expliquer les différences de composition des ventes dans ces quatre pays.**
5. **Suggérez des ajustements à l'offre des produits W&B dans ces pays, afin d'améliorer la performance commerciale.**

DOCUMENT 1 Tarif des coffrets de chocolats de W&B (extrait)

GIFT COLLECTION FCA Prices (EUR)	Box one piece	Box 125 gr	Box 250 gr	Box 500 gr
W&B dark collection	1,20	4,50	6,40	8,00
W&B pralines collection	1,10	4,40	6,20	7,50
W&B milk collection	1,00	4,00	5,90	7,00
W&B mix collection		4,50	6,40	8,00

MOQ : 100 boxes

DOCUMENT 2 État des ventes au Japon, en Allemagne, aux Émirats arabes unis et en Russie

En volume	Japon	Allemagne	Émirats arabes unis	Russie
Gamme noir	18 000,00	37 500,00	3 000,00	75 000,00
Unité	8 100,00	1 875,00	150,00	7 500,00
125 g	5 400,00	7 500,00	300,00	37 500,00
250 g	3 600,00	18 750,00	1 200,00	22 500,00
500 g	900,00	9 375,00	1 350,00	7 500,00
Gamme praliné	11 250,00	62 500,00	9 000,00	15 000,00
Unité	5 062,00	3 125,00	450,00	1 500,00
125 g	3 375,00	12 500,00	900,00	7 500,00
250 g	2 250,00	31 250,00	3 600,00	4 500,00
500 g	563,00	15 625,00	4 050,00	1 500,00
Gamme lait	9 000,00	6 250,00	10 500,00	15 000,00
Unité	4 050,00	313,00	525,00	1 500,00
125 g	2 700,00	1 250,00	1 050,00	7 500,00
250 g	1 800,00	3 125,00	4 200,00	4 500,00
500 g	450,00	1 562,00	4 725,00	1 500,00
Assortiment	6 750,00	18 750,00	7 500,00	45 000,00
125 g	3 375,00	5 625,00	1 125,00	27 000,00
250 g	2 700,00	8 437,00	3 000,00	13 500,00
500 g	675,00	4 688,00	3 375,00	4 500,00
Total	**45 000,00**	**125 000,00**	**30 000,00**	**150 000,00**

CHAPITRE

12 Évaluer la performance financière de l'entreprise

COMPÉTENCES PROFESSIONNELLES

Gérer la relation commerciale internationale

→ Évaluer la performance commerciale et financière

→ Proposer des mesures correctrices pour améliorer la performance commerciale et financière

L'évaluation de la performance financière de l'entreprise consiste à mesurer sa capacité à créer de la richesse avec les ressources dont elle dispose et à analyser la rentabilité de son activité. Cette analyse permet à une entreprise de diagnostiquer sa situation, de connaître la santé financière d'un partenaire potentiel avant de conclure un contrat de distribution, d'identifier les failles d'un concurrent...
La performance financière est évaluée à l'aide de ratios, calculés à partir des informations collectées dans le bilan et le compte de résultat de l'entreprise.

SITUATION PROFESSIONNELLE

AUSTRALIE

Régime politique : démocratie parlementaire

État du Commonwealth, État fédéral de 6 États et 2 territoires

Superficie : 7 741 220 km²

Population : 25,364 millions d'habitants

Capitale : Canberra

Villes principales : Sydney, Melbourne, Brisbane, Perth, Adélaïde, Gold Coast, Canberra

Langue officielle : anglais

PIB par habitant : 55 060,30 USD (2019)

Monnaie : dollar australien (1 EUR = 1,57 AUD)

Clients : Chine, Japon, Corée du Sud, Royaume-Uni, États-Unis (France 24e)

Fournisseurs : Chine, États-Unis, Japon, Thaïlande, Allemagne (France 13e)

1. Actualisez les données pays par une recherche sur Internet.

2. Caractérisez les pratiques commerciales, sociales et environnementales du pays, après consultation de l'évaluation des risques par Coface.

RedwoodPaddle, fondée par Chris Defrance, est le numéro 1 du Stand Up Paddle (SUP) en France depuis 1999.
Cette PME, située à Perpignan, en Occitanie, conçoit des planches, pagaies et accessoires, avec les meilleurs matériaux, pour offrir à ses adeptes performance et plaisir de la glisse (document 1). RedwoodPaddle sponsorise les championnats de SUP en France.

Désireuse d'offrir la meilleure qualité au meilleur prix, l'entreprise vend elle-même ses produits en ligne, sans aucun intermédiaire. Les produits sont commercialisés en France, au Royaume-Uni, en Espagne et au Portugal. Avec 1,5 million de chiffre d'affaires en moyenne, la marque se revendique comme une référence montante sur le marché des surfs et paddles.
Chaque année, des compétitions de SUP attirent des champions du monde entier et permettent aux fabricants de démontrer leur ingéniosité. Ces « SUP *races* » se déroulent dans différents pays européens, mais aussi au Japon, en Californie, à Hawaï et en Océanie.
Sur différents salons, Chris Defrance a pu rencontrer ses deux principaux concurrents, l'un basé à Porto Rico et l'autre en Australie. D'autres entreprises sont également sur les rangs, en Californie ou en Chine.

Pour assurer son développement et asseoir son image à l'international, le gérant de cette entreprise occitane s'interroge sur l'opportunité d'avoir une représentation locale en Océanie, pays de la vague ; en effet, la vente en direct aux particuliers depuis la France occasionne des coûts logistiques et douaniers qui pèsent sur le prix final du produit.
Il n'est pas question de créer une structure en nom propre, en raison des contraintes réglementaires et financières. Le recours à un distributeur n'étant pas dans la politique de RedwoodPaddle, la stratégie envisagée consisterait à concéder une licence de production à un acteur local. Un brevet serait alors déposé et la marque enregistrée, pour assurer la protection de la propriété intellectuelle en Australie.

Lors de sa visite au Salon international nautique de Paris, le Nautic, Chris Defrance a entamé une négociation dans ce sens avec Jason Stevenson, le dirigeant de l'entreprise australienne JS Industries, un fabricant de planches de surf haute performance (document 2).

Avant de s'engager, le gérant de RedwoodPaddle souhaite s'assurer de la fiabilité et de la bonne santé financière de cette entreprise australienne. Jason Stevenson lui a remis des données comptables et financières (documents 3 et 4). *(Les données de la situation professionnelle font référence à une entreprise réelle mais ont été modifiées à des fins pédagogiques.)*
Vous assistez Chris Defrance dans cette étude. Dans un premier temps, vous étudiez le bilan de l'entreprise JS Industries. Vous retiendrez un taux de change de 1 EUR = 1,57 AUD.

1. Construisez un bilan fonctionnel à partir du bilan comptable de JS Industries.
2. Calculez les valeurs structurelles suivantes : FRNG, BFR et trésorerie nette.
3. Calculez des ratios d'analyse de la structure financière.

➲ Document 3
➲ Fiches ressources 1 et 2

Dans un deuxième temps, vous étudiez l'activité commerciale de l'entreprise australienne.

4. Calculez des soldes intermédiaires de gestion à partir du compte de résultat de JS Industries.
5. Calculez des indicateurs pour mesurer la rentabilité de l'activité commerciale de l'entreprise australienne.

➲ Document 4
➲ Fiche ressource 3

Vous remettez vos résultats au gérant de RedwoodPaddle.

6. Identifiez des points d'amélioration dans la performance financière de JS Industries.
7. Présentez vos commentaires et votre conclusion sur la situation de JS Industries dans une fiche « diagnostic financier ».

➲ Fiches ressources 1 et 2

➲ Fiche ressource 4

Afin de préparer son entretien avec Jason Stevenson, au sujet de leur accord de distribution, Chris Defrance vous charge de collecter des données sur la culture australienne.

8. Par une recherche sur Internet, identifiez les éléments culturels à prendre en compte pour réussir une négociation avec un partenaire australien et rédigez une note à l'intention de Chris Defrance.

VOTRE DOSSIER

DOCUMENT 1 Les SUP de RedwoodPaddle

Quelques-uns des modèles disponibles sur www.redwoodpaddle.com :

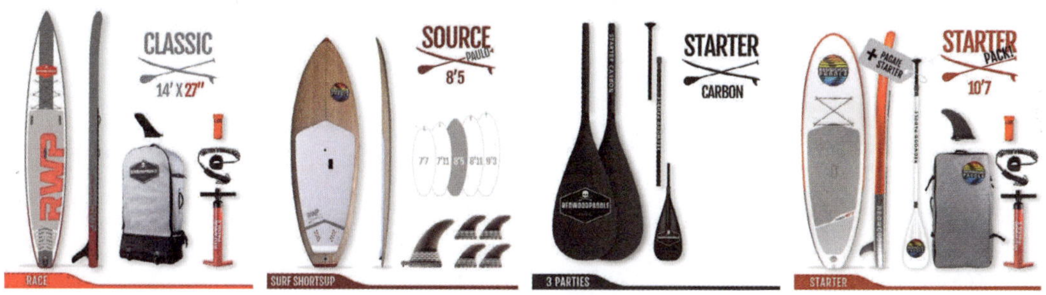

DOCUMENT 2 About JS Industries

JS Industries

JS Industries is an Australian owned global brand led by legendary Surfer Jason Stevenson. JS Surfboards is one of the most renowned names in high-performance surfing, his finely tuned PU, HYFI and Y-FI surfboard range are at the pinnacle of surfboard design. [...] Jason has close relationships with pro surfers and never stops working to develop surfboards that offer a competitive advantage, allowing JS team riders and the average punter to perform their best surfing.

boardcave.com.au/shop/brands/js-industries

JS Surfboards are manufactured in Australia in close proximity to some of the best surf breaks in the country. The company started off with Jason Stevenson (JS).

Headquarters: 8-64 Ourimbah Rd, Tweed Heads, New South Wales, 2485, Australia
Website: www.jsindustries.com
Employees: 24

Zoominfo.com

DOCUMENT 3 Bilan de JS Industries (en milliers AUD)

BILAN ACTIF	Brut	Amortissements Dépréciations	Net 31/07/N	Net 31/07/N-1	BILAN PASSIF	Net 31/07/N	Net 31/07/N-1
Actif immobilisé	**2 015**	**1 411**	**604**	**563**	**Capitaux propres**	**2 078**	**1 854**
Immo. incorporelles	73	19	54	55	Capital	1 120	1 120
Immo. corporelles	1 200	958	242	255	Réserves	734	766
Immo. financières	742	434	308	253	Résultat de l'exercice	224	– 37
Actif circulant	**1 845**	**6**	**1 839**	**1 687**	Prov. pour risques et charges	0	5
Stocks et en-cours	915		915	906	**Dettes**	**365**	**396**
Créances	703	6	697	532	Dettes financières (1)	174	199
Disponibilités	227		227	249	Dettes d'exploitation	191	197
TOTAL ACTIF	**3 860**	**1 417**	**2 443**	**2 250**	**TOTAL PASSIF**	**2 443**	**2 250**
					(1) Dont concours bancaires et soldes créditeurs de banque	*187*	*288*

DOCUMENT 4 Compte de résultat de JS Industries (en milliers AUD)

COMPTE DE RÉSULTAT	31/07/N	31/07/N-1
Produits d'exploitation		
Ventes de marchandises	845	551
Production vendue	988	771
Chiffre d'affaires	**1 833**	**1 322**
Production stockée	41	157
Total	**1 874**	**1 479**
Charges d'exploitation		
Achats	529	395
Charges externes	774	595
Impôts et taxes	22	20
Charges de personnel	399	391
Amortissements et provisions	22	47
Autres charges d'exploitation	1	2
Total	**1 747**	**1 450**
Résultat d'exploitation	**127**	**29**
Produits financiers	59	11
Charges financières	8	69
Résultat financier	**51**	**– 58**
Résultat courant avant impôts	178	– 29
Produits exceptionnels	58	0
Charges exceptionnelles	12	8
Résultat exceptionnel	**46**	**– 8**
Résultat de l'exercice	**224**	**– 37**
Impôt sur les bénéfices	47	0
Résultat net	**177**	**– 37**

Note
En Australie :
- taux de TVA : 10 %
- taux d'impôt sur les sociétés : 25 %

FICHE RESSOURCE

1 L'analyse de l'équilibre financier à partir du bilan comptable

Le **bilan comptable** est l'un des documents de synthèse qui doivent être déposés chaque année (à la fin de l'exercice comptable) auprès du greffe du tribunal de commerce dont dépend l'entreprise. L'analyse fonctionnelle permet d'en contrôler l'équilibre financier.

I Le bilan comptable

Photographie du patrimoine de l'entreprise, le bilan présente à l'actif (colonne « Débit », à gauche) les biens et valeurs que l'entreprise possède et au passif (colonne « Crédit », à droite) ses ressources et ses dettes.

ACTIF	Exercice N		
	Brut	Amortissements Dépréciations	Net
ACTIF IMMOBILISÉ **Immobilisations incorporelles** Frais d'établissement			
Frais de recherche et de développement			
Concessions, brevets, licences, marques, procédés, logiciels, droits et valeurs similaires			
Fonds commercial			
Immobilisations corporelles Terrains			
Constructions			
Installations techniques, matériels et outillages industriels			
Autres			
Immobilisations financières Participations			
Prêts			
Autres			
Total I			
ACTIF CIRCULANT **Stocks et en-cours** Matières premières et autres approvisionnements			
En-cours de production (biens et services)			
Produits intermédiaires et finis			
Marchandises			
Créances Créances clients et comptes rattachés			
Autres			
Disponibilités			
Total II			
TOTAL GÉNÉRAL (I + II)			

PASSIF	Exercice N
CAPITAUX PROPRES Capital	
Réserves	
Résultat de l'exercice (bénéfice ou perte)	
Total I	
PROVISIONS POUR RISQUES ET CHARGES Provisions pour risques	
Provisions pour charges	
Total II	
DETTES (1) Emprunts obligataires	
Emprunts et dettes auprès des établissements de crédit (2)	
Emprunts et dettes financières diverses	
Dettes fournisseurs et comptes rattachés	
Dettes fiscales et sociales	
Autres dettes	
Total III	
TOTAL GÉNÉRAL (I + II + III)	

(1) Dont à plus d'un an	
Dont à moins d'un an	
(2) Dont concours bancaires et soldes créditeurs de banque	

Total Actif = Total Passif : c'est le résultat de l'exercice, inscrit en plus ou en moins (bénéfice ou perte) dans la colonne « Passif » qui équilibre les deux totaux.

1 L'actif : les biens de l'entreprise

L'actif du bilan est constitué de deux masses :

1. les **immobilisations**, c'est-à-dire les biens destinés à rester durablement dans l'entreprise, pour les besoins de son activité :
   - les biens incorporels (immatériels) : le fonds de commerce, les brevets...,
   - les biens corporels (matériels) : des terrains, des locaux, du matériel...,
   - les biens financiers : des actions (participations dans le capital d'autres entreprises)... ;
2. les **biens circulants**, c'est-à-dire les biens dont la valeur change en permanence car ils sont liés à l'activité de l'entreprise :
   - les stocks de matières premières, produits, marchandises (destinés à être utilisés ou vendus),
   - les créances sur les clients (l'argent que les clients doivent à l'entreprise),
   - les disponibilités (l'argent déposé sur un compte bancaire).

> Les amortissements correspondent à la constatation de la dépréciation normale, donc programmée, liée à l'utilisation des biens matériels. Les provisions permettent de comptabiliser une perte de valeur possible (mais pas certaine) des stocks (produits démodés, par exemple) ou des créances (client en difficulté, par exemple).

Les biens de l'entreprise sont rangés dans l'actif en fonction de leur liquidité, c'est-à-dire de leur faculté à être transformés en argent liquide : du moins liquide (immobilisations) au plus liquide (disponibilités).

2 Le passif : les ressources et dettes de l'entreprise

Le passif du bilan est constitué de trois masses :

1. les **capitaux propres**, c'est-à-dire l'argent apporté par les actionnaires, qui constitue pour eux un droit sur l'entreprise (participation aux décisions, dividendes) :
   - le capital (les apports),
   - les réserves (bénéfices des années antérieures laissés à l'entreprise),
   - le résultat de l'exercice (le bénéfice ou la perte de l'année) ;
2. les **provisions pour risques et charges**, correspondant à la constitution d'une ressource pour financer une dépense lourde programmée à moyen terme (par exemple, l'indemnisation future d'un client avec lequel une procédure judiciaire est engagée) ;
3. les **dettes**, qui devront être remboursées à plus ou moins courte échéance :
   - les emprunts bancaires (ils peuvent inclure des concours bancaires courants et soldes créditeurs de banques, c'est-à-dire du découvert bancaire),
   - les dettes fournisseurs (les factures fournisseurs à régler),
   - les dettes fiscales et sociales (les salaires à verser aux employés, les cotisations sociales à verser aux organismes sociaux, les impôts et taxes à payer à l'administration fiscale).

Comme les biens à l'actif, les ressources et dettes sont rangées dans le passif en fonction de leur degré de liquidité : du capital à celles qui doivent être réglées rapidement (les salaires, par exemple).

II L'analyse de l'équilibre financier à partir du bilan comptable

L'analyse financière d'une entreprise est menée lorsque celle-ci veut :
- comparer ses performances avec celles des autres entreprises de son secteur d'activité ;
- évaluer l'évolution de ses performances ;
- s'assurer de la fiabilité d'un partenaire potentiel, avant de conclure un contrat de distribution ou de créer une joint-venture, par exemple.

L'analyse est effectuée à partir d'un bilan fonctionnel, construit d'après le bilan comptable et des ratios. Contrairement au bilan comptable qui décrit le patrimoine d'une entreprise, le bilan fonctionnel permet de comprendre comment cette dernière fonctionne.
L'analyse fonctionnelle consiste à vérifier l'équilibre financier de l'entreprise :
- les biens durables doivent être financés par des ressources à long terme ;
- le cycle d'exploitation doit être financé par des ressources à court terme ou équilibré par des ressources à long terme ;
- la trésorerie doit être positive.

1 La construction du bilan fonctionnel

Le bilan fonctionnel vise à faire apparaître l'origine des ressources de l'entreprise et la façon dont elles sont employées. Les éléments de l'actif et du passif sont classés par fonctions :
- d'une part, les investissements (immobilisations) et leur financement (capitaux propres et empruntés) → **éléments stables** (long terme) ;
- d'autre part, l'exploitation (stocks et poste clients) et son financement (dettes fournisseurs et dettes fiscales et sociales) → **éléments circulants** (court terme).

Les postes du bilan comptable sont retraités de la façon suivante :
- les actifs figurent en valeurs brutes ;
- les amortissements et provisions sont réintégrés dans les ressources (leur inscription résulte d'une écriture comptable et ne correspond pas à une perte réelle de valeur) ;
- les disponibilités sont classées en trésorerie active ;
- les concours bancaires courants (CBC) et les soldes créditeurs de banque (SCB), qui correspondent à du découvert bancaire, sont classés en trésorerie passive.

Le bilan fonctionnel est présenté en 6 grandes masses :

À l'actif :
- Emplois stables : actif immobilisé
- Actif circulant : stocks + créances
- Trésorerie active (positive)

Au passif :
- Ressources stables (durables) : ressources propres + ressources empruntées
- Passif circulant : dettes circulantes
- Trésorerie passive (négative)

Exemple ▸ Construction du bilan fonctionnel à partir du bilan comptable de la SARL EZIO

Emplois stables = Actif immobilisé brut : 227 500
Actif circulant = (Stocks + Créances) brut : 117 500 + 147 500 = 265 000
Trésorerie active = Disponibilités : 18 750
Ressources stables = Capitaux propres + Provisions + Emprunts – CBC et SCB + Amortissements et provisions de l'actif : 106 250 + 6 250 + 140 000 – 3 750 + 54 375 = 303 125
Passif circulant = Autres dettes : 112 500 + 91 875 = 204 375
Trésorerie passive = Concours bancaires courants et soldes créditeurs de banque : 3 750

Bilan comptable au 31 décembre N (en EUR)

ACTIF	Brut	Amortissement & Dépréciation	Net	PASSIF	Net
ACTIF IMMOBILISÉ				**CAPITAUX PROPRES**	
Terrains	102 500		102 500	Capital	62 500
Constructions	100 000	25 000	75 000	Réserves	25 000
Installations techniques, matériels et outillages industriels	25 000	16 250	8 750	Résultat de l'exercice	18 750
				Total I	**106 250**
Total I	**227 500**	**41 250**	**186 250**	**Provisions (II)**	**6 250**
ACTIF CIRCULANT				**DETTES**	
Stocks	117 500	625	116 875	Emprunts (1)	140 000
Créances	147 500	12 500	135 000	Fournisseurs	112 500
Disponibilités	18 750		18 750	Autres dettes	91 875
Total II	**283 750**	**13 125**	**270 625**	**Total III**	**344 375**
TOTAL GÉNÉRAL	**511 250**	**54 375**	**456 875**	**TOTAL GÉNÉRAL**	**456 875**

(1) Dont concours bancaires courants et soldes créditeurs de banque : 3 750

Bilan fonctionnel au 31 décembre N (en euros)

ACTIF	Montant	PASSIF	Montant
Emplois stables	227 500	Ressources stables	303 125
Actif circulant	265 000	Passif circulant	204 375
Trésorerie active	18 750	Trésorerie passive	3 750
TOTAL ACTIF	**511 250**	**TOTAL PASSIF**	**511 250**

2 L'analyse du bilan fonctionnel

L'analyse financière est menée à partir de valeurs structurelles : le fonds de roulement net global (FRNG), le besoin en fonds de roulement (BFR) et la trésorerie nette (TN), calculés à partir du bilan fonctionnel.

Indicateurs	Interprétation	Exemple (SARL EZIO)
Le fonds de roulement net global (FRNG) Ressources stables – Emplois stables	Il permet de vérifier l'équilibre entre les ressources stables et les emplois stables. En effet, l'entreprise doit financer ses immobilisations, biens acquis pour être utilisés pendant plusieurs années, avec des ressources sur lesquelles elle peut compter pour une durée équivalente. Des ressources stables importantes montrent la solidité de l'entreprise. Le FRNG doit impérativement être positif. Il traduit l'excédent de ressources stables dans l'entreprise, qui lui permettra de financer son exploitation.	FRNG = 303 125 – 227 500 = 75 625 EUR Les immobilisations sont financées par des ressources à long terme. L'équilibre financier est respecté. L'entreprise dispose d'un excédent de ressources stables de 75 625 EUR pour financer les besoins de son exploitation.
Le besoin en fonds de roulement (BFR) Passif circulant – Actif circulant	Il correspond au décalage entre les besoins liés à l'exploitation (financer les stocks, accorder des délais de paiement aux clients) et les ressources procurées par les délais de paiement accordés à l'entreprise (par les fournisseurs, les salariés, l'État). Il est normal que les besoins soient supérieurs aux ressources.	BFR = 265 000 – 204 375 = 60 625 EUR La constitution des stocks et les crédits accordés aux clients génèrent un besoin de financement qui n'est pas intégralement couvert par les crédits accordés par les créanciers : il manque 60 625 EUR.
La trésorerie nette (TN) FRNG – BFR ou Trésorerie active – Trésorerie passive	Elle correspond à la trésorerie disponible dans l'entreprise.	TN = 75 625 – 60 625 = 15 000 EUR Ou TN = 18 750 – 3 750 = 15 000 EUR L'excédent de ressources stables finance le besoin lié à l'exploitation et alimente la trésorerie de l'entreprise. La trésorerie nette est positive, l'entreprise dispose d'une marge de sécurité de 15 000 EUR.

En conclusion, la situation financière de la SARL EZIO est saine.
Pour une meilleure analyse, il faut rapprocher ces valeurs de celles de l'année précédente.
La situation de sa trésorerie peut amener l'entreprise à des actions correctrices :

Situation	Interprétation	Solutions
Trésorerie nette positive FRNG > BFR	L'entreprise dispose d'un excédent de disponibilités.	**Placer l'excédent de trésorerie.** Une trésorerie trop importante ne rapporte rien, il faut la placer à court terme pour qu'elle produise des intérêts.
Trésorerie nette négative FRNG < BFR	L'entreprise éprouve des difficultés à financer son cycle d'exploitation. Elle doit recourir aux concours bancaires courants, qui sont très onéreux.	**Augmenter les ressources stables :** • réaliser un nouvel emprunt ; • réaliser une augmentation de capital. **Diminuer le BFR :** • demander des délais de paiement plus importants aux fournisseurs ; • réduire les délais de paiement accordés aux clients (moyennant un escompte pour paiement anticipé) ; • réduire le volume des stocks ; • escompter des effets de commerce pour obtenir des liquidités.

FICHE RESSOURCE

2 L'analyse de l'équilibre financier par les ratios

Des ratios, calculés à partir du bilan comptable et du bilan fonctionnel, permettent d'analyser :
- l'équilibre entre les investissements et leur financement ;
- le poids de la dette et la capacité de remboursement de l'entreprise ;
- la capacité de l'entreprise à faire face à ses dettes à court terme (la liquidité de ses actifs).

Pour être interprétés, les ratios doivent être comparés aux ratios moyens des entreprises du même secteur d'activité et mesurés dans le temps.

Ratios		Formules	Interprétation	Exemple (SARL EZIO)
Financement	Couverture des emplois stables	Ressources stables / Emplois stables	Ce ratio doit être > 1. Il traduit la même chose que le FRNG.	303 125 / 227 500 = 1,33
	Couverture des capitaux investis	Ressources stables / (Emplois stables + BFR)	Un ratio > 1 signifie que les ressources stables permettent de couvrir les emplois stables et le cycle d'exploitation. Plus ce ratio est élevé, plus la situation de l'entreprise est saine.	303 125 / (227 500 + 60 625) = 1,05
Indépendance financière	Autonomie financière	Capitaux propres / Total du bilan	Ce ratio doit être > 0,2. Il mesure la solvabilité de l'entreprise.	(106 250 + 6 250) / 456 875 = 0,25
	Endettement financier	Dettes financières / Capitaux propres	Un ratio > 2 est élevé et signifie que la marge de manœuvre pour emprunter est réduite.	140 000 / (106 250 + 6 250) = 1,24
Liquidité	Liquidité générale	(Actif circulant + Trésorerie active) / (Passif circulant + Trésorerie passive)	Ce ratio doit être > 1. Il mesure la capacité de l'entreprise à régler ses dettes à court terme.	(265 000 + 18 750) / (204 375 + 3 750) = 1,36
	Liquidité réduite	(Créances + Disponibilités) / (Passif circulant + Trésorerie passive)	Un ratio légèrement < 1 est acceptable, car la vente des stocks permettra de générer des liquidités.	(147 500 + 18 750) / (204 375 + 3 750) = 0,80
	Liquidité immédiate	Trésorerie active / (Passif circulant + Trésorerie passive)	Ce ratio mesure la capacité de l'entreprise à régler ses dettes à court terme avec l'argent disponible en banque. Un ratio < 1 est normal. Ce ratio doit être interprété avec précaution, la trésorerie de l'entreprise pouvant varier rapidement.	18 750 / (204 375 + 3 750) = 0,09

Commentaire : les ratios calculés pour la SARL EZIO confirment une situation financière saine. L'entreprise est solvable et n'a pas atteint sa capacité maximale d'endettement. Elle dispose de la trésorerie nécessaire pour payer ses fournisseurs et ses employés. Elle n'est pas en risque de faillite à court terme.

FICHE RESSOURCE

3 L'analyse de la profitabilité et de la rentabilité de l'entreprise

La **profitabilité** correspond à la capacité de l'entreprise à dégager des profits ; elle est mesurée par les SIG (soldes intermédiaires de gestion). La **rentabilité** correspond à sa capacité à dégager des bénéfices avec les moyens mis en œuvre ; elle est analysée à travers sa performance économique et sa performance financière.

I La profitabilité de l'entreprise

La profitabilité est mesurée par des SIG calculés à partir du compte de résultat de l'entreprise.

1 Le compte de résultat

Document de synthèse établi à la fin de l'exercice comptable, comme le bilan, il rend compte de l'ensemble des dépenses (charges) et des recettes (produits) annuelles de l'entreprise. Il permet de déterminer le résultat de l'exercice (bénéfice ou perte), qui est inscrit dans la colonne « Charges » s'il s'agit d'un bénéfice ou dans la colonne « Produits » s'il s'agit d'une perte, de façon à équilibrer les totaux des deux colonnes.
Les charges et les produits sont classés par fonctions : charges et produits d'exploitation, charges et produits financiers, charges et produits exceptionnels.

Exemple (suite)

Compte de résultat de la SARL EZIO au 31 décembre N (en euros)

CHARGES	N	PRODUITS	N
Charges d'exploitation		**Produits d'exploitation**	
Achats	340 800	Production vendue	
Services extérieurs	85 900	Production stockée	
Impôts et taxes	25 500	Production immobilisée	
Charges de personnel	140 850	Ventes de marchandises	681 525
Dotations aux amort. et provisions	54 375		
Total Charges d'exploitation (I)	**647 425**	**Total Produits d'exploitation (I)**	**681 525**
Charges financières (II)	**22 500**	**Produits financiers (II)**	**14 040**
Charges exceptionnelles (III)	**400**	**Produits exceptionnels (III)**	**800**
Total Charges (I + II + III)	**670 325**	**Total Produits (I + II + III)**	**696 365**
Résultat (bénéfice)	26 040	Résultat (perte)	
Impôt sur les bénéfices	7 290		
Résultat net	**18 750**		

2 Les KPI de profitabilité : les soldes intermédiaires de gestion

Les SIG permettent d'analyser le résultat de l'entreprise et d'en expliquer la formation, en le décomposant en plusieurs indicateurs. Ils sont calculés à partir du compte de résultat.
Les SIG sont utilisés par l'entreprise pour évaluer ses résultats par rapport aux autres entreprises de son secteur d'activité et pour mesurer leur évolution dans le temps.
Les plus importants sont ceux liés à l'exploitation : marge commerciale, excédent brut d'exploitation et résultat d'exploitation. En effet, une entreprise doit dégager de la rentabilité grâce à son activité principale et non en raison d'éléments financiers ou exceptionnels.

Tableau des soldes intermédiaires de gestion

Formation des SIG	Interprétation	Exemple (SARL EZIO)
Ventes de marchandises – Coût d'achat des marchandises vendues	Mesure la capacité de l'entreprise à dégager des profits sur la revente de marchandises. Indicateur clé de pilotage pour l'entreprise.	681 525 – 340 800
= Marge commerciale		**340 725**
Production vendue + Production stockée + Production immobilisée	Mesure l'activité des entreprises qui produisent, que les produits aient été vendus ou non.	
= Production de l'exercice		**0**
Marge commerciale + Production de l'exercice – Consommations en provenance des tiers (services externes)	Mesure la richesse brute créée par l'entreprise. Cette richesse permet de rémunérer les acteurs contribuant à l'activité : les apporteurs de capitaux, les employés, l'État.	340 725 0 – 85 900
= Valeur ajoutée		**254 825**
– Impôts et taxes – Charges de personnel	Mesure le flux potentiel de trésorerie généré par l'exploitation de l'entreprise. Permet à l'entreprise de se financer.	– 25 500 – 140 850
= Excédent brut d'exploitation (EBE)		**88 475**
+ Autres produits d'exploitation – Autres charges d'exploitation – Dotations aux amort. et provisions	Mesure la capacité de l'entreprise à dégager des ressources du fait de son activité.	+ 0 – 0 – 54 375
= Résultat d'exploitation		**34 100**
+ Résultat financier	Mesure l'impact de la politique de financement.	– 8 460
= Résultat courant avant impôts	Résultat incluant le résultat financier.	**25 640**
+ Résultat exceptionnel – Impôt sur les bénéfices	Mesure le résultat net, après impact des sources de financement et de l'impôt sur les bénéfices.	+ 400 – 7 290
= Résultat de l'exercice (résultat net)		**18 750**

Commentaire : l'excédent brut d'exploitation, qui mesure la performance réelle de l'activité de l'entreprise, est ici de 88 475 EUR, soit 13 % de son chiffre d'affaires (à comparer à la valeur moyenne du secteur d'activité).

Les SIG sont interprétés à l'aide de ratios de profitabilité, de gestion et de rentabilité.

3 Les ratios de profitabilité

Ils permettent de mesurer les bénéfices dégagés par l'activité de l'entreprise.

Ratios	Formules	Interprétation	Exemple (SARL EZIO)
Taux de marge bénéficiaire brute	Résultat courant avant impôts / Chiffre d'affaires HT	Mesure la performance globale de l'entreprise. Indique la part des ventes qui se transforme en profits, avant ou après impôts.	25 640 / 681 525 = 3,76 %
Taux de marge bénéficiaire nette	Résultat net / Chiffre d'affaires HT		18 750 / 681 525 = 2,75 %
Taux de marge brute d'exploitation	EBE / Chiffre d'affaires HT	Mesure la capacité de l'entreprise à réaliser un bénéfice à partir de son activité.	88 475 / 681 525 = 13 %
Taux de marge commerciale	Marge commerciale / Coût d'achat des marchandises vendues	Exprime la marge commerciale par rapport au coût ou au prix d'achat.	340 725 / 340 800 = 100 %
Taux de marque	Marge commerciale / Chiffre d'affaires HT	Exprime la marge commerciale par rapport au prix de vente.	340 725 / 681 525 = 50 %

Commentaire : la marge bénéficiaire de l'activité de la SARL EZIO est relativement faible.

4 Les ratios de gestion (ratios de rotation)

Ils permettent d'évaluer l'efficacité avec laquelle les ressources de l'entreprise sont utilisées.

Ratios	Calcul	Interprétation	Exemple (SARL EZIO)
Délai de rotation des stocks de marchandises	Stock moyen × 360 / Coût d'achat des marchandises vendues HT	Plus la durée est importante, plus l'entreprise conserve son stock et plus le BFR augmente. Stock moyen de marchandises = (Stock initial + Stock final) / 2 Coût d'achat des marchandises vendues = Achats de marchandises + Variation de stock de marchandises	Pour un stock moyen de 115 900 EUR : 115 900 × 360 / 340 800 = 122,43 jours : c'est le délai moyen de détention des stocks avant la revente.
Durée moyenne du crédit clients	Créances clients × 360 / Chiffre d'affaires TTC	Plus la durée est grande, plus l'entreprise doit financer elle-même ses ventes et plus le BFR augmente. Si l'entreprise a des emprunts à CT, cela signifie qu'elle emprunte pour ses clients.	(135 000 × 360) / (681 525 × 1,20) = 59,43 jours : c'est le délai moyen de crédit accordé aux clients.
Durée moyenne du crédit fournisseurs	Dettes fournisseurs × 360 / Achats de biens et services TTC	Plus la durée est faible, plus le temps de crédit obtenu diminue et plus le BFR augmente.	(112 500 × 360) / [(340 800 + 85 900) × 1,20] = 79,1 jours : c'est le délai moyen de paiement accordé par les fournisseurs.

Commentaire : l'entreprise accorde des délais de paiement de 59 jours en moyenne à ses clients et obtient elle-même des délais moyens de règlement de 79 jours de la part de ses fournisseurs. L'écart de 20 jours est favorable et permet de financer en partie la constitution des stocks.
Le délai moyen de détention des stocks est ici assez long : les marchandises restent en moyenne 4 mois (122 jours) dans l'entreprise avant d'être écoulées. Ce stockage pèse lourd dans le BFR et explique le faible ratio de liquidité à court terme calculé plus haut.

5 La capacité d'autofinancement (CAF)

La CAF évalue les ressources générées par le cycle d'exploitation de l'entreprise, qui permettent d'assurer son autofinancement. Elle correspond au montant de la trésorerie potentielle générée par l'entreprise dans le cadre de son activité.

Ce ratio correspond à la différence entre les produits encaissables et les charges décaissables.
CAF = EBE + Résultat financier + Résultat exceptionnel – Impôt sur les bénéfices

Exemple (suite) Dans la SARL EZIO, CAF : 88 745 – 8 460 + 400 – 7 290 = 73 395 EUR

Des ratios financiers peuvent être calculés à partir de la CAF :

Ratios	Formules	Interprétation	Exemple (SARL EZIO)
Capacité de remboursement	Dettes financières / CAF	Mesure la capacité de l'entreprise à rembourser ses dettes financières. En principe, il doit être < 3.	140 000 / 73 395 = 1,91 Le ratio est correct : les dettes représentent un peu moins de 2 fois la CAF.
Autofinancement	CAF / Chiffre d'affaires HT	Mesure le volume de ressources internes généré par l'entreprise pour assurer son financement.	73 395 / 681 525 = 0,11 Pour 100 EUR de CA, l'entreprise génère 11 EUR de ressources internes.

II La rentabilité de l'entreprise

1 La rentabilité économique (ROA : *Return On Assets*)

Cet indicateur mesure la performance intrinsèque de l'entreprise et ne prend pas en compte les moyens employés pour financer l'entreprise. Il intéresse tout particulièrement la banque de l'entreprise qui veut savoir dans quelle mesure l'argent qu'elle prête va dégager un résultat.
Il mesure le rapport entre les bénéfices d'exploitation et les capitaux mobilisés.

2 La rentabilité financière (ROE : *Return On Equity*)

Cet indicateur mesure la performance financière de l'entreprise. Il intéresse surtout les actionnaires qui veulent connaître le taux de rendement des capitaux qu'ils investissent.
La rentabilité financière prend en compte les moyens employés pour financer l'entreprise.

3 Le retour sur investissement (ROI : *Return On Investment*)

Cet indicateur permet de mesurer la rentabilité du capital investi. Il compare des investissements en rapportant les capitaux investis aux gains qu'ils procurent.
Il est également utilisé pour mesurer la rentabilité d'une action marketing : ROI = gain / coût de l'investissement.

Indicateurs	Formules	Exemple (SARL EZIO)
ROA	Résultat d'exploitation net d'impôts / Capitaux propres + Dettes financières	(34 100 – 7 290) / (112 500 + 140 000) = 10,62 %
ROE	Résultat net après impôts / Capitaux propres	18 750 / 112 500 = 16,67 %
ROI	Bénéfice / Capital	18 750 / 62 500 = 30 %

Commentaire : l'entreprise dégage une rentabilité nette de 3,76 % (taux de marge bénéficiaire brute calculé plus haut), ce qui n'est pas très élevé. Cependant, le retour sur investissement est important : les capitaux investis sont d'un montant relativement faible et génèrent un bon rapport pour les actionnaires.

FICHE RESSOURCE

4 Le diagnostic financier de l'entreprise

La synthèse des indicateurs et ratios calculés et leur interprétation permet de réaliser une analyse de la performance financière de l'entreprise.
Les données suivantes sont basées sur l'exemple de la SARL EZIO.

I Analyse de la structure financière de l'entreprise

Valeurs structurelles	Ratios d'équilibre du bilan		Résultats
FRNG = 75 625 EUR BFR = 60 625 EUR Trésorerie nette = 15 000 EUR	Financement	Couverture des emplois stables	1,33
		Couverture des capitaux investis	1,05
	Autonomie financière		0,25
	Endettement		1,24
	Liquidité générale		1,30

II Analyse de l'activité de l'entreprise

Tableau des SIG

Formation des SIG	(en EUR)
Marge commerciale	340 725
Production de l'exercice	0
Valeur ajoutée	254 825
Excédent brut d'exploitation (EBE)	88 475
Résultat d'exploitation	34 100
Résultat courant avant impôts	25 640
Résultat de l'exercice (résultat net)	18 750

Ratios de profitabilité

Ratios	Résultats
Taux de marge bénéficiaire brute	3,76 %
Taux de marge bénéficiaire nette	2,75 %
Taux de marge brute d'exploitation	13 %
Taux de marge commerciale	100 %
Taux de marque	50 %

Ratios de rotation

Ratios	Délais
Délai de rotation des stocks de marchandises	122,43 jours
Durée moyenne du crédit clients	59,42 jours
Durée moyenne du crédit fournisseurs	79 jours

Ratios financiers

Ratios	Résultats
Capacité de remboursement	1,9
Autofinancement	0,11

CAF : 73 395 EUR

III Analyse de la rentabilité de l'entreprise

Indicateurs		Résultats
Rentabilité économique	ROA	10,62 %
Rentabilité financière	ROE	16,67 %
Retour sur investissement	ROI	30 %

Conclusion :

- **Structure financière :** l'équilibre financier du bilan est atteint, le FRNG est positif et couvre les besoins liés à l'exploitation. La trésorerie nette de l'entreprise est excédentaire.
- **Endettement :** le patrimoine de l'entreprise est composé de 25 % de ressources propres et son endettement financier n'est pas trop élevé (1,24 < 2). Elle dispose encore d'une capacité d'emprunt. L'entreprise est solvable et le risque de faillite à court terme est très faible.
- **Activité :**
  – les délais de paiement sont bien gérés et financent 20 jours de BFR ;
  – l'entreprise a une capacité de remboursement et d'autofinancement satisfaisante ;
  – la marge bénéficiaire semble toutefois relativement réduite.
- **Rentabilité :** elle est satisfaisante et procure un bon retour sur investissement aux actionnaires.

1 Comparer la performance financière de deux entreprises

Les groupes Zara et H&M sont en concurrence sur le marché international du prêt-à-porter « fast fashion ». Ces deux géants du textile sont implantés dans la plupart des pays du monde.
Le groupe Inditex, qui détient la marque Zara, surveille attentivement son suiveur et vous charge d'une comparaison de leurs performances respectives.

- **À partir des KPI communiqués ci-dessous, comparez et analysez la performance financière et commerciale de ces deux groupes.**

DOCUMENT Indicateurs de performance des enseignes Zara et H&M

Indicateurs de performance	Zara (Inditex)	H&M
Nombre de boutiques	7 500	5 000
Chiffre d'affaires	26,1 milliards d'euros	20 milliards d'euros
Croissance du chiffre d'affaires de N-1 à N	7 %	5 %
EBITDA (1)	5,4 milliards d'euros	2,4 milliards d'euros
Résultat net	3,4 milliards d'euros	1,9 milliard d'euros
Flux de trésorerie dégagé par les opérations	4,4 milliards d'euros	1,9 milliard d'euros

(1) EBITDA (*Earnings Before Interest, Taxes, Depreciation, and Amortization*) : bénéfice avant intérêts, impôts et amortissements. Indicateur des résultats économiques d'une entreprise créé aux États-Unis, l'EBITDA se rapproche assez sensiblement de l'excédent brut d'exploitation (EBE). Il permet ainsi de dégager la création de richesse des entreprises dans l'optique de pouvoir les comparer entre elles sans avoir à tenir compte des différences de traitement comptables. Un EBITDA positif signifie qu'une entreprise est rentable mais pas qu'elle est bénéficiaire. En effet, l'EBITDA ne prend pas en compte la politique d'investissement, de financement et l'impact des impôts et taxes. Au contraire, un EBITDA négatif signifie que la société n'est pas profitable (Source : Cafedelabourse.com).

2 Analyser la situation financière d'une entreprise

Société de négoce en fruits et légumes de contre-saison, Fructose a créé son premier établissement à Paris en 1975. Elle gère ses flux import et export depuis sa plateforme logistique située dans le port d'Anvers, en Belgique. Elle peut ainsi livrer les produits à sa clientèle européenne de grandes surfaces alimentaires, depuis ses entrepôts, sous température dirigée, le stockage en conteneurs frigorifiques assurant le caractère « contre-saison » des produits. Elle réalise un chiffre d'affaires annuel moyen de 19 millions d'euros.

▶▶ L'activité de cette entreprise reste soutenue et les ventes sont stables. Cependant, le bénéfice diminue chaque année depuis trois ans et le dirigeant de Fructose s'interroge sur la situation financière de son entreprise. Il vous associe à l'analyse de ses comptes annuels.

À partir du bilan comptable ci-dessous :

1. **Construisez un bilan fonctionnel et calculez les valeurs structurelles suivantes : FRNG, BFR et trésorerie nette.**
2. **Calculez des ratios de financement, d'indépendance financière et de liquidité.**
3. **Calculez des ratios de profitabilité et de rentabilité financière.**
4. **Commentez vos résultats, afin d'évaluer l'équilibre financier, la solvabilité et la rentabilité de cette entreprise.**

DOCUMENT Bilan de Fructose

ACTIF	Brut	Amortissement Dépréciation	N	N-1	PASSIF	N	N-1
Actif immobilisé					**Capitaux propres**		
Immo. incorporelles	521 000	42 300	478 700	470 200	Capital	250 000	250 000
Immo. corporelles	541 500	369 000	172 500	154 700	Réserves	779 900	625 400
Immo. financières	154 100	0	154 100	5 300	Résultat de l'exercice	314 000	335 400
Total I	**1 216 600**	**411 300**	**805 300**	**630 200**	**Total I**	**1 343 900**	**1 210 800**
Actif circulant					**Dettes**		
Stocks	3 154 000		3 154 000	2 299 700	Emprunts (1)	89 700	102 100
Créances	3 090 600	59 300	3 031 300	3 100 600	Fournisseurs	5 564 000	4 735 000
Disponibilités	64 800		64 800	67 100	Autres dettes	57 800	49 700
Total II	**6 309 400**	**59 300**	**6 250 100**	**5 467 400**	**Total II**	**5 711 500**	**4 886 800**
TOTAL GÉNÉRAL	**7 526 000**	**470 600**	**7 055 400**	**6 097 600**	**TOTAL GÉNÉRAL**	**7 055 400**	**6 097 600**
(1) Dont concours bancaires et soldes créditeurs de banque						9 800	10 700

3 Analyser la rentabilité d'une exploitation commerciale

Hercule est une petite PME vosgienne spécialisée dans la revente de bois.
Cette entreprise familiale tire ses revenus d'une exploitation forestière détenue depuis plus de 300 ans. Sa clientèle est composée de scieries et de fabricants de meubles, en France et dans les pays limitrophes (Suisse et Allemagne).
L'activité ralentit et le dirigeant de cette entreprise s'inquiète de la baisse de rentabilité de son exploitation. Il vous confie les éléments de son compte de résultat sur les deux dernières années et vous charge de l'étude de la rentabilité de son entreprise.

1. **Complétez le tableau des soldes intermédiaires de gestion ci-dessous.**
2. **Calculez des ratios de rentabilité, afin d'interpréter ces SIG.**
3. **Rédigez vos conclusions à destination du dirigeant de l'entreprise Hercule.**

DOCUMENT Tableau des soldes intermédiaires de gestion

SIG	N	N-1	Variation
Chiffre d'affaires	241 752	394 831	
Achats consommés	18 720	46 800	
Marge globale			
Charges externes	37 417	48 944	
Valeur ajoutée			
Impôts et taxes	36 398	42 598	
Charges de personnel	109 646	132 326	
Excédent brut d'exploitation			
Dotations aux amortissements	9 300	9 300	
Résultat d'exploitation			
Produits financiers	780	496	
Charges financières	6 397	4 571	
Résultat financier			
Produits exceptionnels	451	258	
Charges exceptionnelles	692	196	
Résultat exceptionnel			
Résultat courant			
Impôt sur les bénéfices 28 %			
Résultat net			
Capacité d'autofinancement			

4 Évaluer la performance financière d'une entreprise

Fabricant de canapés et fauteuils en cuir, EBODE propose des collections originales, une fabrication exclusivement européenne et un haut niveau de personnalisation. Ses meubles sont conçus en collaboration avec des designers de renom.

L'entreprise a réussi à s'imposer dans les plus grands magasins de mobilier haut de gamme, en France et à l'étranger. Pour ce faire, elle n'a pas hésité à prendre des participations dans certaines entreprises.

Toutefois, depuis une quinzaine d'années, la concurrence asiatique lui a fait perdre de nombreux marchés et les ventes à l'export se sont essoufflées.

Le dirigeant d'EBODE souhaite redynamiser son chiffre d'affaires à l'étranger et se doter d'un service spécifique. Il s'agirait alors de recruter de nouveaux collaborateurs et de mobiliser des ▸▸

▶▶ moyens financiers dans une communication à dimension internationale. Ce nouvel investissement nécessiterait certainement le recours à l'emprunt.
Une étude de la situation financière de l'entreprise s'impose avant de s'engager dans une stratégie de reconquête des marchés étrangers. Vous assistez le dirigeant d'EBODE dans cette étude.

● **À l'aide du bilan et du compte de résultat communiqués dans les documents ci-dessous, procédez à l'étude de la situation financière de l'entreprise EBODE afin de déterminer la faisabilité de son projet de redéploiement à l'export.**

DOCUMENT 1 Bilan de l'entreprise (en milliers d'euros)

BILAN ACTIF	N	N-1
Actif immobilisé net	**483 128**	**451 131**
Immobilisation incorporelles	74 327	73 771
Immobilisation corporelles	97 404	65 651
Immobilisation financières	311 397	311 709
Actif circulant net	**288 444**	**322 885**
Stocks et en-cours	42 571	46 834
Créances	243 738	273 312
Disponibilités	2 135	2 739
TOTAL ACTIF	**771 572**	**774 016**

BILAN PASSIF	N	N-1
Capitaux propres	**308 024**	**428 122**
Capital	150 000	150 000
Réserves	114 313	229 896
Résultat de l'exercice	43 711	48 226
Prov. pour risques et charges	**15 859**	**16 202**
Dettes	**447 689**	**329 692**
Dettes financières	105 745	155 593
Dettes d'exploitation	341 944	174 099
TOTAL PASSIF	**771 572**	**774 016**

Amortissements	241 974	243 386
Provisions	3 335	3 234

DOCUMENT 2 Compte de résultat de l'entreprise (en milliers d'euros)

COMPTE DE RÉSULTAT	N	N-1
Produits d'exploitation	588 745	584 072
Chiffre d'affaires	578 857	576 264
Dont export	*58 720*	*81 246*
Production stockée	9 888	7 809
Charges d'exploitation	544 764	535 846
Résultat d'exploitation	**43 981**	**48 226**
Produits financiers	1 297	4 250
Charges financières	1 567	1 050
Résultat financier	**– 270**	**3 200**
Produits exceptionnels	50	140
Charges exceptionnelles	50	3 340
Résultat exceptionnel	**0**	**– 3 200**
Résultat courant avant impôts	**43 711**	**48 226**

CHAPITRE

13 Évaluer la performance sociétale de l'entreprise

COMPÉTENCES PROFESSIONNELLES

Gérer la relation commerciale internationale

→ Assurer la qualité de la relation client/fournisseur/prestataires
→ Proposer une solution adaptée
→ Évaluer la performance commerciale et financière
→ Proposer des mesures correctrices pour améliorer la performance commerciale et financière

De plus en plus d'études démontrent que non seulement la performance sociétale ne nuit pas à la performance économique et financière des entreprises, mais qu'au contraire, elle a souvent pour effet de les tirer vers le haut : les entreprises qui se préoccupent concrètement de la RSE (responsabilité sociétale des entreprises) ont une performance économique en moyenne supérieure de 13 % par rapport à celles qui ne s'en préoccupent pas. C'est la preuve que les entreprises ont clairement intérêt à investir dans la RSE.

www.revuegestion.ca

SITUATION PROFESSIONNELLE

TURQUIE

Régime politique : République démocratique parlementaire
Superficie : 785 350 km²
Population : 83,4 millions d'habitants
Capitale : Ankara
Villes principales : Istanbul, Ankara, Izmir, Bursa, Adana
Langue officielle : turc

PIB par habitant : 9 126 USD (2019)
Monnaie : livre turque (1 EUR = 8,96 TRY)
Clients : Allemagne, Royaume-Uni, Irak, Italie, États-Unis, Espagne, France
Fournisseurs : Russie, Allemagne, Chine, États-Unis, Italie, France

1. Actualisez les données pays par une recherche sur Internet.
2. Caractérisez les pratiques commerciales, sociales et environnementales du pays, après consultation de l'évaluation des risques par Coface.

PICTURE

Créée en 2008, Picture Organic Clothing est rapidement devenue une marque de vêtements de référence pour les adeptes des sports de glisse.

La gamme compte 1 300 références pour l'hiver et 900 pour l'été, totalement écologiques, recyclées ou biosourcées. Après le polyester recyclé, le coton et la laine bio, Picture souhaitait trouver au plus vite une alternative aux produits dérivés du pétrole. Ainsi, elle a enrichi son offre en développant des matières inédites comme le NaturalPrene et l'EicoPrene, en remplacement du néoprène, à base d'hévéa pour le premier, de calcaire et de pneus usagés refondus pour le second.

Picture a également mis au point un fil biosourcé, conçu à partir des déchets de canne à sucre, que la marque revalorise du même coup.
Cette vision de l'écologie s'attache non seulement à l'écoconception des vêtements, mais aussi à l'impact carbone de son activité, sur toute la chaîne de valeur, et en particulier à celui émis par les usines qui fabriquent les produits.

Leading the outdoor industry and its consumers towards a climate neutral impact

Labellisées GOTS (*Global Organic Textile Standard*), ces usines se trouvent à proximité des matières premières et des savoir-faire : le coton à Izmir, en Turquie, la ganterie et la bonneterie au Vietnam (qui détient 95 % du marché mondial du gant technique), les vestes et les pantalons de ski à Shenzhen, en Chine.

Entertaining, educating, popularizing, leading by example and inspiring

Les produits sont commercialisés dans 42 pays, par 1 600 points de vente dans le monde et 340 détaillants en France métropolitaine et d'outre-mer.
Le siège social de l'entreprise est situé à Clermont-Ferrand, tandis que la création, le showroom, la communication et le service commercial sont réunis à Annecy.

Picture réalise un chiffre d'affaires annuel moyen de 28,5 millions d'euros et emploie 65 collaborateurs.
L'entreprise est très impliquée dans la Fair Wear Foundation, qui œuvre à rendre la filière textile plus transparente, et dans le mouvement Fashion Revolution, une dynamique collaborative exercée entre les marques pour mutualiser les innovations et les bonnes pratiques.

Take a stand, promote initiatives that make sense

Ses exigences valent à l'entreprise, membre de la communauté Bpifrance Excellence, de faire partie des 3 000 entreprises labellisées B Corp dans le monde, qui répondent à toutes les conditions d'une production vertueuse et d'une gouvernance accueillante.

« À l'heure où l'industrie textile est responsable de 8 % des émissions de carbone dans le monde et où l'urgence climatique est à son maximum, nous avons tous un rôle à jouer pour changer les choses ! C'est pourquoi, depuis notre création en 2008, chez Picture, nous cherchons à aller plus loin pour minimiser notre empreinte écologique. Engagés dans une démarche globale à la fois durable, éthique et écoresponsable, nous tenons compte de toutes les étapes de notre chaîne d'approvisionnement, de production et de livraison. »

RIDE PROTECT & SHARE

Extrait du dossier de presse de Picture

Our mission is to fight

Climate change

Aujourd'hui, l'urgence est maximale. Ainsi, comment lutter efficacement contre le changement climatique ?
Toutes nos actions entreprises et futures, visent à une diminution drastique des émissions (transition énergétique et sobriété) et à une augmentation de nos capacités à séquestrer du CO_2. Notre objectif : contribuer à la neutralité carbone.

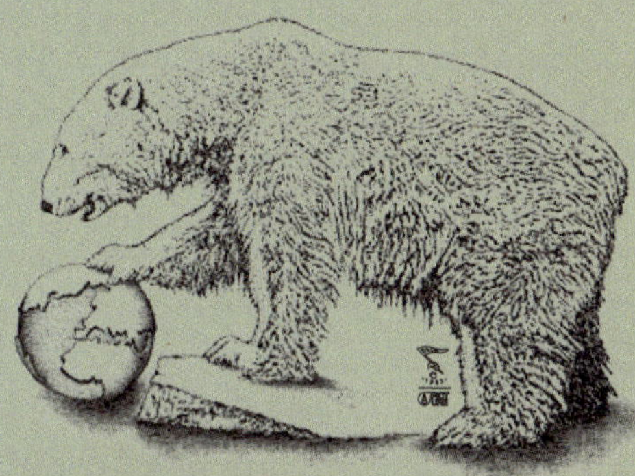

L'entreprise communique en toute transparence sur ses réalisations *via* son site Web. Les trois dirigeants ont à cœur de transmettre leurs valeurs aux consommateurs et à toute la filière textile. « Si notre modèle est copié, c'est une bonne chose pour la planète », confie Julien Durant, l'un des trois fondateurs.
Toujours désireux d'aller plus loin dans la prise en compte des enjeux environnementaux et soucieux d'offrir des produits toujours plus écoresponsables à ses clients, il vous associe à une autoévaluation de la performance durable de son entreprise.

1. Justifiez l'obtention du label B Corp par l'entreprise Picture et expliquez les bénéfices qu'elle peut en tirer dans sa stratégie de développement à l'export. — Document 1 ; Fiche ressource 1
2. Identifiez les parties prenantes impactées par l'activité de Picture en France et à l'étranger. — Documents 2 et 4 ; Fiche ressource 2
3. Consultez le site Web de l'entreprise Picture et recensez les moyens mis en place dans sa démarche RSE. — Fiche ressource 3
4. Retracez les étapes du cycle de vie des produits de Picture. — Documents 2 et 3 ; Fiche ressource 3
5. Consultez de nouveau le site Web de Picture et montrez comment l'entreprise cherche à limiter son impact environnemental au cours des différentes étapes du cycle de vie de ses produits. — Document 3 ; Fiche ressource 4
6. Mesurez la performance environnementale de Picture, à l'aide du plus grand nombre d'indicateurs possible. — Fiche ressource 5
7. Réalisez un diaporama en anglais, avec PowerPoint ou Canva, destiné à être utilisé par Julien Durant dans sa communication avec ses distributeurs à l'international, sur la performance environnementale de Picture.

DOCUMENT 1 La certification B Corp

B Corp, pour « *Benefit Corporation* », est un label créé en 2006 aux États-Unis, aujourd'hui présent dans plus de 40 pays. Il est accordé à des sociétés privées qui, au-delà du but lucratif de leur statut, ont fait le choix de se doter également d'un but servant l'intérêt général et dont tient compte leur modèle économique. Les B Corps estiment en effet que « les défis les plus prégnants auxquels notre société est confrontée ne peuvent pas être résolus par les seuls gouvernements et ONG. En exploitant le pouvoir des entreprises, les B Corps utilisent les bénéfices et la croissance comme un moyen d'atteindre un objectif plus large : un impact positif pour leurs employés, leurs parties prenantes et l'environnement ».

Pour être labellisée B Corp, une entreprise doit obtenir un nombre de points suffisants à un questionnaire de 200 questions portant sur des thèmes divers tels que la gouvernance, les parties prenantes, le modèle économique, la comptabilité, les effectifs, les salaires, les impacts écologiques, etc. [Le label] est réévalué tous les 3 ans.

http://www.rse-conseil.eu/label-bcorp/

DOCUMENT 2 La fabrication des produits de Picture

Depuis la création de la marque en 2008, la vocation de Picture a toujours été de démocratiser l'achat responsable. [Ses créateurs souhaitaient vendre] une veste éco-conçue au même prix qu'une veste conventionnelle. […]

[La marque a fait le choix] de produire à l'étranger, notamment en Turquie et en Chine.

Le coût du travail étant moins cher dans ces pays, [elle parvient] à acheter un produit fini à un fournisseur, à le vendre à un magasin, qui ensuite le revend au consommateur à un prix aligné sur la concurrence.

Tout cela avec des matières responsables et en travaillant avec des usines socialement irréprochables.

Par exemple :

Le tee-shirt Picture est composé à 100 % de coton biologique. Le coton vient de Söke, un petit village turc. Le produit fini est confectionné 150 km plus loin, à Izmir.

Il est acheté 7 EUR au fournisseur turc, vendu 12,50 EUR au détaillant, puis revendu entre 30 et 33 EUR, TVA incluse, au consommateur final. […]

30-33 EUR TTC est le prix [pratiqué] par les marques spécialisées de l'industrie qui, pour la plupart, n'utilisent pas de matières responsables. […]

Pour résumer : 80 % de la valeur d'un tee-shirt nourrit un tissu économique local.

Créateur de valeur	Valeur	% de création de valeur	Usages de cette valeur
Fournisseur	7 EUR	20 % – Étranger	Frais de fonctionnement, achat de matières premières, emplois, taxes
Marque	12,50 EUR	20 % – France	Emplois, loyers, taxes, logistique, R&D, frais de fonctionnement, impôts
Magasin	24-25 EUR	40 % – France	Emplois, bail commercial, taxes, logistique, frais de fonctionnement, impôts
TVA	21-33 EUR	20 % – France	Taxes

Et si ce tee-shirt était fabriqué en France ?

Dans tous les cas, il faudrait quand même rapatrier la matière de l'étranger : les principaux producteurs de coton dans le monde sont l'Inde, la Chine et les États-Unis. La culture du coton est quasiment inexistante en France. La filature, le tricotage, la teinture puis la confection du produit fini seraient ensuite faits en France.

Le coût du travail en France étant bien plus élevé, le tee-shirt serait acheté environ 15-20 EUR, revendu au magasin 30-35 EUR, et ce magasin le revendrait environ 70-75 EUR TTC.

Qui serait prêt à mettre ce prix dans un tee-shirt ? Peu de personnes. On serait loin de la démocratisation de l'achat responsable.

D'après « Made in France, pourquoi nous ne le sommes majoritairement pas », www.picture-organic-clothing.com.

DOCUMENT 3 L'impact environnemental de l'industrie textile

Quand on regarde l'analyse du cycle de vie des produits au sein de l'industrie textile (*The Environmental Impact of the Global Apparel and Footwear Industries*, Quantis, 2018), le transport représente une toute petite partie du total des émissions CO_2 : 1,3 %.

L'impact se situe donc très majoritairement au niveau de la fabrication : extraction des matières premières et production de la fibre (15 %), filature (28 %), tissage/tricotage (12 %), teinture et traitements spéciaux (36 %), puis assemblage (7 %). Le transport arrive ensuite (1,3 %) puis la fin de vie en dernier (0,3 %).

La notion majeure à garder en tête, c'est que toutes les étapes que nous venons de citer requièrent de l'énergie (électrique ou combustion directe) pour faire fonctionner des machines.

Si l'origine de l'énergie est fossile (charbon, pétrole, gaz naturel), alors l'impact sur le réchauffement climatique sera très net.

En effet, la production d'électricité est le principal responsable des émissions de CO_2 dans le monde (40 %) et l'usage d'énergie (combustion directe) par les industriels représente 19 %. *(Source : Agence internationale de l'énergie, 2018.)*

D'après « Made in France, pourquoi nous ne le sommes majoritairement pas », www.picture-organic-clothing.com.

DOCUMENT 4 La production en Turquie

L'usine Seyfeli à Izmir, en Turquie, fabrique les produits lifestyle de Picture en coton biologique et polyester recyclé. Depuis bientôt 10 ans, le donneur d'ordre français la visite deux à trois fois par an pour le développement des produits et le suivi de la production. L'usine turque emploie 64 travailleurs : 43 femmes et 21 hommes.

1re étape : le champ de coton biologique – Söke, Turquie

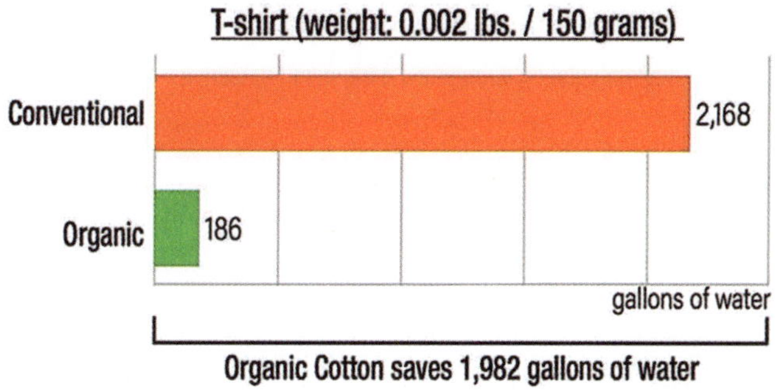

Statistic based on 3 years period (source : *Textile Exchange – Quick Guide To Organic Cotton, June 2017*).

▶▶

▶▶ **2e étape : le *ginning***

À une petite dizaine de kilomètres des champs, l'entreprise familiale Sökpam, propriétaire des champs de coton biologique, s'occupe de stocker le coton récolté puis de séparer la fibre de coton de sa graine grâce à la « *ginning machine* ».

Après le passage dans la machine, la fibre est compactée d'un côté sous forme de bottes, prêtes à être envoyées pour la filature. De l'autre, les graines seront réutilisées sous plusieurs formes : replantation, nourriture des animaux ou huile de cuisine.

3e et 4e étapes : la filature et le tricotage – Torbali, Turquie

À 78 km au nord de Söke, l'entreprise Uçak Tekstil s'occupe de la filature puis du tricotage. Les fibres sont torsadées entre elles, d'abord de manière assez grossière, qui donne au coton une forme de corde, puis une seconde fois avec un rythme de torsion beaucoup plus intense pour aboutir à un fil très fin.

Au-dessus de l'espace de filature, on trouve plusieurs machines à tricoter. 96 bobines de fil sont utilisées par machine pour aboutir à un tissu brut.

5e étape : la teinture – Torbali, Turquie

À 3 km du tricotage, dans l'entreprise Bati Basma, les tissus sont teints selon les demandes des fournisseurs. Ainsi, les dessins de Picture et les couleurs choisies sont recréés par les chimistes.

Dernière étape : la confection – Izmir, Turquie

L'usine de confection Seyfeli travaille avec Picture depuis 10 ans.

Découpe selon patronage, impression à base d'eau, broderie et assemblage sont réalisés en interne pour aboutir à un produit fini. Un service de prototypage est aussi présent.

Les espaces de travail sont immenses, une cantine est à disposition des employés pour le déjeuner, on trouve même un espace détente avec tables de ping-pong et terrasse extérieure.

Chaque jour à 15 h, c'est le « *tea time* » : tout le monde se rejoint pour faire une pause et les lumières des espaces de travail vides s'éteignent automatiquement.

Deux navettes attendent les employés en fin de journée et les ramènent chez eux. Plusieurs points de dépose sont prévus pour satisfaire tout le monde. Le service est aussi disponible le matin. Ce choix est justifié par :

– le bien-être salarié ;
– le covoiturage, car le trafic routier à Izmir est saturé.

D'après www.picture-organic-clothing.com/fr/turquie

FICHE RESSOURCE

1 Le cadre normatif et réglementaire de la RSE

La RSE, responsabilité sociétale (ou sociale) des entreprises (ou CSR, *Corporate Social Responsability*), est définie par la Commission européenne comme l'intégration volontaire par les entreprises de préoccupations sociales et environnementales à leurs activités commerciales et leurs relations avec les parties prenantes. En d'autres termes, la RSE est la contribution des entreprises aux enjeux du développement durable. Une entreprise qui pratique la RSE cherche donc à avoir un impact positif sur la société tout en étant économiquement viable.

L'accord de Paris sur le climat, adopté en décembre 2015 et désormais ratifié par 189 pays, vise à limiter le réchauffement climatique et plusieurs normes internationales forment un cadre incitatif qui a conduit l'Union européenne et les États à réglementer la RSE.

I Les incitations internationales

Le Pacte mondial des Nations unies (« *Global Compact* »)	Il invite les entreprises à « adopter, soutenir et appliquer dans leur sphère d'influence un ensemble de valeurs fondamentales, dans les domaines des droits de l'homme, des normes de travail et de l'environnement, et de lutte contre la corruption ».
Les principes directeurs de l'OCDE pour les entreprises multinationales	Ils « visent à faire en sorte que les activités des entreprises multinationales s'exercent en harmonie avec les politiques des gouvernements, à renforcer la confiance mutuelle entre les entreprises et les sociétés dans lesquelles elles exercent leurs activités, à améliorer l'environnement pour l'investissement étranger et à accroître la contribution des entreprises multinationales au développement durable ».
Les principes directeurs des Nations unies sur les droits de l'homme et les entreprises	Ils « reconnaissent le rôle dévolu aux entreprises en qualité d'organes spécialisés de la société remplissant des fonctions particulières, tenues de se conformer à toutes les lois applicables et de respecter les droits de l'homme », tout en soulignant le rôle des États en matière de protection de ces droits et la nécessité de mettre en place des procédures pour permettre l'accès des victimes à réparation.

D'après diplomatie.gouv

II Les normes et labels internationaux

1 La norme ISO 26000

La norme ISO 26000, standard international, définit le périmètre de la RSE autour de 7 questions centrales :

1. La gouvernance de l'organisation
2. Les droits de l'homme
3. Les relations et conditions de travail
4. L'environnement
5. La loyauté des pratiques
6. Les questions relatives aux consommateurs
7. Les communautés et le développement local

La norme a été publiée en 2010 au terme de cinq années de négociations entre un très grand nombre de parties prenantes dans le monde entier. Des représentants des gouvernements, des ONG, de l'industrie, des groupes de consommateurs et du monde du travail ont été impliqués dans son élaboration. Elle représente donc un consensus international.

https://www.iso.org/fr/

La norme ISO 26000:2010 contient des lignes directrices et non des exigences. Elle ne se prête donc pas à la certification, contrairement à d'autres normes de l'ISO.

Elle permet de clarifier la notion de responsabilité sociétale, d'aider les entreprises et les organisations à traduire les principes en actes concrets, et de faire connaître les meilleures pratiques en matière de responsabilité sociétale, dans le monde entier. Elle vise les organisations de tous types, quelle que soit leur activité, leur taille ou leur localisation.

2 Le label B Corp

Le label B Corp (géré par l'association B Lab) est accordé aux entreprises qui ont des pratiques responsables et des objectifs extra-financiers sociaux, environnementaux, de gouvernance et de transparence forts. Leurs résultats sont affichés publiquement, indiquant leurs performances sur des thématiques précises. Il est réévalué tous les 3 ans. Le label est présent dans plus de 60 pays, notamment en France, où une centaine d'entreprises sont labellisées.

Pour obtenir le label B Corp, une entreprise doit obtenir un score supérieur à 80 points à un questionnaire de 200 questions portant sur des thèmes divers tels que la gouvernance, les parties prenantes, le modèle économique, la comptabilité, les effectifs, les salaires, les impacts écologiques, etc.

III Le cadre réglementaire de la RSE

La France s'est dotée progressivement d'un cadre législatif et réglementaire pour faire progresser la transparence des entreprises sur leurs impacts environnementaux et sociaux.

La loi de 2001 relative aux nouvelles régulations économiques (loi NRE)	Obligation des sociétés cotées en Bourse de publier dans leur rapport de gestion des informations relatives à la façon dont elles prennent en compte les conséquences sociales et environnementales de leur activité.
Les lois Grenelle de 2007 et 2010	Extension de cette obligation de publication aux grandes entreprises non cotées en Bourse.
La loi sur le devoir de vigilance de 2017	Obligation de mise en place de plans de prévention des risques environnementaux, sociaux et de gouvernance sur l'ensemble de la chaîne, pour les entreprises de plus de 5 000 salariés ayant leur siège social en France.
L'ordonnance de juillet 2017	Une déclaration de performance extra-financière, qui remplace le rapport RSE, doit être publiée par les sociétés cotées de plus de 500 salariés et dont le chiffre d'affaires est supérieur à 40 millions d'euros. Elles sont tenues de faire vérifier leurs données par un organisme tiers indépendant.
La loi du 22 mai 2019 relative à la croissance et la transformation des entreprises (loi PACTE)	De nouvelles dispositions sont entrées en vigueur pour renforcer la RSE : – la considération des enjeux sociaux et environnementaux est intégrée dans l'objet social de toutes les sociétés ; – la possibilité de se doter d'une raison d'être dans leurs statuts est offerte aux sociétés qui le souhaitent ; – le statut d'entreprise à mission est créé.

IV La plateforme RSE

Installée en 2013, la plateforme RSE est une plateforme nationale de dialogue et de construction de propositions. Elle entend notamment promouvoir la RSE tant à travers les politiques publiques qu'à travers le soutien aux initiatives volontaires des acteurs privés, valoriser les pratiques exemplaires et favoriser la concertation des parties prenantes en amont et en appui aux négociations de normes internationales.

www.economie.gouv.fr

FICHE RESSOURCE

2 Lancer une démarche RSE

La démarche RSE s'entreprend comme n'importe quel projet. Si elle doit, par nature, associer l'ensemble des collaborateurs de l'entreprise et sa direction, il est important de désigner un animateur pour la conduire.

I Les étapes préalables au lancement de la démarche RSE

Il s'agit, pour l'entreprise, de passer par les étapes suivantes :
- identifier ses parties prenantes (fournisseurs, clients, actionnaires, salariés, collectivités, média, ONG, etc.), en commençant par les plus importantes (celles qui sont le plus impactées par l'activité de l'entreprise ou, à l'inverse, qui peuvent avoir le plus fort impact sur son activité) ;
- identifier ses enjeux prioritaires de RSE, notamment *via* un dialogue avec ses parties prenantes ;
- définir et mettre en œuvre un plan d'action.

La norme expérimentale AFNOR XP X 30-029 « Responsabilité sociétale – Déterminer la priorité des domaines d'action de l'ISO 26000 » d'août 2013 propose une méthodologie pour déterminer les domaines d'action de l'ISO 26000 qui sont prioritaires dans le contexte spécifique d'une entreprise.

II Le pré-diagnostic

Avant de se lancer dans une démarche RSE, l'entreprise peut autoévaluer gratuitement sa performance durable en 5 minutes sur le site http://monentrepriseresponsable.net.
Le site de CCI France (cci.fr) ainsi que de nombreux établissements du réseau Chambre de Commerce et d'Industrie proposent également de faire un pré-diagnostic RSE.

III L'évaluation de la démarche RSE

Une fois qu'elle a lancé sa démarche et commencé à mettre en œuvre son plan d'action, l'entreprise peut faire évaluer sa démarche par un organisme tiers.
Plusieurs organismes de certification proposent des prestations d'évaluation sur la base des lignes directrices de la norme ISO 26000.
Cette évaluation vise à démontrer la capacité de l'entité évaluée à identifier de manière adaptée ses enjeux de responsabilité sociétale, déployer des pratiques managériales et opérationnelles pertinentes, et piloter les résultats associés afin d'améliorer sa performance globale (en lien avec les attentes des parties prenantes).
Cette évaluation débouche généralement sur l'attribution d'un score correspondant à un niveau de maturité de la démarche RSE au moment de son évaluation.

D'après https://www.cci.fr/web/developpement-durable/lancez-et-valorisez-votre-demarche-rse

FICHE RESSOURCE

3 Les outils de la RSE

De nombreux outils se développent pour permettre aux entreprises de mieux quantifier leurs performances et leurs actions en matière de développement durable.

I La déclaration de performance extra-financière

Cette déclaration, qui remplace le rapport RSE, est devenue obligatoire en 2017 pour toutes les grandes entreprises. Il s'agit d'un document périodique (généralement annuel) publié par une entreprise pour rendre compte de ses actions et de ses résultats en matière de responsabilité sociale.
Les PME, qui n'y sont pas contraintes, peuvent publier volontairement une déclaration de performance extra-financière : cela contribuera à développer leur réputation et leur image auprès de leurs partenaires.

II Le Bilan Carbone®

Le Bilan Carbone® est un outil pour évaluer les émissions de CO_2, développé par l'ADEME (Agence de l'environnement et de la maîtrise de l'énergie) et dont la gestion est assurée depuis 2011 par l'ABC (Association Bilan Carbone). Il permet de comptabiliser les émissions directes et indirectes de gaz à effet de serre, selon une méthode dont les règles sont publiques et officiellement reconnues. Toute personne physique ou morale peut ainsi établir une comptabilité carbone de ses activités, par exemple sur le site https://www.goodplanet.org/fr/calculateurs-carbone/.

RÉPUBLIQUE FRANÇAISE
Liberté
Égalité
Fraternité

ADEME
AGENCE DE LA TRANSITION ÉCOLOGIQUE

FRANCE RELANCE

Agence de la transition écologique

III L'analyse du cycle de vie (ACV) du produit

C'est une méthode d'évaluation des impacts environnementaux d'un service ou d'un produit au fil de son existence, de sa conception jusqu'à la gestion de sa fin de vie. Elle constitue un outil privilégié dans le cadre d'une démarche d'écoconception.
Les principes, les exigences et les modalités de l'ACV sont définis par les normes internationales ISO 14040 et ISO 14044.

1 Les étapes du cycle de vie du produit

À chaque étape de son cycle de vie, le produit consomme des ressources naturelles.

Étapes du cycle de vie	Consommation de ressources naturelles
Matières premières nécessaires à la fabrication	Exploitation de ressources minérales, végétales ou animales
Extraction des matières premières nécessaires	– Consommation d'eau, d'engrais, de pesticides, de substances chimiques – Exploitation des espaces naturels pour la culture ou l'élevage – Utilisation d'engins et de machines, consommation d'énergie
Transport des matières premières vers l'usine	– Utilisation de moyens de transport, de carburant – Exploitation d'infrastructures de transport
Transformation des matières premières en produits finis	– Utilisation de machines et d'outils – Consommation d'énergie, d'eau
Transport des produits finis vers les clients	– Utilisation de moyens de transport, de carburant – Exploitation d'infrastructures de transport

Étapes du cycle de vie	Consommation de ressources naturelles
Utilisation des produits	– Utilisation d'appareils – Consommation d'énergie
Transport et élimination des produits usés	– Utilisation de moyens de transport, de carburant – Exploitation d'infrastructures de transport – Valorisation, incinération ou mise en décharge, traitement à l'aide de machines, consommation d'énergie – Rejets de substances toxiques pour l'environnement (pollution de l'air, de l'eau, des sols)

2 L'analyse du cycle de vie du produit

Des résultats satisfaisants lors de cette analyse sont obtenus par :
- une économie dans l'utilisation des ressources naturelles pour la fabrication, l'utilisation et l'élimination du produit ;
- l'utilisation de ressources recyclées et recyclables dans la fabrication du produit ;
- la préservation des écosystèmes et de la biodiversité lors de la fabrication, de l'utilisation et de l'élimination du produit.

L'ADEME (www.ademe.fr) propose une méthode pour aider l'entreprise à réaliser l'analyse du cycle de vie de ses produits.

3 L'écoconception

L'écoconception, l'une des utilisations majeures de l'analyse du cycle de vie du produit, consiste à identifier et mettre en œuvre des opportunités d'amélioration de la performance environnementale des produits, services et processus industriels.

Exemple **Pour son modèle de ski « Attraxion », Rossignol a travaillé sur plusieurs axes :**
– 20 % des fibres utilisées sont des fibres de lin ;
– diminution de 50 % de la quantité d'encre employée ;
– utilisation de semelles issues à 25 % de semelles recyclées.

Pour l'ensemble de ses skis noyaux bois, le fabricant utilise un noyau en peuplier issu d'une forêt de culture contrôlée et labellisée PEFC (gestion durable des forêts).

IV Le dialogue avec les parties prenantes

Ce dialogue consiste à associer tous les acteurs concernés par la démarche RSE de l'entreprise à la prise de décisions, c'est-à-dire :
- les parties prenantes internes : les collaborateurs, les représentants des salariés (représentants syndicaux, comités sociaux d'entreprise) ;
- les parties prenantes externes : les fournisseurs, les clients, les prestataires, les services administratifs, les collectivités locales, les associations, les médias traditionnels et les réseaux sociaux.

Sept principes directeurs guident ce dialogue avec les parties prenantes :
- Se donner les moyens de changer
- Prendre en compte les intérêts divers, voire divergents
- S'engager à choisir des parties prenantes et des enjeux pertinents
- Impliquer toutes les parties prenantes en désignant un facilitateur interne ou externe
- Respecter les valeurs du dialogue
- Ancrer la démarche dans le temps et la durée
- Rendre compte des résultats de la démarche à l'ensemble des acteurs

FICHE RESSOURCE

4 Les applications de la RSE

Les politiques mises en place dans les entreprises contribuent à la protection de l'environnement, à la réduction des émissions de gaz à effet de serre, mais aussi à l'amélioration de la qualité des produits, l'inclusion sociale ou le développement économique, culturel et éducatif. Plus productives et plus performantes, les entreprises RSE se distinguent de leurs concurrentes et gagnent des parts de marché.

I Les formes de la RSE dans l'entreprise

1 RSE et environnement

De plus en plus d'entreprises introduisent les préoccupations environnementales dans leur système de gestion interne, afin de réduire leurs déchets, leur consommation de ressources ou leur impact sur l'environnement. La norme ISO 14001 a été créée pour aider les entreprises à mettre en place un système de management environnemental dans le cadre de la RSE :

- Réduction des déchets papier dans l'entreprise
- Recyclage
- Recours à des transports non polluants
- Réduction de la consommation d'énergie, des gaz à effet de serre
- Fabrication de produits respectueux de l'environnement (écoconception)
- Établissement d'une charte avec les fournisseurs

Concrètement, il peut s'agir d'installer des panneaux solaires dans son siège social, d'utiliser des ampoules basse consommation, de réduire l'usage de la climatisation, de mettre en place un système de covoiturage pour les employés...

Exemple **Sur le pôle d'activité Paris-Saclay, la start-up Zoov a ainsi pu développer un système de vélos partagés bénéficiant à toutes les entreprises du plateau.**

2 RSE et enjeux sociaux

La prise en compte des enjeux sociaux passe par des actions de natures diverses au sein de l'entreprise :

- mise en place de programmes de prévention, santé et bien-être au travail ;
- aménagement de l'ergonomie des postes de travail ;
- adoption d'une charte éthique contre la corruption ;
- développement d'une *supply chain* éthique (lutte contre le travail des enfants, par exemple) ;
- participation à des programmes à finalité sociale ou humanitaire ;
- mise en place d'une politique de télétravail ;
- instauration d'une politique égalitaire des salaires (hommes-femmes) et des formations (pour tous les employés).

Exemple **Pendant des années, Nike a été la cible de contestations et d'attaques médiatiques pour faire fabriquer ses produits dans des pays recourant au travail des enfants et pratiquant des salaires de misère, des heures supplémentaires forcées et des abus arbitraires. Depuis 2002, ses rapports RSE témoignent de ses efforts de transparence et de lutte contre le travail des enfants, et d'amélioration de la qualité de vie et de santé au travail des employés de manière générale.**

La lutte contre la corruption : les règles de la Chambre de commerce internationale
À l'avant-garde de la lutte pour plus d'intégrité dans les transactions commerciales, la CCI a élaboré des règles d'anticorruption dès 1977. Ces règles définissent les pratiques interdites :
- la corruption ;
- l'extorsion ou la sollicitation ;
- le trafic d'influence ;
- le blanchiment du produit des pratiques corruptives.

3 RSE, mécénat et culture

Le mécénat prend la forme d'une aide financière ou matérielle :
- soutien à des musées, des expositions ;
- soutien à des associations artistiques ou sportives ;
- soutien à des programmes éducatifs liés aux activités culturelles ;
- sensibilisation des consommateurs à la lutte contre le gaspillage alimentaire, au tri des déchets, au non-achat de produits conditionnés dans du plastique...

Exemple Certifié ISO 20121, le traiteur alsacien Kieffer (groupe Éventail et membre des Traiteurs de France) développe diverses actions : lutte contre le gaspillage alimentaire, réduction des emballages et choix d'objets jetables biodégradables, flotte de véhicules frigorifiques moins polluants. Par ailleurs, Kieffer a mis en place le tri sélectif sur ses prestations et vise une réduction des déchets de 10 % et leur recyclage à 50 %. De même, l'entreprise privilégie les produits régionaux et les circuits courts. Pratiquant l'égalité homme/femme, Kieffer emploie des personnes handicapées et travaille au maximum avec des sociétés d'insertion pour l'entretien des locaux ou des extérieurs.

II Les atouts de la RSE pour l'entreprise

Les démarches RSE sont de véritables leviers de performance pour les entreprises.

Améliorer le fonctionnement global de l'entreprise	Limiter le gaspillage permet de faire des économies sur la consommation d'énergie, de carburant, de papier.
Améliorer la productivité des employés	En partageant des valeurs communes, les salariés sont plus motivés, ce qui réduit le *turnover* et diminue le risque de maladie ou d'accident du travail, et donc l'absentéisme.
Fidéliser les employés et attirer de nouveaux talents	Les employés sont motivés à l'idée de s'impliquer dans une entreprise à l'écoute des problématiques économiques, sociales et environnementales.
Améliorer l'image de l'entreprise	Les consommateurs font davantage confiance aux entreprises qui se préoccupent de l'avenir de la planète.
Attirer des investisseurs	Les investisseurs considèrent de plus en plus souvent la responsabilité sociétale des entreprises avant de leur accorder des financements.
Développer son activité	De plus en plus de donneurs d'ordre intègrent dans leur cahier des charges la nécessité de respecter les normes ISO 26000, ISO 9001, ISO 14001, gage de confiance.

Les entreprises conformes aux normes ISO (notamment la norme ISO 14001 sur la mise en place du système de management environnemental) sont plus performantes et gagnent plus de parts de marché.

FICHE RESSOURCE

5 La performance RSE de l'entreprise

La performance RSE de l'entreprise peut être mesurée à l'aide de certains indicateurs :

Enjeux de la RSE	Données à analyser
Enjeux sociaux	• Nombre d'heures de formation dédiées à la santé et la sécurité au travail • Actions menées en faveur de la diversité et de l'égalité des chances • Écart de rémunérations femmes/hommes et taux de féminisation de l'équipe • Nombre d'embauches et de licenciements • Nombre de collaborateurs dans l'équipe et répartition des contrats de l'équipe (CDI, CDD, temps partiel) • Mesures mises en place pour l'emploi et l'insertion de personnes en situation de handicap dans l'entreprise • Nombre de salariés ayant suivi une formation • Nombre d'heures dédiées à l'amélioration de la qualité de vie au travail • Nombre d'accidents du travail • Taux d'absentéisme • Ancienneté moyenne • ...
Enjeux économiques	• Montants des achats effectués auprès d'entreprises locales • Nombre ou montants des achats effectués auprès d'entreprises du secteur adapté et protégé • Nombre d'appels d'offres et de contrats comportant des clauses RSE • Formations et guides réalisés au sujet de la politique cadeaux et lutte contre la corruption • Nombre de fournisseurs engagés dans une politique RSE • Délais moyens de règlement des fournisseurs • ...
Enjeux de gouvernance	• Mesures mises en place pour faciliter la transparence • Détail de la mise en place d'une gouvernance ouverte si tel est le cas • Nombre de réunions avec les parties prenantes • Ressources (humaines et financières) allouées à la RSE • Nombre de personnes formées à la RSE • Composition du comité RSE • Mise en place d'un code de conduite et d'éthique ou de formations • ...
Enjeux sociétaux	• Nombre d'emplois créés dans le bassin d'emploi • Montants des investissements dans le soutien de projets solidaires, locaux ou caritatifs • Nombre de personnes sensibilisées avec des actions de prévention • Nombre d'investissements responsables • ...
Enjeux environnementaux	• Facteurs d'émissions de gaz à effet de serre de l'activité de l'entreprise • Bilan carbone de l'activité (déchets, eau, électricité, gaz...) • Mesures visant à réduire l'empreinte carbone • Engagement dans un process de labellisation environnemental • Taux d'émissions compensés grâce à des projets de compensation labellisés Bas Carbone • Mesures de gestion durable des déplacements professionnels (composition de la flotte de véhicules de l'entreprise) • ...

D'après « Quels indicateurs pour vous guider dans la mesure de votre politique RSE ? », www.pro.orange.fr

1 Obtenir la certification à la norme environnementale

Très impliquée dans la réduction de son impact environnemental, l'entreprise Ségolène, fabricante de jouets en bois, s'est engagée depuis 5 ans dans une réduction du gaspillage et le recours à des énergies renouvelables, pour sa production comme dans la gestion de ses locaux.
Cette PME de 35 employés a su gérer ses ressources dans une démarche responsable, par exemple en n'utilisant que du bois issu d'une gestion forestière durable.
Elle a sensibilisé son personnel, qui s'est montré très mobilisé.

L'entreprise souhaite aujourd'hui le faire savoir à ses parties prenantes. Consciente qu'une marque reconnue d'efficacité environnementale peut lui ouvrir de nouvelles opportunités commerciales, elle envisage de demander la certification à la norme ISO 14001.
La dirigeante de l'entreprise Ségolène vous charge d'une prise d'informations sur les démarches à entreprendre pour obtenir cette reconnaissance.

À l'aide du document ci-dessous et d'une recherche sur Internet :

1. **Identifiez les contraintes à satisfaire pour l'obtention de la certification à la norme ISO 14001.**
2. **Recensez les démarches à accomplir pour obtenir cette certification.**
3. **Renseignez la dirigeante de l'entreprise sur le coût de la certification ISO 14001.**

DOCUMENT La norme environnementale ISO 14001

Qu'est-ce que ISO 14001?

La norme ISO 14001, qui fait partie de la famille ISO 14000 de normes internationales relatives à l'impact environnemental et à la réduction des émissions de gaz à effet de serre, couvre la conception et la mise en œuvre d'un SME. Il s'agit d'un cadre conçu pour mesurer et améliorer la façon dont les ressources naturelles sont utilisées et éliminées par une entreprise.

C'est une norme générique qui la rend personnalisable à l'entreprise, quelle que soit sa taille. Dans certaines industries, comme la construction ou la fabrication, les avantages commerciaux sont évidents : une plus grande efficacité des ressources et une maîtrise des déchets se traduisent par des coûts moindres. En revanche, même dans les petites entreprises ou les industries de services, la certification 14001 montre un engagement organisationnel envers l'environnement et une utilisation plus efficace des ressources de notre monde.

www.imsm.com

2 Analyser la durabilité d'un produit

La GRILLE des ACHATS DURABLES

La grille des achats durables permet d'analyser un produit en se basant sur une série de critères de durabilité. Cet outil permet en outre de choisir parmi plusieurs produits équivalents celui qui est le plus durable. Il peut être utilisé lors de tout achat de produit.
Pour deux produits alimentaires équivalents de votre choix, le premier de fabrication française et le second de fabrication étrangère, vous allez compléter la grille des achats durables ci-dessous, afin de déterminer leur degré respectif de durabilité environnementale.

1. **Répondez aux questions et attribuez des points en fonction des réponses.**

2. **Comptabilisez les points obtenus et interprétez les résultats. Les résultats sont notés dans la case « Total des points obtenus » et divisés par le nombre intitulé « Maximum de points à atteindre ». Le score ainsi obtenu indique la durabilité du produit. Plus le chiffre est proche de 1, plus le produit respecte l'aspect analysé.**

3. **Comparez les deux produits afin de déterminer celui qui respecte le mieux les critères de durabilité.**

Où trouver l'information ?
Les étiquettes, emballages, notices d'emploi et autres documents qui accompagnent les produits constituent évidemment la première source d'information. Mais une approche critique reste de mise lorsqu'on interprète ces informations données par les fabricants (et dont le premier objectif est de faire vendre le produit). On trouvera les informations concernant la politique sociale et environnementale des fabricants sur leur site Internet.

DOCUMENT Grille d'analyse de la durabilité des produits (aspects sociaux)

ASPECTS SOCIAUX

Une alimentation de qualité, centrée sur l'homme, du producteur au consommateur

CRITÈRE 1. SERVICE RENDU

La denrée alimentaire occupe une place de choix dans la pyramide alimentaire. Elle fait partie de la famille des :

- Eaux (eaux minérales, boissons non sucrées...) = 3 points
- Féculents (pain, céréales, pâtes, riz, semoule, pommes de terre, blé dur, légumes secs...) = 3 points
- Fruits et légumes = 3 points
- Produits laitiers (lait, yaourt, fromage, fromage blanc...) = 2 points
- Viandes, poissons, œufs, charcuteries = 2 points
- Matières grasses (beurre, crème fraiche, huile, margarine,...) = 1 point
- Produits sucrés (sucre, miel, biscuits, confiture, chocolat, sirop...) = 0 point
- Produits trop sucrés ou trop gras à éviter (barres chocolatées, céréales 'petit déjeuner' sucrées, bonbons, sodas, chips, frites et autres fritures, fast food, mayonnaise et autres sauces...) = -1 point

Points obtenus

CRITÈRE 2. RESPECT DES PRODUCTEURS

La denrée alimentaire porte un label ou une indication qui signale que les conditions de production respectent les droits des producteurs/travailleurs et leur garantissent une rémunération correcte. (Label du commerce équitable, label social, respect de la charte OIT ou d'une charte interne à l'entreprise).

►►

- Label = 2 points
- Charte ou autre indication = 1 point
- Pas de label, pas d'indication = 0 point

Points obtenus

La denrée alimentaire ou ses principaux ingrédients sont issus d'une agriculture plus respectueuse de la santé des producteurs (agriculture biologique ou intégrée).

- Agriculture biologique = 2 points
- Agriculture intégrée (Fruitnet...) = 1 point
- Agriculture conventionnelle = 0 point

Points obtenus

Le fabricant déclare faire des efforts pour protéger la santé et/ou améliorer le bien-être des travailleurs (matières premières ou procédés de fabrication plus respectueux pour la santé, politique d'entreprise qui intègre la responsabilité sociale, investissement d'une partie des bénéfices dans un projet social à destination des travailleurs...).

- OUI = 1 point
- NON = 0 point

Points obtenus

Critère 3. Respect de la santé des consommateurs

La denrée alimentaire n'a pas d'effet négatif connu sur la santé des consommateurs :

- Elle présente une bonne qualité nutritive (ingrédients frais, peu de graisses, de sucres, de sel) = 1 point
- Elle ne contient pas d'ingrédients potentiellement dangereux pour la santé (graisses hydrogénées, huile de palme...) = 1 point
- Elle ne contient pas d'additifs alimentaires (E..., lécithine de soja, glutamate, arôme artificiel, édulcorant,...) = 1 point
- Elle a subi peu de transformations par l'industrie = 1 point

Attribuez un point par critère rencontré. Si aucun critère n'est rencontré = 0 point

Points obtenus

Le produit porte un label ou une indication qui garantit que la denrée alimentaire ou ses principaux ingrédients proviennent d'une agriculture plus respectueuse pour le consommateur (agriculture biologique, agriculture intégrée (Fruitnet), etc.).

- Label agriculture biologique = 2 points
- Label Fruitnet ou autre garantie = 1 point
- Agriculture conventionnelle = 0 point

Points obtenus

Critère 4. Questions évoquées par des associations citoyennes

Le fabricant de la denrée alimentaire a été critiqué par une organisation non gouvernementale pour ses pratiques peu respectueuses des populations locales.

- OUI = -1 point
- NON = 0 point

Points obtenus

TOTAL pour les aspects SOCIAUX

Total des points obtenus

Total des points obtenus : 14 (Maximum de points à atteindre) = **Score obtenu pour le critère SOCIAL**

- Plus le score obtenu est proche de 1, plus le produit respecte les aspects sociaux du développement durable.
- Si le score est négatif, le produit est à éviter !

www.les.cahiers-developpement-durable.be

3 Identifier des marchés export sans plastique

Présente sur les marchés français, suisse, belge et luxembourgeois, *via* un réseau de détaillants spécialisés, l'entreprise Coco Planet propose des produits cosmétiques bio et végans, à base d'huile et de pulpe de noix de coco.
Anticipant l'interdiction de l'utilisation des emballages en plastique, elle a mis au point une gamme de cosmétiques et shampoings solides, conditionnés dans un étui en carton huilé.
Elle souhaite profiter de son avance sur ses concurrents pour décrocher de nouveaux marchés export. Elle vous charge de l'identification de ces marchés.
Rappel : en France, l'Assemblée nationale a voté le 10 décembre 2019 la fin des emballages en plastique à usage unique d'ici 2040, impliquant « tous les emballages alimentaires, les flacons et bouteilles », en application de la directive européenne.

1. **Par une recherche sur Internet, identifiez les pays qui ont interdit les emballages en plastique.**
2. **Conseillez le dirigeant de l'entreprise Coco Planet sur le choix des pays à viser pour l'exportation de ses cosmétiques et shampoings solides.**
3. **Rédigez, en anglais, le communiqué de presse à diffuser dans la presse professionnelle de ces pays.**

4 Faire du *sourcing* socio-responsable

L'entreprise Texti Monde importe des vêtements pour enfants qu'elle commercialise dans la grande distribution, en France et à l'étranger. Elle s'approvisionne dans de nombreux pays et, dans le cadre de sa récente mise en place d'une démarche sociétale, souhaite éliminer de son portefeuille de fournisseurs les pays permissifs en matière de corruption, non conformes aux règles de la Chambre de commerce internationale.
Le dirigeant de l'entreprise vous communique la liste des pays dans lesquels il s'approvisionne et vous charge de faire une présélection (**document**).

1. **Recherchez sur Internet l'indice de corruption des pays listés.**
2. **Conseillez le dirigeant de l'entreprise sur les pays à éliminer de son *sourcing*.**

DOCUMENT **Liste des pays fournisseurs de Texti Monde**

Égypte	Bangladesh	Cambodge
Turquie	Pakistan	Madagascar
Inde	Chine	Roumanie
Maroc	Tunisie	Maurice
		Italie

CHAPITRE 14 Animer un réseau professionnel en France et à l'étranger

COMPÉTENCES PROFESSIONNELLES

Animer un réseau professionnel	→ Participer à l'animation d'un réseau professionnel en France et à l'étranger
Communiquer en français et en anglais dans des contextes interculturels	→ Élaborer des messages écrits et oraux en intégrant les codes et normes culturels → Adapter les outils commerciaux et de communication aux normes culturelles → Produire des documents commerciaux

La conquête d'un marché étranger et la mise en place d'un réseau représentent des investissements importants. En fonction de ses objectifs, l'entreprise peut décider de confier tout ou partie de la distribution de ses produits à des intermédiaires ou bien de conserver la maîtrise complète de sa démarche commerciale. Quoi qu'il en soit, le travail en direction d'un marché étranger ne s'arrêtera pas avec la mise en place du réseau de vente. L'entreprise devra ensuite mener des actions, tant en France qu'à l'étranger, pour accroître les performances de son personnel commercial et fidéliser son réseau de distributeurs.

SITUATION PROFESSIONNELLE

AUTRICHE

Régime politique : République fédérale (9 Bundesländer)

Superficie : 83 879 km²

Population : 8,8 millions d'habitants

Capitale : Vienne

Villes principales : Vienne, Graz, Linz, Salzbourg, Innsbruck

Langues officielles : allemand, croate, slovène, hongrois

PIB par habitant : 50 121,6 USD (2019)

Monnaie : euro

Clients : Allemagne, États-Unis, Italie, Suisse, France

Fournisseurs : Allemagne, Italie, Chine, États-Unis, République tchèque (France 10e)

1. Actualisez les données pays par une recherche sur Internet.
2. Caractérisez les pratiques commerciales, sociales et environnementales du pays, après consultation de l'évaluation des risques par Coface.

Picture Organic Clothing, c'est l'histoire d'une marque fondée par trois amis d'enfance ayant grandi ensemble à Clermont-Ferrand et partageant des passions communes, le skateboard et le snowboard.

En 2008, ils abandonnent leurs carrières professionnelles respectives pour créer une marque de vêtements 100 % engagée, éco-conçue et inscrite dans une démarche de développement durable. Bien qu'hyper motivés, ils ont un défi de taille à relever car ils ont vraiment tout à apprendre : les matières textiles, la création d'entreprise, les usines de production, etc.

PICTURE

Pour leur marque, ils recherchent un mot ou une expression qui puisse être compris(e) au-delà des frontières, en anglais. Quelque chose de court, d'assez inspirant. Finalement, c'est en regardant la célèbre vidéo de *snowboard Picture This*, sortie en 2008, qu'ils ont choisi d'utiliser le nom « Picture ».

Depuis ses débuts, le concept Picture est basé sur des valeurs fortes :

- Une conception produit la plus respectueuse de l'environnement possible
- Des créations originales, remarquées pour leurs designs frais et colorés, et appréciées pour leur qualité
- Des prix de vente contrôlés, pour que les produits soient une alternative réaliste aux produits conçus de manière conventionnelle
- Un slogan : « Rider, Partager, Protéger »

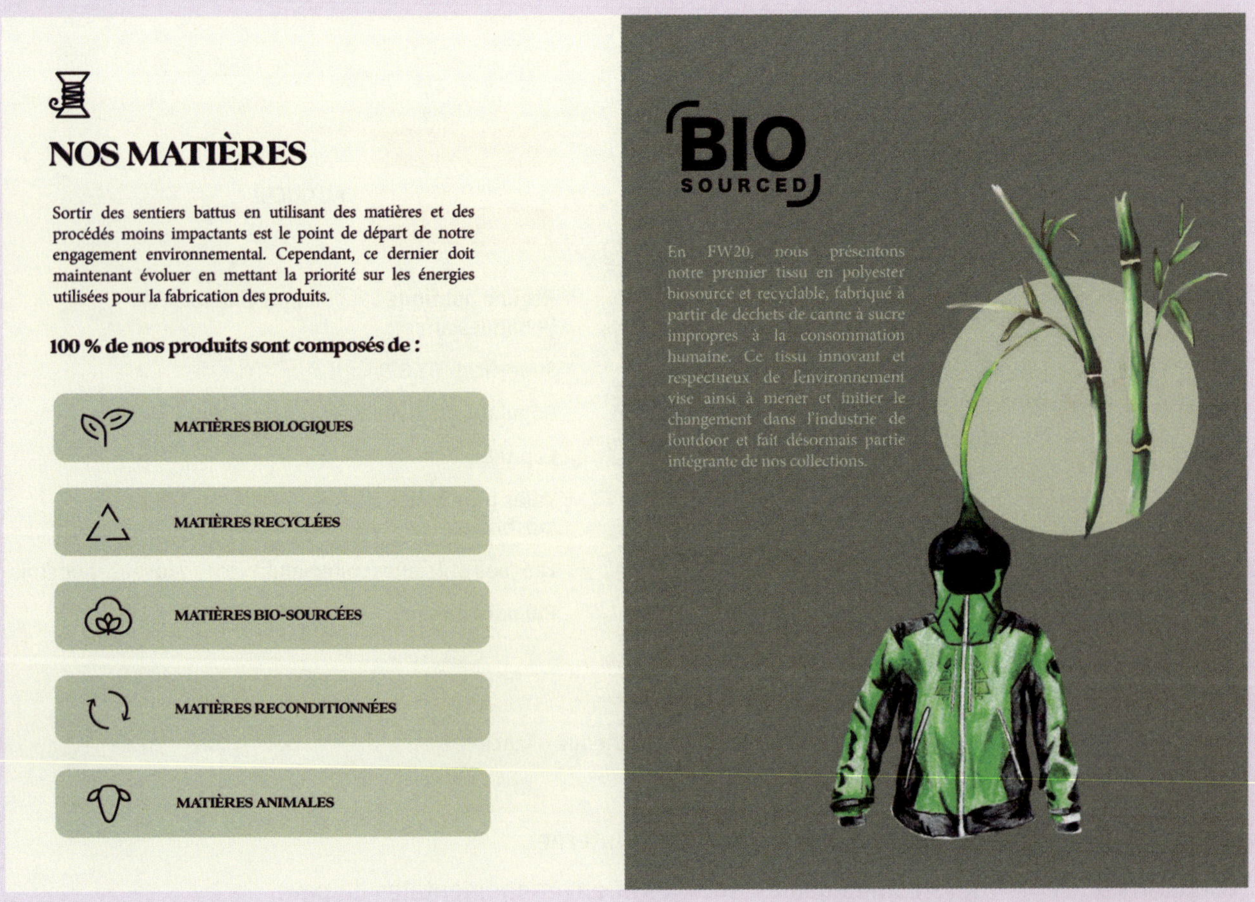

Au niveau commercial, la marque inscrit l'international dans son ADN, avec un objectif de 95 % de ventes à l'export.
En 2009, 70 magasins en France et en Suisse sont les premiers à croire aux valeurs de la marque et à ses produits. En 2010, la marque continue son développement en Europe et aborde le marché russe. En 2011, ce sont déjà 10 pays conquis par les produits Picture et 400 points de distribution. En 2013, les produits Picture font leur apparition dans une soixantaine de magasins aux États-Unis, notamment chez le célèbre Paragon Sports à New York. 2016 voit l'ouverture des 2 premiers Picture Stores exclusifs à Lyon et Annecy. Et l'entreprise continue de se développer très loin de ses frontières, en Asie et en Australie.

Aujourd'hui, la *success story* Picture Organic Clothing, c'est :

- 28,5 millions d'euros de chiffre d'affaires dans le monde ;
- 15 boutiques en franchise ;
- une présence dans 42 pays ;
- 1 600 détaillants dans le monde, 340 détaillants en France continentale et outre-mer ;
- 65 employés.

Vous venez d'être recruté(e) dans le service export de Picture Organic Clothing afin de vous occuper de la zone DACH (Allemagne-Autriche-Suisse). L'entreprise compte sur vous pour apporter un regard neuf sur ce qui est fait. Elle souhaiterait avoir un « relais » en Autriche qui puisse faire le lien direct de coordination commerciale avec la France.
Votre mission sera, d'une part, de coordonner le partage des informations avec les différents partenaires commerciaux et, d'autre part, de proposer des actions pour animer le réseau de distribution sur place (**documents 1 à 3**).

1. Identifiez les différentes possibilités de relais et précisez leurs avantages et leurs inconvénients. — **Fiche ressource 1**

L'Autriche est un marché important pour Picture. Julien Durant, l'un des trois fondateurs, souhaite renforcer et dynamiser les liens avec les différents acteurs commerciaux partenaires sur place (**document 4**). Il vous charge des travaux suivants.

2. Identifiez les obstacles probables liés à l'animation du réseau en Autriche. — **Fiche ressource 2**

3. Formulez des propositions d'action afin de dynamiser et renforcer les liens avec le réseau de vente en Autriche. — **Fiche ressource 2**

4. Identifiez les réseaux sociaux utilisés, ainsi que les différentes actions de *trade marketing* mises en place par Picture en France et en Autriche. Proposez des pistes d'amélioration de la communication sur ces canaux. — **Documents 6 à 11** — **Fiche ressource 3**

Picture s'appuie en Autriche sur un solide réseau de revendeurs qui commercialisent l'ensemble de sa gamme. Julien Durant souhaite mieux coordonner le partage des informations commerciales entre Picture et ses partenaires logistiques, d'une part, et les différents points de vente, d'autre part, afin d'en améliorer l'efficacité commerciale (**document 5**).

5. À l'aide d'une recherche sur Internet, proposez des solutions logicielles simples à utiliser, transparentes et sûres, qui pourront répondre à cet objectif. — **Fiche ressource 4**

Picture met en place des synergies entre la marque et les points de vente (ses revendeurs et les Picture Stores). Son *community manager* partage et communique sur les événements mis en place en *trade marketing* (projections en magasin, jeux-concours, semaines thématiques…) et invite la communauté à se rendre en magasin ou sur les plateformes de ses revendeurs pour ces occasions.
Dès qu'un temps fort est prévu avec l'un de ses distributeurs, ou lors du lancement d'une nouvelle gamme de produits, Picture en assure la communication. Ainsi, la marque fait réaliser chaque année un long-métrage mettant ses produits en scène dans les milieux montagnards et aquatiques. Son dernier film, *Shelter*, vise à sensibiliser le public aux conséquences du réchauffement climatique sur la montagne et à l'urgence d'agir.
Projeté en avant-première aux High Five Festival d'Annecy et au Winter Film Festival à Bourg-Saint-Maurice, le film va maintenant être envoyé par Picture à ses détaillants : ils pourront à leur tour organiser une projection destinée à leur clientèle, dans leur magasin.
Un lien leur sera envoyé par e-mail, *via* mayairbridge.com, qui permet de partager gratuitement de gros fichiers.

Vous êtes associé(e) à la communication relative à l'organisation de cette animation du réseau de distribution de Picture.

6. Rédigez, en allemand si vous maîtrisez cette langue, sinon en anglais, le message à envoyer aux détaillants pour les inviter à télécharger le film *Shelter* et leur expliquer comment l'exploiter.

➲ Documents 12 et 13

7. À l'aide de Publisher ou Canva, créez une newsletter destinée aux distributeurs autrichiens.

VOTRE DOSSIER

DOCUMENT 1 Mission, valeurs et vision de Picture

DOCUMENT 2
La promesse de Picture

DOCUMENT 3
Le positionnement de Picture

DOCUMENT 4
La distribution des produits de Picture

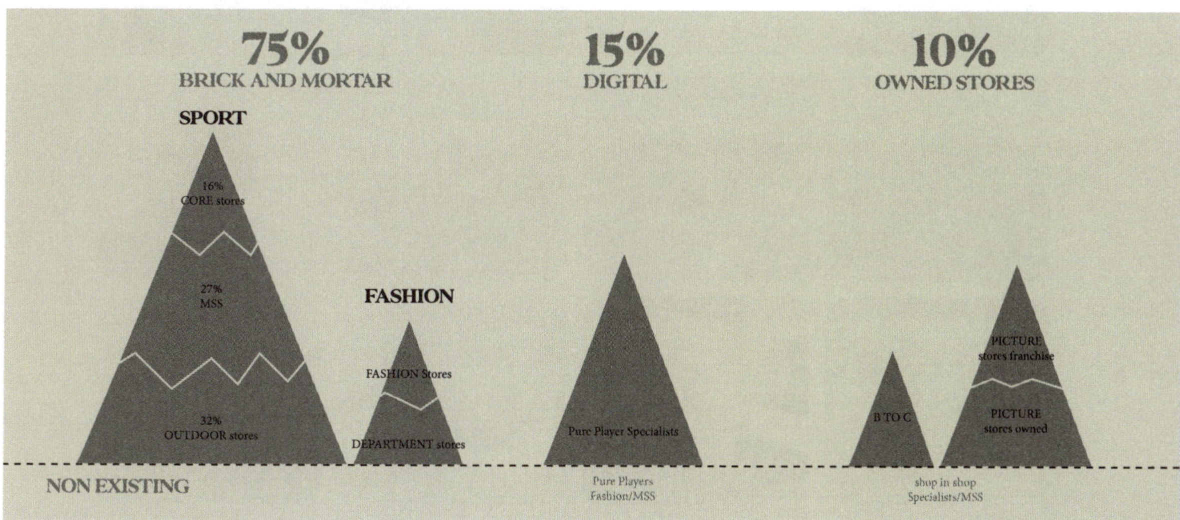

DOCUMENT 5 L'organisation logistique des achats et des ventes chez Picture

Picture travaille en partenariat avec un nombre limité de prestataires logistiques. Les partenaires sont interfacés dans son système informatique.
Les marchandises sont réceptionnées dans l'entrepôt à Lyon qui reçoit : chaque semaine, le planning des commandes à préparer pour les clients professionnels, et tous les jours, les commandes en ligne des clients particuliers.

Importations de Turquie
Le sous-traitant turc facture EXW. Picture confie l'organisation logistique de ses importations au transitaire Gondrand, représentant français de Borusan (acteur logistique majeur en Turquie).

Exportations
- Vente aux pays où Picture est représentée par des agents commerciaux

L'entreprise française organise tout le transport jusqu'au magasin du client.
- Vente aux pays où Picture vend à des importateurs-distributeurs

Picture organise la logistique dans les pays membres de l'UE et vend FCA aux pays tiers.
- Ventes aux filiales des États-Unis, du Canada, de la Suisse et du Royaume-Uni

Picture organise la logistique en groupage jusqu'au pays de destination.

DOCUMENT 6 La signature Picture

DOCUMENT 7 La communication de Picture

DOCUMENT 8 What is trade marketing?

Trade marketing is a form of B2B marketing. It's the art of marketing products specifically to businesses [as opposed to consumers]. Normally, the main objective of a trade marketing campaign is to sell products to other companies who can then go on to sell those items to their customers.

Who uses trade marketing and why?
Manufacturers use trade marketing [and to clarify, a manufacturer is a person or company that makes goods for sale].
They use trade marketing tactics to try and sell their products to retailers, wholesalers and distributors [who are sometimes collectively known as supply chain partners].
Why? Well, for a product to be sold in a shop to the public, the retailer first needs to purchase the item from somewhere. Retailers could buy products directly from the manufacturer, but they might also acquire them via a wholesaler or distributor.
[Wholesalers and distributors essentially act as middlemen. They don't make anything themselves; they buy products from manufacturers in bulk and sell them on to retailers.]
It's clearly easier and more lucrative for manufacturers to sell directly to retailers, but they might not have the luxury of choice. If they don't, they need to promote their products to all 3 parties.
Essentially then, trade marketing strategies are used by manufacturers to create demand for whatever it is that they produce.
And it's clearly critical for manufacturers to market their stuff because retailers [as well as wholesalers and distributors] obviously have millions of products to choose from when they're deciding what's going to be worth selling.
After all, there's only so much shelf space, right?
As you can see, the retailer is ultimately in the position of power [and every party is acutely aware of this]. As such, there's a constant ongoing battle between manufacturers to get their products in front of supply chain partners. If a manufacturer doesn't use any trade marketing campaigns, it puts their profitability at huge risk.
Trade marketing tactics could prove to be the difference between a retailer choosing one product to sell over another, so it's strange that manufacturing companies often ignore trade marketing or completely misunderstand it.

Extrait de « *Trade marketing in 2021* », www.splashcopywriters.com

DOCUMENT 9 Who uses Trade Marketing?

Trade marketing is executed by manufacturers and directed toward "supply chain partners": distributors, wholesalers, and of course retailers. While trade marketing is important for a variety of different industries, it is especially vital for those working in the consumer packaged goods (CPG) space, where heavy competition and a struggle for shelf space makes standing out of the crowd that much more difficult.

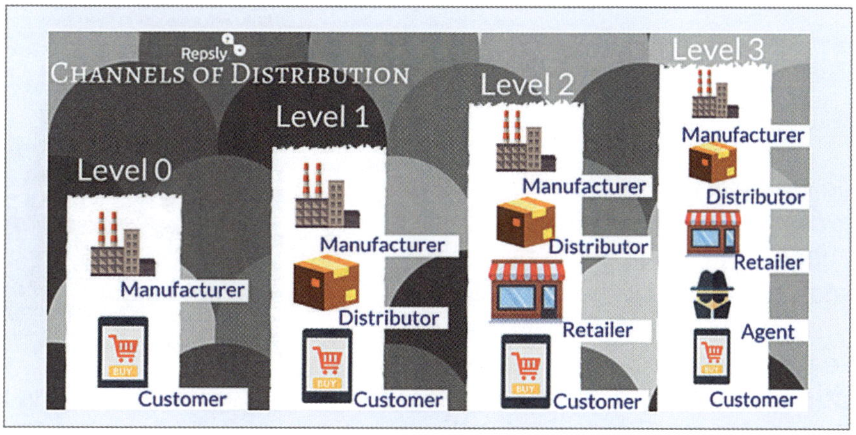

Extrait de « *Trade Marketing: The Ultimate Guide [Example Strategies]* », www.repsly.com

DOCUMENT 10 La participation de Picture à l'ISPO Munich, le plus grand Salon international multisectoriel de l'industrie du sport

Dernière ligne droite avant ISPO, du 26 au 29 janvier à Munich. Retrouvez le Camp de Base by OSV dans le hall A2 stand 203, pour découvrir les marques accompagnées et profiter des nombreuses animations proposées cette année.

Des marques inspirantes accompagnées par OSV en partenariat avec la Région Auvergne-Rhône-Alpes, Promas et EuroSIMA

Vous retrouverez directement sur le Camp de Base, hall A2, les marques suivantes : AULP-DEGRE7 / CAP / CILEA Software & Services / EVVO / LAGOPED / MARCEL LIVET / MEROMERO / MUB / OXAZ / PAG NECKWEAR / PORCHER SPORTS / PRIVATE SPORT SHOP / SPORTS D'ÉPOQUE / VILLACAMPA-PYRÉNÉES / ZANZIBAR-HOP & DOWN

Seront également accompagnées par OSV : AQUATECH-PAYEN / ARVA / CLIM8 / DÉNÉRIAZ SKIS / KIMBERFEEL / MELROSE DESIGN STUDIO / PEAK MOUNTAIN / PICTURE ORGANIC CLOTHING / PLUM / SAMAYA / TSL / ZAG SKIS

« ISPO : Découvrez le programme du camp de base by OSV », www.outdoorsportsvalley.org

DOCUMENT 11 Picture et les réseaux sociaux

Picture désanonymise les visiteurs de son site grâce à des opérations

Comme beaucoup de e-commerçants, la marque souhaite savoir **qui sont les visiteurs de son site.** C'est pour l'animer et dans une optique de **désanonymisation** qu'elle a choisi de mettre en place des opérations. Au travers de différents jeux et de concours, elle a ainsi pu embaser les participants.

La marque embase également ses réseaux sociaux

Au-delà de **transformer le trafic de son site en contacts**, elle a également pu faire entrer en base ses communautés sociales et notamment ses fans Facebook et ses abonnés Instagram. Comment ? En ayant la très bonne idée de **relayer sur ses réseaux les opérations** mises en place sur sa boutique en ligne. Une très bonne stratégie pour **augmenter le taux de participations** tout en récoltant des données.

https://www.spreadfamily.fr

Page Facebook de la société Picture

Compte Instagram de la société Picture

Picture communique sur Instagram, Facebook, LinkedIn, YouTube et TikTok.

Un *community manager*, au sein de l'équipe marketing, adapte la stratégie réseaux sociaux en fonction des stratégies de communication et marketing mises en place en amont. Ses comptes s'adressent à l'ensemble de la communauté dans l'ensemble des pays, mais il arrive parfois que certains distributeurs créent leur propre compte (exemple : « @Pictureorganicclothingspain » pour l'Espagne). Dans l'ensemble, ces derniers sont cependant peu suivis car ils sont gérés par les distributeurs en direct et l'activité n'est pas la même.

Le *community manager* de Picture partage et communique sur les événements mis en place en *trade marketing* (projections en magasin, jeux-concours, semaines thématiques…) et invite la communauté à se rendre en magasin ou sur les plateformes des revendeurs de la marque pour ces occasions.

DOCUMENT 12 À propos de *Shelter*

Pour son film, Picture a fait appel à Mat Schaer, figure de proue de la pratique du splitboard.

> ***« Face aux problématiques du XXI*^{e} *siècle, les marques et les athlètes* outdoor *ne peuvent plus se contenter uniquement de vendre un produit ou d'accomplir une performance sportive ; ils doivent le faire dans une démarche qui vise à préserver la nature. »***
>
> Mat Schaer

C'est ainsi que Picture conçoit aujourd'hui la pratique en montagne. Entre amis, dans un environnement d'exception et propice à la pratique de leurs passions ; le tout, dans une démarche qui vise à préserver la nature.

DOCUMENT 13 *Shelter*, le nouveau film engagé signé Picture Organic Clothing

With the effects of Climate Change becoming more apparent with every passing season, a crew of 5 athletes takes a reduced carbon footprint trip through the alps to explore the mountains. Using only public transport and foot power they traverse mountain passes on splitboards and skis while riding some of the most epic terrain the Alps have to offer!
Shelter pairs amazing riders with huge terrain – all accessed from public transport or human power.
Totally worth watching!

https://www.picture-organic-clothing.com/shelter/en/

FICHE RESSOURCE

1 Les acteurs du réseau professionnel de l'entreprise

Le réseau de l'entreprise est constitué de partenaires très variés, avec lesquels elle tisse des liens indispensables au développement et à la pérennité de son activité.

I Les acteurs du réseau de l'entreprise

- Ses employés
- Ses fournisseurs
- Ses distributeurs
- Ses clients (BtoC ou BtoB)
- Ses prestataires : transitaires, transporteurs, banques, assureurs
- Les associations professionnelles
- Les institutions publiques
- Les organismes de soutien à son développement, publics et privés
- Les associations de consommateurs
- Les organisations non gouvernementales
- Les syndicats professionnels
- Les communautés
- Les médias et réseaux sociaux

II Les organismes de soutien au développement de l'entreprise

Team France Export	Se développer à l'international	• Team France Export – https://www.teamfrance-export.fr • Business France – https://www.businessfrance.fr/ • Chambres de commerce et d'industrie – https://www.cci.fr/web/portail-acfci/accueil • Chambres de commerce et d'industrie françaises à l'international – https://www.ccifrance-international.org/ • Bpifrance – https://www.bpifrance.fr/ • Les régions de France – http://regions-france.org/
Les partenaires de Team France Export	Préparer et organiser son projet	• CCE (Les conseillers du Commerce extérieur de la France) – https://www.cnccef.org • Douanes – http://www.douane.gouv.fr/ • INPI – https://www.inpi.fr/fr • ICC – http://www.icc-france.fr/ • Union des entreprises de transport et de logistique de France – https://www.e-tlf.com/
	Structurer sa stratégie	• OSCI – https://osci.trade/ • Ordre des experts-comptables – https://www.experts-comptables.fr/ • ECTI – http://www.ecti.org/index.php/fr/
	Se former	• Fédération de la formation professionnelle – http://ffp.org/ • Formatex – https://www.formatex.fr/ • Stratexio – https://www.stratexio.fr/
	Construire son équipe export	• APEC – https://www.apec.fr/ • Pôle emploi – https://www.pole-emploi.fr/accueil/ • Dispositif V.I.E de Business France – https://www.businessfrance.fr/vie-home • Club V.I.E – https://www.clubvie.fr/

▸▸

▸▸

	Financer et assurer son projet	• Bpifrance export – https://www.bpifrance.fr/Qui-sommes-nous/Nos-metiers/International/International • CCE (Les conseillers du Commerce extérieur de la France) – https://www.cnccef.org • Coface – https://www.coface.fr/ • Euler Hermes – https://www.eulerhermes.fr/ • Atradius – https://atradius.fr/# • Appels d'offres – https://ec.europa.eu/info/funding-tenders_fr • FESI – https://www.touteleurope.eu/
Organisations professionnelles		• Medef – https://www.medef.com/fr/ • Medefi – https://www.medefinternational.fr/ • CPME – https://www.cpme.fr/
Réseaux de chefs d'entreprise		• CroissancePlus – http://www.croissanceplus.com/ • Femmes Chefs d'Entreprises – https://www.fcefrance.com/
Institutions françaises	Information à destination des entreprises	• Ministère de l'Économie, des Finances et de la Relance – https://www.economie.gouv.fr/ • Bercy infos Entreprises – https://www.economie.gouv.fr/entreprises • Direction générale des Entreprises – https://www.entreprises.gouv.fr/ • Direction générale du Trésor – https://www.tresor.economie.gouv.fr/services-aux-entreprises • Ministère de l'Europe et des Affaires étrangères – https://www.diplomatie.gouv.fr/fr/ • Services économiques régionaux – https://www.tresor.economie.gouv.fr/tresor-international • Plateforme d'aide aux victimes de « cybermalveillance » – https://www.cybermalveillance.gouv.fr/
Institutions internationales		• OCDE – http://www.oecd.org/fr/ • OMC – https://www.wto.org/indexfr.htm • EEN France – http://www.een-france.fr/reseau/115386-enterprise-europe-network-france • EEN – https://een.ec.europa.eu/ • Commission européenne – https://ec.europa.eu/commission/index_fr
Institutions financières internationales (IFI)		• Banque mondiale – https://www.banquemondiale.org/ • FMI – https://www.imf.org/external/french/index.htm • BERD – https://www.ebrd.com/fr/home • BEI – https://www.eib.org/fr/index.htm • EIF – https://www.eif.org/ • CEB – https://coebank.org/fr/
Aide au développement		• AFD – https://www.afd.fr/fr • Proparco – https://www.proparco.fr/fr • DEVCO – https://ec.europa.eu/info/departments/international-partnerships_fr

Source : www.cnccef.org (site des conseillers du Commerce extérieur de la France).

FICHE RESSOURCE

2 L'animation du réseau de distribution de l'entreprise

L'entreprise exportatrice doit animer et stimuler son réseau de partenaires afin de maximiser son efficacité en termes de compétences et de performances.

I Les objectifs de l'animation du réseau

L'animation du réseau de distribution répond, d'une part, à un objectif quantitatif (augmentation des ventes en volume, en valeur, des parts de marché...) et, d'autre part, à un objectif qualitatif (développement d'une image de marque positive...).
Il convient donc d'adapter précisément les actions et les techniques d'animation, en prenant en compte la nature de la relation contractuelle qui lie les différents partenaires à l'entreprise, ainsi que leur éloignement géographique par rapport à l'entreprise et au marché local.

II Les barrières et obstacles à surmonter

Animer un réseau de distribution export, c'est répondre à des problématiques complexes et multiples. L'objectif est souvent de concilier des objectifs qui peuvent être contradictoires (comme la satisfaction des distributeurs et l'augmentation des marges du producteur) tout en fédérant le réseau.
Les défis auxquels une entreprise est confrontée lorsqu'elle gère un réseau de distribution export sont multiples :

- fidéliser ses équipes en créant du lien avec elles, en développant un sentiment d'appartenance ;
- rendre régulièrement visite à tous ses partenaires ;
- motiver l'ensemble de la force de vente interne et externe à l'entreprise ;
- mesurer en temps réel les performances de chacun des acteurs du réseau de distribution ;
- communiquer directement avec tous les niveaux hiérarchiques du réseau ;
- former de manière continue le réseau de distribution à ses produits ;
- ne pas submerger ses distributeurs d'outils.

III Les outils d'animation d'un réseau commercial export

1 Les supports d'information

La mise en place d'un système d'information permet d'associer l'ensemble des partenaires du réseau de distribution à la politique commerciale de l'entreprise. Cela peut se faire à l'aide :

- des supports traditionnels (bulletins d'information, journaux d'entreprise...) ;
- des outils informatiques, dont la rapidité et l'interactivité facilitent l'échange d'informations, en particulier sur les évolutions du marché et sur la concurrence.

Exemple **Le groupe Michelin emploie 112 000 personnes dans le monde. Grâce au logiciel de relation client Salesforce, le travail des commerciaux a été fluidifié. En effet, depuis la plateforme, ceux-ci accèdent aux informations de chaque point de vente, à l'historique des ventes et à l'état des commandes, à des documentations techniques, aux tarifs... De plus, grâce à l'application Salesforce pour iOS et Android, ils peuvent consulter ces données en mobilité, créer et modifier les opportunités, visualiser leurs objectifs de ventes...**

D'après Ridha Loukil, « Michelin s'offre un accès direct à ses clients pour se développer dans les services connectés », 15 juin 2017, www.usinenouvelle.com.

2 La formation

L'efficacité du réseau de distribution dépend grandement de la connaissance que les collaborateurs ont des produits. Leur formation est donc cruciale. Elle doit être différenciée et adaptée au public ciblé :

- les équipes commerciales, éloignées des marchés locaux, doivent être formées et plus sensibilisées aux techniques de négociation et de vente qui prendront en compte les différences culturelles ;
- les équipes commerciales « locales » et les distributeurs, éloignés de l'entreprise exportatrice, seront plus particulièrement formés à la connaissance et à la maîtrise des biens et services.

Exemple ▸ **L'entreprise Crossknowledge a conçu une solution d'autoformation sur mesure pour L'Oréal, qui souhaitait offrir une expérience de formation variée, complète et innovante à ses 70 000 collaborateurs répartis dans 130 pays. Les objectifs visés étaient d'améliorer leurs compétences, de leur proposer des perspectives de carrière intéressantes et de les fidéliser.**

3 L'assistance à la vente

L'exportateur peut aider ses intermédiaires ou distributeurs en mettant à leur disposition :

- des supports promotionnels (échantillons, matériel d'exposition, publicité sur le lieu de vente, catalogues...) ;
- des outils d'aide à la vente (fiches techniques, scripts de vente, vidéos de vente, témoignages clients...) ;
- une assistance technique (aide au service après-vente, par exemple) ;
- une assistance financière (participation aux frais d'une manifestation ou contribution aux efforts marketing du distributeur).

4 La motivation et la stimulation du réseau

Pour stimuler les ventes et les performances commerciales, l'entreprise exportatrice peut utiliser différents leviers pour motiver les équipes commerciales ainsi que les distributeurs :

- une gestion différenciée des carrières (promotion hiérarchique) ;
- une gestion affinée des compétences par le développement de formations qui permettent l'évolution des collaborateurs vers d'autres postes ;
- des avantages financiers : commissions, remises plus importantes en fonction des commandes ;
- des clauses d'exclusivité temporaire de distribution ;
- des challenges commerciaux entre distributeurs, équipes commerciales d'un même pays ou réseau de distribution qui ouvrent droit à des gains (voyages, ordinateurs...) ;
- des rassemblements annuels ou des invitations périodiques dans l'entreprise exportatrice qui favoriseront la cohésion et l'implication des équipes et des partenaires.

Exemple ▸ **L'entreprise Picture Organic Clothing invite ses meilleurs ambassadeurs internationaux à participer en VIP à des sessions de test et de présentation de ses nouveaux produits, dans la station de ski mythique de La Grave La Meije.**

FICHE RESSOURCE

3 L'animation du réseau de l'entreprise par les médias sociaux

I Les médias sociaux

Le terme « média social » désigne l'ensemble des applications sociales, technologiques et économiques qui permettent de faciliter la communication, le partage des contenus, des opinions et des expériences. Les producteurs, les distributeurs tout comme les consommateurs utilisent le Web social, dans un jeu de pouvoirs, de contre-pouvoirs et d'influences entre ces différents acteurs.

En 2021, on recense 170 plateformes sociales pour 6 grands usages que sont : la publication, le partage, la messagerie, les discussions (forums), la collaboration et le réseautage.

II L'intérêt des réseaux sociaux en BtoB

En général, en BtoC, les réseaux sociaux sont utilisés par les marques comme des canaux de vente. Ce n'est pas le cas en BtoB, car le cycle d'achat est plus long et implique plusieurs décideurs.

L'utilisation des réseaux sociaux en BtoB vise plusieurs objectifs :

- affirmer la légitimité de l'entreprise sur son marché, en mettant en valeur sa présence et son expertise à l'échelle mondiale ;
- communiquer sur la valeur de sa marque ;
- augmenter sa connaissance des besoins et des attentes de sa cible.

Tous les secteurs d'activité sont concernés.

Exemple Le laboratoire santé Novartis a construit une forte présence sur Instagram.

III Enjeux et obstacles

Se priver aujourd'hui des réseaux sociaux dans sa démarche commerciale, c'est se priver, à l'heure du digital, de canaux indispensables. Exister sur les médias sociaux semble donc impératif pour une marque, même en BtoB.

Cependant, les entreprises doivent surmonter plusieurs obstacles :

- la rapidité d'évolution du Web social : le paysage des médias sociaux se densifie chaque année un peu plus ;
- la complexité croissante des usages.

Dans ce contexte, il devient très difficile de se démarquer et de capter l'attention des utilisateurs.

IV Quels réseaux sociaux choisir pour du BtoB ?

En BtoB, le choix de réseaux sociaux à utiliser est bien plus limité qu'en BtoC :
- à cause des publics, car les entreprises vont chercher à attirer des profils professionnels spécifiques ;
- parce qu'elles vont chercher à optimiser leur présence en se focalisant sur les réseaux les plus efficaces.

> Facebook est incontestablement le leader mondial, mais les préférences ne sont pas identiques d'un pays et d'une culture à l'autre. LinkedIn est le réseau social professionnel le plus utilisé en BtoB, notamment en Europe et en Amérique du Nord.
> En Chine, on utilise surtout Qzone : sur cette plateforme, on peut créer un blog d'entreprise ou mettre en valeur ses produits. Il s'agit d'une communauté essentiellement composée de jeunes de moins de 30 ans vivant dans les grandes villes.
> En Russie, on utilise VKontakte (ou VK), un site proche de Facebook, dans son fonctionnement comme dans son apparence. Ce canal rassemble les 18-34 ans vivant plutôt en milieu urbain (Moscou, Saint-Pétersbourg...).

L'utilisation des réseaux sociaux en BtoB en Europe

	LinkedIn	Twitter	Facebook	Instagram
Rang	1	2	3	4
Utilisateurs actifs par mois	303 millions	330 millions	2,234 milliards	1 milliard
Part des professionnels du BtoB partageant des contenus	94 %	85 %	86 %	30 %
Jours	Mardi, mercredi, jeudi	Du lundi au vendredi	Vendredi, samedi, dimanche	Lundi, jeudi
Horaires	8 h, 12 h, 17 h		9 h, 13 h, 15 h	Entre 8 h et 9 h, 17 h
Utilité en BtoB	**Prospection**	**Veille**	**Publicité**	**Communication**
Utilisation recommandée	– Utiliser du contenu visuel – Identifier des comptes et profils – Utiliser des hashtags – Privilégier la qualité à la quantité	– Utiliser du contenu visuel – Utiliser des hashtags – Être assidu et actif – Aller à l'essentiel	– Utiliser du contenu visuel – Privilégier la qualité à la quantité – Utiliser les publicités en ligne	– Opter pour une identité visuelle forte – Être authentique – Utiliser des hashtags – Communiquer au travers d'influenceurs – Utiliser la localisation

D'après https://fr.textmaster.com

La présence de l'entreprise sur tous les réseaux sociaux n'est pas forcément indispensable pour le BtoB. Tout va dépendre du secteur d'activité, de la concurrence, de l'environnement de l'entreprise et des ressources humaines et financières qu'elle peut y consacrer. En effet, la communication *via* les réseaux sociaux requiert un réel effort d'adaptation : au-delà de la traduction, les contenus doivent coller aux attentes des différentes audiences qui ont des usages totalement différents des réseaux sociaux d'une culture à l'autre.
Les clés de la réussite résident dans le ciblage, la fiabilité des contenus publiés.

FICHE RESSOURCE

4 L'utilisation des outils collaboratifs de communication

Une équipe a besoin d'outils de collaboration efficaces, surtout lorsque ses différents membres ne travaillent pas tous au même endroit ou en même temps.

I L'intérêt de la collaboration

Une étude de l'université de Stanford a révélé que développer une culture collaborative stimule les équipes et les aide à être plus efficaces. En effet, les entreprises qui ont recours au travail collaboratif seraient cinq fois plus susceptibles d'être performantes que les autres.
La collaboration, indispensable pour les entreprises, nécessite le recours à des outils particuliers.

II Les critères de choix des outils collaboratifs

Les entreprises doivent choisir des logiciels qui répondent à leurs besoins individuels. Voici quelques critères à prendre en compte pour identifier les outils les plus adaptés :

Des fonctionnalités multiples	Certains outils sont excellents, mais ne se concentrent que sur un seul aspect de la collaboration d'équipe. Les utilisateurs devront alors recourir à plusieurs logiciels pour couvrir tous leurs besoins.
Une facilité d'utilisation	L'outil doit être simple à comprendre et à utiliser, l'interface doit être intuitive et d'une navigation simple.
Des options de confidentialité	Collaborer avec des équipes ne signifie pas que toutes les conversations et tous les fichiers doivent être publics. Les données sensibles doivent être protégées. Le logiciel utilisé doit proposer des options de confidentialité.
Le stockage dans le « nuage » (*cloud*)	La technologie basée sur le *cloud* présente de nombreux avantages. Elle peut résoudre les problèmes de contrôle de version en permettant d'avoir accès aux modifications et à l'activité récentes. Toutes les informations sont stockées en ligne afin que les différents utilisateurs puissent travailler sur les mêmes données, voire sur la même page.
La compatibilité avec les autres outils utilisés	Ces outils doivent parfaitement s'intégrer à d'autres applications ou logiciels et permettre la prise en charge de tous les types de fichiers que les membres de l'équipe utilisent habituellement.

III Les solutions les plus populaires

On recense cinq types d'outils.

1 Les plateformes d'édition de fichiers

Google Workspace	C'est l'un des ensembles d'outils de communication d'entreprise les plus anciens et les plus largement adoptés. Docs, Sheets, Slides et d'autres applications offrent une édition et une saisie en temps réel.
Dropbox Paper	Il s'agit d'un lien avec la plateforme de stockage *cloud* de Dropbox. Il constitue un excellent moyen d'annoter des fichiers, de laisser des notes de collaboration et de travailler à plusieurs sur un document ou un projet, avec toutes ses ressources à portée de main.
Evernote	Il s'agit de l'une des applications collaboratives les plus simples et les plus robustes du marché. Elle prend en charge à peu près tous les types de supports dont on peut avoir besoin, avec une collaboration croisée facilement contrôlée par les personnes qui partageront des notes.

2 Les plateformes de stockage de données (*cloud*)

Dropbox	Cette plateforme propose des intégrations, des liens et un support pour à peu près tous les autres logiciels qu'une entreprise peut utiliser. Son interface simple et son excellente sécurité font de Dropbox l'application d'entreprise préférée.
Box	Box propose le même concept que Dropbox, mais avec plus d'applications natives pour améliorer la collaboration d'équipe au sein de la plateforme. Box est également moins cher et propose des tarifs plus flexibles pour les petites entreprises. Le partage des autorisations dans Box est très robuste, ce qui facilite le partage avec des partenaires ou des clients.
Google Drive	La plateforme de stockage dans le *cloud* de Google est gratuite avec une adresse e-mail. Elle est extrêmement sécurisée, ultrarapide et très ergonomique. De plus, la visionneuse de fichiers natifs rend l'utilisation de Google Drive intéressante.

3 Les logiciels de calendrier

Microsoft Outlook	Il s'agit d'un logiciel de calendrier de messagerie tout-en-un. De nombreuses entreprises utilisent Outlook pour le courrier électronique, ce qui fait de son calendrier un élément naturel. Il est très facile à utiliser, intuitif et directement intégré à la messagerie et au carnet d'adresses.
Google Agenda	Pratique et accessible, Google Agenda présente un atout de taille : sa convivialité. Il propose de nombreuses options personnalisées pour créer des événements, s'intégrer à d'autres services *cloud* et reconnaître les rendez-vous envoyés à un compte Gmail.
Calendly	C'est un excellent calendrier collaboratif, qui permet aux utilisateurs de synchroniser leurs calendriers afin de trouver des plages horaires communes pour les réunions. Calendly dispose également d'outils de planification intelligents pour connecter les utilisateurs au sein du même groupe, ainsi que des contacts externes.

4 Les applications de messagerie collaborative

Slack	C'est un « couteau suisse » parmi les outils de communication d'entreprise. Il permet d'organiser la messagerie dans des fils de discussion spécifiques à un sujet, d'inviter des collègues à des conversations et de partager des fichiers.
Microsoft Teams	Teams est l'équivalent de Slack chez Microsoft, qui offre en outre un lien transparent avec la suite complète de programmes de Microsoft. Pour les entreprises utilisant Outlook et OneDrive, Teams est une alternative à Slack avec des fonctionnalités globalement équivalentes.
Zoom	À l'ère du travail à distance, la plateforme de Zoom a été spécialement conçue pour les conférences multimédias, ce qui facilite le tchat vidéo ou la participation à un appel avec des dizaines de personnes à la fois.

5 Les programmes de gestion de projet

Wrike	Wrike est l'un des meilleurs outils de collaboration et permet d'attribuer des tâches à plusieurs membres d'une équipe, d'en suivre les progrès et de mesurer les résultats avec un système de navigation convivial.
Asana	Ce programme aide les équipes à hiérarchiser leurs objectifs, à rester concentrées sur leurs tâches et à collaborer dans toutes les parties d'un projet. Les vues de liste, de chronologie, de calendrier et de réalisation permettent aux employés de choisir leur mode de présentation du projet, tandis que la messagerie et les intégrations dans l'application associent les échanges relatifs à chaque étape du projet.
Trello	Trello utilise des « cartes » pour collecter les tâches sous un seul en-tête de projet. Chaque carte est attribuée à une personne qui la gère dans le cadre du projet plus large. C'est une approche visuelle de la collaboration de projet. De nombreuses options font de Trello un atout instantané au sein d'un écosystème d'applications numériques.

1 Quiz sur les réseaux sociaux

1 Parmi les noms ci-dessous, lequel ne correspond pas à un réseau social ?

- ◯ YouTube
- ◯ Instagram
- ◯ Twitter
- ◯ Facebook
- ◯ Snapchat
- ◯ Discord
- ◯ TikTok
- ◯ Microsoft
- ◯ LinkedIn

2 Le réseau social ayant actuellement le plus grand nombre d'utilisateurs actifs est :

- ◯ Facebook
- ◯ YouTube
- ◯ Instagram
- ◯ WhatsApp

3 Le premier réseau social BtoB est Twitter.

- ◯ Vrai
- ◯ Faux

4 Un follower est une entreprise suivie.

- ◯ Vrai
- ◯ Faux

5 Quel réseau social intègre des *stories* (plusieurs réponses possibles) ?

- ◯ Twitter
- ◯ Instagram
- ◯ Snapchat
- ◯ Facebook

6 Quelle est la durée de vie des *stories* ?

◯ 24 h ◯ 1 h ◯ 48 h ◯ 12 h

7 Sur quel réseau social les utilisateurs interagissent-ils le plus avec les marques ?

- ◯ Instagram
- ◯ LinkedIn
- ◯ Facebook

8 Quelle est la première raison qui pousse les internautes à partager un contenu sur les réseaux sociaux ?

- ◯ Transmettre des contenus
- ◯ Trouver des clients
- ◯ Communiquer sur son image

9 Quels sont les 2 meilleurs réseaux sociaux pour le B2B ?

- ◯ Instagram
- ◯ Twitter
- ◯ YouTube
- ◯ LinkedIn

2 Développer un réseau à l'international

Katia Dedde est conseillère artistique. Elle accompagne des entreprises, des collectionneurs, ainsi que des amateurs dans leurs choix d'acquisition d'œuvres d'art.
Elle guide le choix de ses clients lors des foires internationales, galeries et ateliers d'artistes. Au-delà de la négociation du prix de l'œuvre, elle accomplit toutes les démarches administratives relatives à l'achat et organise la logistique.

▸▸

Elle propose également les services de pose, d'éclairage ou d'encadrement par des spécialistes.
Elle gère parallèlement le travail de plusieurs artistes français et organise des expositions de leurs œuvres.
Elle communique *via* son site Web (QR Code), son compte Instagram (kd_artvisor) et son compte Facebook (kdartvisor facebook).
Son site Web et ses différents comptes sur les réseaux sociaux sont de plus en plus consultés par des acquéreurs potentiels espagnols, anglais, hollandais, allemands, autrichiens… Les sollicitations qu'elle reçoit la conduisent à envisager un développement international. N'ayant pas de formation marketing, Katia Dedde compte sur vos conseils pour l'aider dans cette démarche.

Site Internet Katia Dedde, kdartvisor.com

1. **Explorez le site de Katia Dedde et ses comptes sur les réseaux sociaux.**
2. **Conseillez Katia Dedde sur la façon d'animer un réseau à l'international.**

3 Communiquer sur les réseaux sociaux

L'histoire du groupe Gamba débute en 1976 à Toulouse, avec l'installation à son compte de René Gamba, alors jeune docteur en mécanique des fluides.
Le groupe Gamba, c'est aujourd'hui une structure à dimension internationale, qui fournit des services d'ingénierie acoustique à des clients professionnels répartis dans différents secteurs d'activité tels que le bâtiment, l'industrie, l'éolien, les transports, etc. , en vue de réduire les bruits et les vibrations altérant le confort et la santé des employés, des utilisateurs et des riverains.
Le groupe Gamba souhaite développer sa notoriété et informer de manière régulière l'ensemble de ses parties prenantes, en France et à l'étranger. Sébastien Garrigues, l'un des associés gérants, vous consulte sur l'intérêt de développer la présence du groupe sur les réseaux sociaux.

Site Internet gamba.fr

1. **Explorez le site Internet du groupe Gamba afin d'en étudier l'activité, les réalisations effectuées et les nouveaux services proposés.**
2. **Conseillez Sébastien Garrigues sur les moyens à mettre en œuvre pour développer et animer sa communication.**

PRÉSENTATION DE L'ÉPREUVE E4

I Tableau de synthèse – Activités – Compétences – Unités

ACTIVITÉS	BLOCS DE COMPÉTENCES	UNITÉS
Domaine d'activités 1 **Développement de la relation commerciale dans un environnement interculturel** • Collecte, analyse, exploitation et communication des données clients/fournisseurs • Production de messages écrits et/ou oraux en français et en anglais • Suivi et pérennisation de la relation client/fournisseur • Coordination avec les services et entités de l'organisation • Proposition de solutions adaptées à chaque situation • Contribution à l'animation d'un réseau professionnel en France et à l'étranger	**Bloc de compétences 1** • Exploiter les données clients/fournisseurs • Gérer la relation commerciale internationale • Communiquer en français et en anglais dans des contextes interculturels • Assurer la coordination des services • Animer un réseau professionnel	**Unité U4** **Relation commerciale interculturelle en anglais et en français**

II Présentation de l'épreuve E4 – Relation commerciale interculturelle (en anglais et en français) – Coefficient 7

L'épreuve de RCI se déroule en fin de parcours et intègre l'évaluation de l'anglais, à l'écrit comme à l'oral, pour les étudiants des établissements publics, privés sous contrat ou des organismes de formation habilités à pratiquer le CCF. L'évaluation est ponctuelle pour les étudiants des organismes privés hors contrat ou non habilités au CCF.

1 Organisation de l'épreuve en CCF

L'épreuve repose sur deux dossiers élaborés par le candidat au cours de sa formation :
- un dossier interculturel rédigé en anglais : écrit réflexif sur la dimension culturelle du stage à l'étranger ;
- un dossier professionnel qui présente les activités de « Relation commerciale interculturelle » conduites en milieu professionnel et en formation.

Le dossier professionnel intègre :
- les productions écrites et les situations de communication orale réalisées tout au long de la formation, en français et en anglais ;
- les grilles d'évaluation remplies par les tuteurs ou maîtres d'apprentissage dans le cadre des activités menées en milieu professionnel ou des missions référencées dans le dossier professionnel ;
- l'attestation de certification nationale de la culture numérique.

Ainsi, sont prises en compte toutes les évaluations réalisées dans le cadre du co-enseignement anglais-RCI sur les deux années. Une note finale est attribuée en fin de deuxième année.

2 Organisation de l'épreuve en ponctuel

a. Partie écrite : 3 heures – en français et en anglais

« L'épreuve prend appui sur un contexte professionnel permettant de valider les compétences et savoirs associés décrits dans le bloc de compétences 1.
Des documents en français et en anglais sont fournis au candidat en appui des problématiques professionnelles à traiter. Les réponses à ces problématiques sont rédigées en français ou en anglais, selon la consigne. »

À l'écrit, l'épreuve est centrée sur les compétences professionnelles du candidat, en français comme en anglais. Elle fait appel à la compréhension de l'écrit et débouche sur des documents qui sont rédigés en anglais sur la base d'un scénario précis dont les consignes sont clairement explicitées. Les écrits en question peuvent consister soit en un compte rendu en langue cible des documents fournis à destination d'un tiers (collègue, client ou fournisseur), soit en un résumé synthétisant une situation commerciale donnée, soit en un ou plusieurs courriels en vue de résoudre une situation précise.

b. Partie orale

« L'épreuve s'appuie sur deux dossiers [constitués par le candidat sous forme de productions originales et personnelles] :

- un dossier interculturel rédigé en anglais : écrit réflexif sur la dimension interculturelle du stage à l'étranger ;
- un dossier professionnel qui présente les activités de "Relation commerciale interculturelle" conduites en milieu professionnel et en formation.

Ces dossiers ne sont pas évalués en tant que tels, ils servent de support à l'épreuve orale. »

Déroulement de l'oral : 45 minutes maximum

- **Phase 1** (15 minutes maximum) : présentation de l'expérience interculturelle en anglais (5 minutes maximum), suivie d'un entretien avec le jury en anglais et en français (10 minutes maximum).
- **Phase 2** (15 minutes maximum) : simulation d'une situation professionnelle, à partir d'une des activités présentées dans le dossier professionnel du candidat (10 minutes maximum en anglais), puis entretien avec le jury en français (5 minutes maximum) sur la situation simulée.
- **Phase 3** (15 minutes maximum) : mise en œuvre d'outils numériques à partir des activités présentées dans le dossier.

3 Certification de la culture numérique

- **Forme ponctuelle :** une mise en œuvre sur poste informatique des outils numériques est réalisée lors de la phase 3 de l'épreuve orale.

  CCF : l'attestation de certification nationale de la culture numérique est obtenue *via* la plateforme Pix, qui reprend les 5 domaines du CRCN (cadre de référence des compétences numériques).

Le cadre de référence des compétences numériques

1. Information et données	1.1. Mener une recherche et une veille d'information	Mener une recherche et une veille d'information pour répondre à un besoin d'information et se tenir au courant de l'actualité d'un sujet tout en étant en mesure de vérifier les sources et la fiabilité de l'information (avec un moteur de recherche, au sein d'un réseau social, par abonnement à des flux ou des lettres d'information, ou tout autre moyen).
	1.2. Gérer des données	Stocker et organiser des données pour les retrouver, les conserver et en faciliter l'accès et la gestion (avec un gestionnaire de fichiers, un espace de stockage en ligne, des classeurs, des bases de données, un système d'information...).
	1.3. Traiter des données	Appliquer des traitements à des données pour les analyser et les interpréter (avec un tableur, un programme, un logiciel de traitement d'enquête, une requête de calcul dans une base de données...).
2. Communication et collaboration	2.1. Interagir	Interagir avec des individus et des petits groupes pour échanger dans divers contextes liés à la vie privée ou à une activité professionnelle, de façon ponctuelle et récurrente (avec une messagerie électronique, une messagerie instantanée, un système de visioconférence...).
	2.2. Partager et publier	Partager et publier des informations et des contenus pour communiquer ses propres productions ou opinions, relayer celles des autres en contexte de communication publique en apportant un regard critique sur la nature du contenu (avec des plateformes de partage, des réseaux sociaux, des blogs, des espaces de forum et de commentaires, de système de gestion de contenu CMS...).
	2.3. Collaborer	Collaborer dans un groupe pour réaliser un projet, coproduire des ressources, des connaissances, des données, et pour apprendre (avec des plateformes de travail collaboratif et de partage de document, des éditeurs en ligne, des fonctionnalités de suivi de modifications ou de gestion de versions...).

	2.4. S'insérer dans le monde numérique	Maîtriser les enjeux de la présence en ligne, développer des stratégies et des pratiques autonomes en respectant les règles, les droits et les valeurs qui leur sont liés, pour se positionner en tant qu'acteur social, économique et citoyen dans le monde numérique, et répondre à des objectifs (avec les réseaux sociaux et les outils permettant de développer une présence publique sur Internet, et en lien avec la vie citoyenne, la vie professionnelle, la vie privée...).
3. Création de contenus	3.1. Développer des documents textuels	Produire des documents à contenu majoritairement textuel pour communiquer des idées, rendre compte et valoriser ses travaux (avec des logiciels de traitement de texte, de présentation, de création de page web, de carte conceptuelle...).
	3.2. Développer des documents multimédias	Développer des documents à contenu multimédia pour créer ses propres productions multimédias, enrichir ses créations textuelles (avec des logiciels de capture et d'édition d'image / son / vidéo / animation...).
	3.3. Adapter les documents à leur finalité	Adapter des documents de tous types en fonction de l'usage envisagé et maîtriser l'usage des licences pour permettre, faciliter et encadrer l'utilisation dans divers contextes (mise à jour fréquente, diffusion multicanale, impression, mise en ligne, projection...) (avec les fonctionnalités des logiciels liées à la préparation d'impression, de projection, de mise en ligne, les outils de conversion de format...).
	3.4. Programmer	Écrire des programmes et des algorithmes pour répondre à un besoin (automatiser une tâche répétitive, accomplir des tâches complexes ou chronophages, résoudre un problème logique...) et pour développer un contenu riche (jeu, site web...) (avec des environnements de développement informatique simples, des logiciels de planification de tâches...).
4. Protection et sécurité	4.1. Sécuriser l'environnement numérique	Sécuriser les équipements, les communications et les données pour se prémunir contre les attaques, pièges, désagréments et incidents susceptibles de nuire au bon fonctionnement des matériels, logiciels, sites Internet, et de compromettre les transactions et les données (avec des logiciels de protection, la maîtrise de bonnes pratiques...).
	4.2. Protéger les données personnelles et la vie privée	Maîtriser ses traces et gérer les données personnelles pour protéger sa vie privée et celle des autres, et adopter une pratique éclairée (avec le paramétrage des paramètres de confidentialité, la surveillance régulière de ses traces...).
	4.3. Protéger la santé, le bien-être et l'environnement	Prévenir et limiter les risques générés par le numérique sur la santé, le bien-être et l'environnement mais aussi tirer parti de ses potentialités pour favoriser le développement personnel, le soin, l'inclusion dans la société et la qualité des conditions de vie, pour soi et pour les autres (avec la connaissance des effets du numérique sur la santé physique et psychique et sur l'environnement, et des pratiques, services et outils numériques dédiés au bien-être, à la santé, à l'accessibilité...).
5. Environnement numérique	5.1. Résoudre des problèmes techniques	Résoudre des problèmes techniques pour garantir et rétablir le bon fonctionnement d'un environnement informatique (avec les outils de configuration et de maintenance des logiciels ou des systèmes d'exploitation, et en mobilisant les ressources techniques ou humaines nécessaires...).
	5.2. Évoluer dans un environnement numérique	Installer, configurer et enrichir un environnement numérique (matériels, outils, services) pour disposer d'un cadre adapté aux activités menées, à leur contexte d'exercice ou à des valeurs (avec les outils de configuration des logiciels et des systèmes d'exploitation, l'installation de nouveaux logiciels ou la souscription à des services...).

LISTE DES ORGANISMES SOLLICITÉS EN COMMERCE INTERNATIONAL

Organismes		Sites web
ADEME	Agence de l'environnement et de la maîtrise de l'énergie	ademe.fr
AFD	Agence française de développement (pour le développement durable)	afd.fr
AFNOR	Agence française de normalisation	afnor.org
Atradius	Compagnie d'assurance-crédit	atradius.fr
Bpifrance	Banque publique d'investissement	bpifrance.fr
Bureau Veritas	Société spécialisée dans les essais, l'inspection et la certification	bureauveritas.fr
Business France	Agence française pour le développement international des entreprises	businessfrance.fr
CCI	Chambre de commerce et d'industrie	cci.fr
CCI	Chambre de commerce internationale	icc-france.fr
CIRDI	Centre international pour le règlement des différends relatifs aux investissements	icsid.worldbank.org
CNCCEF	Comité national des conseillers du commerce extérieur de la France	cnccef.org
CNIL	Commission nationale de l'informatique et des libertés	cnil.fr
COFACE	Compagnie française d'assurance pour le commerce extérieur	coface.fr
DGCCRF	Direction générale de la concurrence, de la consommation et de la répression des fraudes	economie.gouv.fr
DGDDI	Direction générale des douanes et des droits indirects	douane.gouv.fr
EEN	Enterprise Europe Network, réseau européen actif d'aide aux entreprises dans l'Union européenne	een-france.fr
EUIPO	Office de l'Union européenne pour la propriété intellectuelle	euipo.europa.eu
Euler Hermes	Compagnie d'assurance-crédit	eulerhermes.fr
FMI	Fonds monétaire international	imf.org
ICANN	Internet Corporation for Assigned Names and Numbers, société pour l'attribution des noms de domaine et des numéros sur Internet	icann.org
IDDRI	Institut du développement durable et des relations internationales	iddri.org
INPI	Institut national de la propriété industrielle	inpi.fr
ISO	International Organization for Standardization (Organisation internationale de normalisation)	iso.org
OCDE	Organisation de coopération et de développement économiques	oecd.org
OMC	Organisation mondiale du commerce	wto.org
OMD	Organisation mondiale des douanes	wcoomd.org
OMPI	Organisation mondiale de la propriété intellectuelle	wipo.int
ONU	Organisation des Nations unies	un.org
SGS	Société générale de surveillance (société d'inspection, de contrôle, d'analyse et de certification)	sgsgroup.fr
SWIFT	Society for Worldwide Interbank Financial Telecommunication	swift.com
Team France Export	Dispositif public d'accompagnement des entreprises à l'international	teamfrance-export.fr
UNESCO	Organisation des Nations unies pour l'éducation, la science et la culture	unesco.org
Union européenne	Union politico-économique de 27 États membres européens	europa.eu

(grisé) Réseau de soutien aux exportateurs français

GLOSSAIRE

Terme français	Terme anglais	Définition
Arbitrage	*Arbitration*	Solution extrajudiciaire de résolution d'un litige commercial international
Attrition	*Attrition*	Phénomène de perte de clients (s'oppose à « rétention »)
Besoin en fonds de roulement (BFR)	*Working capital needs*	Calculé à partir du bilan fonctionnel, il exprime le besoin de ressources pour financer l'exploitation.
BtoB	*Business to Business*	Activités commerciales entre les entreprises
BtoC	*Business to Consumer*	Activités commerciales entre les entreprises et les consommateurs
BtoD	*Business to Distributor*	Activités commerciales entre les entreprises et les distributeurs
Bureau partagé	*Flex office*	Espace de travail partagé
Cahier des charges	*Specifications*	Définition des besoins et des attentes d'un commanditaire
Chaîne d'approvisionnement	*Supply chain*	Regroupe tous les professionnels (producteur, distributeur, grossiste, transporteur, transformateur) impliqués dans la mise à disposition du produit aux consommateurs.
CHR (cafés-hôtels-restaurants)	*HoReCa sector*	Circuit de distribution incluant les cafés, hôtels et restaurants
Clause compromissoire	*Arbitration clause*	Clause contractuelle prévoyant un mode extrajudiciaire de résolution des litiges
Concours bancaires	*Current bank loans*	Crédits de trésorerie à court terme accordés par la banque (découvert bancaire)
Conditions générales de vente (CGV)	*General terms and conditions of sale*	Ensemble des informations contractuelles liant un vendeur à son client
Coût par lead (CPL)	*Cost per lead*	Coût d'acquisition d'un prospect/client
Crédit documentaire	*Documentary credit*	Technique de paiement incluant la garantie de paiement d'une banque en échange de documents
Escompte	*Discount*	Réduction financière accordée à un client
Fonds de roulement net global (FRNG)	*Net working capital (NWC)*	Calculé à partir du bilan fonctionnel, il exprime l'excédent de ressources stables de l'entreprise.
Force majeure	*Force majeure*	Caractérise un événement imprévisible, irrésistible et extérieur.
Grandes et moyennes surfaces (GMS)	*Supermarkets & hypermarkets*	Supermarchés et hypermarchés
Incentives	*Incentives*	Méthodes utilisées pour stimuler la motivation des commerciaux ou cadres d'une entreprise
Incoterms	*Incoterms*	Contraction de *International Commercial Terms* : règles de répartition des obligations (frais et risques) de la logistique internationale, entre le vendeur et l'acheteur (conditions de livraison)
Lettre de crédit stand-by (LCSB)	*Stand-by letter of credit (SBLC)*	Garantie bancaire de paiement dans le cadre de transactions internationales entre entreprises

Terme français	Terme anglais	Définition
Liquidité	*Liquidity*	Facilité à être vendu, transformé en liquide
Logistique	*Logistic*	Opérations liées à l'emballage, au stockage, à la manutention, au transport, à l'assurance et au dédouanement des marchandises
Marchandisage	*Merchandising*	Technique de présentation des produits visant à inciter les consommateurs à les acheter
Marque de distributeur (MDD)	*Private label*	Marque sous laquelle un distributeur commercialise ses produits, à côté des produits des autres marques
Net Promoter Score (NPS)	*Net Promoter Score (NPS)*	Taux de recommandation, outil de mesure de la satisfaction de la clientèle
Outils d'aide à la vente (OAV)	*Sales support tools*	Catalogues, brochures, fiches produits, tarifs, cartes de visite...
Parties prenantes	*Stakeholders*	Ensemble des acteurs concernés par une entreprise
Positionnement	*Positioning*	Position psychologique d'une marque ou d'un produit par rapport à ceux de la concurrence
Pro forma (facture)	*Pro forma invoice*	Document qui matérialise une offre commerciale
Prospect	*Prospect*	Client potentiel
Protocole des affaires	*Business protocol*	Ensemble des codes professionnels : choses à faire et à ne pas faire, dans une relation commerciale
Proxémie	*Personal space*	Distance relationnelle
Rabais, remise, ristourne	*Rebate, discount, refund*	Réductions commerciales sur le montant de la facture
Responsabilité sociétale des entreprises (RSE)	*Corporate Social Responsibility (CSR)*	Ensemble des pratiques mises en place par les entreprises dans le but de respecter les principes du développement durable (social, environnemental et économique)
Segmentation de la clientèle	*Customer segmentation*	Découpage du marché en groupes de consommateurs homogènes
Stéréotype	*Stereotype*	Représentation simplifiée, souvent caricaturale, d'un individu ou d'un groupe d'individus
Tableau de bord	*Dashboard*	Outil de pilotage constitué d'indicateurs de performance
Transitaire	*Freight forwarder*	Organisateur de la logistique qui agit sur les instructions du chargeur
Valeur vie client (VVC)	*Customer Lifetime Value (CLV)*	Somme des profits actualisés attendus en moyenne sur la durée de vie d'un client

SIGLES

Sigles	Correspondance
ATR	Certificat de circulation des marchandises, utilisé dans les échanges entre l'Union européenne et la Turquie
AUD	Code ISO du dollar australien
B/L	*Bill of Lading* (connaissement maritime)
BFR	Besoin en fonds de roulement
BtoB	*Business to Business* (relations commerciales entre entreprises)
BtoC	*Business to Consumer* (relations commerciales avec des particuliers)
BtoD	*Business to Distributor* (relations commerciales avec des distributeurs)
CAF	Capacité d'autofinancement
CAP	Caractéristiques-Avantages-Preuves (méthode d'argumentation)
CBC	Concours bancaires courants
CCI	Chambre de commerce et d'industrie
CCI	Chambre de commerce internationale
CERC	Contact, écoute, réponse, conclusion (méthode de réception d'appel téléphonique)
CES	*Customer Effort Score* (taux d'effort client)
CFR	*Cost and FReight* (coût et fret), Incoterm
CGI	Code général des impôts
CGVE	Conditions générales de vente export
CHR	Cafés-Hôtels-Restaurants
CIF	*Cost, Insurance and Freight* (coût, assurance et fret), Incoterm
CIP	*Carriage and Insurance Paid to* (transport et assurance payés jusqu'à)
CIRDI	Centre international pour le règlement des différends relatifs aux investissements
CITES	Convention sur le commerce international des espèces de faune et de flore sauvages menacées d'extinction
CLV	*Customer Lifetime Value* (valeur vie client)
CMR	Convention de transport de marchandises par route (document de transport routier)
CNIL	Commission nationale de l'informatique et des libertés
CNUDCI	Commission des Nations unies pour le droit commercial international
CPL	Coût par lead
CPT	*Carriage Paid To* (transport payé jusqu'à), Incoterm
CRM	*Customer Relationship Management* (→ GRC)
CROC	Contact, raison, objectif, conclusion (méthode d'émission d'appel téléphonique)
CRR	*Customer Retention Rate* (taux de rétention client)
CVIM	Convention des Nations unies sur les contrats de vente internationale de marchandises

SIGLES

Sigles	Correspondance
CXM	*Customer Experience Management* (→ GEC)
DAP	*Delivered At Place* (rendu au lieu convenu), Incoterm
DDP	*Delivered Duty Paid* (rendu droits acquittés), Incoterm
DEB	Déclaration d'échanges de biens
DPU	*Delivered at Place Unloaded* (rendu au lieu convenu déchargé), Incoterm
DSO	*Days Sales Outstanding* (délai moyen de paiement)
DUNS	*Data Universal Numbering System* (n° international d'identification des entreprises)
EBE	Excédent brut d'exploitation
ERP	*Enterprise Resource Planning* (→ PGI)
EUR1	Certificat de circulation des marchandises, utilisé dans des échanges préférentiels
EXW	*Ex Works* (à l'usine), Incoterm
FAQ	Foire aux questions
FAS	*Free Alongside Ship* (rendu le long du navire), Incoterm
FCA	*Free Carrier* (jusqu'au transporteur), Incoterm
FOB	*Free On Board* (à bord du navire), Incoterm
FRNG	Fonds de roulement net global
GEC	Gestion de l'expérience client (→ CXM)
GMS	Grandes et moyennes surfaces
GRC	Gestion de la relation client (→ CRM)
GSP	*Generalised Scheme of Preferences* (→ SPG)
IBAN	*International Bank Account Number*
ICP	Indicateurs clés de performance (→ KPI)
IDR	Code ISO de la roupie indonésienne (monnaie de l'Indonésie)
Incoterms	*International Commercial Terms*
ISO	*International Organization for Standardization* (Organisation internationale de normalisation)
KPI	*Key Performance Indicators* (→ ICP)
L/C	*Letter of Credit*, crédit documentaire
LCSB	Lettre de crédit Stand-By
LTA	Lettre de transport aérien
MDD	Marque de distributeur
MGA	Code ISO de l'ariary (monnaie de Madagascar)
NOK	Code ISO de la couronne norvégienne
NPS	*Net Promoter Score*
NTD	Code ISO du nouveau dollar taïwanais
OAV	Outils d'aide à la vente
OMPI	Organisation mondiale de la propriété intellectuelle

Sigles	Correspondance
ONG	Organisation non gouvernementale
PGI	Progiciel de gestion intégré (→ ERP)
PIB	Produit intérieur brut
PO	*Purchase Order* (bon de commande)
RCS	Registre du commerce et des sociétés
RFM	Récence, fréquence, montant (méthode d'analyse du comportement des clients)
RFQ	*Request For Quote* (demande de cotation)
RGPD	Règlement général sur la protection des données
ROI	*Return On Investment* (→ RSI)
RSE	Responsabilité sociétale des entreprises
RSI	Retour sur investissement (→ ROI)
RUB	Code ISO du rouble (monnaie russe)
RUU	Règles et usances uniformes de la Chambre de commerce internationale
SAV	Service après-vente
SCB	Soldes créditeurs de banque (découvert bancaire)
SI	Système d'information
SIC	Système d'information commerciale
SIG	Soldes intermédiaires de gestion
SIM	Système d'information marketing
SIM	*Supplier Information Management* (gestion du risque fournisseur)
SIRET	Système d'identification du répertoire des établissements (ou numéro SIRET, code Insee permettant l'identification d'une entreprise)
SONCASE	Typologie des motivations d'achat : Sécurité, Orgueil, Nouveauté, Confort, Argent, Sympathie, Environnement
SPG	Système de préférences généralisées (→ GSP)
SRM	*Supplier Relationship Management* (gestion des relations avec les fournisseurs)
TARIC	Tarif intégré des Communautés européennes (tarif douanier)
TRY	Code ISO de la livre turque
USD	Code ISO du dollar des États-Unis
VPN	*Virtual Private Network* (réseau privé virtuel)
ZAR	Code ISO du rand (monnaie sud-africaine)

Crédits photographiques

Les photos se lisent de haut en bas et de gauche à droite.

Page d'ouverture de chapitres, drapeau : Максим Лебедик/Adobe Stock

p. 9 (h) pressmaster/Adobe Stock ; **p. 9 (b)** Peter Hermes Furian/Adobe Stock ; **p. 10** © Esprit du Sel ; **p. 13** Romolo Tavani/Adobe Stock ; **p. 16** Rawpixel.com/Adobe Stock ; **p. 20** © CCFD ; **p. 21** kazoka303030/Adobe Stock ; **p. 25** Jasmin Merdan/Adobe Stock ; **p. 26** Pixel-Shot/Adobe Stock ; **p. 27 (h)** aijiro/Adobe Stock ; **p. 27 (b)** Légende Cartographie ; **p. 28** (3 images) © Quai Sud ; **p. 38** Grex.fr ; **p. 42** © ccfs ; **p. 43 (h)** arloo/Adobe Stock ; **p. 43 (b)** Peter Hermes Furian/Adobe Stock ; **p. 44** © Compagnie des desserts ; **p. 60** sergojpg/Adobe Stock ; **p. 61 (h)** metamorworks/Adobe Stock ; **p. 61 (b)** Porcupen/Adobe Stock ; **p. 62-63** (6 images) © Payote ; **p. 66** © Payote ; **p. 68** © Kuoma ; **p. 83 (h)** Jérôme Rommé/Adobe Stock ; **p. 83 (b)** pavalena/Adobe Stock ; **p. 84 (h)** Cristian Storto/Shutterstock ; **p. 84 (b)** © Carrefour ; **p. 88** © Carrefour ; **p. 89 (h)** PT Blue Ocean ; **p. 89 (m)** indonesiantuna.com ; **p. 89 (b)** © HACCP ; © GMP Certified ; © Majelis Ulama ; © Fair Trade Certified ; © BRC Food ; © IFS Food ; © Safe ; **p. 90** © Carrefour ; **p. 92 (h)** © ISO ; **p. 92 (b)** © Bureau Veritas ; **p. 99** lisandrotrarbach/Adobe Stock ; **p. 100** Sergey Ryzhov/Adobe Stock ; **p. 102** motortion/Adobe Stock ; **p. 103 (h)** Vittaya_25/Adobe Stock ; **p. 103 (b)** Peter Hermes Furian/Adobe Stock et Légende Cartographie ; **p. 104** (2 images) © Lavandière de Provence ; **p. 105-109** (24 images) © Lavandière de Provence ; **p. 111 (h)** vegefox.com/Adobe Stock ; **p. 111 (m)** Wasan/Adobe Stock ; **p. 111 (b)** jirsak/Adobe Stock ; **p. 123** maroke/Adobe Stock ; **p. 124** DorSteffen/Adobe Stock ; **p. 125** © Catrice Gourmet ; **p. 127 (h)** bakhtiarzein/Adobe Stock ; **p. 127 (b)** Peter Hermes Furian/Adobe Stock ; **p. 128 (h)** FrankBoston/Adobe Stock ; **p. 128 (b)** FrankBoston/Adobe Stock ; **p. 131** © Steen & Strom ; **p. 141 (h)** bht2000/Adobe Stock ; **p. 141 (b)** Syda Productions/Adobe Stock ; **p. 142** © LifeStylePackaging ; **p. 143 (g)** Monopoly919/Adobe Stock ; **p. 143 (d)** Roman Sotola/Adobe Stock ; **p. 144 (h)** avista2015/Adobe Stock ; **p. 144 (b)** © Trello ; **p. 145 (h)** tadamichi/Adobe Stock ; **p. 145 (b)** Légende Cartographie ; **p. 146 (hg)** © Pole Sud ; **p. 146 (hd)** © Compagnie des desserts ; **p. 146 (m)** © Compagnie des desserts ; **p. 146 (b)** © Pole Sud ; **p. 147** © Compagnie des desserts ; **p. 163 (h&b)** © Payote ; **p. 164 (h)** © CDA ; **p. 167 (h)** RomanR/Adobe Stock ; **p. 167 (b)** Peter Hermes Furian/Adobe Stock ; **p. 168** (3 images) © F-One ; **p. 178** © Idylis ; **p. 183** ChiccoDodiFC/Adobe Stock ; **p. 184** © Redwoodpaddle ; **p. 185** © Redwoodpaddle ; **p. 186** OceanProd/Adobe Stock ; **p. 187 (h)** Brian Jackson/Adobe Stock ; **p. 187 (b)** Peter Hermes Furian/Adobe Stock ; **p. 188 (hg)** Christian Jung/Adobe Stock ; **p. 188 (hd)** karrina/Adobe Stock ; **p. 188 (m)** M.studio/Adobe Stock ; **p. 188 (b)** New Africa/Adobe Stock ; **p. 190** © Bio Suisse ; © EU 934/2007 ; © USDA Organic ; © Naturland ; © FairTrade ; **p. 191** eyewave/Adobe Stock ; **p. 199** CNUDCI ; **p. 203** Aliaksei/Adobe Stock ; **p. 204** © CDA ; **p. 207 (h)** NicoElNino/Adobe Stock ; **p. 207 (b)** Itan1409/Adobe Stock ; **p. 208** Jim Giddins/Adobe Stock ; **p. 217 (h)** Jaroslav Machacek/Adobe Stock ; **p. 217 (b)** New Africa/Adobe Stock ; **p. 218** marketlan/Adobe Stock ; **p. 219 (g)** Rido/Adobe Stock ; **p. 219 (m)** insta_photos/Adobe Stock ; **p. 219 (d)** alonesdj/Adobe Stock ; **p. 221 (h&b)** Yulia/Adobe Stock ; **p. 223 (h)** v.poth/Adobe Stock ; **p. 223 (b)** Peter Hermes Furian/Adobe Stock ; **p. 224** (2 images) © Redwoodpaddle ; **p. 225 (h)** © Redwoodpaddle ; **p. 225 (b)** © JS Industries ; **p. 237 (g)** monticello/Shutterstock ; **p. 237 (d)** Vytautas Kielaitis/Shutterstock ; **p. 238 (h)** Natis/Adobe Stock ; **p. 238 (b)** Kotangens/Adobe Stock ; **p. 239** barshkiper/Adobe Stock ; **p. 241 (h)** JPchret/Adobe Stock ; **p. 241 (b)** Floki Fotos/Adobe Stock ; **p. 242-243** (7 images) © Picture ; **p. 244 (h)** © B Corp ; **p. 244 (b)** © Picture ; **p. 245** © Picture ; **p. 247** © ISO ; **p. 248 (h)** © B Corp ; **p. 248 (b)** economie.gouv.fr; **p. 249** © cci.fr ; **p. 250** © ademe.fr ; **p. 255 (h)** irissca/Adobe Stock ; **p. 255 (b)** © ISO ; **p. 258** ansyvan/Adobe Stock ; **p. 259 (h)** melita/Adobe Stock ; **p. 259 (b)** pavalena/Adobe Stock ; **p. 260** (3 images) © Picture ; **p. 262 -264** © Picture ; **p. 266-268** © Picture ; **p. 269** © Appvizer ; **p. 273** © Novartis ; **p. 274** Rose Carson/Shutterstock ; **p. 277** © kdartvisor.com ; **p. 277 (h)** © kdartvisor.com ; **p. 277 (b)** © gamba.fr

IMPRIM'VERT
Votre imprimeur agit pour l'environnement

N° projet : 10277837 - Dépôt légal : Août 2021
Imprimé en Italie par L.E.G.O. S.p. A., en septembre 2021